W0087864

Mauriz Schuster / Hans Schikola · Das alte Wienerisch

Mauriz Schuster/Hans Schikola

Das alte Wienerisch

Ein
kulturgeschichtliches
Wörterbuch

Mit 7 Zeichnungen von Hans Lang

Deuticke

Deuticke
A-1010 Wien, Hegelgasse 21

Alle Rechte vorbehalten
Fotomechanische Wiedergabe bzw. Vervielfältigung, Abdruck, Verbreitung
durch Funk, Film oder Fernsehen sowie Speicherung auf Ton- oder Datenträger,
auch auszugsweise, nur mit Genehmigung des Verlags
© Franz Deuticke Verlagsgesellschaft m. b. H., Wien 1996

Umschlaggestaltung: Robert Hollinger,
unter Verwendung einer Fotografie von Franz Hubmann
Druck: Wiener Verlag, Himberg
Printed in Austria

ISBN 3-216-30210-5

INHALT

GELEITWORT ZUR NEUAUSGABE

Das vorliegende Werk enthält in einem Band die bisher vollständigste Ausgabe der auf 3 Bände angelegten Darstellung der Altwiener Mundart von Mauriz Schuster (1879–1952). Zu Schusters Lebzeiten war 1951 im Österreichischen Bundesverlag nur der Band ›Alt-Wienerisch‹ erschienen, der in unserer Neuausgabe einen Teil des Wörterverzeichnisses bildet. Der 2. Band, 1956 erschienen, war der ›Sprachlehre der Wiener Mundart‹ gewidmet, er wurde nach Schusters Tod auf der Grundlage seines Materials von Hans Schikola (1890–1967) herausgegeben. Der geplante 3. Band erschien nicht mehr. Daß an dem Torso gebliebenen Werk dennoch längerfristiges Interesse bestand, beweist die Tatsache, daß es 1983 eine unveränderte Neuauflage erfuhr.

Auch in die aktuelle Neuausgabe gingen diese beiden Bände ohne wesentliche Veränderungen ein. Auf die eigentliche Sensation stießen wir aber bei der Recherche nach zusätzlichen Stichwörtern und eventuellen Ergänzungen. Nach Hinweisen von Frau Univ.-Prof. Dr. Maria Hornung nahm der Verlag mit dem Leiter des Instituts für österreichische Dialekt- und Namenlexika der Österreichischen Akademie der Wissenschaften, Herrn Dr. Werner Bauer, Kontakt auf – beiden sei an dieser Stelle der herzliche Dank des Verlags für ihre Unterstützung ausgesprochen –, der dem Verlag für die Neuausgabe ein umfangreiches Konvolut von mehreren Dutzend Heften sowie ein Hunderte Seiten umfassendes unpubliziertes Manuskript Schusters zur Verfügung stellen konnte. Zwar erfüllten sich die anfänglichen Hoffnungen des Verlags, daß es sich dabei um das geplante, aber nicht realisierte ›Wörterbuch‹ Schusters (also den seinerzeit nicht erschienenen 3. Band) handeln könnte, nicht, der Fund erwies sich dennoch als ungeheure Bereicherung für die geplante Neuausgabe. Die in sauberer Kurrentschrift mit der Hand beschriebenen Blätter enthalten Tausende von Stichwörtern, die Schuster offenbar für den Druck fertig vorbereitet hat. Aufgrund des Umfangs der Manuskripte – das Werk hätte mindestens drei Bände des gegenwärtigen Buches ergeben – war an einen vollständigen Abdruck nicht zu denken, doch konnte das Wörterverzeichnis immerhin um rund ein Drittel erweitert werden, so daß eine Vielzahl von zusätzlichen Begriffen abgedeckt werden konnte, die in den früheren Auflagen nicht enthalten waren. Zu hoffen bleibt, daß die nicht ausgewerteten Manuskripte Schusters, eine meines Wissens unvergleichliche Dokumentation des Altwienerischen, für eine spätere Publikation herangezogen werden können. Bis dahin kehren sie in das Archiv des Instituts für Dialekt- und Namenlexika zurück.

Für Mauriz Schuster war die Auseinandersetzung mit dem Wiener Dialekt nicht Brotberuf, jedoch sehr viel mehr als Liebhaberei. Im Hauptberuf war er Universitätsprofessor für Klassische Philologie und wurde mit dem Schulbuch ›Liber latinus‹ bekannt. Von daher kommt die wissenschaftliche Akribie, die auch sein Dialektwörterbuch auszeichnet, sowie die genaue Kenntnis ethymologischer Zusammenhänge. Und doch spürt man in diesem Werk gelegentlich eine ganz persönliche Note, aus der zu ersehen ist, wie stark Schuster diesem alten Wien, bevölkert von längst verschwundenen Straßentypen und Vertretern ausgestorbener Berufe, verbunden war. Fast möchte man meinen, der riesige wissenschaftliche Aufwand hätte letztlich dazu gedient, die Atmosphäre der eigenen Kindheitsjahre festzuhalten, von der in der Zeit der Niederschrift des Werkes nicht mehr viel zu spüren war. Nicht unbedeutend und vielleicht mit ein Auslöser für die mundartkundlichen Forschungen Schusters waren der Anschluß Österreichs an Deutschland 1938–1945 und die Zerstörungen durch den Krieg. Während durch letztere die Kulturbauten Wiens und etwa auch Schusters geliebter alter Prater einen nicht wieder gutzumachenden Schaden erlitten, kam es durch den Anschluß zu einer sprachlichen Beeinflussung, auf die der objektive Chronist und Lexikologe in einigen Fällen auch mit Emotion reagieren kann und die Verbannung von Ausdrücken wie ›Kartoffel‹ und ›Karussell‹ verlangt. Auch mehrere andere Stellen, an denen der nüchterne Wissenschaftler seine Rolle verläßt, sind bemerkenswert, darunter etwa das Stichwort ›Pråter-bua‹, dem Schuster eine ganze Seite widmet und an dessen Ende sich der Autor als »einstiger Vollvertreter dieser Spezies« zu erkennen gibt. Unter diesen Umständen fällt es dem heutigen Herausgeber leicht, über manche Unausgewogenheit der Darstellung hinwegzusehen, ist doch das Werk von einem Facettenreichtum und einer Informationsfülle gekennzeichnet, die wenige vergleichbare Lexika erreicht haben, verbunden mit einem Charme, aus dem die ganze Liebe des Menschen Mauriz Schuster zu seinem alten Wien spricht.

Wien, im Frühjahr 1996   Mag. Johann Lehner

WÖRTERBUCH DES ALTWIENERISCHEN

Das Wort macht den Menschen frei.
Wer sich nicht äußern kann, ist ein
Sklave. Sprachlos sind darum die
übermäßige Leidenschaft, die übermäßige Freude, der übermäßige
Schmerz. Sprechen ist ein Freiheits-
akt: das Wort ist selbst die Freiheit.

Ludwig Feuerbach

(Bei Zitaten wird die besondere Schreibweise des zitierten Textes bewahrt: so erklären sich die unterschiedlichen Schreibungen von *ned, net, nöt* [= nicht], *dees, des, dös* [= dies] u. v. a.)

> Was die Vernunft dem Individuum,
> das ist die Geschichte dem mensch-
> lichen Geschlechte.
>
> *Schopenhauer*

ZUR EINFÜHRUNG

Wörter sind nichts Starres, Unwandelbares, Wörter sind lebende Gebil-
de. Wie alles, was lebt, unterliegen sie dem Gesetz der Veränderung. Sie
werden, gestalten sich um und können sterben. Viele haben ein langes,
manche ein erstaunlich zähes Leben, anderen ist nur eine Daseinsfrist
von einigen Jahren oder Jahrzehnten beschieden. Die Sprache eines Volkes bietet einen deutlichen Widerschein von dessen gesellschaftlichem
Leben und kulturellem Geschehen. Und da es auch hier nichts Fertiges,
Abgeschlossenes, Endgültiges gibt, ändern sich oder verfallen mit den
Wandlungen der Bildung der Menschen und in den Formen des Alltags-
lebens die damit verankerten Bezeichnungen. Vorgänge der Weltpolitik
mit ihren oft tief einschneidenden Folgen beeinflussen nicht minder den
lebenden Wortschatz als Veränderungen, die durch gewandelte technische Geräte und Betriebsmittel hervorgerufen sind.

Wie die Menschen haben auch Städte ihr Leben. Und Großstädte
sind von alters her getreue Spiegelungen ihrer Bewohner. Es ist kaum in
Worten auszudrücken, wie sehr die beiden Weltkriege das einstige Wien
und seine Bevölkerung umgeformt haben. Aus der stolzen alten Kaiserstadt eines Großreiches wurde Wien zunächst zum vielgescholtenen
»Wasserkopf« eines kleinen Staatsgebildes, die vorübergehende Anglie-
derung an Deutschland erniedrigte es sogar zur Provinzstadt und führte
es schließlich einer furchtbaren äußeren Verunstaltung und seine einst
so lebensfrohen Bewohner einem gedrückten Marterdasein entgegen.

Verschwand schon mit dem Zerfall der Habsburgermonarchie nebst
allerlei Bräuchen eine Fülle einstiger Straßentypen, wie beispielsweise
der Bosniak, der Figurimann, der Gottschewer, der Handleh, der
Ko(ch)löffelkrawat, der Rastlbinder, der Salamudschi (Salamini), der
Sseresleifer, der Zwieflkråwåt, so wurden andere das Opfer fortschreitender Zivilisation und neuzeitlicher Erfindungen, so der Einspänner
(Komfortabl), der Mistbauer, der Spritzenschlauchschleuderer, der Was-

serer, der Laternanzünder; auch der Dienstmann, die Lavendlfrau und der Werklmann sind nur noch in spärlichen Exemplaren vorhanden, und ein vollechter Wiener Volkssänger würde geradezu eine Sehenswürdigkeit darstellen. Den eigentlichen Berufsfiaker hat das Taxi abgelöst, den Dienstmann hat das Telefon entbehrlich gemacht, den Mistbauer die städtische Müllabfuhr, den Spritzerer (Spritzenschlauchschleuderer) die Straßenreinigung; der Wasserer wurde zum Autowäscher, der pfeiffrohe, witzige Schuasterbua sitzt ernst und schweigsam in einer Schuhfabrik.

Der zweite Weltkrieg versetzte Wien und der Seele der Wiener ganz schwere Wunden. Die Stadt mit dem heitersten Lächeln verlor fast allen Humor und alle Gemütlichkeit, aus ihrem reizenden Äußeren wurde ein beträchtlicher Teil des Edelsten, Ehrwürdigsten und Eigenartigsten herausgebrochen oder schwer beschädigt. Nur das feste Vertrauen auf die unumstößliche Richtigkeit der alten Eigenprägung »Der Weaner geht ned unter« und die heiße Liebe des Wieners zu seiner Heimatstadt geben Hoffnung und Gewähr, daß zähe Tatkraft und eiserner Fleiß, die der echte Wiener mit seiner ureigenen Neigung zu lebensbejahender, stärkender Gemütlichkeit verbindet, ein Wien wiedererstehen lassen werden, das seinem alten glanzreichen Namen volle Ehre macht.

Und der Atem dieser glaubensstarken Lebensbejahung weht uns auch aus folgenden Worten des genannten jüngsten Darstellers der Schicksale Alt-Wiens an: »Wir sind heute sicher ärmer, aber wir haben schon so viel verloren, daß wir nicht mehr viel verlieren können. Um das sind wir tapferer und sorgloser geworden ... Ich glaube also, daß wir zwar ärmer, aber auch gescheiter und mutiger geworden sind – weniger leicht zu täuschen und einzuschüchtern!«

Schließlich noch ein Wort pro domo. Man wird es dem Verfasser dieser Schrift (so hofft er) nicht verargen, wenn er im folgenden bei der Kennzeichnung entschwundener Wiener Gestalten (»Wiener Typen«), die ihm wie in märchenhaften Visionen die Erinnerung an seine Kindheit und Jugend und damit an eine schöne Zeit der Wienerstadt wachrufen, ein wenig ausführlicher wird. Wenn er hier von einer schönen Vergangenheit spricht, so befürchtet er nicht, daß ihm etwa im Erinnerungsoptimismus ein arger Sehfehler unterlaufen ist. Von diesen »guten alten« Tagen und ihrem Wortschatz wollen wir uns in diesem Bande verabschieden mit den Worten eines Wiener Volksdichters jener Vergangenheit: »Andre Sitten, andre Leut – Pfüat di Gott, du alte Zeit!«

ABKÜRZUNGEN

altfrz. = altfranzösisch
ahd. = althochdeutsch
aind. = altindisch
altgr. = altgriechisch
altlat. = altlateinisch
altslaw. = altslawisch
Anf. = Anfangssilbe betont
Anh. = Anhang
arab. = arabisch
bayr. = bayrisch
Bed. = Bedeutung(en)
bes. = besonders
Bez. = Bezeichnung(en)
bild. = bildlich, in bildlicher Bedeutung
Bw. = Bindewort
dän. = dänisch
Eign. = Eigenname
Eigw. = Eigenschaftswort
eigw. = eigenschaftswörtlich gebraucht
Empf. = Empfindungswort
End. = Endsilbe betont
eng. = englisch
Ez. = Einzahl (Singular)
Ezw. = Einzahlwort
fries. = friesisch
frühmhd. = frühmittelhochdeutsch
frz. = französisch
gebr. = gebraucht, gebräuchlich(e, -er, usw.)
germ. = germanisch
Ggs. = Gegensatz
got. = gotisch

griech. = (alt)griechisch
hd. = hochdeutsch
hebr. = hebräisch
Hw. = Hauptwort
idg. = indogermanisch
intr. = intransitiv
iron. = ironisch
ital. = italienisch
jidd. = jiddisch
jm., jn., js. = jemandem, -en, -es
kelt. = keltisch
kroat. = kroatisch
lat. = lateinisch
lit. = literarisch(e, -er usw.)
m. = männlich(en Geschlechtes)
ma. = mundartlich
md. = mitteldeutsch
mhd. = mittelhochdeutsch
mil. = militärisch(er Ausdruck)
Mitt. = Mittelsilbe betont
mlat. = mittellateinisch
mnd. = mittelniederdeutsch
mnl. = mittelniederländisch
Mz. = Mehrzahl (Plural)
Mzw. = Mehrzahlwort
nd. = niederdeutsch
nhd. = neuhochdeutsch
nl. = niederländisch
nnd. = neuniederdeutsch
nnl. = neuniederländisch
nordd. = norddeutsch
NÖ. = Niederösterreich
nö. = niederösterreichisch
obd. = oberdeutsch

OÖ. = Oberösterreich
oö. = oberösterreichisch
öst. = österreichisch
poln. = polnisch
präd. = prädikativ (als Satzaussage gebraucht)
Rufw. = Ausrufwort
russ. = russisch
s. = sächlich(en Geschlechts)
s. = siehe
schelt. = in scheltendem Sinne
(als Schimpfwort) gebraucht
scherz. = scherzhaft(er Ausdruck)
schweiz. = schweizerisch
s. d. = siehe diese (-en, -es)
selt. = selten gebrauchtes Wort
serb. = serbisch
slaw. = slawisch
slow. = slowenisch
span. = spanisch
spätlat. = spätlateinisch
spött. = spöttisch(er Ausdruck)
Steig. = Steigerung
südd. = süddeutsch
trans. = transitiv(es Zeitwort)
tschech. = tschechisch
türk. = türkisch

u. = und
übt. = in übertragener (bildlicher)
Bedeutung
undekl. = undeklinierbar (nicht
abwandelbar)
ung. = ungarisch
urk. = urkundlich
ursp. = ursprünglich
Usp. = Umgangssprache
Ustw. = Umstandswort
ustw. = umstandswörtlich gebraucht
v. = von
verw. = verwandt(e usw.)
vgl. = vergleiche
viell. = vielleicht
Vkl. = Verkleinerungsform oder
-wort (Diminutiv)
w. = weiblich(en Geschlechts)
Wr. = Wiener
wr. = wienerisch
zool. = zoologisch(er Ausdruck)
Ztw. = Zeitwort
Zus. = Zusatz
* = angenommene (bloß erschlos-
sene) Wortform

LITERATUR

Castelli = I. F. Castelli, Wörterbuch der Mundart in Österreich unter der Enns, Wien
1847
Feist = Sig. Feist, Vergleichendes

Wörterbuch der gotischen
Sprache, 3. Aufl., Leiden 1939
Geramb = V. Geramb, Deutsches
Brauchtum in Österreich,
Graz 1924

Günther = L. Günther, Die deutsche Gaunersprache, Leipzig 1919

Heintze-Cascorbi = Heintze-Cascorbi, Die deutschen Familiennamen 7. Aufl., Halle 1933

Hügel = Fr. S. Hügel, Der Wiener Dialekt, Wien 1873 usw.

Jakob = J. Jakob, Wörterbuch des Wiener Dialektes, Wien 1929

Kluge (1934) = Fr. Kluge, Etymolog. Wörterbuch der deutschen Sprache, 11. Aufl., Berlin 1934

Kretschmer = Paul Kretschmer, Wortgeographie der hochdeutschen Umgangssprache, Göttingen 1918

Littmann = E. Littmann, Morgenländische Wörter im Deutschen, 2. Aufl., Berlin 1924

Mareta = H. Mareta, Proben eines Wörterbuches der österreichischen Volkssprache, Wien I (1861), II (1865)

Mayr (1929) = Max Mayr, Wiener Redensarten, Wien 1929

Mayr (1930) = Max Mayr, Das Wienerische, 2. Aufl., Wien 1930

Nestroy = J. Nestroys Sämtl. Werke hg. v. F. Brukner und O. Rommel, 15 Bde., Wien 1924–30

Petrikovits = A. Petrikovits, Die Wiener Gauner-, Zuhälter- u. Dirnensprache, Wien 1922

Pötzl = E. Pötzl, Hoch vom Kahlenberg, 3. Bd., Anhang (S. 87ff.) Leipzig o. J.

Sassmann = H. Sassmann, Wienerisch, München 1935

Schmeller = J. A. Schmeller Bayrisches Wörterbuch, 2 Bde., Neudruck: Leipzig 1939

Schranka = E. M. Schranka, Wiener Dialektlexikon, Wien 1905

Schuchardt = H. Schuchardt, Slawo-Deutsches und Slawo-Italienisches, Graz 1884

Schmidt = Leop. Schmidt, Zur Wr. Redensartenforschung, Sonderausgabe aus »Volk u. Heimat«, Graz 1949 (S. 1–12)

Storfer (1937) = A. J. Storfer, Im Dickicht der Sprache, Wien 1937

Storfer (1935) = A. J. Storfer, Wörter u. ihre Schicksale, Berlin 1935

Textor = L. Textor, Vindobonismen, Gießen 1885

Weinberg = E. Weinberg, Die österreichischen Ortsnamen, Wien 1936

Weigand = F. L. K. Weigand, Deutsches Wörterbuch, 5. Aufl., 2 Bde. hg. v. H. Hirt, Gießen 1909/10

Wien und die Wiener = Wien und die Wiener (Illustrierte Monatsschrift)

A

a-ba-lei oder **a-bi-lei** (End.), ach, beileibe (nicht)! d. i. bei meinem Leibe (= Leben)! – Ableitung: ahd. *līb* (mhd. *līp*) ›Leben‹, ›Körper‹. Diese Beteuerungsformel begegnet noch in den ländlichen Dialekten; vgl. Schmeller I 1412.

å-beulna, sprich -beu'na, eigentl. »abbeulen« d. i. verprügeln. – Ableitung: zu Beule (mhd. *biule w.* ›Geschwulst‹), also eigentl. (jn.) mit Beulen versehen; vgl. Sassmann 229.

Adria-krågn, weit offener, weicher Hemdkragen (1913, mit Bezugnahme auf die damalige Adria-Ausstellung in Wien).

Adutt (End.), *m.*, 1. Trumpf; 2. (schelt.) eigensüchtiger Mensch. – Ableitung: frz. *atout m.* ›Trumpf(farbe) im Kartenspiel‹.

Åff'n-türkei (spött.), Wiener Vorortegebiet, namentlich die Brigittenau.

å-geig'ln, aus der Höhe herabstürzen, bes. von Papierdrachen (s. Rafler) gebraucht. – Ableitung: zu *Geige* mit Bezug auf den gleichsam schwankenden (»wankenden«, wr. ›wåg'lnden‹) Bogenstrich des Geigers.

Agnes-brün(n)dl, sprich -brindl, *s.*, auch *Jungfern-brün(n)dl* genannt: eine Quelle am Fuße des Hermannskogels in Sievering (Wien XIX), die als Weissagestätte aufgesucht und deren Wasser als heilkräftig angesehen wird. An sie knüpfen sich uralte, vorchristliche Vorstellungen, die sich später mit geschichtlichen Erinnerungen an die Schwedenkriege und die Türkennot verbinden. Der Name ›Agnes‹ bezieht sich hier nicht auf die historische Markgräfin dieses Namens, die Gemahlin Leopolds III. des Heiligen (gest. 1136), vielmehr handelt es sich um eine mythische weibliche Gestalt aus der märchenhaften Jenseitswelt, um eine Brunnenfee, ähnlich der schönen Melusine. Agnes' Geliebter, der vom Schicksal für sie Bestimmte, namens Karl, der Sohn eines Kohlenbrenners, wird ihr untreu; er verliebt sich in ein irdisches Mädchen, und ein tragischer Ausgang ist die Folge: augenblicklich verschwindet das herrliche Schloß der Brunnenfee Agnes, das sich »beim Brünndl« oder auf der die Quelle umgebenden Jägerwiese (ma. Jagerwies'n) befand. Agnes erscheint dann öfters als »weiße Frau« und schenkt Kohlen, die sich des Morgens in Gold verwandeln.

Zum Brauchtum: Als besondere Fastzeiten galten der Johannestag, Karfreitag und der Dreikönigstag, als wirkungsvollste Stunden für die Einholung der Orakel zwölf Uhr mittags und die Mitternachtszeit. Vor allem sucht man auf dem Grund des »Brindls« aus den Figuren des Schlammes und der Lagerung der Steinchen die heilbringenden – Lotterienummern herauszulesen; auch aus Rindenstücken des Baumes wurden Orakel gewonnen. Daran schlossen sich dann allerlei Bräuche neuzeitlichen Aberglaubens: so wurden heiratslustigen Jungfrauen am Brünndl Agnesbilder verkauft, deren Wirkung als unfehlbar gilt, wenn sie in der Agnesnacht (21. Januar) erworben werden; daher der Name ›Jungfernbrünndl‹. Ferner wird hier eifrig in Planetenbüchern geblättert und auf Tischen werden durch Würfeln der Zukunft dunkle Geheimnisse entrissen.

Literatur: Th. Wernaleken, Mythen und Bräuche des Volkes in Österreich, Wien 1859, S. 3–22; Fr. Schlögl, Aus meinem Felleisen, Wien 1894, S. 52ff. Beide Schriften geben treffliche Schilderungen des Getriebes am A.; auf das alte Volksgut wird nicht weiter eingegangen. Vgl. K. v. Spieß, Marksteine der Volkskunst I. Bd. (Berlin 1937), S. 42f. u. 158; II. Bd. (ebd. 1942), S. 2ff u. 167.

Ahndl oder **Ahn'l**, Urahne, Urgroßvater oder -mutter. – Ableitung: Koseform zu hd. Ahn(e), bisweilen mit euphonischem d-Einschub zur bequemeren Aussprache. Das in den ländlichen Dialekten Österreichs fortlebende Wort ist uralter Herkunft: ahd. *ano* (mhd. *ane* oder *an)* ›Großvater‹, ›Urgroßvater‹; ahd. *ana* (mhd. *ane*) ›Großmutter‹; zur gleichen Wurzel gehört lat. *anus* ›alte Frau‹; vgl. bayr. *Änl* oder *Anl* ›Ahnfrau‹, ›Großmutter‹: Schmeller I 85.

Akie (Agi) geb'n, einen Anlaß geben; die Zuneigung erwidern. – Ableitung: frz. *acquit m.* ›Quittung‹, ›Empfangsbestätigung‹. Mayr (1929) 85.

Akzidenzl (End.), *s.*, unbedeutendes Nebeneinkommen. – Ableitung: ital. *accidenza w.* ›Zufall‹.

alla-kawalla, Ustw., z. B. ›a. leb'n‹, auf großem Fuße leben. – Ableitung: ital. *al cavallo* (›hoch zu Roß‹), also wie ein stolzer Reitersmann.

Ålsterbach-furelln, sprich -ö¹n (*w.* Ez. u. Mz., iron.): Ratte; vgl. Kanalfurelln.

Amant (End.), *m.*, Liebhaber. – Ableitung: ital. *amante* ›Liebhaber‹, eigentl. ›Liebender‹.

Amur (End.), *m.* oder *w.*, Liebhaber, Geliebte, z. B. ›a neuche A. håbn‹. – Ableitung: frz. *amour m.* ›Liebe‹; ›Liebling‹.

Amurl (Anf., Koseform), *m.*, der Liebesgott Amor. – Ableitung: lat. *Amor.*

å^{n}bums'n, in der R. ›å^{n}bumst (oder å^{n}bumt), Herr Pfårra!‹ beim Anstoßen an eine Sache oder beim Auftauchen eines Hemmnisses; vgl. Mayr (1929) 110. – Ableitung: vgl. bayr. *bums'n* = schlagen; Schmeller I 393.

Ångst-röhr'n, sprich -re^{a}n Ez. u. Mz., *w.* (nicht nur wienerisch): scherz. u. spött. für Zylinderhut (s. Zylinder). – Erklärung: Das in Wien geprägte Wort stammt aus dem Revolutionsjahr 1848. Um nicht in den Verdacht demokratischer, also mit der damaligen Volkserhebung sympathisierender Gesinnung zu kommen, trugen die beharrsüchtigen, am ›guten Alten‹ hängenden Wiener Bürger den röhrenförmigen Zylinder: hiedurch unterschieden sie sich nämlich von den Aufständischen, deren Kopfbedeckung ein Schlapphut war. Die Revolutionäre bezeichneten darum die Kopftracht der konservativen Angstmeier (Angstscheißer) mit geringschätzigem Spott als Angströhre, ma. ›Ångströhrn‹. Später wurde der ursp. Wortsinn nicht mehr verstanden: man glaubte den Ausdruck daraus deuten zu können, daß der Zylinder häufig bei aufregenden Anlässen (z. B. beim Amtsantritt, ferner von Prüfungskandidaten an Hochschulen) getragen wurde. Vgl. J. Dunder, Denkschrift über die Wiener Oktoberrevolution, Wien 1849, S. 805. R. F. Arnold, Zeitschr. f. deutsche Wortforschung IX, 156. Mareta II 15. Storfer (1935) 70f.

å^{n}kamp(e)ln, Streit beginnen. – Ableitung: mhd. *kämpel (kempel) m.* ›Kampf‹, ›Zank‹.

å^{n}känt'n, anzünden, bes. eine Tabakspfeife. – Ableitung: mhd. *künten* ›zünden‹; vgl. got. *tandjan* ›anzünden‹, lat. (ital.) *accendere* (Aussprache des Ital. abweichend). Das ma. Wort begegnet (auch in der Form å-kant'n) noch in den ländlichen Dialekten Österreichs.

å^n-mäuerln, sprich -maia'ln: Wenn dieses Kinderspiel mit kleinen Marmorkugeln (›Marbs'n‹) erfolgte, maß man die Distanz der an die Mauer geworfenen und endlich zum Stillstand gelangten zwei Kugeln mit ausgespreizten Fingern, wobei es vier Bezeichnungen der Entfernung gab: a) die größte Entfernung, mit den Spitzen des kleinen Fingers und Daumens erreichbar, hieß ›Ant'n‹ (*w.*) oder ›Antschkerl‹ *s.* (zu āns = eins, d. h. 1 Point), auch ›Spå^{nn}‹ (*w.* = Spanne); b) die Entfernung zwischen dem Zeigefinger und Daumen: ›Pakl‹ oder ›Pakerl‹ *s.* (wohl zu Paar aus Pa͏ʳkerl); c) die zwischen Zeige- u. Mittelfinger: ›Dridl‹, ›Drillerl‹ oder ›Trüllerl‹ (drei Punkte); d) die Daumenbreite: Mutsch (*m.*) oder Knetsch (*m.*). Stieß im Spiel eine Kugel an eine zweite (bereits ruhende) und blieb neben ihr liegen, so war dies ein jubelnd begrüßter ›Gitsch-Mutsch‹ (*gitschen* = unter Stoßgeräusch anstoßen).

Antoni-klösterl, sprich -sta'l, *s.* (scherz.-spött.), ein nicht mehr bestehendes Gefängnis im 2. Gemeindebezirk.

Ån-wurf, *m.*, in der R. ›an Å. måchn‹, d. i. eine Annäherung (bes. Liebesantrag) machen; auch: = in Erinnerung bringen; vgl. Mayr (1929) 84f.

Aquarium, *s.*, ein kleiner Tiergarten, namentlich für Wassertiere und Amphibien, den Dir. Brehm leitete; er befand sich auf der Stelle der nachmaligen Biologischen Versuchsanstalt an der linken Seite der Hauptallee (Steinachs Forschungen).

Årwas oder **Årbas** (Årbes), *w.* (nicht nur wienerisch), Erbse. – Ableitung: mhd. *arweis*, ahd. *araweis w.* gleichbedeutend; verw. lat. *ervum s.* gleichbedeutend.

Årwats-geist, ›Arbeitsgeist‹: (scherz.) Kellnerserviette = Hangerl; dieses Tuch ist gewissermaßen das Merkmal des arbeitsbeflissenen Kellners und Wirtes (zugleich Bezugnahme auf die weiße Geisterfarbe).

Åsch'n-mårk, sprich -mo͏ᵃk, *m.*, eigentl. ›Aschenmarkt‹: Dies ist die ursprüngliche Bezeichnung des späteren ›Naschmarkts‹ an der Grenze zw. 5. und 6. Gemeindebezirk. Der Überlieferung zufolge breitete sich auf dem Platze vor dem Freihaus (sein Name leitete sich von der 1647 durch Kaiser Ferdinand III. für dieses Haus erteilten Steuerbefreiung her) am Beginn der Wiedner Hauptstraße eine sehr beträchtliche Aschenablagerungsstätte aus. Diese »Åsch'ng'stätt'n« diente ab dem Jahre 1793 als Raum für einen großen Obstmarkt, der im Hinblick auf die frühere Verwendung dieses Platzes den Namen ›Aschenmarkt‹ führte. In dem erwähnten Jahre verfügte die Wr. Stadtobrigkeit, daß alles Obst und Gemüse, das auf Wagen nach Wien befördert wurde, auf diesem Marktplatz feilzubieten sei. Über das Leben, das sich hier entwickelte, berichtet das alte ›Kuriositäten- und Memorabilienlexikon‹ von Realis (Wien 1846) u. a.: »Der Zusammenfluß der Hökerinnen aller Art macht diesen Markt zu einem klassischen Boden der Trivialität und des untersten Volkslebens, dessen Tonangeberinnen es kühn mit den

Fratschlerinnen am ehemaligen Burgtor und mit den Schanzlweibern (s. Schanzl) aufnehmen können.« – Der spätere Name ›Naschmarkt‹ erscheint zum ersten Mal in einer behördlichen Verordnung des Jahres 1812. Nichtsdestoweniger lebte das Wort ›Åsch'nmårk‹ noch lange fort. Die spätere Benennung mit ihrer Umdeutung und Umbildung eines nicht mehr verstandenen Wortes gründet sich darauf, daß die Gattungen der hier zum Verkauf gelangenden Lebensmittel allmählich eine steigende Vielfalt annahmen und auch manche Nascherei in ihren Kreis zogen. Über die redetüchtigen Verkäuferinnen auf dem Åsch'nmårk siehe unter ›Sopherl‹. Ein um 1900 entstandenes Gemälde dieses alten Marktes, der 1916 auf die Wienflußeinwölbung verlegt wurde und der jüngsten Generation nur mehr als »Nåschmårk« bekannt ist, stammt von Hans Götzinger.

å-serb'n, sprich -ser'm, abmagern, dahinwelken. – Ableitung: mhd. *serben* (*serwen*) ›innerlich abnehmen‹; vgl. Schmeller II 324f.

Audienz-schwester, feinsittige, vornehm gekleidete Bettlerin (ehemals Bettlerin beim Kaiserhof), die jeder Arbeit aus dem Wege geht. – Ableitung: ital. *audienza* w. aus lat. *audientia* w. ›Gehör‹, ›Anhörung‹.

Au-schelm, sprich -schö¹m, *m.*, sehr gewitzter Mensch. – Ableitung: mhd. *schelm(e)* ›Pest‹; ›Aas‹ (auch schelt.); gemildert: ›Luder‹, ›Range‹; au = Empfindungswort (Ausruf).

außa-pof(e)ln, sprich -bof-: bei einem engen Ausgang herausdrängen. – Ableitung: von mhd. *povel (bovel)* s. ›Volk‹, ›Leute‹; altfrz. *poblus*, lat. *populus* m. gleichbedeutend.

aus-skaliern, sprich -liⁿn, schelten (trans.), bemängeln. – Ableitung: wahrsch. v. ital. *scagliare* ›schleudern‹, ›einen Schlag versetzen‹ (z. B. *scagliare un colpo*).

Austria-hotel (Gaunersprache), Polizeidirektion. – Ableitung: Der Ausdruck beruht auf iron. Verhüllung. Die alte Polizeidirektion am Schottenring war als Hotel (für die Weltausstellung des Jahres 1873) erbaut worden.

B

Babler (Babla), s. Pabler.

Babschinek, *m.*, ungeschickter, geistig beschränkter Mann. – Ableitung: Es scheint ein Eigenname zum Gattungsnamen geworden zu sein. Dabei dürfte das ma. ›Patsch‹ (gleichbedeutend) mitgewirkt haben.

Båchhendl-gottsåcker, *m.*, dicker Bauch; jetzt meist ›Hendlfriedhof‹.

Bäck'n-häusl, *s.*, Armenhaus im 9. Bezirk Wiens, das früher ein Bäckerhaus war.

Bäck'n-knecht, *m.*, Ez. u. Mz., schlecht verarbeitete(r) Mehlbrocken im Brot- oder Semmelteig.

Badeni (Mitt.): Eine seit dem Dezember 1897 bloß für einige Monate in Wirtshäusern übliche scherz.-spött. Redensart war: ›a Viertl (oder an Åchtl) Badeni‹ = ein Viertl (Achtl) G'spritzt'n, d. i. ein Mischgetränk, bestehend aus einem Viertel- oder Achtelliter Wein und in diesen hineingespritztem Sodawasser. – Erklärung: Der öst. Ministerpräsident Graf K. F. Badeni hatte durch seine tschechenfreundlichen Sprachverordnungen die deutschen Abgeordneten in Harnisch gebracht. Ihre Obstruktion im Abgeordnetenhaus und gleichzeitiger Straßenaufruhr in Wien führten dazu, daß er am 28. November 1897 entlassen (ma. »g'spritzt«) wurde. Die Redensart beruhte also auf der Doppelbedeutung des ma. Wortes ›g'spritzt‹.

Badian (Anf.), *m.* (botan.), besondere Gattung der Anispflanze, der sog. Stern-Anis (*Illicium verum*).

Bamkraxler, *m.*, Baumkletterer, ein mit alter Volksüberlieferung in Zusammenhang stehendes Kinderspielzeug. – Entstehung: Nach Wiener Volksbrauch »erscheint« der Bamkraxler zur Fastenzeit auf dem Markt des Hernalser Kalvarienbergs. Um die Jahrhundertwende war er auch auf dem Naschmarkt (s. Nåschmårk) anzutreffen, wo man ihn vor und bisweilen auch noch nach Ostern bei den Obstständen der Marktweiber sehen konnte. Zwischen den Äpfeln standen da lange rote Stäbchen, auf denen man holzgeschnitzte oder blecherne, stoffbekleidete Männlein mittels einer Blechspirale und einer Drehvorrichtung auf- und niedersteigen lassen konnte, je nachdem man an der angebrachten Schnur zog.

An der Spitze des roten Stäbchens befand sich ein kleiner »Buschen« aus Palmkätzchen, Buchsbaum und Zweigelchen mit verschiedenfarbigen kleinen Beerenfrüchten (Rainweide, Misteln u. a.). Den B. empfand man als Frühlingssinnbild. Er gehört einer weit entfernten Vergangenheit an und ist durch uralten Volksbrauch und altes Sagengut bezeugt; vgl. I. Haltrich-Wolff, Deutsche Volksmärchen aus dem Sachsenlande in Siebenbürgen (Wien 1885) Nr. 16; Th. Vernaleken, Mythen und Bräuche des Volkes in Österreich (1859), Nr. 30 (der Wunderbaum); J. Jacobs, Englische Volksmärchen Nr. 13; R. u. H. Grimm, Märchen Nr. 112. – Vgl. K. v. Spieß, Der Bamkraxler, Monatshefte f. d. Erziehung IV (Wien 1926), S. 169ff.; ders. Ztschr. f. d. Volkskunde II (1940), S. 80ff. V. Geramb, Deutsches Brauchtum in Österreich (Graz 1924), S. 51.

Bandl-krâmer, d. i. ›Bänder-(oder Bändchen-)krämer‹: 1. ein meist aus dem nö. Waldviertel oder aus den Sudetenländern stammender Wanderhändler. Diese längst ausgestorbene Wr. Straßenfigur befaßte sich vornehmlich mit dem Verkauf von Bändern aller Art, Stoffresten und Zwirnen, die der B. in einem gefächerten Kästchen trug. – 2. (spött., selten noch gebr.) ungeschickter Mensch, der viele Umstände macht, sinngleich Umstandsmeier. – Ableitung: zu Krâm = Kram. – Erklärung: Die spött. Bed. erklärt sich aus dem umständlichen Anbieten dieser Warengattungen.

Bandl-krâmer-landl: Als die Heimat der Bandlkrâmer (s. d.) galt vielfach das Waldviertel in NÖ.

Banganed (End.), s., Bajonett, Gewehraufsatz. – Ableitung: frz. *baïonette f.* ›Flintenspieß‹.

Bankl-g'schwâder, s., Redeschwall des Fleischhauers bei der Kundenbedienung. – Ableitung: Bankl ist Vkl. zu Bânk = Laden (›Fleischbank‹); G'schwâder: schwâdern = schwatzen (lat. *suadere*).

Barâber, s. Parâber.

bâr-hapert, sprich -ad, barhäuptig. – Ableitung: vgl. ma. *Hap(p)l s.* ›Häuptlein‹.

Baslertâ[n] (End.), Zeitvertreib (frz. *passer le temps*); nur ustw. gebraucht: ›per B.‹ = zum Zeitvertreib, in aller Gemächlichkeit.

Bassēna (Mitt.), w.: 1. Wasserleitung (Wasserbecken) auf dem Gang eines Stockwerks in Wohnhäusern, wo beim Wasserholen häufig manche Hausbewohner – nämlich die Parteien (bes. Hausfrauen) des betreffenden Stockwerks – zusammentrafen. Hier entwickelten sich bisweilen ausgiebige Gespräche (›Bassena-tråtsch‹); gegensätzliche Meinungen entfachten gelegentlich auch Streit und führten mitunter sogar zu lärmreichen Kampfhandlungen (›Bassena-krawall‹), bei deren gerichtlichem Nachspiel die allwissende und allmächtige Hausmeisterin (›Hausmast'rin‹) als Kronzeugin zu figurieren pflegte. Eine B. besteht jetzt nur noch in wenigen älteren Gebäuden Wiens. Redensart: Dees hat s' (= sie) bei der B. g'hört = das ist leere Klatscherei. Der Wei^n is bei der B. g'wachs'n = mit Wasser vermischt (sinngleich »(ge)tauft«). – 2. Rohrbrunnen auf der Straße. – Ableitung: frz. *bassin m.* u. ital. *bacino m.* ›Becken‹, Wörter, die sich aus dem mlat. *bacīnum s.* (›Becken‹) herleiten.

Bat(t)ali, sprich -tä^{i}li (Mitt.), *w.*, Kampf, Streit; Redensart: 's hat a B. gebn. – Ableitung: ital. *battaglia w.* ›Schlacht‹, ›Streit‹.

Bauchweh-tåmerl, ein Mensch, der häufig Leibschmerzen hat; auch: ein Hasenfuß. – Ableitung: zu Thomas, Vkl. Thomerl (Tåmerl).

Bawla, s. Pabler.

Bāzter, *m.*, ›Gebeizter‹, näml. Tabak (zum Schnupfen). – Ableitung: zu bāzen (d. i. beizen).

Bein, *w.*, und **Beinl**, *s.* (nicht nur wienerisch), Biene. – Ableitung: aus ahd. *bīna*, mhd. *bīn*; bayr. *Bein* und *Beij*: s. Schmeller I 226. Das Wort begegnet einem jetzt nur noch in den ländlichen Dialekten, also auch in Wiens näherer Umgebung, bes. in der Form ›Bei^n-vogl‹.

Berndl: Florian Berndl, ein Naturheiler, von seinen Anhängern achtungsvoll als der ›Våda Berndl‹ bezeichnet, der auf dem Sandboden einer »Gänsehäufl« genannten Insel im Bette der ›Alten Donau‹ verschiedene Krankheiten, darunter hauptsächlich rheumatische Leiden, durch Freiluft-, Sand- und Sonnenbäder heilte. – Erklärung: Um die Jahrhundertwende predigte dieser schlichte, tief sonnengebräunte Mann, der damals nicht wenigen Zeitgemäßen als unrichtig im Oberstübchen galt, die Heilwirkung der Sandpackungen und der Sonnenstrahlen. Er fand allmählich Gläubige und sogar begeisterte Anhänger (»Berndl-Nårr'n«), und bald erlebten das Gänsehäufl und die Alte Donau als Heil- und Vergnügungsstätten einen ganz unerwarteten Aufschwung: die Wiener hatten nun beide entdeckt und sich in sie verliebt. Die Wr. Gemeinde nahm sich der Sache in großzügiger Weise an und die »Berndl-Kolonie« (s. d.) wanderte daraufhin (1908) nach »Neubrasilien« (s. d.) ab. – Ableitung: Berndl ist eine Koseform des Vornamens Berndt, Kurzform v.

Bernhard: vgl. Edl (zu Eduard), Friedl (zu Friedrich oder Gottfried), Öttl (zu Otto). Bernhard aus ahd. *bero* ›Bär‹ u. *harti* ›stark‹.

Berndl-Kolonie (scherz. Bez.), jenes Gebiet des späteren »Strandbades« Gänsehäufl, wo der Naturheiler F. Berndl (s. d.) seine ersten Sonnenanbeter um sich versammelte; auch die ersten Proselyten Berndls führten diesen Namen. Um die Jahrhundertwende besuchten sogar Ausländer diese »Kolonie«, um Berndls Heilweisen kennenzulernen.

bett'l-tutti, sprich bē'l- (undekl.), bettelarm, ganz und gar bettelhaft. Redensart: Er is (gånz) b. – Ableitung: Dieses nur präd. gebrauchte Eigw. stellt eine Mischbildung des deutschen Wortes (ahd. *betalōn,* mhd. *betelen* ›betteln‹, abgeleitet von *bitten*) mit ital. *tutto,* Mz. *tutti* ›all‹, ›ganz‹ dar.

betufft, sprich b'dufft: niedergeschlagen, in sehr gedrückter Stimmung. – Ableitung: eigentl. betäubt; vgl. mhd. *toub* ›taub‹, altgr. *typhlós* ›blind‹; verw. Wurzel in mhd. *tumb* ›schwach von Sinnen‹.

Biåmt'n-forelln, sprich -furöⁱn, w., Ez. u. Mz., eigentl. »Beamtenforelle«, ein Scherzausdruck für das ›Sålzstang(er)l‹, ein beliebtes Weißgebäck, oder auch die Knackwurst. – Erklärung: In beiden Fällen wird eine einfache, billige Speise bezeichnet, die in der Form eine entfernte Ähnlichkeit mit einer Forelle aufweist. Das Wort deutet nicht ohne Ironie auf die bescheidenen Einkünfte niedriger Beamten hin.

Bielo: ›der Bielo‹, sprich Bílo, d. i. der ehem. Wr. Gemeinderat J. Bielohlawek (zu Luegers Zeit), der sich durch manche urwüchsige Aussprüche blühender Albernheit bemerkbar machte. Seine durch die Jahrzehnte leuchtenden »Weisheiten« richteten sich vornehmlich gegen Kunst und Wissenschaft sowie gegen deren Vertreter. Zu seinen schlagendsten »Erkenntnissen« gehörten etwa nachstehende vielzitierte Feststellungen: »Tolstoi, der ålde Tepp«. – »Jez måch'n s' a Gschra (Geschrei), wäu da Mumps'n (Theodor Mommsen) g'sturm is. Wås håt er denn schoⁿ g'måcht? Die remmischn Gschichtn! Die håt er do' eh nua å'gschrimm, denn woher kånn er dees sunst wiss'n?!« – »Wånn ih wås våⁿ di Bichln (von Büchern) heer (höre), håb ih schoⁿ g'fressn!« – Ableitung: *bielý = bilý* (tschech.) ›weiß‹, *hlava* (tschech.) ›Haupt‹; also *Bielohlavek* ›Weißhäuptel‹ (wr. ma. ›Weißhappl‹).

Bierhäuslmensch, s., eine Dirne, die hauptsächlich in kleinen Winkelkneipen (›Beiseln‹) anzutreffen ist.

biglem (End., undekl.), spärlich, schwer erhältlich. – Ableitung: Man vermutete einen Zusammenhang dieses Ausdrucks mit mhd. *gelīme* ›knapp‹, ›eng‹; vgl. Mayr (1930) 52; das Bayrische kennt das Wort nicht.

Bind-bånd, *s.*: 1. ein (meist gehäkeltes) Band, das zum Binden des eingehüllten Säuglings diente. – 2. Angebinde (Geschenk) des Taufpaten, der diese Gabe »einzubinden« pflegte. – Ableitung: Schmeller I 246. Ik. 38. Sassmann 229.

Bindl, *s.*, Halsbinde, Krawatte. – Ableitung: Vkl. von Binde *w.* (zu binden).

Binkl-jud: 1. jüdischer Wanderhändler; s. ausführlich unter ›Handlēh‹. – 2. (verächtlich) Scheltwort für Jude. – Ableitung: zu mhd. *büngel m.* ›Knollen‹, ›Ballen‹; vgl. Schmeller I 395.

blab, blau. – Ableitung: ahd. *blāo* (flektiert: *blāwēr*), mhd. *blā* (flekt.: *blāwer*) ›blau‹; vgl. Pfab (Pfåb): s. d.

blami oder **blangi** (undekl. Eigw.), begehrlich, lüstern. – Ableitung: zu mhd. *blangen* oder *belangen* ›verlangen‹, ›begehren‹, ›gelüsten‹.

Blitz-å(b)leiter (scherz.), Wachmann in der österr.-ungar. Monarchie, mit Bezug auf die silbrig glänzende Spitze seiner Pickelhaube (frühere Dienstkleidung).

Blitz-kuch'n, Ez. u. Mz., Kuchenart, mit Kristallzucker bestreut. – Erklärung: Seinen Namen hatte dieses Gebäck vom Glitzern (»Blitzen«) seiner Bestreuung.

Blitz-madl, sprich -mā'l, *s.*, ein lebhaft-rühriges und dabei hübsches (›blitzsauberes‹) Mädchen.

Bosniak (End.), Bosnier: 1. eine der auffallendsten ehem. Wiener Straßentypen, nach dem ersten Weltkrieg aus dem Wiener Stadtbild verschwunden. Der hochgewachsene, bisweilen einem Urwaldriesen gleichende Bosniak, scherzweise auch mit frz. Endung ›Bosnieur‹ (Uspr.) genannt, war ein aus den einst zur österr.-ungar. Monarchie gehörigen südslawischen Gebieten Bosniens oder der Herzogowina stammender Verkäufer von Feuerzeugen, Pfeifenspitzen, Uhren, Uhrketten, Ringen, Halsbändern, türkischen Messern und Dolchen, die er gewöhnlich in einem mit Riemen am Leib befestigten kistchenartigen, gefächerten Behälter unterhalb der Brust trug. In malerischer Tracht, mit seinem dunkelroten, weithin bemerkbaren Türkenfez, mit blauer, oben weiter, unten enger Hose, mit buntem gesticktem Gürtel und braunroten Opanken stand er an belebten Straßenecken der Innenstadt und an den Pratereingängen oder ging dort gemächlich und unhörbar auf und ab. Der gemessen-vornehmen Art seiner Landsleute gemäß, sprach er kein Wort zur Anpreisung seiner Kostbarkeiten, sondern sah mit kindlich-unschuldvoller Miene die Leute an und neigte sich dann und wann mit huldvollem Blick auf seine Waren nieder. Fand sich ein Käufer, so war dieser über die Höhe der genannten Preise zunächst verblüfft; aber der Bosniak hatte nach der in seiner Heimat damals üblichen (morgenländischen) Sitte, die auf das »Handeln« (Feilschen) um den Preis eingestellt war, in der Regel das Drei- oder Vierfache des tatsächlich gewünschten Betrages verlangt. Er ließ also gutmütig mit sich »handeln«, und wenn er zuletzt ein Viertel der begehrten Summe erhielt, dankte der Riese mit befriedigtem Kopfnicken und schlich langsam und lautlos weiter. Man nannte ihn auch ›Hadschiloja‹, s. d.

2. ein aus dunklem Roggenmehl erzeugtes Gebäck in der Form eines kurzen, breiten Weckens. Der Ausdruck ist heute noch ab und zu, besonders in NÖ., anzutreffen. Um die Jahrhundertwende war in Wien für das gleiche Gebäck auch der Name ›Hadschiloja‹ (s. d.) gebräuchlich; es war südslawischer Herkunft. Später wurde in Wien (bis 1938) ein ähnliches, aber schmäleres Gebäck unter dem Namen ›Bierweckerl‹ erzeugt. – Ableitung: zu serbokroat. *Bosna* w. ›Bosnien‹ (Landname) nach dem Namen des Flusses *Bosna*, eines Nebenflusses der Save; -*iak* (und -*ak*): männl. slaw. Endung, hier den Angehörigen eines Volksstammes bezeichnend.

Botschánl, *s.*; Redensart: ›ned a B. wert‹, d. i. nicht das Geringste. – Ableitung: viell. zu ital. *bocciare* ›durchfallen lassen‹; vgl. *non ne saper bocciata* ›gar nichts davon verstehen‹.

Brädlbråder, sprich Brä'l-: Selcher, der frischgebratene Würste feilbietet. Das Wort soll aus dem Jahr 1192 stammen und erstmalig auf Richard Löwenherz angewandt worden sein, der auf seiner Flucht in der Tracht eines Kochs zu Erdberg erkannt wurde, als er eben einen Braten wendete.

Brād-mācher, eigentl. »Breitmacher«: Prahler, Aufschneider; vgl. brädgoschert (= großmäulig).

brād'n, in die Wege leiten; zustande bringen. – Ableitung: mhd. *breiten* ›breiten‹, d. i. breit hinlegen oder viell. richtiger zu mhd. *be-reiten* ›bereit machen‹, ›rüsten‹; vgl. Schmeller I 370.

Brāmfer, *m.*, Branntwein. – Ableitung: ein aus der Gaunersprache in die Mundart eingedrungener Ausdruck; ebenso: Bråmfer-wind'n *w.* ›Branntweinstube‹.

Bredul, sprich -du^i (End.), *w.* (nicht nur wienerisch), arge Schwierigkeit (Verlegenheit). – Redensart: ›in der B. sein‹. – Ableitung: Die Endbetonung des Wortes weist auf das Frz. hin: *bredouille w.* ›Matsch‹, ›Spielverlust‹; vgl. Schmeller I 348 (›Bredulti‹). Mayr (1930) 77. Unrichtig verzeichnet Hügel 44 ›Brisül‹.

Brettl-hupfer, sprich Brē(d)l-: 1. ein aus Brettern kümmerlich gefügter Kinderschlitten, womit Kleinkinder über Schneehaufen herabglitten; er stellte gewissermaßen den urweltlichen Vorgänger zur heutigen Rodel dar. – 2. (scherz.-spött.) ein Volkssänger auf der ›Pablatsch'n‹, s. d.

brettl-rutsch'n, sprich brē(d)l-, ein verhüllender Ausdruck für ›sterben‹. – Erklärung: Unter Brettl ist hier das Leichenbrett zu verstehen. – Ableitung: rutsch'n v. spätmhd. *rutzen* oder *rütschen* ›sich gleitend bewegen‹.

Brikscherl, sprich -scha'l, *s.*, Stückchen, Bißchen. – Ableitung: ital. *bricia* oder *briciola w.* ›Krümchen‹, ›Brosame‹, vgl. auch ital. *briccica w.* ›Kleinigkeit‹.

Brilliant'n-grund, sprich Brülli-, der 7. Wr. Bezirk. – Erklärung: Auf Maria Theresias Anregung war ein Schweizer Seidenfachmann nach Österreich gekommen und hatte in Penzing eine Zweigniederlassung errichtet. Josef II. setzte diese Bestrebungen seiner Mutter fort und berief aus allen Himmelsrichtungen tüchtige Seidenweber nach Wien. Diese ›Seidenzeugmacher‹ siedelten sich in der Schottenfelder Vorstadt (jetzt zum 7. Bezirk gehörig) an, überflügelten bald den Schweizer Fabrikanten und schufen in rund einem Jahrzehnt über 260 Seidenwerkstätten mit nahezu 30.000 Arbeitern. Der Kaiser förderte das heimische Seidengewerbe durch wirksame Schutzbestimmungen, namentlich durch Einfuhrverbote und hohe Zölle für ausländische Seiden- und Samtwaren. Damals wurde Schottenfeld zu einem der wohlhabendsten Viertel Wiens, das in Liedern dieser Zeit als ›Brillantengrund‹ besungen wurde. Der Ausdruck vererbte sich später auf den siebenten Wiener Gemeindebezirk ›Neubau‹. Mit dem allmählichen Verschwinden der josefinischen Schutzmaßnahmen verschwand auch die damals großzügig betriebene Seidenraupenzucht in Wien, und heute gemahnt nur noch hin und wieder ein einsamer halbdürrer Maulbeerbaum, der im Hofe eines Altwiener Hauses seine letzten Zweige treibt, an die glänzenden Zeiten des Brillantengrundes.

Britschk'n, *w.* (nicht nur wienerisch), leichtes Bauernfuhrwerk. – Ableitung: poln. *bryczka w.* ›Wägelchen‹ (*bryka w.* ›Wagen‹); während des ersten Weltkriegs vorübergehend auch in Wien gebräuchlich; vgl. Panjewåg'n.

Bruck'n-kopf (scherz.), Meerschaumpfeife, jetzt nicht mehr gebräuchlich.

buckl-fünfernl, sprich buuglfimfa'ln. – Entstehung: Zur Zeit der Hochblüte der Wiener Seidenindustrie am Schottenfeld (s. ›Brilliant'ngrund‹) traf der Seidenweber Jos. Göbel eine besondere Einrichtung, um das zeitraubende Nachmessen der oft viele tausend Ellen langen Bänder zu ersparen. Dieser ›Bandmacher‹ ließ Papiermarken herstellen und diese in Abständen von fünf zu fünf Ellen auf seine farbenschönen, hochbewerteten Seidenbänder aufkleben. Die Marken waren auf der Rückseite gummiert und wurden von den Hilfsarbeitern mit der Zunge befeuchtet. Dieses Belecken und Aufkleben nannte man das ›Fünferln‹. Der Ausdruck bürgerte sich in Wien rasch ein und wurde bald mit dem ergänzenden Zusatz ›Buckl-‹, der eine Örtlichkeit auf der menschlichen Körperrückseite dezent andeutete, zu der verbalen Worteinheit ›bucklfünferln‹. Das in der Regel mehr gemütlich als erregt hingeworfene Wort stellt sohin eine geradezu gesellschaftsfähige Form des Götzzitats dar; die übliche Redensart lautet: ›Der kånn mi bücklfünferln‹; vgl. den Parallelausdruck: ›der kånn ma von Buckl åwa-rutsch'n‹; s. auch åwa-kräulln.

Búdaschl, *m.*, Pudelhund; auch (ger.): Köter. – Ableitung: Weiterbildung zu Pudel.

Bumma-rassa, *w.* (*s.*), die Lärmmusik der türkischen Fußtruppen (Janitscharen). – Ableitung: s. zu Bummer.

Bummer oder **Pummer**, *m.*, Vkl.:
Bummerl, sprich -a'l, *s.*, Bombe. – Ableitung: zum Empf. ›bum(m)!‹ – Die jetzige Bezeichnung ist Baumb'n, Vkl. Baumberl.

Bummer-kestl oder **Pummer-**, *m.*, Bombenmörser alten Stils. – Ableitung: s. zu Bummer (Pummer), vgl. bummern (= pumpern) ›laut schlagen‹, ›lärmen‹; Kestl = Kessel.

Burgmurrer, *m.*, Bezeichnung der ehem. Wiener Burgmusik (›Burgmusi‹), aber auch der hauptsächlich aus Bläsern und Trommlern bestehenden Musikkapelle selbst, die zur Ablösung der Wache in die Hofburg zog und schneidige österreichische Marschweisen spielte. Die Musiker des jeweils ablösenden Regiments begleiteten sodann die abgelöste Wache in deren Kaserne; dabei marschierten sie mit klingendem Spiel durch die entsprechenden Wiener Hauptstraßen, geführt von ihrem ›Regimentstambour‹, einem Feldwebel, der seinen gewaltigen Tambourstab taktmäßig auf- und niederbewegte und so die Kapelle dirigierte. Den Musikerzug beschloß meist ein von einem Pony gezogenes Wäglein mit der großen Regimentstrommel. Zu beiden Seiten waren die Militärmusiker stets von zahlreichen fröhlich mitmarschierenden Leuten jedes Alters flankiert, unter denen niemals die mitpfeifenden Pülcher fehlten. – Ableitung: Seine Bezeichnung erhielt der Burgmurrer offenbar von den tiefen, murrenden Tönen des Helikons (Kontrabaßtuba), eines kreisrund gewundenen, über die Schulter getragenen Blechblasinstruments.

Burg-musi (Anf.), Burgmusik; s. Burgmurrer. Vgl. Ed. Pötzl »Von der Straße« in ›Die Wienerstadt‹, Wien 1907, S. 54f.

buseriern, sprich -ri^{a}n, antreiben, nötigen. – Ableitung: frz. *pousser* ›stoßen‹, ›(vorwärts)treiben‹, *pousserie w.* Stoßerei.

Butt(e)n-hansl, Teufel (mit der ›Butt'n‹); Tod.

Butt(e)n-huaber, *m.*: 1. Träger eines Zylinderhutes. 2. (ger.) vornehmer Dummkopf.

Butzi oder **Butz** oder **Buz(i)**, *s.* (auch *m.*), herziges Kind. Das Wort hat die gleiche Bedeutung wie der ›Butze-mann‹, der im Kinderlied besungen wird: ›Es tanzt ein Bi-, Ba-, Butzemann um unser Haus herum, fidibum‹. Wenn der Ausdruck auch im Mhd. (*butze*, s. u.) einen Poltergeist bedeutet, so ist der Butze doch ursprünglich kein Geist (»Dämon«), sondern eine Märchengestalt, ähnlich etwa dem Rumpelstilzchen. – Ableitung: mdh. *butze m.* ›Kobold, vermummte Schreckgestalt‹; vgl. schweiz. *Būz m.* ›Wichtl, Zwerglein‹. Waigand (I 316) will das Wort auf ahd. *bōzan* ›schlagen‹ (vgl. Am-boß) zurückführen. Zur gleichen Wurzel gehört nhd. ›putzig‹ (= herzig, lieb). – Lit.: K. v. Spieß, Marksteine der Volkskunst I (1937) S. 50ff., 91ff., 118f. K. v. Spieß u. E. Mudrak, Deutsche Märchen, 5. Aufl., 1939, S. 89, 102, 109.

C

Calafáti (ital. Eign.), *m*.: 1. (Grundbedeutung) Besitzername des einst volkstümlichsten Ringelspiels (Karussells) im Wr. Volksprater, das wegen seiner altertümlichen Besonderheit seit 1935 unter behördlichem Denkmalschutz stand und 1945 durch den Krieg zerstört wurde. – 2. (übt.) Bez. dieses Ringelspiels: ›Mir gengan zun C.‹ – 3. (übt.) der große Chinese inmitten dieses Ringelspiels, auch der ›Calafati-Chineser‹ (sprich Kinēsa) genannt. – 4. (übt.) ein sehr hoch gewachsener Mann: ›Is d'r dees a C.!‹ – Erklärung: Im Jahr 1840 hatte der aus Triest stammende A. Calafati, der damals in Wien ein bekannter Taschenspieler und Zauberkünstler war, die Erlaubnis zum Betrieb eines Ringelspiels im Prater erhalten. Da in jenen Jahren schon die erste Dampfeisenbahn von Wien nach Wagram in Betrieb kam, ließ er die Wagen seiner Unterhaltungsbahn den damaligen offenen Eisenbahnwagen nachbilden und ihnen zwei rasselnde Lokomotiven voranstellen. Im Hinblick auf die Feindseligkeiten zwischen England und China (Fall Pekings im Jahr 1860) gab dann später der geschäftstüchtige Besitzer einer der Lokomotiven den Namen ›Peking‹ und stellte in die Mitte des Ringelspiels als Verkleidung von dessen Achse die fast 9 m hohe Figur eines prunkvoll gekleideten, bezopften und mit einer gewaltigen Goldperlenkette geschmückten Chinesen, der sich mit dem ganzen Karussell im Kreise mitdrehte und seine Rechte in hoheitsvollen Bewegungen immer wieder hob und senkte. Der Besitz dieses Ringelspiels, des einzigen im Prater, das über 100 Jahre in seiner Ursprünglichkeit als Eisenbahnkarussell erhalten blieb, erbte sich in der Familie C. fort.

Christbam-brēdln, sprich -brē'ln, Mzw., »Christbaumbrettchen«, d. i. 1. (Grundbedeutung) das hölzerne Fußkreuz des Weihnachtsbaumes, 2. (übt.) spött. Bez. großer Füße.

christ-seli(ch), sprich -söl-, gottselig (noch in ländlichen Dialekten). – Redensart: ›ih wü' mei christseliche Ruah hâb'n‹.

D

Dålk'n-dübl, sprich Do^{i}k-, *m.* (schelt.), höchst alberner Tropf.

da-mengi (Mitt.; Eigw., undekl.), zahlreich, massenhaft; Redensart: ›Leut wårn d.‹ – Ableitung: aus ›der Menge‹ oder ›d'r Menge‹.

Dam-leschi (Mitt.), *m.*, träger, unbeholfener oder unachtsamer Mensch. – Redensart: ›Dees is a rechter D.‹, ferner: ›D., klaub's auf!‹ Ausruf, wenn jemand aus Ungeschicklichkeit oder Achtlosigkeit etwas aus der Hand fallen läßt. – Ableitung: tschech. *tam leží!* ›dort liegt er (es)!‹ *ležeti* ›müßig daliegen‹; vgl. Mayr (1930) 192 u. Schmidt 8.

Dåmpf-g'scherter, sprich -rda (spött.), Bauer aus dem Marchfeld. – Ableitung: *Gscherter* ›Bauer‹ (wegen des einst kurz geschorenen Haars der Bauern), Dåmpf-: steigernd wie in ›Dåmpfplauderer‹; viell. aber nimmt diese alte Redensart darauf Bezug, daß im Marchfeld die ersten Dampfmaschinen Österreichs eingesetzt wurden.

Dānau oder **Dāna** (selten **Dóana**), *w.*, die Donau, nach der Wolga Europas längster Strom. – Redensart: ›Då wird no vü^i Wåssa in d' D. rinna (müassn)‹: es wird noch geraume Zeit dauern. ›Dåzumåls san Se no in da D. gschwumma‹: Damals waren Sie noch nicht geboren. ›Dees håß (= heiße) ih, Wåssa in d' D. trågn‹: eine überflüssige Arbeit tun. ›Gift, Rewolfa, Danau gfälli?‹: iron. Frage an jemanden, der sich wegen einer Geringfügigkeit übermäßig aufregt. – Alte Scherzstrophe, die Kindern Spaß macht: ›De Danau is ins Wåssa gfålln, / Da Eisstoß is vabrennt; / Då is da Weana Stefansturm / Zan Lesch'n åwi grennt.‹ – Ableitung: Die Herkunft des Flußnamens ist ziemlich dunkel. Abgesehen davon, daß uns bei alten Gewährsmännern (Stephanos und Eustathios) *Matoas* als skythische Benennung der Donau überliefert wird, hieß der Fluß in seinem Unterlauf im Altertum altgriech. *Istros* (bei Herodot II 33), lat. *Ister* oder *Hister*. Auf mehreren römischen Inschriften und literarisch zunächst bei Cäsar (Bell. Gall. VI 25,2) erscheint der Name *Danuvius*, der im späteren lateinischen Schrifttum auch die Form *Danubius* annimmt. Die Hellenen übernahmen das Wort mit griech. Endung als *Danúbios*, doch findet sich daneben auch die verschliffene Form *Dánubis*. Die Germanen bildeten ihr Wort *Donawi* aus der genannten Lateinform; als romanische Bezeichnungen seien ital. *Danubio* und frz. *Danube* erwähnt. Im Nibelungenlied begegnet uns die Namensform *Tuonouwe* (z. B. Strophe 1291, V. 1, 1320, V. 3, 1329, V. 3, hg. v. Sievers); daraus entwickelte sich die Schreibung *Tonau*, für die erst in der Humanistenzeit die Form *Donau* aufkam, die dann seit dem 15. Jh. herrschend wurde. Die slawische Benennung *Dunaru* oder *Dunaj* (vgl. ung. *Duna*) verglich man mit ähnlich lautenden Flußnamen wie *Don* und *Donez* und nahm an, daß das Wort *Donau* eine Verbindung der slawischen Wurzel *don* (›Fluß‹) mit erläuterndem deutschen *aa* (›Fluß‹, Name vieler Flüsse und Bäche in german. oder ursprünglich german. Gebieten, ahd. *aha* ›Wasser‹, vgl. Aach und Ache) darstelle: Demnach wäre das Wort D. eine Mischform aus zwei gleichbedeutenden, verschiedensprachigen Worteilen, wobei der zweite deutsche Teil das weibliche Geschlecht des Ausdrucks veranlaßte.

Diese Deutung stieß auf Widerspruch bei den Keltisten und schon I. K. Zauß wies in seiner Sprachlehre des Keltischen (S. 994) darauf hin, daß das älteste uns bekannte Wort für Donau – das noch im Wiener Dialekt erhaltene *Dana!* – keltisch-irischen Ursprungs sei: kelt.-ir. *dána* (ähnlich gäl. *dàn, dân*) bedeutet soviel wie ›kühn‹, ›tapfer‹ und ergebe, von den Römern mit dem Suffix -uvius latinisiert, den Sinn ›der starke (oder rasche, reißende) Fluß‹. Eine beachtenswerte Stütze erhält die Herleitung des Wortes aus dem Keltischen dadurch, daß auch ein Nebenfluß der Vezouse (Ostfrankreich) *le Danube* heißt. – Abschließend sei noch erwähnt, daß manche Sprachforscher das Wort auf das awestische *dann* (›Fluß‹) der Parsen zurückführen, wovon auch der Flußname Don kommen soll.

Danau-fetz'n, *m.* – Redensart: ›a ausg'schwabter (oder ågschwabter) D.‹ = (verächtlich) ein sittenloses Frauenzimmer allermindester Sorte. – Ableitung: schwåb'n = ›schwemmen‹, ›spülen‹; Danau = Donau.

Dånderlå^n oder **Dånderlåntsch**, *m.* (schelt.), bequemer, träger, auch blöder Mensch. – Ableitung: zu *dåndeln* = tändeln; vgl. Sassmann 229.

Dåwidl-båh^n (scherz., spött.), Kleinbahn. – Ableitung: Benennung nach dem eiligen Geräusch (›dåwidl, dåwidl‹ usw.), das deren kleine Lokomotive bei voller Fahrt hören läßt; vgl. Knöpferlbåh^n (s. d.).

Denār, Mz. Denāri, Geld; z. B. ›kan Denar gib ih dafur‹. – Ableitung: ital. *denario* u. *denaro* m. ›Denar‹, aus lat. *denarius* m. röm. Silbermünze (Zehn-As-Stück, zu lat. *deni* ›je zehn‹).

Denk-pfening, *m.*, Denkzettel.

Didl-tåpp, *m.* (nicht nur wienerisch), einfältiger, aber gutmütiger Mensch; Dummkopf. – Ableitung: zur gleichen Wurzel wie Tepp, hd. täppisch; vgl. Schmeller I 490; 613; bayr. *Didel m.* (stets in Zusammensetzung): ›alberner (oder schläfriger) Mensch.‹

Dini, *w.*, Leopoldine (Koseform); auch Poldi.

Dischbadier-hansl, zanksüchtiger, rechthaberischer Mensch, Disputierer. – Ableitung: zu lat. *disputare* ›erörtern‹, ma. dischbadiern.

Diwi-domini! oder **Difidomine!**, Fluchwort, jetzt nur noch: kreuzdiwidomini. – Ableitung: Diwi von Teufel; domini: lat. *dominus* ›Herr‹, häufig in Gebeten (Christus) vorkommend.

Dock'n, *w.*, »Docke«, Spielpuppe; auch übt.: hochmütig-gezierte Frau. – Ableitung: ahd. *toccha* oder *tocka w.* ›Hanfbündel‹; mhd. *tocke w.* ›Bündel‹; ›Kinderpuppe‹; ›Mädchen‹ (Schmeichelwort); mnd. *docke* Flachs- oder Strohbündel in Puppenform.

Doll'n, *w.*, Ohrfeige. – Ableitung: viell. zur idg. Wurzel *tu* ›schwellen‹. Vgl. lat. *tumere* ›schwellen‹, altgr. *týlos m.* ›Geschwulst‹; s. Kluge (1934) 109.

dollna, ohrfeigen (eigentl. ›dollnen‹). – Ableitung: s. zu dem vorhergehenden Doll'n.

Dopp(e)l-polischer, *m.*, besonders starker polnischer Branntwein. – Ableitung: polisch = polnisch; das nachfolgende Hw. ist ausgefallen.

Doppel-tuach, *s.*, das (meist zweifarbige) Soldatenkleid; auch allg. Bezeichnung für Militär.

Dost'l, *m.*, beleibter Mann (›a dicker D.‹). – Ableitung: zu ma. dosti(ch), von kroat. tuzt.

Dråchter, *m.*, Reifendrache, s. Rafler. – Ableitung: Die auffallende Endung (sonst ›Dråch'n‹) wohl infolge Beeinflussung durch Tråchter (Trichter, s. d.).

Drahanek (Anf.), Scherzbezeichnung für Werkelmann mit Bezugnahme auf einen einst volkstümlichen Tonkünstler (Dirigenten) dieses Namens; vgl. drahn = drehen (die Kurbel der Drehorgel).

Drahdi-waberl oder **Drahdi-wawi** (selt.), *s.*: 1. ein meist hölzernes, sich um seine Achse drehendes Püppchen (Bäuerin) als Kinderspielzeug. – 2. ein achtseitiger Spielkreisel, auf dem sieben Seiten mit Punkten (1–7) versehen sind, während die achte ein weibliches Bildnis, nämlich die ›Waberl‹ oder die ›Mariandl‹ zeigt. Dieser mit den Fingern in

rasche Drehung gesetzte Kreisel erfüllt denselben Zweck wie das Würfeln. – 3. allgemeine Bezeichnung jedes Spielkreisels, auch des ›Wol-
ferls‹. – Ableitung: Der Ausdruck ist eigentlich ein zum Hauptwort er-
starrter Befehlssatz: ›Drah di, Waberl!‹ = Drehe dich, kleine Barbara!
Das Wort gehört der Kindersprache an, wie sie sich vornehmlich in Bezeichnungen von Spielzeugen und Kinderspielen kundgibt.

Drahrer, *m.*: 1. eine Drehung, z. B. ›er mácht an D.‹; auch = Schwin-
delanfall, eig. ›ein Dreher‹; 2. Nachtschwärmer, das Vorbild eines
leichtlebigen Menschen, der gewissermaßen die Zeit umdreht und die
Nacht zum Tag macht. Das in diesem Sinne gebräuchliche Wort, dessen
Begründer der Wiener Volkssänger Edmund Guschelbauer (1839–1912)
ist, hat seine besondere Geschichte und knüpft sich an das von ihm jahrzehntelang gesungene Wienerlied »Weil ih an ålder Drahrer bin«. Der
Sekretär des Strampfertheaters, namens Ernst Pohlhammer, hatte eine
Soloszene »Der Werkelmann« verfaßt (1879), an die sich ein Lied mit
dem Refrain ›Weil ih an ålder Drahrer bin‹ anschloß. Das Wort ›Drahrer‹ (Dreher) war somit von Pohlhammer in seiner ursprünglichen Bedeutung gebraucht, da ja der Werkelmann (s. d.) vom Drehen der Kurbel
seines Leierkastens lebt. Die matte Wirkung dieser Soloszene veranlaßte
Guschelbauer zu deren Streichung; das Lied aber trug er für sich vor.
Dadurch war die Verknüpfung des Couplets mit dem Werkelmann gelöst und es blieb der ›Drahrer‹, »den ich als Begriff eines Menschen, der
die Zeit umdreht und die Nacht zum Tag macht, verkörperte« (Worte E.
Guschelbauers, mitgeteilt von Jos. Koller). So rührt die Prägung dieses
besonderen Wortsinnes von dem genannten Volkssänger her, dessen
Leiblied alsbald zu einer Art Lobgesang des sorglos-leichtlebigen Wienertums wurde. Das äußerst beliebte Wort selbst führte dann zu weiteren Wortschöpfungen entsprechender Bedeutung: drahn, Drahrerei.

Drām, *m.*, Balken. – Ableitung: mhd. *drām* (*trām*) *m.* ›Balken‹.

Dräml oder **Träml**, *m.*, kurzes Holzstück, Prügel; auch der von den ersten Gigerln (s. d.) einst getragene Stock. – Ableitung: Vkl. v. Dram, s. d.

Dreckulaner, sprich Dreeg-, *m.* (schelt.), unreinlicher Mensch. – Ableitung: gebildet mit lat. Ableitungssilbe.

Duri-Duri! Ruf des Salamiverkäufers (»Hartwürste«), s. Salamudschi.
– Ableitung: ital. *duro* ›hart‹; Auslassung des Hw.s *salami* (›Würste‹).
Gemeint ist die ung. harte Salami im Ggs. zur weichen Veroneser Sala-
miwurst.

dus, still, sanft, z. B. ›a duse Maus‹. – Ableitung: mhd. *tūze* ›still‹, ›ruhig‹; Mayr (1930) 76 denkt viell. richtiger an frz. *doux* (fem. *douce)* ›süß‹, ›sanft‹ (lat. *dulcis*); s. dusma.

dúsma, schweigsam, wortkarg: ›er is ganz d.‹ – Ableitung: frz. *doucement* (Ustw.) ›langsam‹, ›heimlich‹; s. dus.

E

échader (sprich -da) oder **echer,** eher; die jetzt herrschende Form lautet ›ehnder‹ (›ehnda‹). – Ableitung: Die obd. Form ›eh(e)nder‹ ist eine Steig. (Komparativbildung) von mhd. *end* oder *ent* ›eho‹, ›bevor‹, ahd. *enti* ›früher‹; zu *ch* = *h* in echader (= ehender, *a* = *en*) vgl. z. B. leichen = leihen, hd. rauch (z. B. bei Grillparzer) = rauh.

Eck, *s.,* Zehntausendkronenschein zur Zeit der Geldentwertung nach dem ersten Weltkrieg. – Ableitung: aus der Gaunersprache.

Ed(e)l-knåb'n oder **Weaner Edlknåb'n,** Bez. des einstigen Wiener Hausregiments ›Hoch- und Deutschmeister‹ (Infanterieregiment Nr. 4), das sich in vielen Kämpfen, darunter namentlich in der Schlacht bei Kolin am 18. Juni 1757, auszeichnete, wo das österr. Heer unter Daun einen entscheidenden Sieg über die preußische Armee unter Friedrich dem Großen errang, der dadurch zur Defensive gezwungen wurde. In besonderer Gunst stand dieses Regiment bei Kaiser Josef II., der es als beispielgebend für andere Truppenkörper bezeichnete. Diese hohe Wertung führte zu der allmählich populär gewordenen Benennung ›Edlknåbn (des Kaisers)‹. Die einzelnen E. gebrauchten diesen Ausdruck in scherzendem Tone auch gerne von sich selbst. – Vgl. ausführlich bei F. Schlögl, Ges. Schriften I 321 ff.

Eglipasch (End.), auch **Eklipasch(i),** *w.,* Herrschaftswagen, vornehme Kutsche. – Ableitung: frz. *équipage m.* (Kutsche). Dem Wort, das ursprich ›Gerät‹ bedeutete, liegt die deutsche Wurzel *skip* ›Schiff‹ zugrunde: vgl. frz. *équiper,* altfrz. *esquiper* ›(ein Schiff) ausrüsten‹, ›mit Fahrgerät versehen.‹ Dem aus dem Frz. entlehnten Wort wurde bisweilen die Endung -i (vgl. ital. equipaggio) angehängt; ähnl. Wortbildung: Bagaschi, Kuraschi.

eh-amål, sprich -amo^i, früher, früher einmal. – Ableitung: mhd. *ē* (oder *ēr,* Ustw.) ›früher‹, ›vormals‹.

Ehrn-ta oder **-tåch,** Hochzeitstag, eigentl. Ehrentag. – Ableitung: zu ahd. *ēra w.* mhd. *ēre* ›Ehre‹. Die alte Bez. lebt noch in den ländlichen Mundarten Österreichs weiter.

Eier-peck'n, sprich Aiabeggn (Anf.), *s.,* Ezw.: ein bes. von Kindern und Jugendlichen vielgeübter Osterbrauch: zwei Spieler schlagen ihre gefärbten Ostereier aneinander, wobei derjenige verloren hat, dessen Ei eingeschlagen (»ei^{n}gitscht«) wird. Das eingeschlagene Ei fällt dem Sieger zu. – Ableitung: peck'n ablautend zu picken (einen Schnabelhieb versetzen); mhd. *bicken* = stechen.

eina-pof(e)ln, sprich -bof-, durch einen engen Eingang irgendwo in dichten Mengen hereindrängen, stets von Menschen gesagt. – Ableitung: ma. pofeln = sich drängend fortbewegen, von lat. *populus* ›Volk‹ (gleiche Wurzel wie Pöbel).

eini-kei'n, Redensart: ›ān wås e.‹: jm. etwas durch Schläge oder hartes, unverdrossenes Zupacken beibringen. – Ableitung: zu bayr. *keien* oder *gheien* ›schlagen‹, ›werfen‹; s. unter Keirei; vgl. tschech. *kydati* ›werfen‹. Hügel 53 schreibt unrichtig »einikäu'n«. Schmeller I 1025f.

eini-neid'n, Redensart: ›an wås ei.‹: jm. etwas »bis hinein« (d. i. bis in den Mund oder Magen) mißgönnen. Noch in ländlichen Mundarten gebräuchlich.

Ei^{n}spånner, *m.*, mit bloß einem Pferde bespannter Mietwagen im Ggs. zum zweipferdigen Fiaker (s. d.). Der E., auch Komfortabel (s. d.) genannt, dem in München die einspännige Droschke entsprach, galt als ein minderes Fuhrwerk; er erschien im 2. Weltkrieg wieder vorübergehend auf der Bildfläche und ersetzte das infolge Benzinmangels fehlende Taxi. – Ableitung: Das Wort hat eine eigenartige Geschichte; so einfach es auch aussieht, entstand es doch durch eine volksetymologische Umformung. Es gab ehemals eine Sorte Hofwagen, die bloß ein Kutscher lenkte, und dieser trug ein spanisches Dienstkleid (Ggs. vier- und sechsspännige Prunkwagen mit mehreren Lenkern): diese einfacheren Hofkutschen hießen in Wien ursprünglich ›Einspanier‹. Der Einspanier pflegte auch habsburgischen Leichenzügen, bei denen Maultiere den Totenwagen zogen, regelmäßig voranzureiten. Das Wort ›(ein-)spannen‹ steht also anfänglich mit dem ›Einspånner‹, der sich aus dem Einspanier entwickelte, nicht in Verbindung. Anders liegen die Dinge bei der Würstchenart ›Einspånner‹, dem eine Bedeutungserweiterung des Wortes E. aufgrund eines Vergleichs zugrunde liegt.

Eiterhaus, *s.*, Eiterstock. Noch in ländlichen Mundarten. – Ableitung: mhd. *eiter,* ahd. *eitar s.* gleichbedeutend, auch ›Gift‹.

Eklipasch(i), s. Eglipasch.

Ei^{n}spånner (Komfortabel)

ent-traun – Redensart: ›si ned e.‹.: sich (einer Sache) nicht versehen.
– Ableitung: zu mhd. *trouwen* oder *troun* ›erwarten‹, ›glauben‹.

Erbsien-haus, ein ehem. Armenversorgungshaus (auf der Land-
straße). – Ableitung: Erbsien (= Erbsen) mit Bezug auf die schmale Erb-
senkost.

Es(e)ls-stiag'n, *w.*, Eselsstiege. Diesen Namen führte nach der Berg-
treppe in Hernals auch die Eisenbahnbrücke in Ottakring (Degengasse).
Der Volksmund wußte von diesen Stiegen Wundersames zu vermelden:
wer deren erste oder letzte Stufe betritt, wird ein Esel; um dieser un-
freundlichen Prozedur zu entgehen, muß man die bezeichneten Un-
glücksstufen überhüpfen. Daneben raunte eine minder kennzeichnende
Mär, daß faule Kinder, die diese Stiege dreimal auf und ab laufen, in
Tiere verwandelt werden. – Erklärung: Im Grunde genommen stellt die
Eselsstiege eine Art ›Himmelsleiter‹ (so lautet ein geläufiger volkskund-
licher Ausdruck) dar, deren Besonderheilt darin liegt, daß gewisse
Sprossen (Stufen, Haltpunkte) als gefährlich gelten: man muß über diese auf irgendeine Weise hinwegkommen, ohne sie zu berühren. Wer eine
solche befluchte Leitersprosse betritt, wird verwandelt. Und ebenso hat
eine Verwandlung zu befürchten, wer die verderbenbringenden Stufen

der Eselsstiege berührt: er wird zum Esel transformiert, wenn auch bloß zu einem im Märchenglauben. Die gleiche Idee liegt gewissen ›Wettrennspielen‹ zugrunde, Kinder- und Gesellschaftsspielen, bei denen das allmähliche Vorrücken auf dem Wettlaufsfelde anhand der Farbenzeichnung einer Rennbahn durch Würfeln geregelt wird: dabei gibt es gewisse bedrohliche Stellen (Felder), auf denen man verunglückt, warten muß oder zurückgezaubert wird. Auch das sog. ›Tempelhupf(e)n‹ (s. d.) gründet sich auf die Vorstellung der Himmelsleiter mit ihren glückhaften und unheilvollen Zaubersprossen. Erwähnt sei noch, daß in dem von Th. Vernaleken (»Mythen und Gebräuche des Volkes in Österreich«, Nr. 30) erzählten Märchen ›Der Wunderbaum‹ der Bamkraxler (s. d.) an diesem Baume rasch vorüberwandern muß und bei ihm nicht rasten darf, weil dieses Gewächs ein ... Menschenfresser ist: also auch hier der nämliche gefährliche Haltepunkt. – Lit.: vgl. K. v. Spieß, Marksteine der Volkskunst I (Berlin 1942), S. 281; ferner L. Höfer, Ztschr. f. Volkskunde XXXII (1927).

Essi-maⁿⁿ, Essigmann, Bez. einer seit dem ersten Weltkrieg verschwundenen Wiener Straßenfigur. Der E. war ein Italiener, der ein etwas abgeflachtes Essigfäßchen waagrecht auf dem Rücken trug und mit dieser seiner Ware handelnd von Haus zu Haus, von Tür zu Tür ging; er pflegte bloß ein empfehlendes »Faine Essi, gude Essi« zu sagen. – Ableitung: ahd. *ezzīh*, mhd. *ezzich m.* aus lat. *acetum s.*, gleichbedeutend zu lat. *acidus* ›sauer‹.

estamiern, sprich -miᵃn (End.), ästimieren, schätzen, (be)achten. – Ableitung: frz. *estimer* gleichbedeutend aus lat. *aestimare* ›(ab)schätzen‹.

Evangeli-mãⁿⁿ, ein meist bejahrter Mann, der in Hausfluren und -höfen aus den Evangelien vorlas; um die Jahrhundertwende konnte man ihm noch an den Rändern Wiens, besonders in Meidling, Hetzendorf und Altmannsdorf begegnen. Vgl. W. Kienzls Oper ›Der E.‹ (1895). – Ableitung: zu altgr. *eu-angélion s.* ›gute Botschaft‹.

Extra-bladl, sprich -blā'l, eigentl. ›Extrablättchen‹, Sonderausgabe einer Tageszeitung (anläßlich eines außergewöhnlichen Vorfalls), bloß aus einem Blatt (»Bladl«) bestehend.

extrich (Eigw.), eigen, besonder. – Redensarten: ›a extriche Gschicht‹; ›er wü' wås Extrichs håb'n‹. – Ableitung: Weiterbildung aus dem lat. Ustw. *extra* ›außerhalb‹.

F

Fasch, *w.*, Hackfleisch, Gehacktes. – Ableitung: frz. *farce w.* ›Füllsel‹, ›Füllmengsel‹.

fasché: 1. (eigw.): R. ›mit (auf) an f. sein‹: verfeindet sein; 2. (hauptwörtlich gebraucht): R. ›mit an a Fasch͞e aufheb'n‹: in ein unfreundliches (gespanntes) Verhältnis geraten: vgl. Mayr (1930) 197, Hügel 57. – Ableitung: zu frz. *fascé* ›gefascht‹, ›mit Binden versehen‹.

Faßl-rutsch'n, *s.*: Am Namenstag des hl. Leopold (15. Nov.), des Landespatrons von Niederösterreich, fahren die Wiener alljährlich nach dem nahen Klosterneuburg, pflegen sich daselbst an den vorzüglichen Weinen des Stiftskellers zu erfreuen und in seliger Stimmung von dem dortigen Riesenfasse herabzurutschen: ›Das Faßlrutsch'n in Klosterneuburg‹. Der Leopolditag wird in dem uralten Städtchen mit dem vielverratenden Wappen ›Zum rinnenden Zapfen‹ umso feierlicher begangen, als er auch der Festtag des hl. Stiftspatrons, des Markgrafen Leopold des Heiligen (1095–1136), ist.

Diese Rutschpartie über das tausend Eimer fassende Ungetüm, das auf Stiegen erklommen wird, führen die Leopolds- und Bacchusverehrer beiderlei Geschlechts aus. Dieser Brauch steht in seiner Art völlig vereinzelt da, und nur leise gemahnt manche ausländische Volkssitte an ihn. Darüber hat Rich. Hünnerkopf in der Oberdt. Ztschr. f. Volkskunde V 21 ff. geschrieben, ohne eine Sinndeutung dieser Gepflogenheit zu versuchen. Wir kennen das Alter unseres Brauches nicht: Ein gewaltiges Faß in Klosterneuburg wird im Jahre 1655 erwähnt, nicht aber seine Verwendung für diesen Volksbrauch; das gegenwärtig hiefür benützte Faß stammt aus dem Jahre 1704 und wurde im August 1711 erstmalig gefüllt. Die älteste literarische Erwähnung des Fasslrutschens findet sich in den Briefen des Eipeldauers vom Jahre 1814. – Folgende scheinbar verwandte Volksbräuche stellt Hünnerkopf a. a. O. in Frankreich und der Schweiz fest. Zu Ille-et-Vilaine in der Bretagne gilt es als ein Beweis der Jungfräulichkeit eines Mädchens, wenn es bei aufgehobenen Röcken und Hemd, also auf dem blanken Sitzfleisch, über einen Felsen herabgleiten kann, ohne sich dabei blutig aufzuschürfen. Andere Erprobungen der Jungfrauschaft in Frankreich sind: das Herabrutschen über Felsgestein auf einem Holzschuh, der nicht zerbrechen darf; Herabgleiten von Mädchen auf Reisigbündeln über Felsen, und zwar am 25. März (Mariä Verkündigung); an dem zuletzt genannten Brauch beteiligen sich – ohne erwähnte Begründung – auch Burschen. Im Anschluß daran möchte ich nachstehende Vermutung über den Sinn des Klosterneuburger Faßlrutschens vorbringen. Bedenkt man, daß zur Zeit dieser Brauchübung der junge Wein (»Heurige«) im ersten Ausreifen steht, so scheint es sich beim Faßlrutschen um einen Fruchtbarkeitsritus zu handeln, ähnlich wie bei dem Schlagen mit dem Zweig zur Weihnachts- und Osterzeit.

Favoriterln, sprich Faffritt- (Mzw.), feine Lockenbüschel an den Schläfen, eine ehemalige Damenhaartracht. – Ableitung: zu ital. *favorita w.* ›Geliebte‹, ›Liebling‹ (Eigw. *favorito* ›beliebt‹).

Fázi, *m.*, Geschäftsführer. – Ableitung: ital. *facitore m.* ›Erzeuger‹; vgl. ital. *essere in facione* ›zu schaffen haben‹.

Fazinéttl, sprich -nēdl oder nē'l, *s.*, Taschentuch. – Ableitung: ital. *fazzoletto m.* ›Schnuptuch‹; vgl. mhd. *fatzanetlin s.*

Feling, sprich Fö-, *w.*, Radfelge, jetzt Felg'n; doch ist Feling in den ländlichen Mundarten noch gebräuchlich.

Fellitschipée, s. Veloziped.

Ferl, *w.*, kleiner Stab (Gerte) des Lehrers, auch Patz'n-ferl genannt. – Ableitung: lat. u. ital. *ferula w.* ›Rute‹, ›Rohrstock‹.

fernerln, aus der Entfernung einen besseren Eindruck machen. – Ableitung: Weiterbildung zu hd. *fernen* ›fern machen‹, ›von fern vorteilhaft auffällig sein‹; zu mhd. *vernen* oder *verren* ›sich fern halten‹.

fettiern, sprich -ti^{a}n, gastlich aufnehmen. – Ableitung: frz. *fêter* ›feiern‹, ›Ehre erweisen‹.

Fetz'n, *m.*, Tausendkronenschein (Banknote). Ableitung: Gaunersprache.

Feuer-mauer, sprich Faia- (scherz.), hoher Stehkragen, wie ihn eine Zeitlang die Herrenmode »gebot«.

Feuerwerks-wies'n, sprich Faiaweaks-, *w.*: Zur Linken der heutigen Ausstellungsstraße, die vor Jahrzehnten »Feuerwerksallee« hieß (Häuser gab es damals dort nicht), breitete sich die große Feuerwerkwiese aus, auf der – teilweise unter riesigen Ulmen und Weißpappeln – Hunderte von Kindern, Kindermädchen und Soldaten zu lagern pflegten.

Auf dieser Wiese standen auch das Gerüst und die Hütten des einst ge-
feierten Feuerwerkers Stuwer (s. d.), an den heute noch der Name Stuwerstraße erinnert.

Fiaker (ma. meist Anf., umgangssprachl. stets Mitt.): 1. Bezeichnung
für ein mit zwei Pferden bespanntes Lohnfuhrwerk (Mietkutsche), aber
auch für dessen Lenker. Das Wort stammt aus Paris und rührt von einem
Haus zum heiligen Fiacrius *(Hôtel St. Fiacre)* her, das im 17. Jahrhundert in der Antons- oder Martinsstraße *(rue St. Antoine* oder *rue St. Martin)* stand und seinen Namen nach dem auf der Stirnseite dieses Hauses
befindlichen Bildnis des genannten Heiligen führte. Hier wohnte zur
Zeit Ludwigs XIV. ein gewisser Nicolas Sauvage, der im Jahr 1650 das
Sonderrecht erwarb, Lohnkutschen zu halten, die von nun an bei diesem
Haus (Wirtshaus) zum St. Fiacre ihren Stand hatten. Es wurde in Paris
bald üblich, Mietkutschen als »Wagen des hl. Fiacrius« *(voitures de St.
Fiacre)* oder einfach als *fiacres* zu bezeichnen. Danach wurde ›Fiaker‹
der Name für die damals in den meisten größeren Städten vorhandenen,
mit zwei Pferden bespannten Mietfuhrwerke, bis diese dem Automobil
wichen. Schon 1778 taucht die Benennung ›Fiaker‹ auch in Berlin auf,
wo sie jedoch bald durch das Wort ›Droschke‹ (und ›Droschkenkut-
scher‹) verdrängt wird: unter *droschki* (russ. Mzw.) verstand man ein in
Rußland gebräuchliches leichtes Fuhrwerk; poln. *dorozka w.* tschech.
drožka w. ›Straßenfuhrwerk‹.

Vornehmlich von Berlin aus wanderte der Ausdruck ›Droschke‹ nach
dem übrigen Deutschland, während man in Wien dem Fiaker die Treue
bewahrte; von Wien kamen das Wort und sein Begriff auch nach München. Das Wort lebt bis heute in Wien fort. Diese einst vielverhätschelte
volkstümliche Gestalt erschien auch vielfach in Liedern, Erzählungen
und Skizzen, ja selbst Theaterdichtern und Malern diente sie als Vorwurf. Der ›uriche Weaner Fiaker‹, unter allen Altwiener Straßentypen
zweifellos die hervorstechendste Erscheinung, trug einen hohen,
schmalrandigen Zylinderhut (›Stößer‹, s. d.), eine samtene Joppe, eine
mächtige bunte Krawatte und eine lichte, quadratisch gemusterte (›ga-
drallierte‹) Hose. Die vorderen Lockenhaare kämmte er sich in Sechserform vor die Ohren (›fürapickte Scharln‹). Im Mund baumelte ihm die
Lieblingszigarre des Wieners, die Virginierzigarre, und mit den Worten
»Fåhr ma, a (= Euer) Gnådn«, zu denen er meist artig den Stößer ab-
nahm, lud er Fahrgäste ein; als die mit Gummi bereiften Wagenräder

aufkamen, die ein fast stoß- und geräuschloses Fahren ermöglichten, setzte er noch »mit Gummiradln« hinzu. Der Wiener Fiaker wünschte sich ›noble‹ Fahrgäste (›Gawliere‹), die nur darauf Wert legten, in dem vornehm-schmucken, meist mit Traberpferden bespannten Fahrzeug (›Zeugl‹) in flottestem Tempo befördert zu werden und das von dem Fiaker verlangte Fahrgeld (ohne Frage nach der »Taxe«) zu bezahlen. Diese Kutscher, die meist auch die Besitzer ihres Gefährts waren, ließen gern ihre Tierliebe bestaunen (›s muaß ohne Peitsch'n geh^n‹) und verfügten großenteils über vorzügliche Einnahmen; sie waren gewöhnlich voll Übermut, geizten mit ihrem köstlichen Mutterwitz (›Hamur‹) nicht und spielten unbemittelten Leuten gegenüber gern den sich herablassenden gutherzigen Edelmann. – Vielgesungen war ehemals das »Wiener Fiakerlied« (von Gustav Pick), das geradezu die Seele dieses Typs bewahrt hat. Die erste Strophe davon hat Josef Hornig nach dem Aussterben des Fiakerurbilds zu einem »Automobil-Fiakerlied« umgedichtet:

Ih håb a Automopperl,
Mei Ståndplatz is am Gråb'n,
Ih fåhr' ållweil mei Tråpperl,
Bin jederzeit zun håb'n.
A Peitschen, ah! dös gibts nöt:
Wem tät ih denn scho schlåg'n?
Ih måch nur ållweil töff, töff, töff
Und ›Auto‹ haßt mei Wåg'n.
Vom Pråter bis nach Hietzing
Fåhr ih a Viertelstund,
Ih brauch kan Håbern und ka Heu,
Håb mit die Ross' ka Schererei;
Und tua ih oft recht schiaß'n,
Då g'spür ih's in mir drin,
Daß ih hålt a Pneumatik håb
Wia kaner in Groß-Wien.
Mei Auto is mei Stolz, mei Freud,
Mir is ka Wech nöt z'lang und z'weit:

Ih bin a Fiaker von unsern Groß-Wien
Ih brauch kane Rösser, ih fahr' mit Benzin,

Fiaker

Und kånn ih nöt weita, so liegt mir nix drån,
Da tauch ih hålt hinten fest ån!

An die alte Tradition der Fiaker erinnert eine Gedenktafel am Hause Lacknergasse 60, wo eine der Vergangenheit die Erinnerungstreue bewahrende Fiakerinnung ihren Stammsitz hat. Die künstlerisch ausgeführte Tafel, eine Schöpfung des Bildhauers Stephan Schuch, die unter den Klängen des Fiakerliedes 1950 enthüllt wurde, zeigt drei der einst volksbekanntesten, wegen ihrer freundlichen Umgangsart und humorvollen Redeweise beliebtesten Fiaker Altwiens: den Leibfiaker des Kronprinzen Rudolf, Josef Bratfisch (gewöhnlich ›Nockerl‹ genannt), ferner den ›Schuster-Franzl‹ und den ›Hungerl‹, die mit ihrem bürgerlichen Namen eigentlich Franz Reil und Karl Mayerhofer hießen. Alle drei haben vor vielen Jahrzehnten dazu beigetragen, den edlen Ruf der alten Wienerstadt als eines Weltmittelpunkts der Lebensfreude und Gemütlichkeit zu mehren.

2. Fiaker: der Name für ein zur Hälfte mit schwarzem Kaffee und zur Hälfte mit süßer Sahne (›Obers‹) gefülltes Glas. Dieses in Wr. Kaffeehäusern einst allenthalben erhältliche Getränk soll seine Benennung daher haben, daß es von Fiakern, die ihren Standort meist neben guten Wirts- oder Kaffeehäusern wählten, besonders bevorzugt wurde.

Fiaker-ball, mit besonderem Gepränge abgehaltener Ball der Faschingszeit, an dem die Fiaker (s. d.) ihre Großzügigkeit in jeder Hinsicht betätigten. Ein Bild dieser Veranstaltung entrollt die dritte Strophe des »Fiakerliedes«:

Jed's Jåhr am Åschermittwoch
Håm mir Fiaker Ball,
Då wird gånz urndli aufg'schütt'
Und do' gibt's kan Skandal;
Vül Gråfen und vül Kutscher,
Dö sitzen schee^n beisåmm',
Weil s' hålt in gånz'n Fåsching nur
Den an Eliteball håm.
Die jungen Leut', die tånzen,
Wir Ålden, mir schaun zua,
Wir håm hålt unser Freud' an dö.
Der ›Laut-Schan‹ dudelt Duliäh
Die Schrammeln rebeln 's åwa,
Der Bratfisch singt dazua,
Und unser Ball, der is erscht aus,
Wånn d' Sunn scheint in der Fruah.
Dees håm d' Fiaker nur allan,
Dees håt d'r hålt an eig'nen Schan!

(aufg'schütt = viel getrunken; der Laut-Schan [eigentl. Laut-Hans, nach frz. Jean] und der Bratfisch waren einst bekannte Fiaker, Schan = Art [frz. genre]).

Fiaker-milli, die einst rühmlich bekannte Leiterin der Wäschermadl-Bälle (s. Wäschermadl). Sie galt in der Wiener Lokalgeschichte als ebenso tatbereite wie selbstbewußte Königin des Nachtlebens, die sich auf die Bezauberung der Männerwelt besonders verstand. Ihr Mädchenname war Emilie Pemmer. Vor ihrer Vermählung – sie heiratete mit 28 Jahren (1889) den Fiaker Ludwig Demel – trat sie als rassig-feurige Volkssängerin in zwei nächtlichen Unterhaltungsstätten, beim »Sperl« und in der »Walhalla« (beide in der Leopoldstadt), auf, wo sie in prall anliegender Jockeidreß, die Reitgerte in der Hand, gestiefelt und gespornt von der Bühne herab ihre fesche Gestalt bewundern ließ. Sie galt einst als Frau Venus von Wien, wurde in zahlreichen Liedern der Volkssänger verherrlicht und fand auch Eingang in das lokale Schrifttum, so zunächst in Viktor Léons Volksstück »Wiener Volkssänger« (1920). Über ihr zynisches, sittenloses Wesen hat sich der Altwiener Schriftsteller Fr. Schlögl (»Wiener Blut«, S. 122ff.) sehr ereifert, ohne sich der fesselnden Wirkung ihrer Persönlichkeit entziehen zu können. Martin Costa hat ein Volksstück »Die Fiakermilli« verfaßt, dessen Uraufführung im Wr. Bürgertheater am 15. Dezember 1945 stattfand. – Ableitung: Milli, Kurzform des weibl. Vornamens Emilie.

Fiaker-pulver, eine vor Jahrzehnten sehr beliebte Arznei gegen Hartleibigkeit. Es war das sog. ›Kurella'sche Pulver‹, nach dem Arzt Chr. G. Kurella (+ 1799) benannt, das sonst auch wegen seiner auswurferleichternden Wirkung »Brustpulver« hieß.

Fiedlerin: Es war vor Jahrzehnten gebräuchlich, sich über einen Verlust mit den scherzenden Worten zu trösten: ›Hin is hin: Anna Maria Fiedlerin‹. Der Ausdruck geht angeblich auf eine einst stadtbekannte Wiener Dirne des Namens Fiedler zurück, die sich oft der Worte ›Hin is hin‹ bediente.

Figuri-mánn oder **Figurini**, *m.*, eine seit dem 1. Weltkrieg ausgestorbene Wiener Straßengestalt. Wie der ›Salamudschi‹ (s. d.) und der Sseresleifer (s. d.) war er ein Italiener, dessen Heimat meistens das Trienter Gebiet oder Istrien war. Er handelte in Wien mit allerlei Gipsfiguren, die größtenteils ein entschiedenes Talent ihres Erzeugers, der zugleich ihr Verkäufer war, bekundeten. Seinen Standort hatte der F. meist an belebten Straßenecken oder unter gedeckten Straßendurchgängen. Die Schöpfungen seiner Künstlerhand waren meist Büsten Goethes, Schillers, Wagners, Schuberts, Johann Strauß', Dantes, Verdis, Napoleons, dazu die Totenmaske Beethovens; auch kleine Genreszenen gab es, z. B. eine Magd mit Kind und Einkaufskörbchen, einen weinenden Knaben, der auf einen zerbrochenen Krug niedersah (›der blazerte Bua‹). Mit liebevollen Blicken betrachtete der Verkäufer immer wieder seine Kunstwerke und sagte, zum Kauf einladend: »Figure, Figure! Nich daie (teuer)«, oder: »Figurine, Figurine! Piccole monete grande lavoro (wenig Geld, große Arbeit)!« Sprach ihn jemand in seiner Muttersprache an, so entwickelte der Figurini eine rasende Gesprächsfertigkeit und zerfloß vor Glück. – Ableitung: ital. *figura w.* ›Gestalt‹, *figurina w.* ›Gipsfigur‹.

filitiern oder **filutiern**, sprich -ti\u1d43n, in abgefeimter Weise beschwindeln, beschummeln. – Ableitung: frz. *filouter* ›listig stehlen‹, ›begaunern‹.

Filitierer oder **Filutierer**, abgefeimter Betrüger, Schwindler. – Ableitung: Weiterbildung zu »filitiern (filutiern)«, s. d.

Fisimaténtʼn (selt. Fisimatettʼn), Mzw. (nicht nur wienerisch): Förmlichkeiten, Federlesen; Flausen, Umstände, Ausflüchte. – Redensart: ›F. mâchʼn‹: Umstände machen, Ausflüchte gebrauchen, z. B.: ›Gengan Sʼ, mâchʼn Sʼ kane F.!‹ – Ableitung: Verballhornung der ehem. amtlichen Benennung einer Patentschrift (lat. *litterae visae patentes*), kurz als *visae patentes* ›ordnungsmäßig verdientes Patent‹ bezeichnet. Dieser Ausdruck erfuhr in den ma. Formungen ›Fisepatenten‹ bis ›Fisimatentʼn‹ die Bedeutungsverschlechterung »zweckloses Gekritzel« und gelangte über den geringschätzigen Sinn ›überflüssige (zopfige) Aktenfexerei‹ zu der eingangs verzeichneten Bedeutung; vgl. Kluge (1934) 160, Storfer (1937) 32f. u. Anm. 33. Abzulehnen ist die Ableitung von ital. *fisima w.* ›Laune‹ (Jakob 60); vgl. auch Wg I 538f. u. Wien und die Wiener XXIII (1949), 3. Heft, S. 28.

Fisolen-bua, sprich Fisóⁱn-, Mz. -buam (scherz.-spött.), Zögling einer Kadettenschule, angeblich im Hinblick auf die Ernährung, in der Hülsenfrüchte eine bevorzugte Rolle spielten. – Ableitung: mhd. *phasōl w.* Bohnenart; Grundwort: altgr. *pháselos m.* ›Schwertbohne‹.

flach(e)n, erfassen, verhaften (Gaunersprache): ›den hâms gʼflacht‹.

flack(e)n (selt.), untätig daliegen. – Ableitung: zu ›Flack‹ (Faulpelz), unsicheren Ursprungs; vgl. Schmeller I 786, und mhd. *flac* ›lau‹.

Flambō (End.), *m.* – Redensart: ›Mir geht a F. auf‹: mir geht ein Licht auf; vgl. Mayr (1930) 197, Hügel 60. – Ableitung: frz. *flambeau m.* ›(Wachs-)Fackel‹.

Fleckl-setzʼn, *s.*, einst ein beliebtes Kinderspiel. – Ableitung: v. Fleckl = Plätzchen.

Fleiß-zedl, sprich -zēʼl, *m.*, kleines, rechteckiges, meist gelbfarbiges Zettelchen, womit Lehrer und Katechet in der Schule besonderen Fleiß belohnten: ›er hat heind an F. kriagt‹.

flessʼln, einer Frau wiederholt offen und auffällig ins Gesicht blicken. – Ableitung: unsicher; vgl. bayr. *flenseln* (süßlich sprechen): Schmeller I 794.

Fliagʼn-fânga, Ez. u. Mz., *m.*, Fliegenfänger, eine trichterförmige, rotschimmernde, mit Klebestoff bestrichene Papierrolle zum Fliegenfang. Buben, die in der wärmeren Jahreszeit barfüßig durch die Gassen gingen, riefen das Wort meist zweimal (unter kräftiger Betonung der Anfangs- und gelängten Endsilbe) aus, womit sie diese ihre Tüten zum Verkauf anboten. Dieser Typus bildete also eine Altwiener Straßenfigur, die übrigens selbst die Bezeichnung »Fliag'nfånga« führte.

Fliag'n-holz, sprich -ho^{i}ds, das bitterschmeckende Holz des in den Tropen wachsenden Quassiabaums (*Quassia amara*); einen Auszug aus diesem Holz gebrauchte man als fliegentötendes Mittel.

flick'n, verprügeln. – Ableitung: zu Fleck, das die Bed. ›Hieb‹, ›Ohrfeige‹ hatte; also flicken = Flecke (Hiebe) versetzen; vgl. dazu Schmeller I 787 (bayr. ›*flicken*‹ = schlagen).

flieg-hängert oder **-ad**, eigentl. ›flügelhängend‹, flügellahm; meist übt.: niedergeschlagen, matt, verdrossen (noch in den ländlichen Mundarten).

Flins, *m.*, silbernes Zehnkreuzerstück; vgl. Flinserl.

Flinserl, *s.*, Flitter, von Männern getragenes Ohrschräubchen. – Ableitung: Verkleinerungsform von Flins (s. d.).

Flörl, *s.*, alter österr. Einguldenschein (Ggs. Silbergulden oder Sta^n, s. d.). – Ableitung: mhd. *flōrīn (flōrēn)*, mlat. *florinus* (oder *-enus*) Goldmünze, der Gulden, abgekürzt ›Fl.‹; diese Münze wurde zuerst im Jahr 1252 zu Florenz mit dem Stadtwappen, einer Lilie, geprägt: ital. *fiore m.* = lat. *flos* ›Blume‹; frz. *florin m.* ›Gulden‹.

Frakerl (selt. Flakerl), sprich -a'l, *s.*, Schnapsfläschchen, etwa einen Achtelliter fassend, aus dem man meist vier Likörgläschen (Stamperln) füllen konnte. – Redensart (übliche Frage von Kaffeehausgästen): ›Trink('n) ma no a F.?‹ – Ableitung: zu frz. *flacon m.* ›Fläschchen‹; es liegt ein Wechsel der Fließlaute (*l* und *r*) wie in ma. ›Franell‹ (= Flanell, frz. *flanelle w.*) vor.

Frās-haub'n, sprich -hau'm, *w.*, geweihtes Häubchen, das man Kindern aufsetzte, um dadurch die Fraisen (›Frās‹, s. d.) zu bannen.

fremd måch'n, den Dienstposten aufgeben: ›Er måcht jez f.‹.

Friedens-bertha, eine meist in spöttischem Sinn gebrauchte Scherzbenennung der ebenso mutigen wie edelsinnigen Schriftstellerin Bertha v. Suttner (+ Wien 1914), die in ihrem Roman »Die Waffen nieder!« (2 Bde., 1889) eine mitreißende Kundgebung der Friedensbewegung bot. Das aufsehenerregende Werk, das in nahezu alle Kultursprachen übersetzt wurde, fand auch Bekrittler in Menge: während es ordens- und beförderungssüchtige Berufsoffiziere und präsumtive Kriegslieferanten hämisch mit der Lauge ihres scheinbar überlegenen Spottes übergossen, bemäkelten andere daran das Einrennen offener Türen: hofften doch damals viele auf die Begründung des ewigen Weltfriedens. – Ableitung: Bert(h)a, ahd. *Berchta* ›die Glänzende‹, Name einer altgermanischen Göttin.

frois'n (freus'n) oder **frois'ln**, frösteln; noch in ländlichen Mundarten, z. B. ›mi froist‹. – Ableitung: wie ›Frost‹ (mhd. *vrost*) zur Wurzel *freus* ›frieren‹; vgl. Kluge (1934) 177.

Fünfkreuzertånz, sprich Fimfkraizatånz, *m.* (meist ger.), billige Tanzgelegenheit, wie sie namentlich in manchen Gast- und Tanzlokalen des einstigen ›Wurstlpraters‹ bestand, so beim »Stillen Zecher«, beim »Marokkaner« und beim Swoboda (s. d.).

Furlaner: 1. Friauler; 2. wandernder Kleinhändler. – Ableitung: Der eigene Name des rätoromanischen Volksstammes der Friauler (Gebiet des Tagliamento in Oberitalien) ist *Furlani*.

fürschlings (Ustw.), vorwärts. – Ableitung: zu ›für‹ (Ustw. u. Vorw.); Wortbildung ähnlich wie ärschlings (= hinten); vgl. Textor 25.

futiern, sprich -ti^{a}n, bekümmern, z. B.: er futiert si ned drum, 's futiert eahm ned. – Ableitung: frz. *foutre* (gemeines Wort), z. B. *je m'en fous* ›ich schere mich den Teufel drum‹; vgl. Mayr (1930) 197.

Futi-Kerl, *m.*, elender Lump. – Ableitung: frz. *foutu* (ein sehr derbes *perdu*) ›verloren‹, ›futsch‹; Textor 6 denkt an ital. *futile* (lat. *futilis*) ›wertlos‹, ›nichtig‹.

Futi-Wēda, *s.*, elendes Wetter. – Ableitung: frz. *foutu*, s. zu Futi-Kerl.

G

Gablitzer, *m.*, Ochs; Dummkopf. – Erklärung: Zu Purkersdorf-Gablitz in NÖ. befand sich früher ein großer Rinderstandplatz, scherzweise ›die Hochschule von Gablitz‹ genannt; daher ›Gablitzer (Student)‹ = Dummkopf.

Gabri oder **Kapri**, Mzw. Kapern, die Blütenknospen des Kapernstrauchs. – Ableitung: griech. *kápparis*; der wr. Form dürfte die ital. Mz. *capp(e)ri* zugrunde liegen; jünger ist der ma. Ausdruck ›Gaberln‹.

gadralliert, sprich -drä'l-, kariert, mit Würfelmuster, z. B. ›a gadralllierte Hos'n‹, d. i. eine Pepita-Hose (mit kleinen weiß-schwarz gemusterten Quadraten); s. unter »Fiaker«. – Ableitung: eigentl. quadrilliert von frz. *quadrillé* ›gewürfelt‹.

Gåling-någl, *m.* (scherz.), gelbe Rübe. – Ableitung: eigentl. »Galgennagel«.

Gamasch'n (End.), Mzw. – Redensart: ›(die) G. håb'n‹: es mit der Angst zu tun haben. – Ableitung: Gaunersprache, wohl mit Bezug auf das Beengende dieser Überstrümpfe.

Gamasch'n-ritter (scherz.-spött.), Fußsoldat; ähnlich Låckenpåtscher.

Ganserl-berg, Scherzbezeichnung des Hügelzugs zwischen dem 17. und dem 18. Bezirk Wiens. – Erklärung: Die früheren schlichten Vorstadtbewohner dieser Gegend hielten vielfach Geflügel.

Gåßhaxl-bålwierer (ger.-spött.), Inhaber eines kleinen Barbiergeschäfts (Friseur); vgl. das sinngleiche ›Schåfhaxlbålwierer‹ (s. d.). – Ableitung: Im Wort Barbier wurde r zu l und b zu w, sodaß das ursprüngliche Wort nur mehr schwer erkennbar ist; beide Lautveränderungen sind aber relativ häufig.

Gausråb, *m.* (schelt.), Geizhals; habsüchtiger, charakterloser Mensch. – Ableitung: unsicher. Vom *cod. Germanicus* zu München wird (im Jahr 1350) »Ulreich der gausrab ze Wienn« erwähnt: Schmeller I 947. Unmöglich ist die A. von ital. *gazza* oder *gazzera* (Jakob 67); Mayr (1930) 130 versucht den ersten Wortteil aus mhd. *gouse* ›hohle Hand‹ (Dieberei?) herzuleiten.

Gax'n, Mzw., veraltete Nebenform von Faxen.

Gebernek, *m.*, langer, mit ungarischer Verschnürung versehener Überrock, bes. Winterrock. – Ableitung: ung. *köpenyeg* (oder *köpönyeg*), sprich göbånjäg (bzw. göbönjäg), *m.*, ›Mantel‹.

Gepåck (End.), *s.* (schelt.), flatterhaftes, ungezogenes Frauenzimmer. – Ableitung: zu Pack (*s.*) ›Gesindel‹; urspr. dasselbe Wort wie der Pack (Bündel, Ballen), dann zuerst mnd. *pak* verächtlich von Menschen gebraucht; eine gleiche Bedeutungsentwicklung zeigt ›Bagage‹: vgl. Weigand II 354.

Gerhåb, *m.*, Vormund. – Ableitung: mhd. *gēr-habe m.* ›der das Kind auf dem Schoße hat‹; mhd. *gēr (gēre)* ›Kleidsaum‹, ›Schoß‹.

Gerhåbschåft, *w.*, Vormundschaft. – Ableitung: s. zu Gerhåb.

G'frorne-må^{nn} oder **G'frurne-må^{nn}**, Verkäufer von Fruchteis, ein einstiger Wr. Straßentypus. Mit einem hellen Arbeitsmantel bekleidet, tauchte er in der warmen Jahreszeit auf, fuhr mit einem Handwägelchen durch die Straßen und verkündete seine Anwesenheit durch Geläute mit einem weithin schallenden Glöcklein. – Ableitung: zu gefrieren.

Ghei(a)rei, s. unter Keirei.

Giebichkeit'n, Mzw., Abgaben. – Ableitung: zu ›geben‹, vgl. aus-giebig.

Gifthütt'n, Ez. u. Mz., *w.*, Gifthütte, Scherzwort für Branntweinstube.

Gift- und Gåll-Pulver, sprich Go^i-bu^{i}fa, *s.*, Gemenge purgierender Arzneien.

Gigerl, *m.* (selt. auch *s.*), Mz. -n, Modegeck, Stutzer. Dieses in Wien (um 1885) geprägte Wort, das nicht bloß heute noch durchaus gebräuchlich ist, sondern außerdem in die Schriftsprache Eingang fand, sei auch hier erwähnt, weil es urspr. einer durch Besonderheiten gekennzeichneten Gattung des Modegecken galt. – Ableitung: Den Gebrauch dieses Wortes, dem der in NÖ. und OÖ. übliche ma. Ausdruck *Gigl m.* ›Hahn‹ zugrunde liegt, förderte namentlich der Wr. Schriftsteller Ed. Pötzl. Abwegig (lautlich unmöglich) ist die Herleitung des Wortes von mhd. *giege(l) m.* ›Narr‹; vgl. Kluge (1934) 207. Weigand I 728.

Gimpl, scherz.-spött. Redensart: ›an G. g'schlickt (geschluckt) håb'n‹ = eine rote Trinkernase haben: vgl. Mayr (1929) 36.

Gimpl-ins'l, ein Teil von Rudolfsheim (südl. der Sechshauser Straße); nicht gedeutet.

G'jad oder **G'jadt**, *s.*, lärmendes Herumlaufen, »Umherjagen« (von Kindern). – Redensart: ›a G. måchn‹. – Ableitung: mhd. *gejeide, gejeit* (neben *gejaget*) *s.* ›Jagd‹. Uhland gebraucht ›Gejaid‹ = Jagd; vgl. Weigand I 662 u. unter ›jatten‹.

Glánz-butt'n, Ez. u. Mz., *w.*, Zylinderhut (s. Zylinder), dessen aus Pappe hergestellte Grundform in der Regel mit schwarzglänzendem Filz oder Seidenplüsch überkleidet wurde; vgl. Butt'nhuaber.

Glaßí, *w.* (*s.*), das Glacis (Vorgelände, ›Feldbrustwehr‹) Altwiens; an die Stelle der alten Festungswälle und des Glacis traten im neuen Wien die Ringstraße und der Kai. – Ableitung: frz. *glacís m.* ›Abhang‹, ›Feldböschung‹.

G'lat, *s.*, Geleite; Redensart: ›ān s G. geb'n‹: jn. begleiten. – Ableitung: zu mhd. *geleit s.* ›ehrende Begleitung‹.

G'laudern oder **G'lådern** (Klaudern), *w.*, faulige (blasenaufwerfende, schäumende) Flüssigkeit; schlechtes Getränk; auch: altes Zeug, Gerümpel. – Ableitung: zu Låder, engl. *lather* ›Seifenschaum‹; vgl. Schmeller I 1325.

G'lust, *s.*, Gelüste. – Redensart: ›a G. auf wås håb'n‹. – Das Wort ist in den ländlichen Mundarten noch gebräuchlich. – Ableitung: zu Lust; vgl. gelüsten.

Golasch-kanon, *w.*, d. i. eigentl. »Gulasch-kanone« (nicht nur wienerisch): scherz. Bez. des Militärküchenwagens (der fahrbaren ›Feldküche‹). – Ableitung: zu ung. *gulyás* ›Paprikafleisch‹. Das Wort Gulasch (wr. Golasch) gelangte über Österreich auch nach Deutschland: Kluge (1934) 222. Storfer (1935) 185f.

Golöffl-kråwåt: s. Ko(ch)löffel-kråwåt.

Got(t)schéwer oder **Got(t)scheber(er),** *m.*: Diese vor dem 1. Weltkrieg zum Wiener Stadtbild gehörige Straßenfigur betrieb namentlich Hausierhandel mit Südfrüchten und Süßwaren. Der Gotschewer tauchte vornehmlich spätabends oder nachts in den schlichteren Gaststätten auf. Rief ihn der Wink eines Gastes, so stellte er einen Korb beträchtlichen Umfangs, der mit Schachteln voll Datteln oder Zuckerzeug, mit Feigenkränzen und Naschwerk aller Art gefüllt war, neben dessen Tisch nieder, holte hierauf aus seiner Rocktasche ein Säckchen mit Losen oder mit bezifferten Holzmarken hervor und ließ den Gast sein Glück erproben. Sehr häufig wurde ›Grad und Ungrad‹ gespielt (scherzweise auch ›Kraut und Unkraut‹ genannt): dabei sagte der Spieler zuerst das Wort ›grad‹ (d. i. eine gerade Zahl) oder ›ungrad‹ und zog sodann aus dem Ziffernsäckchen eine Marke, die dann für den Gewinstfall eben die vorausgenannte Eigenschaft der Zahl aufweisen mußte. Je nach der Höhe des (vereinbarten) Einsatzes fiel der Gewinn oder Verlust aus; gegen einen geringen Betrag konnte ein Feigenkranz oder eine Bonbonschachtel rasch erspielt sein. – Erklärung: Seinen Namen hatte der Gotschewer nach seiner Heimat, der ehemaligen deutschen Sprachinsel Gotschee (oder Gottschee, slowen. *Kočevje*) im einstigen österreichischen Kronlande Krain; darum hieß er auch ›Kraner‹, d. i. Krainer. Der deutschsprachige Stamm der Gotscheer umfaßte um die Jahrhundertwende rund 25.000 Menschen in 170 Ortschaften. Ihr Name erscheint erstmals in einer Urkunde vom Jahre 1363. Ihr Dialekt zeigte im allgemeinen den Charakter der bayrisch-österreichischen Oberlech-Mundart mit einem starken schwäbischen Zusatz. Sie hatten uralte Volkslieder, von denen das Lied »Von der schönen Meererin« (mit Anklängen an die Kudrunsage) besondere Hervorhebung verdient. – Ableitung: zu slow. *kočevje* ›Ansiedlung‹.

Gråb'n-nymphen, sprich -nimpf'm, gewöhnlich Mzw., scherz. Bez. der (bes. im Wien der Biedermeierzeit) abends auf der Grabenpromenade erscheinenden Straßendirnen. – Ableitung: altgr. *Nymphē* = weibl. Naturgottheit; vgl. Storfer (1935) 160; ähnlich auch Låder-nimpf'n.

Grånåt (End.), *m.*, Falschspieler. – Ableitung: Gaunersprache, wohl im Hinblick darauf, daß der Granat bloß ein Halbedelstein ist. – Mhd. *granāt m.* gleichbedeutend aus mlat. *granatus* (näml. *lapis*, ›Stein‹) *m.* gleichbedeutend von lat. *grānum, s.* ›Korn‹.

Grås-teufl, sprich -deifl, jugendlicher Wildfang; ähnlich auch Reißteufl.

Grau-schübl, *m.*, Graukopf, alter Mann (meist schelt.).

Greaner, *m.*, Fünfguldenschein. – Erklärung: Diese Banknote hatte grüne (greane) Farbe.

Grea^nling, *m.*, Zollwächter, sonst ›Finanzer‹ oder ›Spenåtwåchter‹ (s. d.) genannt. – Erklärung: An seinem Dienstkleid trug er grüne (greane) Aufschläge.

greberz'n, rülpsen; dazu auch ein Hw. ›Greberzer‹ *m.* – Ableitung: schallnachahmendes Wort.

gremassi(ch), griesgrämig, selbstquälerisch, kränklich. – Ableitung: zur gleichen Wurzel wie mhd. *gremelich*, ›grämlich‹, ›verdrießlich‹ und mhd. *gram m.* ›Unmut‹; abwegig ist die A. der Wurzel von Grimasse (Jakob 73).

griaglert oder **-ad**, heiser (ma. ›haserich‹ oder ›hasri‹). – Ableitung: lautmalendes Wort.

grundell (End.), sprich -dö^i (Ustw.), gründlich, sehr. – Ableitung: deutsches Wurzelwort (›Grund‹) mit frz. Endbetonung der Nachsilbe, offenbar zur Erzielung eines gewissen Nachdrucks (Mischbildung).

Gsäus, *s.*, aufsehenerregendes Geschrei; Gerede; Getümmel. – Redensart: ›a G. måchn‹: prahlerische Reden führen; ›a grausåms oder eslhåfts G.‹: verwirrendes Getümmel. – Ableitung: lautmalendes Wort, eigentl. ›Gesause‹, Uw. zu hd. sausen, mhd. *sūsen* oder *siusen* ›summen‹, ›zischen‹; vgl. Mareta II 24. Nestroy XIII 600. Sassmann 230.

G'schmuck, *m.*, Schmuckgegenstand. – Ableitung: mhd. *gesmuc m.* ›Zierde‹, ›Geschmeide‹.

G'schnudl, *s.*, minderwertige Leute, Gelichter, Pack. – Ableitung: zur germ. Wurzel *snaut* (*snut*) ›dürftig‹; mnl. *snōde* ›niederträchtig‹; vgl. mhd. *snoede* ›verächtlich‹, ›gering‹; nhd. *schnöde*.

g'schupft, geistig aus dem Gleichgewicht, verrückt. – Ableitung: ahd. *scupfa w.* ›Schaukelbrett‹, mhd. *schupf m.* ›Schwung‹, mhd. *schupfen* ›in Schwingung sein‹. Dem ma. Worte ›g'schupft‹ liegt also dieselbe Vorstellung zugrunde wie dem hd. ›ver-rückt‹ (zu rücken).

G'schwådrazión, *w.*, leeres Geschwätz. – Ableitung: zu G'schwåder v. schwådern mit romanischer (lat.-frz.) Endung.

G'schwind-röck'l, *s.*, leichter Rock, gewöhnlich aus Wollplüsch.

G'sichter-schneid-wåchter, Sicherheitswachmann. – Erklärung: scherz. Verballhornung.

G'sims, *s.*, Gesäß; bes. v. Kindern, eigentl. Gesimse.

g'spend'lt, gespreizt in Benehmen, Gang und Haltung. – Ableitung: zu spend(e)ln = ›mit Stecknadeln befestigen‹; vgl. frz. *tiré à quatre épingles*.

G'sträuß, *s.*, Reisig. – Ableitung: mhd. *ge-striuza s.* ›Buschwerk‹, ›Gesträuch‹.

guad-gniaßli(ch), egoistisch, eigennützig. – Ableitung: zu genießen, genüßlich.

Guad'n-Murg'n-Wünscher, *m.* (iron.), Dieb, der sich in aller Morgenfrühe einschleicht; vgl. Textor 28.

Guld'n, sprich Gul'n oder Gu^{i}n: Gulden. – Redensart: ›Wean is mit Guldn 'pflåstert‹. So sagte man einst mit einem gewissen Stolz zu der Zeit, als Wien bei seiner Erweiterung zur großräumigen Weltstadt mit den vornehmlich aus den Steinbrüchen Mauthausens a. d. Donau bezogenen granitenen Großwürfeln gepflastert wurde: in der Tat kostete damals ein solcher Granitwürfel (einschließlich der Versendung und seiner Einbettung in Sand oder Teer) einen Gulden. Mehr als ein Drittel der Gesamtfläche des Wr. Straßennetzes, d. i. rund neun Millionen Quadratmeter, wurde mit großwürfeligem Granitpflaster bedeckt. Dieses ziemlich holprige Würfelpflaster, das urspr. dem Verkehr mit Pferdefuhrwerken diente (jetzt als »altes Übel« empfunden und bezeichnet), wurde fast ausnahmslos durch lärmdämpfenden Straßenbelag aus Beton, Asphalt oder Kleinsteinpflaster ersetzt, und es verschwindet allmählich ganz. – Ableitung: Gulden vom mhd. Eigw. *guldīn* ›golden‹, eigentl. ›der Goldene‹, näml. der *guldīn phenninc* (Goldmünze) zu mhd. *golt s.* ›Gold‹.

G'wett, *s.* (ger.), Wette, eigentl. ›das Gewette‹. – Ableitung: zu mhd. *wet(t)e* oder *wet s.* (*w.*) ›Wette‹, ›Wettstreit‹.

H

Habémus, *m.*, Rausch. – Ableitung: lat. *habemus* ›wir haben‹. Das Wort drang aus der Studentensprache in die Mundart ein.

Håderlump-weib (auch Uspr.), Sammlerin zerrissener Zeugstücke und anderer Abfälle im Haushalt. – Ableitung: Hadern, Lumpen, eigentl. abgenützte Kleidungsstücke.

Hådirl, *m.*, Dummkopf, tölpelhafter Mensch. – Ableitung: unsicher; viell. zur gleichen Wurzel wie Hader(n), ahd. *hadara* (mhd. *hader m.*) ›Lappen‹, ›Lumpen‹; vgl. Låpp und Håderlatsch bei Schmeller I 1050.

Hadschi-loja, *m.*, kurzer, breiter Brotwecken aus Schwarzmehl: s. unter ›Bosniak‹ (2). Dieser trug seinen Namen nach dem bosnischen Freiheitshelden Hadschi Loja, der im Jahr 1878 den österreichischen Truppen nicht wenig zu schaffen machte (er starb als Gefangener im Brünner Festungshaus auf dem Spielberg). – Ableitung: Hadschi war sein Ehrentitel als Mekkapilger: türk. *hādschi*, arab. *hāddschi* ›Pilger‹. Sein Name Loja ist die ma. verkürzte Form von kroat. lojar ›Talgbereiter‹.

Håhⁿ-reider, *m.*, säbelbeiniger Mensch (schelt.). – Ableitung: viell. zu Hahn und reiten (ma. reid'n), anders Jakob 80.

Hakinger, Hakenkreuzler, Anhänger Hitlers. – Ableitung: Es dürfte der Wortbildung eine Anspielung auf die Ortschaft ›Hacking‹ zugrunde liegen, die seit 1891 dem 13. Wr. Bezirk einverleibt ist.

Hålb-wilder, sprich Hoⁱbwüⁱda. – Redensart: ›Der H. von Gänsehäufl‹, ein Spottname des Naturheilkünstlers F. Berndl (s. d.).

Håmpferl, *s.*: 1. eine kleine Handvoll. – 2. eine beträchtliche Tabakprise. – Ableitung: aus ›Handvoll‹ mundgerecht gemacht.

Handléh, *m.*, wandernder jüdischer Hausierer. Er stammte meist aus dem Nordosten der ehem. österreichisch-ungarischen Monarchie: Galizien oder die Bukowina pflegte seine Heimat zu sein. Mit einem Aktionskapital von ein paar Gulden kam er, meist jiddisch sprechend, mit seiner Familie nach Wien und wußte es durch angeborenes Geschick, Sparsamkeit, unverdrossene Tatkraft und zähen Fleiß dahin zu bringen, daß er sich oft schon nach wenigen Jahren einen kleinen Geschäftsladen einrichten konnte, den er mit gleicher Emsigkeit allmählich vergrößerte.

Er trug bisweilen einen Sack, häufiger aber ein dunkelfarbiges großes Tuch unter dem Arm, das er nach größeren Käufen als Bündel (›Binkl‹) rucksackartig auf den Rücken nahm: daher bezeichnete man ihn auch als ›Binkljuden‹ (s. d.). Dieser Kleingewerbetreibende, der Altkram (Hasenhäute, Flaschen, Fetzen, Gerümpel aller Art) einkaufte und damit ganze Industrien zu beliefern wußte, betrat die Hofräume der Wohnhäuser, rief mit gellender Stimme sein »Hā͏i n, Hā͏i n« oder »Hā͏i ndléh« oder »Hā͏i ndlēh-jídd«, blickte dann forschend zu den Hofraumfenstern empor und verweilte eine kurze Zeit, um den Erfolg seiner Rufe abzuwarten. Auf Winke oder Rufe fand sich der Handleh gewöhnlich sehr rasch im richtigen Teil des Hauses ein, und nun begann ein wortreiches Feilschen um den Preis der Altware. Vielmals wandte er sich zum Fortgehen, um damit anzudeuten, daß er den verlangten Preis für zu hoch befinde, aber er kehrte immer wieder um und machte neue Angebote. Erst wenn er sich unter dezidiertem Kopfschütteln zum endgültigen Verlassen des Hauses anschickte, wußte die Verkäuferin (meist war es die Hausfrau oder das Dienstmädchen), daß nunmehr die Reihe an ihr war, mit sich reden zu lassen. – Unter Hinweis auf seinen Sack pflegte man schlimme Kinder mit der Drohung zu schrecken, der Handleh werde sie mitnehmen (wie etwa der buttentragende ›Krampus‹). – Ableitung: zu hd. *Handel* (= ›einzelnes Kaufgeschäft‹, mhd. *handel m.*) in jidd. Aussprache. Grundwort: *Hand* (mhd. u. ahd. *hant w.*).

hardegg! oder **hardex!** (Rufw.) verflucht! verdammt! – Ableitung: ung. *ördeg* ›Teufel‹, daher die Nebenform herdegg! und herdex!

Haringer, *m.*, Geflügelhändler. – Ableitung: urspr. Fisch- und Geflügelhändler; Haring (ma.) = Hering.

Hårn-wind, *m.*, Blasenkrampf. – Ableitung: mhd. *harnwinde w.* ›Harnzwang‹; s. auch Weigand II 1268. Vgl. mhd. *winden (winten)* ›winden‹, ›ringen‹, ›drehen‹.

Harpfenist oder **Harpfanist**, *m.*, 1. (eigentl.) Harfenspieler: 2. (erweiterte Bed.) Volkssänger. – Ableitung: mhd. *harpfe* (oder *herpfe*) ›Harfe‹.

Hås'lnuß-sålb'n, sprich -sål'm oder så͏i m, *w.* (scherz.), Stockhiebe, Prügel. – Erklärung: mit Bezug auf die Haselrute als Prügelstock (›Håslinger‹).

Haupt-adutt (End.), *m.*, ein Meisterkerl, im guten und im üblen Sinne gebraucht: ein unübertrefflicher, aber auch ein sehr verschlagener (eigensüchtiger) Mensch. – Ableitung: s. zu Adutt.

Haus-herr, sprich -he^a, bes. der Besitzer eines oder mehrerer großer Zinshäuser mit zahlreichen Wohnparteien. – Redensart: ›s san (aa) scho' Hausherrn g'sturb'n (gstur'm)‹ oder ›aa Hausherrn sterb'n (ster'm)‹: auch die Reichsten und Mächtigsten verschont der Tod bzw. das Schicksal nicht.

Haus-nudl, *s.*, Hauskränzchen. – Ableitung: Der zweite Wortteil deutet darauf, daß es dabei auch ›Tischlein deck dich!‹ gibt (gab).

Heilich'n-striezl oder **Heiling-striezl**, sprich Häⁱl- oder Häul-, *m.*, geflochtenes Weißgebäck, nur zu Allerheiligen (1. Nov.) gebacken, also ein Festgebäck.

heiråschb'ln (scherz.), heiraten. – Erklärung: Durch die Diminutiv-Scherzbildung wird ein iron. Zusammenhang mit raspeln hergestellt: ›Dēr versāmt's! Mit zwanzg Jåhr' heiråschb'ln!‹

Hemad-husar, *m.* (scherz.), Floh; sinngleich: Leibhusar, s. d.

heo! (Rufw.) hallo! – Ableitung: viell. darf man das lat. Rufw. *heu!* ›o!‹ vergleichen.

Heppin oder **Höppin**, *w.*, feiste Kröte. – Redensart: ›Sie is wia-r-a H. dågståndn‹. – Ableitung: ahd. **hoppōn*, obd. *hoppen*, hops'n ›hüpfen‹, vgl. eng. hop ›hüpfen‹, hopper ›Hüpfende(r, -s)‹: also eigentl. ›Hüpferin‹; bayr. *Höppin*: Schmeller I 1140.

herdeg-atta! (Rufw.), zum Teufel! verflucht! – Ableitung: ung. *ördög* ›Teufel‹, *ad* (sprich åd) ›geben‹; *ördög adta* ›der Teufel gab (es)‹.

herdegg! oder **herdex!** = hardegg (hardex), s. d.

Herrgott, blauer (scherz.-iron.), Bez. eines einstigen Wr. Versorgungshauses. – Erklärung: Die Insassen sind bereits dem Jenseits (der blauen Himmelswohnung des Herrgotts) nahe.

Herrschåft Tånna-bam!, fluchartiger, aber auch Bewunderung ausdrückender Ruf wie jetzt etwa: ›Himmel-Herrschaft!‹ – Ableitung: eigentl. gemeint sind: Herrgott, Tannenbaum. Es liegen Verhüllungen der eigentlichen Begriffe vor, da beide Ausdrücke auf religiöse Vorstellungen (Gott, Christkind) Bezug nehmen.

Hetzerl, *s.*, heimtückischer Aufwiegler. – Ableitung: ahd. u. mhd. *hetzen* ›antreiben‹.

Hex'n-tånz, *m.* (scherz.), ehemalige Bezeichnung des kleinen Platzes bei der Abzweigung der Skodagasse von der Alser Straße; vgl. Jakob 87.

Himm'lfåhrt: in der Redensart: ›Dees wird a dreckiche H. wer'n‹:

diese Sache wird kein gutes Ende nehmen. – Erklärung: Der Hinweis auf die Himmelfahrt gemahnt an ein todbringendes Ausgehen der Begebenheit (Unternehmung); vgl. Mayr (1929) 98.

Histori oder **Histuri** (Mitt.), *w.*, Geschehnis, Ereignis, z. B. ›a dålkerte H.‹ – Ableitung: lat. *história* (griech. *historía*) *w.* ›Geschichte‹. Das Wort kam aus der Gelehrtensprache in die Mundart und begegnet als Fremdwort schon im Mhd.: *histōrje w.* ›Erzählung‹.

hoch-g'seg'n: 1. sehr angesehen, vornehm; 2. vornehm tuend. – Ableitung: zu sehen.

Hoch und Spleny: s. unter Spleny.

Hof-kutsch'n, sprich -gūdschn, *w.*, Hofkutsche, Kutsche des ehem. Kaiserhofes, Hofwagen. – Das Wort ›Kutsche‹ hat sich im übrigen in Wien niemals eingebürgert.

Hörndler, sprich He^anla, *m.*: 1. Ochse, bes. langgehörnter Ochse ungarischer Rasse. – 2. Hirschkäfer. – Ableitung: zu Hörndl, Horn; auch im Bayr. bedeutet das Wort einen Hirschkäfer, s. Schmeller I 1164.

Hoti fallóti, Mzw., Gaunerbande. – Ableitung: scherz.-spött. Umbildung von frz. *haute volée* (›feinste Gesellschaft‹) mit deutlicher Anspielung auf das wr. Mundartwort ›Falott‹ (Gauner).

Huast-pech, *s.*, schwarzfarbiger Zucker in Stangenform (Kindernaschwerk), der als Hustenheilmittel galt, auch ›Bärenzucker‹ genannt.

Hulaner, Ulane. – Ableitung: von poln. *ulan* ›Reiter in Tatarenkleidung‹, ein Wort, das auf türk. *oghlan* ›Jungmann, Bursche‹ zurückgeht; aus dem Jahr 1742 ist die Form *hulahnen* bezeugt: Kluge (1934) 639. – Erklärung: Manches einstige Ulanenregiment hatte seinen Dienstsitz in Wien; vgl. Gaß, ›Achter Ulanen. Lustige Reitergeschichten aus dem alten Österreich‹, Wien 1934.

Hunds-turn, *m.*, Hundsturm, einstens eine Wr. Vorstadt. – Vgl. heute noch: ›Am Hundsturm‹ im 5. Bezirk zwischen Bräuhausgasse und Margaretenstraße.

Hupferl, *s.*, ein pferdebespannter Mietwagen (meist Fiaker, s. d.) mit gummibereiften Rädern, sonst gewöhnlich ›Gummiradler‹ genannt. – Ableitung: zu (ma.) hupfen = hüpfen; bei der Fahrt über das vielfach aus Granitwürfeln bestehende Straßenpflaster Wiens hüpfte dieser Wagen leise schwingend dahin. – Ableitung: zu mhd. *hupfen* ›hüpfen‹.

husarisch: 1. (Eigw.) losgeherisch, mutig, scharf: ›Der husarische Kerl traut si wås!‹ – 2. (Ustw.) überaus, sehr: ›Dees is h. guad gånga

(g'lunga)‹. – Ableitung: serb.-kroat. *husar* oder *gusar m.* ›Räuber‹, neu-
griech. *kursáris* ›Freibeuter‹, mlat. *cursarius* ›Streifzügler‹; vgl. ital.
corsare (Nebenform *corsale*) ›Seeräuber‹, ›Korsar‹. Das Grundwort ist
das lat. *cursor m.* ›Läufer‹. Überholt ist die Ableitung von ung. *husz*
(zwanzig), die Kluge (1934) 260 und andere bieten; vgl. Storfer (1935)
190f.

Huz(e)puzl, *m.*, Redensart: ›Jå, bein H.!‹ ablehnende Antwort auf
eine vorgebrachte Bitte. – A. Es ist weder an eine Namensverballhor-
nung des aztekischen Nationalgottes Huitzilopochtli noch an einen
griech. Kaufmann F. Huzapolis zu denken, der angeblich durch seine
entgegenkommende Lebensart in Wien stadtbekannt war: vgl. Schranka
83 u. Mayr (1929) 20, wo ein altes Märchen (Hügel 85) gläubig nacher-
zählt wird. Es liegt vielmehr eine zotige Redensart vor (= ja, bein
Å...!); vgl. mhd. *hozel* oder *hützel m.* ›Hintern‹, s. dazu auch Hügel 208
(›jå, bein Hudsl!‹) u. Schmeller I 1195 *Hotzelbotzel* (bayr.) = *culus*; vgl.
Börzl-Bürzl, Schmeller I 285.

I

iaz (Ustw.), jetzt. – Ableitung: mhd. *ieze* jetzt; vgl. in der heutigen Wr. Mundart jez; Mayr (1930) 99.

ideäu', ideal, herrlich. – Ableitung: mlat. *idealis* ›nur in Gedanken (als Traum- und Musterbild) bestehend‹, ›überwirklich‹.

Iglauerin, Amme aus der ehem. deutschen Iglauer Sprachinsel (in Westmähren). Die durch ihre farbenschöne Landestracht sehr auffallenden Iglauerinnen pflegten sich an Sonn- und Festtagen anläßlich ihres »Ausgangs« an der Seite eines kaum minder farbigen Soldaten im Wurstelprater zu zeigen. – Ableitung: zu Iglau, tschech. Jihlava.

ignorier'n: Redensart: ›Går ned ignoriern (ignarí^{a}n)‹. Mit dieser Wendung kündigt jemand, den ein Vorgesetzter (oder die ›Obrigkeit‹) mit einer Fülle von Fingerzeigen, Weisungen und Vorschriften überfiel, seinen achtungslosen passiven Widerstand an. – Ableitung: Es liegt ein Mißverstehen des Fremdworts ›ignorieren‹ vor, das an sich schon ›nicht wissen (wollen)‹, ›absichtlich übersehen‹ bedeutet (lat. *ignorare*, frz. *ignorer* ›nicht wissen‹).

Illing, *m.*, Kind, Ein-Kind. – Erklärung: Diese scherz. Wortbildung, die den Ggs. zu ›Zw-illing‹ andeutet, stammt von dem Komiker A. Girardi, der auf einen Glückwunsch zu seinem neugeborenen Knaben telegrafisch erwiderte: ›Herzlichsten Dank von Mutter, Vater und Illing.‹ Das Wort erhielt sich einige Jahre lang.

illuminiert oder **illamaniert**, sprich -i^{a}d (scherz.), angeheitert, betrunken. – Ableitung: lat. *illuminatus* (ital. *illuminato*) ›erleuchtet‹, ›erhellt‹; wahrscheinlich aus der Studentensprache in die Mundart verpflanzt.

imm'rings (Ustw.), immer wieder, ab und zu. – Ableitung: das seltene Wort ist eine Zusammensetzung von immer mit der Endung -ings (vgl. ›ibrings‹ = übrigens); gebräuchlich nur in der Redensart ›imm'-rings amål.‹

Indian (Anf.) oder **Indianer**, *m.* (nicht nur wienerisch), Truthahn, Puter. – Entstehung und Ableitung: Die auch bayr. Bezeichnung bedeutet eig. ›indianisches Huhn‹, vgl. ital. *pollo d'India*. Der Truthahn hat in Amerika seine Urheimat, und seine Stammform ist das ›Mexikanische

Truthuhn‹; aus Westindien und Mexiko wurde es in Europa eingeführt. »Indien« war eine alte Benennung Amerikas (vgl. jetzt noch ›Westindien‹), weil Kolumbus der Meinung war, Indiens Ostküste entdeckt zu haben. Das Wort ist von neulat. *Indianus* ›indianisch‹ abgeleitet.

Indianer-kråpf'n, sprich -pfm, *m.*, Schokoladekrapfen mit Schlagsahne gefüllt. – Entstehung: Das in Österreich allgemein gebräuchliche Wort nimmt auf die dunkle Farbe dieses Gebäcks Bezug, das in Deutschland ›Mohrenkopf‹ heißt.

Indiwidium, Individuum, stets geringschätzige Bezeichnung: charakterloses oder anrüchiges Geschöpf. – Redensart: ›so a I.!‹, auch mit eigw. Zusätzen wie ›dreckigs, graupads, lausichs, schei^{n}häulichs, täppads‹. – Ableitung: lat. *individuus* ›unteilbar‹; als Hw. (*s.*): ›das Unteilbare, Einzelwesen‹.

inkåmmadiern, sprich -di^{a}n, Ungelegenheiten machen; Redensart: ›i. S'Ihna ned!‹ – Ableitung: frz. *s' incommoder* ›sich (oder einander) Ungelegenheiten machen‹.

Inslat (oder -lert) oder **Inslicht**, *s.*, Unschlitt, Talg. – Ableitung: mhd. *unslat* (oder *ünslit, inslet*) *s.* ›tierisches Eingeweidefett‹; ahd. *ingislahti* ›inneres Schlachtwerk‹, vgl. Kluge (1934) 643; bei Nestroy stets ›Inslicht‹.

Irbs'n-friedhof, d. i. »Erbsenfriedhof«, scherz.-spött. Bez. des menschlichen Magens. Das Wort, das nur einige Monate lebte, war eine Umbildung des dauernd gebr. Ausdrucks ›Båchhendl-Friedhof‹ (s. d.) oder ›Hendl-Friedhof‹. – Erklärung: Als nach dem 2. Weltkrieg im Mai 1945 Wien und Teile von NÖ. von einer schweren Hungersnot bedroht waren, bewilligte die russ. Besatzungsmacht Lebensmittellieferungen, die damals viele Menschen vor dem Hungertod retteten. Diese Nahrungsmittel bestanden zum Teil aus Vieh und Getreide, namentlich aber aus Hülsenfrüchten – darunter vorwiegend Erbsen. Diese »Irbs'nzeit« blieb allen, die sie erlebten, dauernd im Gedächtnis; wochenlang gab es nur einen alles beherrschenden Gesprächsstoff: die Erbse und deren Zubereitung, Entwurmung, Verdauung.

Irher oder **Ircher**, *m.*, Weißgerber. – Ableitung: mhd. *irh* oder *irch m.* ›Bock‹ *s.* ›weißgegerbtes (Bock-)Leder‹, bes. von Gemsen, Rehen (auch: *irch-vël s.*); davon: *irher m.* »derjenige, der *irch* bereitet«, Weißgerber; vgl. auch Schmeller I 130f.

Ir-ta oder **Ir-tåch**, *m.*, Dienstag; heute noch in den ländlichen Mundarten Österreichs (bes. NÖ.). – Ableitung: mhd. *ër-tac*, frühere Form *ërin-tag m.* aus got. **areins-dags*, d. h. Tag des altheidn. Kriegsgottes Ares, griech. *Áreos heméra* (durch die arianische Mission hieher verpflanzt). Vgl. Schmeller I 127, II 1071: Er- oder Erchtag, auch Erta; O. Weise, Unsere Mundarten, Leipzig 1910, S. 162; E. Kranzmayer, Die Namen der Wochentage, Arbeit z. bayr.-österr. Dialektgeographie I 1929, 91ff.

Irx'n, *w.*, Achsel(n), bes. Achselhöhle(n); Redensart: ›mit d(ie) I. schupf'n‹: mit den Achseln zucken. – Ableitung: mhd. *üchse* (sprich *üechse, üexe) w.* ›Achselhöhle‹.

Irx'n-schmålz, sprich Iaksn-schmoⁱz (Anf.), *s.*, eigentl. Schmalz der Achselhöhle. – Redensart: ›Därfst hålt 's I. ned spårn‹: eine Ermunterung zu stärkstem Krafteinsatz. – Ableitung u. Erklärung: Irx'n mit derselben Wurzel wie Achsel. Es ist also vergleichsweise an gut eingefettete Achselhöhlen gedacht, wie man etwa Wagenräder zum flotten Lauf ›einschmiert‹.

Irx'n-triab, *m.* (gärt.), Achseltrieb, bes. bei der Weinrebe, auch beim Paradeiser (Tomate); diese Triebe pflegt man zu beseitigen.

Iwan, *m.*, Russe. – Das Wort war nur während der Einquartierungen nach dem zweiten Weltkrieg gebräuchlich. – Ableitung: Der häufige russ. Vorname *Iwan* ist die russ. Wortform von Johann(es).

Ix-kirch'n, scherz.-spött. Ortsbezeichnung im Sinne von »irgendein Krähwinkel«; sinngleich ›Kuahdreckstätt'n‹, ›Neududlau‹, ›Trippstrill‹.

J

Jager-zeil-n, sprich Jagazäu'n, *w.*, ›Jägerzeile‹, der frühere Name des unteren Teils der heutigen Praterstraße. – Ableitung: ahd. *zīla*, mhd. *zīle w.* Reihe, Linie; spät-mhd. auch ›Gasse‹, ›Straße‹; vgl. Wollzeile, Hofzeile (19. Bez.), s. Kretschmer 499. – Erklärung: Maximilian II., der in den Praterauen zu jagen pflegte, ließ auf dem Gelände der späteren Jägerzeile (vorher »unter dem Feller« genannt) für seine Jäger achtzehn Wohnhäuser in einer Zeile (Gasse) errichten. Aus den Buschenschenken dieser kaiserlichen Jäger gingen vielbesuchte Wirtshäuser hervor, die gewissermaßen den ersten Auftakt zur späteren Praterherrlichkeit bildeten.

Jågl oder **Jogl**: 1. (Koseform) Jakob, sonst auch: Schack(er)l, Koberl (Kobi). – 2. Bauer; Redensart: ›a J. von Lånd‹. – 3. (spött.) bäurischer Dummkopf. – Das Wort ist nicht zu verwechseln mit ›Jodl‹. – Ableitung: hebr. *Ja'kūb*, männlicher Vorname; andere Koseformen: Jä(c)kel, (schweiz.) Joggeli, vgl. Storfer (1935) 197.

Jagler: 1. Frosch. – 2. dummes Gelärme, Torheit. – Ableitung: s. zu jag'ln; vgl. Schmeller I 1204.

jag'ln, lärmen, schreien; quaken. – Ableitung: zur gleichen Wurzel wie jagen; vgl. *jachern* (Weigand I 939) ›lärmen‹, ›schreien‹; s. auch Schmeller I 1203f.

Jahrling, *m.* (mil.), Einjährig-Freiwilliger zur Zeit des Habsburgerreiches. – Ableitung: von Jahr, da der J. seine Ausbildung zum Offizier unter normalen Verhältnissen in einem Jahr vollendete.

Jakobi-federn, sprich -fēdan, Mzw. (scherz.), Stroh (iron.), Strohlager. – Erklärung: Um die Zeit des Jakobstags (25. Juli) wird das neu geerntete Getreide gedroschen und dabei auch Stroh gewonnen. – Ableitung: zur idg. Wurzel *pet* ›fliegen‹.

Janisch, *m.*, Truthahn. – Ableitung: Dieser Vogel führt auch den Namen ›Indian‹, selt. ›Indianer‹, er ist also der »ind-janisch-e« Vogel; dieselbe Bezeichnung ist auch in Bayern gebräuchlich: Schmeller I 1207.

Janosch, *m.*, Ungar; Redensart: ›mein liaber J.‹. – Ableitung: ung. *János* (sprich Janosch) ›Johann(es)‹.

Jantschi, *m.*, Ungar. – Ableitung: Koseform zu Janosch (s. d.), etwa unserem Håns (Hansi) entsprechend.

Jass, *m.*: 1. Rock, Winterrock; insbes.: 2. alter, bereits schäbig und wertarm gewordener Überrock, z. B. ›Geh, ziag dein J. ån, weil a schlechts Weda is‹. – 3. (allg.) abgenütztes Gewand. – Ableitung: das der Gaunersprache angehörige Wort stimmt lautlich überein mit holl. *jas* (sprich jaß) *w.* ›Rock‹. – Im 2. Weltkrieg war *Jass* auch im Sinne von ›tüchtige Arbeitskraft‹ gebräuchlich (wohl ebenfalls der Gaunersprache entlehnt).

jatt'n, schreiend herumtollen (bes. von Kindern gebraucht), eigentl. ›jagen‹. – Ableitung: mhd. *ge-jeit, ge-jeide s.* ›Jagd‹; vgl. G'jad(t), s. d.

Jaukerl, *s.*, Antreibemittel, und zwar 1. (gärt.) Dünger, bes. Kunstdünger; 2. Gift (Mordmittel); sg. Maschierpulver, Pulverl.

Jaus'n, *w.*, 1. Zwischenmahlzeit, insbes.: 2. »die Jause« (österr. Umgangssprache), d. i. Nachmittagskaffee, Vesperbrot. – Ableitung: slow. *júžina* (sprich juschina) ›Mittagessen‹; das Wort gehört zur slaw. Wurzel *jug* ›Süden‹, ›Mittag‹: vgl. slow. *jùg* (aslaw. *jugu*) ›Süd‹, ›Südwind‹; »Jugo-slawien« = Süd-slawien. – Schuchardt 67, Kretschmer 551f., Storfer (1935) 77f., Kluge (1934) 267, Textor 32f. Nicht zutreffend ist die Herleitung des Wortes von aind. *jūš* ›Brühe‹, lat. *ūs* ›Suppe‹, lit. *jūše* ›Fischsuppe‹: vgl. Weigand I 946 und Storfer (1935) 78. (Schuchardt 67 gibt weitere Belege.)

Jesas-deuter, *m.*, leichter Stoß mit der Hand, um jn. auf etwas aufmerksam zu machen. – Ableitung: zum Rufw. ›Jessas!‹ (Jesus); der Jesasdeuter gibt zu verstehen: ›Jessas, Achtung!‹

Jessas-Maria-Josefs-Båhⁿ, scherz.-iron. Bez. der Kaiser-Franz-Josephs-Bahn. – Erklärung: Anspielung auf den Schreckensruf ›Jessasmaria(josef)!‹ Der Ausdruck kam um die Jahrhundertwende auf, als sich auf der Strecke dieser Bahn in schneller Folge mehrere schwere Unfälle ereigneten.

Jocherl, sprich -cha'l, *s.*, knechtseliger, kriecherischer Mensch. – Ableitung: Er ist wie ein Lasttier ins Joch gespannt; schon aind. *jugám* *s.* ›Joch‹, ›Gespann‹ (lat. *iugum s.* usw.).

Joppner, Joppenmacher.

Juchazer oder (selt.) **Juchezer,** *m.*, jauchzender Aufschrei, Jauchzer. – Ableitung: s. zu juchaz'n.

juchaz'n oder (selt.) **juchez'n,** jauchzend aufschreien, jauchzen. –

Ableitung: mhd. *jūchezen* (ahd. * *juhhazzen*), d. i. »juch« rufen; juch (mhd. *jūch* oder *jū*) ist ein Ausrufwort der Freude, vgl. juchhe! juchhu! juchhei(ßa)!

¹ Juchhee (End.), *w.*, tolle (weinfrohe) Unterhaltung, z. B. ›heind gemma (gehen wir) mitsåmm auf d(ie) J.‹. – Ableitung: mhd. *juch* (Empf. der Freude), wovon dieses Hw. gebildet ist.

² Juchhee (End.), *s.*, die obersten (billigsten) Galerieplätze im Theater; R.: ›aufs J. geh^n‹; sg. ›Ochs'nstånd‹ (s. d.).

Jud, *m.*: 1. Jude; Redensart: ›fürs Ghåbte gibt der J. nix‹ (mit Bezug auf den ›Handlēh‹, s. d.). – ›Då wer'n S a(n) ålder J. (wern)‹: Das wird sehr lange dauern, darauf werden Sie lange warten müssen (mit Bezug auf die zähe Ausdauer des Juden). – ›Die müass'n an Jud'n mit anånd derschlågn ham‹: sie tun sehr geheimnisvoll. – 2. Preis für den Tarockspieler, der den Pagat als letzten Stecher ansagt und durchführt. – 3. Kitzler (Klitoris). – Ableitung: Der Name Jude rührt von dem für die israelitische Geschichte wichtigsten Stamme *Juda* (hebr. ›Gottlob‹) her; mhd. *jude* oder *jüde*.

jüdisch'n, beschneiden. – Ableitung: zu Jude, eigentl. ›jüdisch machen‹; der Volksname Juden ist von dem des Stammes ›Juda‹ abgeleitet.

K

Käfer (übt.): 1. (liebes) Mädchen: ›a sauberer K.‹ – 2. Rausch: vgl. Kretschmer 399; Textor 33. – 3. leichte Verrücktheit: ›Der håt an K. (den gråbbelt a K.) in Hirn‹. – Ableitung: zur gleichen Wurzel wie mhd. *kiwen* ›kauen‹, vgl. Kiefer, ›kiefeln‹.

Kaffee-haus (Mitt.): eine veraltende Redensart ist: ›Dees is kaⁿ K. für mi‹, d. h.: Hier fühle ich mich nicht wohl (wie daheim), das paßt mir nicht. – Erklärung: Sehr zutreffend stellt Schmidt 7 fest, daß diese ablehnende Wendung der Zeit entstammt, da Wien der Großstadtvollendung entgegenging; vgl. auch Mayr (1929) 105.

Kaffée-mühl (scherz., ger.), kleine Zugslokomotive einer Lokalbahn; s. Dåwidlbåhn, Knöpferlbåhn.

Kaiser, sprich -sa. – Redensart: ›wohiⁿ da K. z’ Fuaß geht‹: taktvolle Umschreibung für Toilette. – (Nicht nur wienerisch): ›Wo nix is, håt da K. ’s Recht valurn (verloren)‹; eine Redensart, die lediglich in der angeführten Lautgebung als wr. bezeichnet werden kann. Redensart: ›K. sein‹: obenauf sein, z. B. ›in sein Gschäft, då is er K.‹: da fühlt er sich als Herr und Gebieter. – Ableitung: Quellwort ist lat. *Caesar*: Familienname im röm. Geschlecht der Julier; aus der altgriech. Lautung *kaisar*, got. *kaisar*, entstanden ahd. *keisar* und mhd. *keiser*.

Kaiser-: Im alten Kaiserstaate Österreich wurden mehrere zusammengesetzte Hauptwörter mit dem Bestimmungswort »Kaiser-« gebildet, das die Erlesenheit namentlich gewisser Genußmittel ausdrückte (vgl. Kretschmer 159); einige davon haben die Monarchie überdauert und zeigen ein zähes Weiterleben (auch in der Usp., z. B. ›Kaiser-wein‹, ›Kaiser-wēda‹ usw.).

Kaiser-fisch, *m.*, Goldforelle (*Salmo salvelinus*), eine in den Algenseen häufige Lachsart.

Kaiser-fleisch, *s.*, geräuchertes (›geselchtes‹) Schweinefleisch, reichlich mit Fett durchzogen (Bauchfleisch).

Kaiserlicher, sprich -salicha, *m.*, Soldat, z. B.: ›Bei d’ Kaiserlich’n, då dalebst d’r wås!‹ – Erklärung: Gemeint sind die österr. Soldaten des Habsburgerreichs.

Kaiser-schmårrn, *m.*, Mehlspeise, aus Mehl, Milch und Eiern bereitet, in Butter oder Fett gebacken, sodann in Teilchen zerstoßen; vgl.
Kretschmer 399; Textor 33.

Kaiser-semm'l, *w.*, eine aus reinem Weißmehl erzeugte, mit fünf Ein-
schnitten versehene Semmel (im Unterschied dazu die sog. ›Mund-
semm'l‹).

Kaiser-städt: In Adolf Bäuerles Zauberoper »Aline« (1826, Musik v.
W. Müller) findet sich das Lied ›s gibt nur a Kaiserstadt, s gibt nur a
Wien‹ – Worte, die drei Menschenalter durchlebten und ihre Volkstüm-
lichkeit noch zu einer Zeit bewahrten, in der sie sachlich nicht mehr zu-
trafen.

Kälbern(e)s, sprich Köⁱbans, *s.*, Kalbfleisch; vgl. ›Schweiner(n)s‹. –
Vgl. Kretschmer 229.

Kålfåkter (schelt.), Schelm, Schlingel, Spitzbube. – Ableitung: neu-
lat. *calfactor* ›Stubenheizer‹, bes. ›Ofenheizer‹ in Schulen (wörtl.
›Warmmacher‹); dann: ›heimlicher Schöntuer‹, ›Zuträger‹, s. Schmeller
I 1240 und Hügel 86.

Kålter, *m.*, Fischbehälter, Fischkasten. – Ableitung aus ›G(e)halter‹,
vgl. wr. ›g'hålt'n‹ = behalten; mhd. *kalter m.* ›Behälter‹, ›Schrank‹. Usp.
›Kalter‹: Kretschmer 476.

Kalupp'n, sprich -pm, *w.*, »Kaluppe«, minderwertiges Haus (Häuschen, Hütte). Redensart: ›So a ålde (ölende) K.‹. – Ableitung: tschech.
chalupa oder *chaloupka w.* ›(kleine) Hütte‹.

Kām, *m.* (nicht nur wienerisch), hautartiger Schimmel auf (gegore-
nen) Flüssigkeiten, ›Kahm‹. – Ableitung: mhd. *kām* oder *kān* gleichbedeutend; Quellwort wohl lat. (ma.) *cāna* ›graue Schimmelschicht‹ (lat.
cānus ›grau‹).

Kamanet (End.) oder **Kaminet,** sprich (meist) -need, *s.*, Kabinett,
kleines einfenstriges Gemach. – Ableitung: ital. *cabinetto m.* (frz. *cabi-
net m.*) ›Nebenzimmer‹; Vkl.: Kamanetl.

Kamasól, sprich -soⁱ, *s.*, Kamisol, Weste. – Ableitung: ital. *camiciuo-
la w.* ›Unterjacke‹, frz. *camisole w.* gleichbedeutend; das mlat. Wort
(Grundwort) ist *camisia w.* ›Hemd‹.

Kåmmer-tuach, *s.*, Kattun, leichtes Baumwollgewebe. – Ableitung:
urspr. feine Leinwand aus der Fabrikstadt Cambrai in Flandern, nl. *Ka-
merijk*; aus *Cammerichs-tuch* (auch *Cammerleinwat*) wurde Kammer-
tuch; vgl. Weigand I 974.

Kåmp, *m.*, Kamm. – Ableitung: mhd. *kamp* oder *kambe* gleichbedeutend.

¹ Kampl, *m.*, Kamm, bes. Haarkamm. – Ableitung: Vkl. von Kamm (s. Kåmp).

² Kampl, *m.*, trefflicher Mensch, schneidiger Bursch, Kerl; Redensart: a fescher, gschickter, gscheiter, reicher, schlauer K. – Ableitung: eig. Vkl. von ›Kampe‹ = Kämpfer, Held; mhd. *kampfe* oder *kempfe(l) m.* ›Zweikämpfer‹, ›Krieger‹. Das germ. Wort drang um 600 n. Chr. ins Lateinische ein: mlat. *campio* ›Gladiator‹, davon: ital. *campione*, frz. u. eng. *champion*.

Kånafås, *m.*, Kanevas, Hanfgewebe; nur in dem ablehnenden Zuruf: ›Jå, K.!‹ = jå, an Schmårrn! jå, bein Bäcken! – Ableitung: mlat. *canava* w. Hanf, frz. *canevas m.* Stickgaze (lat. *cannabis w.* Hanf). Die Redensart stellt ein gemildertes Götzzitat dar. Bezugnahme auf den geringeren Wert der (gröberen, härteren und steiferen) Hanffasern gegenüber den edleren Flachsfasern.

Kanal-furell'n, *w.*, sprich -rö'n, Ez. und Mz., Kanalforelle, scherz. für Ratte.

Kånndl, *w.*, und **Kannderl**, *s.*, Kännchen. – Das *w.* Wort wird nicht als Verkleinerungsform empfunden. – Ableitung: spätlat. *canna w.* gleichbedeutend; das Wort dürfte germ. Ursprungs sein: ahd. *channa w.* gleichbedeutend.

Kånndl-schånk, *m.*, kleines Tee- und Branntweingeschäft, auch (ger.) ›Schnåpsbudi(k)‹, später ›Dänische Likörstube‹ genannt. – Ableitung: Kånndl von Kanne (beim Geschäftseingang war oberhalb der Türe eine kleine Teekanne angebracht).

Kapauner, *m.*, Kapaun, verschnittener gemästeter Hahn; sg. Polak (s. d.). – Ableitung: mhd. *kapūner* oder *kappūn m.* gleichbedeutend; lat. *capo* gleichbedeutend, auch ›Eunuch‹.

kapit'ln: R. ›ån k.‹: jm. einen strengen Verweis erteilen. – Ableitung: zu Kapitel, d. i. Hauptstück (lat. *caput s.* Haupt), bes. aus der Bibel; ›ein K. lesen‹ = strenge Vorschriften (jm.) vorlesen; dadurch erhält Kapitel auch die Bed. ›Verweis‹: s. auch Schmeller I 1268.

Kapitulazi, *w.* (mil.), Dienstvertrag eines Soldaten zum freiwilligen Weiterdienen im Heere. – Ableitung: frz. *capitulation w.* ›Zugeständnis‹, ›Dienstvertrag‹; vgl. Textor 12.

kapōres (nicht nur wienerisch), tot, entzwei, verloren. Redensart: ›k.

gehⁿ‹: zugrunde gehen, sterben. – Ableitung: jiddische Aussprache des rabbinisch-hebr. *kapporēth w.* ›Sühnopfer‹. Vgl. Schmeller I 1268; Kluge (1934) 283.

Kapri, s. Gabri.

Kaps, *w.*, Haft, Arrest; (mil.) Kasernenarrest. – Ableitung: zu lat. *capsa w.* ›Behältnis‹, vgl. Kapsel; das Wort Kaps dürfte urspr. der Gaunersprache angehört haben.

Karaffindl, *s.*, ein mit Essig- und Ölflasche versehenes Gestell auf den Gasthaustischen. – Ableitung: ital. *caraffina w.* ›kleine Wasserflasche‹ (*caraffa w.* ›Flasche‹) mit der ma. Verkleinerungsendung; auch die kürzere Form ›Karwindl‹ war in Gebrauch.

Karēd'n (End.), *w.*, schlechter Wagen. – Ableitung: mhd. *karethe w.* alte Nbf. zu *karre* (*garre*) *w.* (*m.*) ›Karren‹, was auf lat. *carrus* (Lehnwort aus dem Keltischen) *m.* bzw. mlat. *carra w.* ›Wagen‹ zurückgeht; s. Mayr (1930) 101f.

Kårl: Redensart: ›der scheene K.‹ einst sehr beliebte Bez. des um Wien hochverdienten Bürgermeisters Dr. Karl Lueger (Amtszeit 1897–1910) wegen seiner auffallenden Mannesschönheit.

¹ Karrée, *s.*, Braten, und zwar Kålbskarree oder Schweinskarree. – Ableitung frz. *carré* (*de mouton*) *m.* ›Vorderviertel (des Hammels)‹; Quellwort: lat. *quadrātus* ›viereckig‹, vgl. ›Quadrat‹.

² Karrée, *m.*, Eillauf, Sprunglauf; Redensart: in an K. daherkumma. – Ableitung: Das Wort stellt eine Verunstaltung des frz. *carrière w.* ›Lauf(bahn)‹ dar.

Kårsettl, sprich Koas-, *s.*, Mieder, Schnürleibchen. – Ableitung: ital. *corsetto m.* (vgl. frz. *corset m.*) ›Schnürbrust‹; urspr. Wurzel im lat. *corpus s.* ›Körper‹, ›Leib‹.

Kartoffel, *w.:* Dieses Wortscheusal, das zwar neuerdings bei bildungsstolzen Speisekartenschreibern und bei der »vurnehmen« Halbwelt beliebt ist, kennt die Wr. Volkssprache nicht; wienerisch ist nur das schöne bildhafte Wort Erdåpfl, ein Apfel der Erde! – Ableitung: Als dieses Geschenk der Neuen Welt im 16. Jh. aus Peru nach Europa (Italien) gelangte, nannte man die Erdäpfel daselbst wegen ihrer leichten Ähnlichkeit mit Trüffeln ›tartufoli‹, woraus in Deutschland zu Ende des 18. Jh. das Unwort ›Kartoffel‹ wurde. Vgl. heute ital. *pomi di terra*, frz. *pommes de terre*.

Karussell, *s.:* Auch zu diesem ganz unwienerischen Wort sei, wie zu

›Kartoffel‹, eine Warnungstafel ausgehängt! Das Wienerische hat dafür den Ausdruck ›Ring(e)lspiel‹ (s. d.), eine herrliche, alte Prägung aus dem Volk, einen Namen einprägsamster Bildhaftigkeit. Das Fremdwort K. wird von manchen Ringelspielbesitzern in hoher Ehrfurcht vor dem unverstandenen Plunder und zum Zweck einer Förderung des Geschäftsganges gebraucht. Fort damit! – Ableitung: frz. *carrousel m.* gleichbedeutend; Quellwort: pers. *kurrā* ›Rößlein‹, arab. *kurradš* ›Spiel mit Rößlein‹; vgl. Kretschmer 265f. und Kluge (1934) 287f., s. daselbst auch über die ursp. Bed. von ›Ringelspiel‹.

Kās, *m.*: 1. Käse; 2. (übertragen) wohlfeile, wertlose Sache, Plunder: ›so a K.!‹; 3. Redensart: ›ān K.‹ = nichts, z. B.: ›dees is an K. wert‹; vgl. Schmårrn. – Ableitung: lat. *cāseus m.* ›Käse‹, daraus ahd. *kāsi*; den Umlaut des Wurzelvokals zeigt erst das mhd. Wort *kaese*.

Kåsper, sprich Kåschba: 1. Kasper; 2. sonderbarer (›spinnender‹) Kautz. – Ableitung: s. zu Kasperl; der frommen Legende nach war K. einer der Heiligen Drei Könige, dargestellt als Mohr.

Kasperl, sprich Kaschb-, *m.*, eig. kleiner Kasper. 1. eine lustige Bühnenfigur, die in Wien von dem Schauspieler J. J. Laroche (gest. 1806) begründet wurde und den früheren Hanswurst ablöste (s. Wurstl); Laroches Kasperl war gewöhnlich ein einfältiger Bedienter oder Schildknappe, dessen engsten Geistesverwandten später der Regenschirmmacher Staberl (s. d.) abgab.
Im Puppenspiel pflegt dem Kasperl eine Hauptrolle zuzufallen: er ist die Verkörperung treffsicheren Witzes, aber auch volkstümlich-derben Humors. Diese Rolle scheint auf sehr alte Überlieferung zurückzugehen.
2. *m.* oder *s.* (auch Usp.): ein gutmütig-ausgelassener, allerlei Possen treibender Mensch (auch Wurstl).
3. *m.* = Puppentheater, bes. im Wurst'lpråter (s. d.), z. B. ›mir gengan in K.‹ = ins Marionettentheater; ›wie wårs d'nn in (bein) K.?‹
Ableitung: Vkl. (Koseform) von Kåsper (s. d.); vgl. auch Storfer (1935) 147, Anm. 1. Über die Bühnenfigur des Kasperls vgl. I. Castelli, Memoiren meines Lebens, 1912ff. und O. Rommel in ›Die Alt-Wiener Volkskomödie‹, Wien 1952.

Kåspernelli, sprich Kåschbanölli, *m.*, Kasperle, Hanswurst; Tollkopf. – Ableitung: aus dem männl. Vornamen Kasper in hybrider Wortbildung mit ital. Endung.

Kåsper-wågler, *m.* (scherz.), entschlußschwacher, wankelmütiger

Mensch. – Ableitung: Kåsper aus dem männl. Vornamen Kasper, wåg'ln = wackeln; eigentl.: ein wackelnder Kaspar (Narr), der eine belustigende Figur abgibt.

Kassa, *w.* (Gaunersprache), Höcker, z. B. ›Dēr håt a saubere K. am Buckl‹. – Ableitung: ital. *cassa w.* ›Kasten‹ von lat. *capsa w.* ›Behältnis‹.

Kas-stecher (ger.): 1. Käsestecher = Käsehändler. – 2. (in weiterem Sinne) Feinkosthändler. – Entstehung: Das Wort war in früheren Zeiten auch gleichbedeutend mit ›Italiener‹, denn ehemals war ein großer Teil der Wr. Käsehandlungen in ital. Händen: hatten ja die Oberitaliener ihr besonderes Geschick zur Käsebereitung von den Römern ererbt.

Käst'n, Ez. und Mz., Kastanie(n), bes. Edelkastanie(n): ›mir bråt'n (oder siad'n) uns K.‹ – Ableitung: mhd. *kesten(e) w.* neben *kastāne* ›Kastanie(nbaum)‹, lat. *castanea w.* gleichbedeutend zu altgriech. *kástanon s.* gleichbedeutend, benannt nach der von Kastanienwäldern umgebenen Stadt *Kastana* am Schwarzen Meer. Wurzelwort ist anscheinend armen. *kaskeni* ›Edelkastanienbaum‹.

Käst'n-bråder, *m.*, ein Mann, der auf einem kleinen Ofen im Freien Edelkastanien (Maroni) bråt: eine in den Straßen Wiens zur Winterszeit häufige Gestalt. Er trat an die Stelle des ehemaligen »Käst'n-weibes«: s. Fr. Schlögel »Wienerisches« (Ges. Schriften III), S. 350; neben ihr betrieben einst Italiener in Wien diesen Beruf; sie brieten auch Äpfel und riefen: ›Maroni, maroni arrostiti, bratene Äffel (Äpfel)!‹

Kās-woch'n, Mzw., Flitterwochen. – Erklärung: Der schalkhafte Ausdruck scheint darauf anzuspielen, daß sich das reichliche Lieben der jungen Paare häufig in deren bleichem, »kāsweißem« Aussehen spiegelt. Schon Horaz (Od. III 10, 14) sprach von einer Blässe der Verliebten (*pallor amantium*). Urspr. aber stand das Wort in Beziehung zur Fastenzeit vor Ostern, in der Käsegenuß statt des Fleisches üblich war. Schmeller I 1299. Schranka 90. Nestroy X 539 (Belege).

Katarrh-zeltl, sprich -zöⁱdl, *s.*, Zeltchen (= Zuckerplätzchen) als Arznei gegen Verschleimung und Hustenreiz. – Ableitung: s. zu Zeltl.

Kathrín: 1. Kurzform von Katharina. – 2. Redensart (nicht nur wienerisch): ›d schnelle K.‹: Durchfall (Diarrhöe). Dieser Ausdruck geht vermutlich auf einen Schulwitz (altgriech. *kátharma s.* ›Reinigung‹) zurück. Im übrigen sei hier bemerkt, daß Katharina mit Barbara und Margareta zu den drei heiligen Frauen gehört, die von den Gläubigen in schweren Nöten um Beistand angefleht werden: sie gelten als Helferinnen der Gebärenden und wurden auch in der Sterbestunde angerufen. Aus alten Volksbräuchen wird deutlich, daß diese hl. drei Frauen die Rolle der früheren Schicksalsfrauen übernommen haben.

Katzl-måcher (nicht nur wienerisch), ein in Wien und auf österr. Boden schon über zwei Jahrhunderte nachweisbarer geringschätziger Ausdruck für Italiener. Dieses vielgebrauchte Scheltwort ist in seiner Urbedeutung bis heute nicht mit sicherer Gewähr erklärt. In Kreisen der Sprachforscher dürfte gegenwärtig die Meinung am verbreitetsten sein, das Wort K. schreibe sich von den einst in Wien und in österreichischen Landstädten viel umherziehenden italienischen Figurenhändlern (s. ›Figurimå^{nn}‹) her.

Kåtz'n-brankerl (botan.), s., eigentl. Katzenpfötchen, Bez. für das Vergißmeinnicht. – Erklärung: wohl wegen der starken Blattbehaarung; die Pflanze gehört in die Gruppe der ›Rauhblättler‹ (*Asperifolien*).

Kåtz'n-kopf (nicht nur wienerisch), Dummkopf; vgl. Weigand I 1009 (Schmeller I 1314).

Kåtz'n-nåbl, *m.*, alberner Mensch.

Kåtz'n-tischl (nicht nur wienerisch), s., in der Ecke des Speisezimmers stehendes Tischlein (ähnl. Kåtz'n-bankerl). – Erklärung: Der Ausdruck geht auf das Klosterleben zurück; ein bestrafter Mönch mußte abseits vom gemeinsamen Tisch, auf dem Boden kauernd (oft in Gesellschaft der Klosterkatzen), sein karges Mahl verzehren: er »saß am Katzentisch«; vgl. Schwäb. Wörterbuch IV 283.

Käuli oder **Kauli**, *m.*, Blumenkohl, Karfiol. – Ableitung: lat. *caulis m.* ›Stengel‹ (altgr. *kaulós m.* gleichbedeutend): also eigentl. ›Kohlstengel‹.

kausch'n: 1. herumstreiten; 2. im Gezänk Torheiten sprechen. – Ableitung: zur Wurzel vgl. tschech. *kousací* ›Beiß-‹; *kousati se s kým* ›sich zanken‹, eigentl. ›sich beißen‹; s. auch Schmeller I 1300.

kehr um d Hånd, im Handumdrehen, im nächsten Augenblick. – Entstehung: der Ausdruck wird ustw. gebraucht wie ›in Håndumdrahn‹, z. B. ›und k. is Unglück gschegn‹.

Keireí oder **Keiereí**, sprich Ghei(a)reí, *w.* (nicht nur wienerisch): 1. Plage, Schererei, Schwierigkeit, Verlegenheit (sinngleich ›Gfrett‹). – 2. Verdruß, Zwist, Streit. – Ableitung: ahd. vom Stamme *hī (hīw)*, Ztw. *hī(j)an* oder *hīwan*, verstärkt *gi-hī(w)an* ›heiraten‹, mhd. *gehī(j)en* oder *ge-hīwen*, urspr. ›sich paaren‹; außer dieser Bed. nahm das Wort noch andere an: ›sich plagen‹, ›sich ärgern‹. Im Bayr. finden sich das Ztw. *g(e)heien*, Nebenform *keien* ›werfen‹, ›schlagen‹ und die Hw. *G(e)hei s.* u. *G'heierei (Keierei) w.* ›Mühe‹, ›Verdruß‹. Das jetzt kaum mehr verständliche Wort war zur Zeit Nestroys, der es nicht selten verwendet, allgemein geläufig; vgl. Schmeller I 1025f. Textor 34. Mayr (1930) 58; vgl. oben ›eini-kei'n‹.

Kelhåmer, sprich Kö^i-, *m.*, Kelheimer (Kahn), ein großes, breites Donauboot. – Ableitung: nach der Stadt Kelheim in Niederbayern.

Keller-ant'n, sprich Kölla-, Mzw., kleine Quarkkäschen. – Erklärung: Die scherz. Bez. dieser »Enten aus dem Keller« nimmt wohl auf deren etwas muffigen (›miachtelnden‹) Geruch Bezug.

kepp'ln oder **kēb'ln**: 1. keifen, zanken, streiten. – 2. murren, schelten; Redensart: ›sie (er) is mi'n Keppln auf d Wöld kumma‹: sie (er) ist zur Keiferei geboren. – Ableitung: mhd. *kibelen* oder *kipelen* (Nebenformen *kivelen, kevelen*) ›scheltend zanken‹, ›keifen‹; vgl. Schmeller I 1216 und 1270.

Keppl-zåhnd oder **Kēbl-zånd**, eig. ›Keifzahn‹, ein aus dem Vorderteil des Oberkiefers hervorstehender Zahn; Redensart: ›sie håt si 'n K. ausbiss'n‹: sie keift nicht mehr. – Ableitung: s. zu kepp'ln. Storfer (1935) 172.

Kerl: ›Dummer K. vo^n Wean‹, eine einst vielbelachte Gestalt des Wr. Witzblattes »Figaro«.

Kern-fett'n, *w.*, Rindsfett, wohl wegen seiner kernig-harten Beschaffenheit im Rohzustande so benannt.

Kern-sāf, sprich Keansaff, *w.*, aus Rindsfett (s. Kernfett'n) erzeugte Waschseife.

Kestl, *m.*, Mz. -ln, Kessel. – Ableitung: Das Quellwort ist lat. *catīnus m.* ›Schüssel‹, daraus entlehnt: got. *katils*, ahd. *kezzil* ›Kessel‹, vgl. eng. *kettle*. Der Kessel gehört zu den Gerätschaften, welche die Germanen von den Römern übernahmen: vgl. Kist'n, Korb, Spiagl u. v. a.; vgl. Storfer (1937) 240.

kewi(ch) oder **kebi(ch)**: 1. aufbegehrend, widersetzlich. – 2. aufgeblasen, unverträglich, rücksichtslos. – Ableitung: mhd. *kībic* ›zanksüchtig‹; vgl. mhd. *kīben* oder *kīven* (= *kībelen*) ›laut schelten‹, ›keifen‹: das Wort gehört vielleicht zur gleichen Wurzel wie »kepp'ln« (s. d.); vgl. Nestroy IX 606; Mayr (1930) 51.

Kib(e)rer, Sicherheitsbeamter, insbesondere ein Angehöriger der Polizeibehörde, der verdächtige Leute aushorcht (›ausspitzelt‹), um sie sodann zu verhaften. – Entstehung: ein Wort der Gaunersprache dunkler Herkunft.

Kiebitz, auch **Kiebitzer, Kiwitz(er)** (nicht nur wienerisch), Zuschauer beim Spiel. – Redensart: ›'n K. måch'n‹; ›K., hålt s Mäuⁱ!‹ – Ableitung: Es liegt ursp. ein Wort der Gaunersprache vor, näml. ›kibitschen‹ = besichtigen, bespitzeln; vgl. F. Kluge, Rotwelsch (1901), I 380; dieses Ztw. wurde später zu kiebitz(e)n umgeformt mit Anlehnung an den deutschen Vogelnamen.

Kik'riki-haub'n, sprich -hau'm, *w.,* Kappengattung, die einen phantasiereichen Menschen an einen Hahnenkamm gemahnen konnte.

Kinder-verzārer, *m.,* Kinderverschlepper, -verführer.

Kipf(e)l, *s.* (nicht nur wienerisch), hornförmiges Weißgebäck, das in Deutschland gewöhnlich als ›Hörnchen‹ (Hörndl, Hörnle u. ä., s. Kretschmer 238) bezeichnet wird, während in der Schweiz (strichweise auch in Bayern) ›Kipf(e)l‹ gebräuchlich ist. – Das Kipfel ist in seiner Form ursprünglich als Mond gedacht; seine Hornform ist nichts anderes als ein Bild des Neumondes. Die in Wien vielfach verbreitete Ansicht, dieses Gebäck stehe mit dem türkischen Halbmond und mit den Türkenbelagerungen der Stadt in unmittelbarer Beziehung, kann genauerer Prüfung nicht standhalten: das Alter dieser Gebäcksart reicht weit über diese Zeiten zurück. – Ableitung: Der Name des Kipfels steht in keiner Verbindung mit der Mondform. Das Gebäck erhielt ihn nach der ähnlichen Gestalt der Stemmleiste am Bauernwagen: diese heißt mhd. *kipf(l),* ahd. *chipf, kipf(a),* ein Wort, das auf lat. *cippus* ›Spitzsäule‹, ›Pfahl‹ zurückgeht. Das in zwei Spitzen endigende Gebäck wurde anfangs in Bayern ›Kipf‹ (*m.*) genannt, und das wr. und österr. Wort stellt eine Verkleinerungsform davon dar. Bezeugt ist dieses Backwerk schon um das Jahr 1000 (s. Kluge [1934] 301).

Kipfler, *m.,* Kurzform für ›Kipfl-Erdapfel‹. Seine Benennung bezieht sich vornehmlich auf die zwei spitzen Enden; dies läßt sich daraus vermuten, daß die Kipfler großteils keine auffallende Krümmung aufweisen. – Ableitung: s. zu Kipf(e)l.

Kirzl-weib: 1. (Grundbedeutung) Verkäuferin von Kerzen in Kapellen und bei Kirchen; 2. (übt., spött.) Betschwester.

Kittl oder **Kidl,** sprich Ki'l, *m.* (nicht nur wienerisch): 1. Frauenrock; 2. Rock, z. B. ›er håt an schäbich'n K. ån‹: einen abgenützten Rock. –

Ableitung: aus arabisch *quṭn* = ›Baumwolle‹, daraus auch Kattun; md. *kidel*; s. Storfer (1937) 239 und Kretschmer 389.

Kittl-fålt'n, sprich Ki'lfåⁱtn, *w.* (Ez. u. Mz.), Falte des Frauenrockes. – Redensart (vom Kinde): ›s hängt ållawäu an da K.‹: es hängt stets an dem Rock der Mutter, ist von ihr nicht wegzubringen; (vom Gatten oder Geliebten): ›er hockt ihr furt auf da K.‹.

Klåmpf'n, sprich Glåmbfm, *w.*: 1. ›Klampe‹, eine eiserne, von Zimmerleuten und Bauarbeitern verwendete Klammer, die an beiden Enden festhält; 2. (bayr.-österr.) ›Klampfe‹, d. i. Gitarre (Kluge [1934] 304). – Ableitung: mhd. *klambe w.* ›Klammer‹; vgl. Schmeller I 1331.

Klåmsch, *m.*, leichte geistige Störung, Regelwidrigkeit der Gehirnfunktionen; Redensart: ›an K. håb'n‹: geistig ein wenig aus dem Gleichgewicht sein. L. Slezak sagt (»Rückfall«, S. 267): ›Wir Künstler haben alle einen Klamsch; hat zufällig ein Künstler keinen, dann ist er kein Künstler‹. – Ableitung: In dem Worte scheint eine slawische Wurzel zu stecken: vgl. tschech. *klam m.* ›Täuschung‹, ›Trug‹; slow. *gluma w.* ›Narretei‹; kroatisch *glumac* ›Possenreißer‹, ›Gaukler‹.

Klaudern: s. oben unter Glaudern.

Klebl oder **Klewl**, *m.*, gew. Mz. Kleb(e)ln: Finger; Redensart: ›ån auf d Klebln schaun‹. – Vkl.: Kleberl(n). – Ableitung: Das meist als Scherzbezeichnung gebrauchte Wort geht zurück auf mhd. *klaber* (Nebenform zu *klouber*) *w.* ›Klaue‹, ›Kralle‹, bzw. *klāwe w.* ›Klaue‹, ›Pfote‹, ›Tatze‹; vgl. auch mhd. *klöuwen* ›kratzen‹. Auch in der hd. Umgangssprache hört man in scherzendem Tone: ›Gib mir deine Vorderpfote‹ (= Hand); vgl. Mayr (1930) 81.

kleck'n oder **gleck'n**, ausreichen, langen, genügen. – Redensart: ›s kleckt gråd no‹: es reicht zur Not aus. – Ableitung: ahd. *kleckan*, mhd. *klecken* (intr.) ›genügen‹; vgl. nhd. er-kleck-lich; Schmeller I 1324. D. W. B. V 1066f.

Klederling (*s.*), Kledering, Ortschaft bei Schwechat (NÖ.); Redensart: ›der ghört nåch K.‹ = er ist zu beseitigen (in K. wohnte der Wr. Wasenmeister). – Ableitung: Der urkundliche Name Gletaren ist wohl von mhd. *glēt m.* ›Hütte‹, ›Keller‹ (slaw. *klet*) herzuleiten.

Klesch'n, *w.* (Ez. und Mz.): 1. Ohrfeige (selt.); 2. luftgefülltes Papiersäckchen, das knallend zum Platzen gebracht wird; 3. Fruchthülse des Blasenstrauches (›Klesch'nstaud'n‹), auch für den Strauch selbst gebraucht; 4. das Feminal, man denke bes. an *cunnus clamosus*; daher auch: 5. (ger.) Frauensperson (›a ålde K.‹), bes. Dirne. – Ableitung: laut-malendes Wort, zur gleichen Wurzel gehörig wie eng. *to chlash* ›klir-ren‹, ›rasseln‹; vgl. Castelli 141; Schmeller I 1340.

Kletz'n, eig. Klötz'n, sprich Gl-, *w.* (*m.*), Ez. und Mz.: 1. (Grundbe-deutung, *w.*) gedörrte Birnen, (seltener) auch Äpfel, eig. Birnen- (oder Äpfel-)spalte; 2. (übt., *w.*) magere, schwächliche Person, bes. Mädchen; Vkl. Kletzerl; 3. (ger., *m.*) Kleinigkeit, wertloses (oder minderwertiges) Zeug; Redensart: ›Dees geht di an K. å^n (= nichts)‹; ›weg'n an jedn K. an Spetakl måch'n (an Lärm schlåg'n)‹. – Ableitung: mhd. *klozbire* oder *klotzpirn w.* ›Dörrbirne‹; vgl. mhd. *kloezen* ›mit einem Keil (*klōz*) spal-ten‹; vgl. Schmeller I 1342; Pötzl 91; Textor 36; Mayr (1929) 73. (Mayr [1930] will das Wort mit klez'ln in Beziehung bringen.) Beleg bei Nestroy VIII 272.

Kletz'n-brot, eig. Klötz'nbrot, länglicher Brotlaib, der aus Kletz'n (s. d.) unter Beigabe von Teig, Nußkernen, Dörrfeigen, Zibeben u. a. verfertigt ist, ein Festgebäck zur Weihnachtszeit: s. V. Geramb, Deut-sches Brauchtum in Österreich (Graz 1924), S. 8 und 104f. – Ableitung: s. zu Kletz'n; Schmeller I 1342.

kludern, sich bauschen. – Redensart: ›s Gwånd kludert‹. – Ableitung: unsicher.

Knållhütt'n, *w.* (Ez. u. Mz.): 1. (Grundbedeutung) Pulverhütte; 2. (übt., ger.) ärmliches Häuschen (mit baulichen Gebrechen), das ge-wissermaßen ›auseinanderknallt‹ (zusammenzukrachen droht).

Knödl, sprich Gne'l, *s.*: 1. (Grundbedeutung, Usp.) Kloß; Redensart: ›Dees tua-r ih (dees gschiacht), und wånn s K. an Guld'n kost'‹: um je-den Preis, unter allen Umständen; vgl. Wien und die Wiener 1949, 9. Heft, S. 27; ›er håt a K. in Håls‹: er spricht (singt) undeutlich; auch: ›er singt, åls wån er a K. g'schlickt (geschluckt) hätt‹. – ›Då muaßt no vü K. ess'n‹: zu dieser Arbeit (Aufgabe) bist du noch viel zu schwach. – 2. (übt., geringschätzig) törichter Mensch, Dummkopf: ›geh, du K.!‹ – Mz.: Knödl und (meist) Knödln. – Ableitung: Das der Usp. angehörige Wort (Kretschmer 292ff.) ist in der Wr. Mundart stets sächlich, ebenso wie mhd. *knödel* (Fruchtknoten), das die Vkl. zu mhd. *knode* (oder *kno-te*) *m.* ›Knoten‹ darstellt. Es lautet somit urspr. **knoedelīn* ›Knötlein‹; vgl. noch Schmeller I 1348f.

Knödl-deutsch, sprich Gnē'l-, *s.*, spött. Bez. der meist holprigen und schwerfälligen militärischen Amtssprache.

Knofl, *m.*, Knoblauch; Redensart: ›Då blüaht der K.!‹ Mit dieser Redensart wird die Erfüllung eines (unverfrorenen) Begehrens abgelehnt, wobei der Sprechende mit dem Finger auf seine Nase deutet oder mit der Hand eine »Feige« macht; auch: ›Jå, wo der K. blüaht!‹ – Ableitung: Das Wort Knoblauch zeigt eine Wandlung des *l* zu *n*; es ist aus ›Kloblauch‹ (zu *klieben* = spalten) entstanden; mhd. (urspr.) *klobelouch*, später *knobelouch m.*; aus *knobel* ist mit leichter Änderung des Lippenlautes (*b* zu *f*) *knof(e)l* gebildet; vgl. tirol. *knoflach*. Weigand I 1079; Storfer (1935) 181.

Knopf, sprich Gnobf, *m.*: 1. (Grundbedeutung) Knopf; Redensart: ›Måch d'r an K. ins Schneuztüachl (oder in d Nås'n)‹: Vergiß nicht darauf! – ›Endli is eahm der K. aufgånga‹: a) endlich hat er etwas begriffen; b) endlich ist er vernünftig (geistig reifer) geworden. Gedanke: Es ist also nach langer Mühe etwas sehr Verknotetes (Verknüpftes) gelöst worden. 2. (übt.) Kleinmünze: ›Er håt nur a pår Knöpf‹; ›ohne an K. dåstehn‹. 3. (übt.) kleine Wurst- und Gebäcksorten. 4. (übt., ger.) langweiliger Mensch: ›so a fader (lederner) K.‹ – Ableitung: mhd. *knopf m.* gleichbedeutend, auch ›Knoten‹, ›Schlinge‹; vgl. Kluge (1934) 313, Mayr (1929) 48, 60.

Knöpferl-båh^n, sprich Gnebfa'l-: 1. (Grundbedeutung) Zur Zeit der Wr. Weltausstellung im Jahr 1873 wurde eine eigenartige Seilbahn auf die Sophienalpe errichtet, deren Zugseil in Abständen von 50 m kugelige Knoten (»Knöpferln«) hatte; an das ständig umlaufende Seil wurden die wie offene Kutschen (»offane Fiaker«) aussehenden, vier Fahrgäste fassenden Wagen angeschlossen. Den Kosenamen »K.« verdankte diese Bergbahn dem Knotenseil. Die heute nicht mehr auffindbare Grabstätte der Bahn liegt etwa im ›Hinteren Haltertal‹ bei Hütteldorf. – 2. (spött.) Kleinbahn, eine mit bes. Vorliebe der ehem. »Franz-Josephs-Bahn« beigelegte Scherzbezeichnung; sinngleich Dåwidlbåh^n (s. d.) und Kaffeemühl. – Ableitung: Die Vermutung, daß bei dem Ausdruck urspr. eine Bezugnahme auf die von Kindern aus Zündholzschachteln verfertigten Wägelchen mit Knopfrädern vorliege (Jakob 100), trifft nicht zu; vgl. Wr. Zeitung vom 7. 4. 1948.

Kob(e)rer, *m.*: 1. Beherberger von Dirnen; Kuppler; 2. (Gaunersprache) Obdachgeber für Verbrecher, Diebshehler; Wirt einer Verbrecherkneipe. – Ableitung: Das aus der Gaunersprache in die Mundart eingedrungene Wort leitet sich von mhd. *kobe m.* her, das zunächst die allgemeine Bed. ›Hütte‹ hatte und später die besondere Bed. ›kleiner Holzstall‹ annahm; nd. *Koben* = hd. Kofen; verw. eng. *cove* ›Obdach‹. Danach bedeutet Kob(e)rer urspr. Hüttenbesitzer; s. Kobl.

Kobl, *m.*: 1. (ger.) enger Raum: ›er wohnt in an K.‹; 2. Taubenhaus; 3. (ger.) minderwertiger geschlossener Wagen. – Ableitung: mhd. *kobel m.* ›ärmliches (enges) Haus‹. Vgl. Textor 36f.

Koch, *s.*, Gekochtes, Brei, Mus. – Ableitung: mhd. *koch s.* gleichbedeutend, zu kochen.

Kohl, sprich Ko^i, *m.* (nicht nur wienerisch), unnützes Gerede, dummes Zeug. – Ableitung: Wohl von hebr. *qōl* = ›Stimme‹: Das Wort kam auf dem Wege über die Gaunersprache in die Mundart; vgl. Weigand I 1091.

Köhl oder **Kolch**, *m.*, Kohl, Wirsingkohl. – Ableitung: mhd. *koel* oder *koele m.* (Nebenform zu *kōl*) ›Kohl‹, ›Kohlkopf‹; lat. *caulis* (selt. *colis*) *m.* ›Stengel‹, ›Kohlstengel‹, altgriech. *kaulós m.* ›Stengel‹. Kretschmer 578.

Koi oder **Käu** (sprich Kä^i), *w. u. s.*, Kinn, bes. langes Kinn. – Ableitung: mhd. *kouwe, kiuwe* oder *këwe w.*, ahd. *chowe, chewa w.* ›Kinnbacken‹, ›Kiefer‹, s. Textor 37. Mayr (1930) 86.

Kölch, sprich Kö^{i}ch, *m.*: häufige Nebenform zu Kohl (s. d.); vgl. Kretschmer 578.

Kolöffl oder **Kollöffl**, *m.*, Kochlöffel. – Ableitung: Wortbildung durch Vereinfachung der Mitlaute zur bequemeren Aussprache; vgl. Kolöfflkråwåt (einstiger Wr. Straßentypus).

Kolöffl-kråwåt, auch **Go-** oder **Gulöffl-**, sprich -gråwåd, *m.*, eigentl. ›Kochlöffelkroate‹, ein herumziehender Straßenhändler, einst ein vielgesehener Wr. Straßentypus. Dieser ›Kråwåt‹ war aber gewöhnlich kein Kroate, sondern ein Slowak. Denn er stammte meist – ebenso wie der ›Zwieflkråwåt‹ (s. d.) und der ›Rastlbinder‹ (s. d.) – aus der Gegend um Trentschin in der Slowakei, wo Kroaten nur ganz vereinzelt siedelten. Ihre Reise nach Wien führten die Kolöffelkroaten in der Regel auf Schusters Rappen durch. Diese harmlos-gutmütigen, grundehrlichen Leute ließen auf einer urzeitlichen, nicht einmal farbbestrichenen Holzflöte eine kurze, schalmeiartige Weise ertönen und luden sodann zum Kauf ihrer Waren ein mit den Worten: »Gaafte Guleffl, Spillerai!« (Kaufet Kochlöffel, Spielerei!). Je nach dem augenblicklichen Bestand ihrer Vorräte setzten sie dann ihre Warenbezeichnungen fort, z. B. »Fandl (kleine Pfanne), Sprudl (Sprudler für Flüssigkeiten), brettane Nudel (Nudelbretter), hulzane Fertl (hölzerne Pferdchen), wås frißt gane Hai (kein Heu), flaischane Schlegl (Fleischschlögel), hulzane Tegl (hölzerne Tiegel)!« Gerne beschlossen sie ihre Warenlitanei mit einem schmollenden: »Gaafts (Kaufet), Mutterle, gaafts!«

Kombinescherl, *s.*, Hemdhose, und zwar ein aus Bluse und Hose bestehender Schlosseranzug, aber auch Damenwäsche. – Ableitung: eng. *combination* ›Verbindung‹, ›Zusammensetzung‹; der einigermaßen englischen Aussprache dieses Wortes fügt sich ein zärtliches wr. Diminutivsuffix an.

Komfortábl (auch Uspr.) oder **Komfortabler** (s. d.), *m.*, ein einpferdiger Mietwagen, dasselbe wie Einspänner (s. Ei^{n}spånner), aber auch dessen Lenker. – Ableitung: aus frz. *confortable* ›bequem‹, ›behaglich‹; nicht aus dem Englischen (*comfortable*), da diese Sprache damals in Wien keine große Verbreitung hatte; auch die engl. Aussprache und Betonung des Wortes (*kãomförtäbl*) widerrät eine solche Herleitung: *m* vor *f* (frz. *nf*) erklärt sich aus der wr. Verwandlung des *n* zu *m* vor dem Lippenlaut *f*. – Vgl. Nestroy XIV 672. Kretschmer 182. Storfer (1935) 237.

Komfortabler, *m.*, = Komfortabl, s. d. – Ableitung: spätere Weiterbildung des Wortes ›Komfortabl‹ durch Anfügung einer deutschen Endung.

Komfortabl-roß, *s.*: 1. abgeplagtes Pferd; 2. (übt.) überanstrengter Mensch.

Kommod (End.), *w.* (uspr. ›Kommode‹), Kommode, Schubladkasten (österr. Uspr.). – Ableitung: frz. *la commode* ›Schiebkastenschrank‹, frz. *commode* ›bequem‹, lat. *commodus* ›angemessen‹; vgl. Kretschmer 303f.

kommod, sprich -mótt: 1. bequem, zwanglos. Die Vorliebe für alles »Komotte«, also Zwanglose, Natürliche gehört zu den Wesenszügen des Wieners und Österreichers. – 2. gemächlich, faul, ohne Arbeitslust: ›a kommoder Gsell‹ = Faulpelz. – Ableitung: frz. *commode* gleichbedeutend zu lat. *commodus* ›bequem‹, eig. ›mit Maß‹ (*com modo = cum modo*).

Kondawít, *w.*, Benehmen, Betragen. – Ableitung: frz. *conduite w.* Verhalten.

Kondukt-å^{n}såger, *m.*, Unternehmer von Leichenbestattungen. – Ableitung: spätlat. *conductus m.* ›Geleit‹.

Kontin (End.), *m.*, nur in der Redensart: ›in an K.‹ = fortgesetzt, ohne Unterbrechung. – Ableitung: lat. *continuo* ›gleich darauf‹ (ital. *continuo* ›beständig‹). Die noch ab und zu in ländlichen Mundarten gebräuchliche Redensart gelangte wohl aus der Studentensprache in die Mundart.

koramisiern, sprich -si^an, zur Rede stellen, einen Verweis erteilen. – Ableitung: lat. *coram* (Ustw.) ›angesichts‹, ›persönlich‹; also koramisiern eigentl. ›persönlich vornehmen‹; vgl. nhd. *koramieren*.

Körberl-geld, sprich -gö^id, der unredliche Gewinn, den sich die Hausgehilfin oder Küchenmagd beim Einkaufen (daher ›Körberl‹) selbst gegeben, d. h. ihrer Dienstgeberin veruntreut hat; später auch jeder Geldbetrag, den eine den Haushalt führende Person über die eigenen Ausgaben hinaus in Rechnung stellt (z. B. die Gattin gegenüber dem zahlenden Mann). Manche ehrlichere Magd rechtfertigt das K. vor ihrem sittlichen Gewissen dadurch, daß sie nur jenen Betrag ihrer Hausfrau mitverrechnet, den sie durch Feilschen mit den Marktweibern »sich selbst erworben hat«: sie pflegt ihn übrigens bei der nächsten Lottoziehung gewissenhaft zu verspielen.

Körberl-jud, eine vielgenannte Figur des Hernalser Kalvarienbergs. Sie stellt einen der Henkersknechte dar, der das Körbchen mit den Nägeln zur Kreuzigung Christi trägt. An ihn knüpft sich ein eigener Brauch: frommer Übereifer pflegte nämlich der christlichen Nächsten- und Feindesliebe zu vergessen und sich an dieser Figur zu vergreifen. Man mußte dem K. eine eiserne Nase einsetzen, weil ihm die steinerne stets abgeschlagen wurde. Im übrigen mag man dabei an den einstigen Brauch erinnert werden, zu bestimmter Zeit gewisse Steinbilder an Kirchenportalen mit Steinen zu bewerfen. Vgl. Gugitz, Der Hernalser Kalvarienberg zur Fastenzeit, s. Blümml-Gugitz, Von Leuten und Zeiten im alten Wien, 1922, S. 7ff.

Korda, *w.*, Strang, Leine, nur in der Redensart: ›ån der K. håbn (hålt'n)‹ fest in der Hand haben, im Zaume halten. – Ableitung: ital. *corda w.* ›Strick‹, ›Seil‹, ›Schnur‹; ital. Redensart *tenēre in corda* ›in Schranken halten‹.

koscher (Eigw.), richtig, rein; Redensart: ›mir is (oder ih bin) heint ned recht k.‹ = ich fühle mich nicht recht wohl (etwas unpäßlich). – Ableitung: hebr. *kāschēr* ›rein‹, ›einwandfrei‹, bes. von Nahrungsmitteln, die den mosaischen Glaubensvorschriften entsprechen.

Kotz'n, *m.* (nicht nur wienerisch), grobe zottige Decke, Pferdedecke.

– Ableitung: mhd. *kotze m.*, ahd. *chozzo m.* gleichbedeutend; vgl. Textor 38.

kotz'n-grob, rauh und derb (im Betragen): ›er is k.‹ = er ist ein grober Lümmel. – Ableitung: s. Kotz'n; hier wird ein stofflicher Begriff auf eine geistige (seelische) Eigenschaft übertragen.

Kracherl, *s.*, Flasche mit Erfrischungsgetränk, Limonade, beim Öffnen infolge des Kohlensäuregehalts knallend (»kråchend«), in München ›Springerl‹ genannt. Das eingekühlte Kracherl mit eigenartigem bewährten Glaskugelverschluß, ursprünglich eine Wiener Spezialität, hat neben dem bewährten Rebensaft und dem guten Wiener Gerstenbräu stets eine Rolle gespielt, und die Wiener haben jeden Sommer Millionen Liter dieses alkoholfreien Getränks konsumiert, obwohl dessen Gegner steif und fest erklärten: ›Dees is jå nur a gfärbt's Wåsser.‹ In der Tat gehören zur Herstellung eines vollwertigen Kracherls nicht nur gute Fruchtsäfte, so besonders Extrakte aus Äpfeln, Himbeeren, Orangen und Zitronen, sondern u. a. auch eigene Maschinen. Diese Wr. Spezialität hat im Ausland, namentlich in den Südoststaaten, rasch Anklang und Verbreitung gefunden.

kralla-watschert oder -ad, sprich (meist) kräull-, ›knieverdreht‹, krummbeinig, verkrümmt, verbogen, mißgestaltet; Redensart: ›a k.-s Gstell (Gestalt) håb'n‹; ›gånz k. daherkumma‹. – Ableitung: unsicher. Der 1. Wortteil zu krall'n = kriechen, der 2. vielleicht zu waten; watsch'ln = schwankend (schwerfällig) gehen. Allenfalls liegt im Ausgang eine Anlehnung ans Tschechische vor. Die herkömmliche Erklärung ist: wegen krummer (durch englische Krankheit verzogener) Beine unsicher hin- und herwankend. Vgl. Hügel 94; Nestroy XII 634. Textor 39 vermutet eine Verbindung von Kralle und Wade. Schmeller I 1017 führt aus Castelli 148 gralawadschad mit der Bedeutung ›knieweit‹ an; s. noch Schmeller I 1357 ›der Kralewadsch‹ = der Krummbeinige.

Kramperl, sprich Gramba'l: 1. (scherz., spött., ger.) Finger, meist Mz., bes. von Kindern und weibl. Personen; Redensart: ›glei zagt s' d Kramperln‹, d. i.: sogleich zeigt sie (nach Katzenart) die Krallen. – 2. Ranken, Triebe bei Pflanzen, bes. bei Reben: ›Weimba-Kramperln‹. – 3. Falten unter den Augen und seitlich von ihnen (Alterszeichen). – Ableitung: zu 2 und 3 s. [2] Kråmp'n, 1 zu Kramp'ln von ahd. *chrampf m.* ›Haken‹.

Kramperl-tee: 1. Teeabsud aus allerlei Heilpflanzen (meist ger.). – 2. (spött.) schlechter Tee. – Ableitung: s. Kramperl, 2. Bed.

¹ Krámp'n, sprich Grámp'n, *m.*, Spitzhaue, Pickel. – Ableitung: ahd. *chrampf* (oder *krampf*) *m.* ›Haken‹; mhd. *krampe m.* ›Spitzhaue‹; Nestroy X 647.

² Krámp'n, sprich Grámp'n, *m.* (ger.), schwächliches Tier, bes. ein altes oder schwaches Pferd; (derb) von einem kraftlosen Menschen, auch von einem häßlichen oder sittenlosen Weib. – Ableitung: zum ahd. Eigw. *kramph* ›gekrümmt‹; vgl. ahd. *krimphan* (mhd. *krimpfen*) ›krumm (oder krampfhaft) zusammenziehen‹; verwandt mit Krampf und krumm (mhd. *krump*).

krámp'n-sauer, sprich grámp'm-, sehr sauer. – Entstehung: Vermutlich zur selben Wurzel wie Krampf (so sauer, daß es »einen zusammenkrampft«); vgl. Schmeller I 997 (anderer Deutungsversuch).

Kramúri, *w.* (ger.), Bezeichnung einer ungeordnet liegenden Menge verschiedenartiger, meist alter Gegenstände; Redensart: ›(állerhánd) álde K.‹ Diese taucht z. B. auf, wenn man auf dem Dachboden des Wohnhauses oder in den Tiefen des Kellers in Kisten und Koffern, die seit Jahren nicht mehr geöffnet wurden, Nachschau hält. – Ableitung: zu Krám, Krámer; die scherzhafte Endung -uri (vgl. Remassuri) dürfte auf das Italienische (-urio, -orio, vgl. lat. -orius) zurückgehen.

Krati-báschi, *m.*, richtig: Kratky-Baschik, Namen der Inhaber einer Praterbude (bis etwa um 1910), die als Zaubertheater eingerichtet war. – Redensart: ›Dees is der reine K.‹: ein wirklicher Zauberkünstler. Nach dem 1. Weltkrieg trat an seine Stelle eine Zeitlang ein gewisser L. Folkmann, der sich ›Bellachini‹ nannte.

Krattl-tráger, sprich Gratltrácha, *m.*, Wanderhändler, der vorzugsweise Handweben, aber auch allerlei Handwerkszeug feilbot; er war bis 1938 hie und da auf dem Lande noch anzutreffen. – Ableitung: zu Kratt'n = Tragkorb; Pötzl vermutete in ihm einen »Geräteträger«.

Kratt'n, sprich Grattn oder Grád'n, *m.* (*w.*): 1. Tragkorb. – 2. (übt.): ›a álde K.‹: ein altes (bissiges) Weib; ›a dürre(r) K.‹: ein magerer Mensch. – Ableitung: mhd. *kratte* oder *gratte m.* ›Korb‹; vgl. eng. *cradle* ›Wiege‹; vgl. auch Schmeller I 1385 (Wagenkorb); s. Krattlträger.

Kráwát, sprich Gráwád: Kroate. – Redensart: ›Der Mensch is (do') ka K.‹ = er stellt Ansprüche an das Leben; dieser Ausdruck nimmt Bezug auf die einstigen bettelarmen kroatischen Haus- und Straßenhändler Wiens (s. unter Kolöffl-krȧwȧt u. Zwiefl-krȧwȧt). – ›Zåhl, Krȧwȧt!‹ (scherz.-iron.) = Nun heißt's zahlen! Diese hin und wieder noch heute gebr. Redensart spielt auf die Schwierigkeit an, mit der manche Zahlung verbunden ist: der nahezu mittellose Krȧwȧt konnte eben nicht leicht zahlen.

Krȧwȧt'n-dörfl, *s.,* scherz.-geringschätzige Bez. der einstigen Wr. Vorstadt Spittelberg, s. d. – Erklärung: Das Wort sollte anzeigen, daß die dortigen Wohngelegenheiten kaum die allerbescheidensten Ansprüche befriedigen konnten: s. Krȧwȧt; vgl. Storfer (1935) 224.

Krawattl (End.), *s.,* eigentl. eine kleine Krawatte (Halsbinde). – Redensart: ›Den blüaht 's Kr.‹ = ihm droht der Strick des Galgens. – Ableitung: Vkl. zu Krawatte, frz. *cravate w.* ›Halsbinde‹, nach den Kroaten benannt, weil sie in ihrer älteren Volkstracht farbige Leinenstreifen um den Hals trugen. Krawattl ist hier in beschönigendem Sinn für ›Strick des Galgens‹ gebraucht. Die aus der Gaunersprache stammende Phrase hat eine gleichfalls aus dem Verbrecherjargon entlehnte Parallele in der frz. Redensart *cravaté rouge* ›ein mit der (blut)roten Krawatte Versehener‹, d. i. ein durch die Guillotine Hingerichteter.

Krax'n, *w.:* 1. (Grundbedeutung) hölzernes Traggestell zum Tragen von Waren (Milchkannen, Obst usw.), bes. im Bergland gebräuchlich. – 2. (übt., ger.) altes, gebrechliches Gerät, z. B. Schubkarren, Stellage; Redensart: ›a(n) ålde K.‹ – 3. (übt., meist derb-schelt.) schwache, bresthafte Person. – 4. (abstrakt) müde, schwächliche Haltung; Redensart: ›a K. måch'n‹: sterben; auch: ›mit wås a K. måch'n‹ = sein Ziel nicht erreichen. – Ableitung: mhd. *krechse* (selt. *krachse) w.* ›Tragreff‹, ›leichtes Traggestell‹. In Bayern bezeichnet *Kracks'n* auch den Hosenträger, vermutlich da seine Gestalt an das Reff gemahnt. Vgl. Schmeller I 1360f.; Textor 40; Kretschmer 274.

Kredit-fetz'n, *m.* (ger.), Gesichtsschleier; da dieser einst vielfach von der vornehmen (»bürgerlichen«) Frauenwelt getragen wurde, konnten sich auch Dienstmädchen und Halbweltdamen leicht damit Ansehen (»Kredit«) geben. – Ableitung: frz. *crédit m.* ›Vertrauen‹, ›Ansehen‹ aus lat. *creditum s.* ›Anvertrautes‹.

Kren-reib'n, sprich -rei'm, Krenreiben (als Beispiel einer leichten, geistlosen Arbeit); Redensart: ›Den könna ma (höchstens) zun (oder zan) K. brauch'n‹: zu keiner rechten Mitarbeit, zu nichts; ›die wār gråd recht zan K.‹: (spött.) sie käme uns gerade recht, wir könnten sie zu nichts verwenden. Mayr (1929) 73.

Kreuz-diwi-domini! oder -difi-, Ausruf des Staunens oder auch Fluch, ähnlich wie ›kruzifix!‹ ›Himml-fix!‹ ›sakrawålt!‹ u. ä. – Ableitung: Dieses Empf., Überraschung oder Zorn andeutend, ist aus einer Umbildung von lat. *laus tibi, Domine!* (›Lob dir, Herr!‹) entstanden. Eine weitere Ausgestaltung gibt das Empf.: ›Stern-kreuz-diwi-domini!‹ (s. d.).

Kreuzer-komēdi oder **-kumēdi**, sprich Graitza-, *w.* (ger.), kleine Volksschaubühne, wo für wenig Geld (daher ›Kreuzer-‹) nicht viel Gutes geboten wurde.

Kriacherl, sprich Griacha'l, *s.*, die Krieche (*Prunus insititia*), eine Art Pflaume, Baum und Frucht. – Ableitung: ahd. *kriach-* oder *kriehboum* (*chriehpaum*), mhd. *krieche w.*, wahrscheinl. zu mhd. *krieche m.* ›Grieche‹, wozu der alte Name der Frucht *prunum Graecum* ›griechische Pflaume‹ zu vergleichen ist; s. Weigand I 1150; anders Kluge (1934) 330; Fruchtsteine der K. fanden sich in neolithischen Siedlungen Österreichs und der Schweiz; vgl. Buschan, Vorhistor. Botanik 181f.

krump, krumm; Redensart: ›krumpe Finger måch'n‹: stehlen; ›krump geh^n‹: mißglücken; ›ob (oder und wånn) s gråd oder k. geht‹: wie immer es ausgeht; ›ih geh deßtweg'n ned k.‹: mir hat dies nichts geschadet. – Ableitung: mhd. *krump*, ahd. *chrump* (s. Storfer [1935] 180), woraus durch Mitlautsangleichung ›krumm‹ wurde; s. Textor 41.

Krumper, *m.*, Fünfguldenschein (Banknote). – Ableitung: Gaunersprache, in der ›krump‹ mit ›ungerade‹ gleichbedeutend ist: Hinweis auf die ungerade Zahl 5.

Kruzíferas! (Rufw.) verflucht! – Ableitung: lat. *cruci-fer m.* ›Kreuzträger‹; -feras scheint aus *ferus* entwickelt zu sein.

Kruzi-türk'n! Ausruf, Fluch aus den späteren Türkenzeiten Österreichs, bes. Wiens. Im Gegensatz zu anderen Wortverbindungen mit Kruzi- (s. Kruziferas) liegt der ersten Worthälfte hier das Wort Kurucz (Mz. -czen, ungar. *Kúrucok*) zugrunde, eine Bezeichnung aufständischer Magyaren, die bes. unter F. Rákóczi II. in den Jahren 1703–11 gegen die österr.-habsburgische Herrschaft kämpften. Im Jahre 1704 brachen sie mordend und brandschatzend in Niederösterreich, bes. im unteren Teile des Marchfelds, ein und drangen bis vor die Tore Wiens. – Das Fluchwort ist aus › K(u)ruzzen und Türken‹ zusammengezogen.

Kuah-fuaß oder **Kuah-haxn**, scherz. Bez. des alten Gewehrs der österr. Fußtruppen (mit Bezug auf die Kolbenform).

Kudlitschka (Anf.), *m.*, einfaches (plumpes) Taschenmesser. – Ableitung: tschech. *kudlička* (oder *kudlice*) w. ›kleines Taschenmesser mit Holzgriff‹; vgl. Schuchardt 64.

Kügerl, *s.*: 1. Kügelchen. – 2. Bez. gewisser Rindfleischsorten der ›Kugel‹, d. i. des Oberschenkelfleisches, das unter dem Schwanz liegt. – Ableitung: mhd. *kügellīn s.* ›Küglein‹, Vkl. zu mhd. *kugele w.* ›Kugel‹.

Kunigl-hås, *m.*, Kaninchen. – Ableitung: lat. (Lehnwort aus dem Iberischen) *cunīculus m.* (gleichbedeutend) wird zu »Königl(ein)« umgeformt und durch ›Hås‹ (Hase) verdeutlicht; F. Raimund gebraucht (Dramat. Werke, 2. Aufl., I 33 und II 163) das Wort ›Königelhase‹.

Kurda (Kurta), s. Korda.

Kuruzz (End.), *m.*, mißvergnügter Mensch. – Redensart: ›er is a rechter K.‹ – Erklärung: Die Kuruzzen (ung. *kúrucok*), aufständische Bauern aus dem südöstlichen Ungarn, brachen zu Beginn des 18. Jh. plündernd in NÖ. (Marchfeld) ein und bedrohten Wien; s. Kruzitürk'n.

küß-di-(H)an(d), sprich kistian(d) (End.), auch: kist-hand oder kstiandt (End.), eig. (ich) küsse die (deine, Ihre) Hand: eine wr. und überhaupt österr. Grußformel, die Herren zu Damen, Kinder zu Erwachsenen (bes. zu Eltern und Verwandten), die Dienstmagd zu ihren Dienstgebern gebraucht. – Redensart: ›Na, ih k.!‹ oder ›No, k.!‹ = (iron.) nun, das ist (wäre) eine böse Bescherung! Nun da danke ich dafür (auch dies kann diese Formel bedeuten). – Entstehung: Dieser Gruß, auch im Ungarischen sehr verbreitet, entstammt der am österr. Hofe lange Zeit herrschenden spanischen Sitte, in der der Handkuß (*besamanos*) sehr gebräuchlich ist.

Kutscher-g'spiel, sprich Gudscha-gschbü, *s.*, gemeines Kartenspiel. – Ableitung: Der erste Wortteil geht wahrscheinlich auf den Namen der ung. Gemeinde *Kocs* (sprich Kotsch) bei Györ (Raab) zurück: ung. *kocsi* ›Reisewagen‹; vgl. Kluge (1934) 338, ferner Storfer (1935) 229 (andere Deutungen).

Kutschier-wagerl, sprich Gudschíᵃ-, *s.*, pferdebespannter leichter Wagen vornehmlich für Spazierfahrten. – Ableitung: s. das vorhergehende Wort.

L

Lack, *m.*, gemischter Branntwein; Redensart: ›s Bier is wia-r a L.‹: von schlechtem Geschmack, es schmeckt wie Firnis. – Ableitung: unsicher, vielleicht zu ital. *lacca* ›Lackfarbe‹, arab. *lakk* aus einer aind. Wurzel.

lackiern (End.): 1. mit Lack bestreichen (auch Usp.); Redensart: ›lackierte Böck‹: Lackschuhe; ›a lackierer Åff‹: Geck; ›mit so lackierte Leut wü[i] ih nix z tuan håm‹: mit hoffärtig-stutzerhaften Menschen. – 2. (übt., nicht nur wienerisch) bemogeln, übervorteilen: ›er is (dabei) der Lackierte‹. – Ableitung: s. zu Lack.

Lackl, *m.* (nicht nur wienerisch): 1. Name für große Fleischhauerhunde; ›der Fleischhauerlackl‹ (= Hund des Metzgers): s. Nestroy IX 573. – 2. großer, ungeschlachter Mensch; Flegel. – Ableitung: unsicher; Schmeller I 1432 vermutet, daß das Wort aus einer ma. Umformung des Namens Mélac (etwa ›Melackl‹) entstanden sei; Mélac hieß ein frz. General, der »Verwüster der Pfalz«; s. auch Schmeller I 1587.

Låck'n-påtscher, Fußsoldat, der beim Marschieren in alle »Låck'n einipåtscht«; s. påtsch'n; in anderen Bedeutungen bei Schmeller I 1432.

Låder, *s.*, Seifenwasser; Waschwasser, das mit Seife und Soda versetzt ist; Seifenschaum. – Ableitung: eng. *lather* ›Seifenschaum‹ (*lathery* ›schäumig‹).

Låder-nimpf'n, sprich -pfm, *w.*, Ez. und Mz. (scherz.), Wäschermädchen, Wäscherin. – Ableitung: s. Låder; Nimpf'n = ›Nymphe‹ *w.* altgriech. *nymphē* *w.* ›junge Frau‹, ›Braut‹.

Låd-steck'n (mil.), *m.*, Stock zum Laden des Gewehrs; Redensart: ›Dēr håt an L. gschlickt‹ (verschluckt): er geht unnatürlich gerade, auch: er schreitet selbstbewußt einher und grüßt niemanden.

Lāgl, *s.*, Lägel, ein längliches Fäßchen, das zum Weinholen in kleineren Mengen (etwa 10–15 l) dient; auch manche Fischer (bes. Forellenfischer) benützen solche mit Umhängriemen versehene Behälter. – Ableitung: mhd. *lāgel*, *laegel s.*, Nebenform *lāgen w.* ›Fäßchen‹. Wurzelwort: altgriech. *lágynos w.* (lat. Lehnwort *lagoena w.*) ›Flasche‹.

Lalli oder **Lålli**, *m.*, Blödsinniger, Trottel. – Ableitung: wohl von lallen, also ein geistig Unerwachsener, Kindskopf.

Lampl, *s.*, Lamm; Lämmchen. – Ableitung: ahd. *lamb*, mhd. *lamp* (Mz. *lember*) ›Lamm‹, got. *lamb* = ›Schaf‹. Mayr (1930) 17 und 93; Schmeller I 1470.

Lām-siader (nicht nur wienerisch): 1. (Grundbedeutung) Leimsieder; 2. schwungloser oder willensschwacher Mensch. – Ableitung: Das Wort Leim (mhd. und ahd. *līm*) scheint zur gleichen Wurzel wie Lehm zu gehören, deren Grundbedeutung ›Klebemittel aus einer Erdart‹ war. Vgl. Weigand II 49; Kluge 353.

Lam-zārer (Anf.), *m.*, träger Mensch. – Ableitung: unsicher; viell. ma. *Lam* = ›Leim‹ wie in Lamsiader; *zarn* (ma.) = ›zerren‹, ›ziehen‹, also Leimzieher = Leimsieder; auch Ztw. *lamzarn* ›ohne Arbeitslust sein‹, vgl. Jakob 108.

Lampl-diab, eigentl. Schafdieb, Lämmerdieb: geringschätzige Bez. eines Bewohners von Montenegro (bis 1918 selbständiges Königreich) und während des 1. Weltkriegs bes. des Königs Nikita von Montenegro.

Lånd-pomeran(t)sch'n, *w.* (nicht nur wienerisch), eig. ›Landpomeránze‹ (scherz.), echtes, noch vom Provinzhauch umfangenes Landkind, gesund, kernig, rosenwangig, ländlich gekleidet, und zwar ein Mädchen oder eine junge Frau, sg. Provinznockerl. Sie ist nach Wien zugesiedelt. Ihr äußerster Gegensatz ist die ›mondäne‹ Großstädterin. – Das um 1820 entstandene Wort dürfte aus der Studentensprache stammen.

Lång-aus (meist End.), *m.*, ein jetzt veralteter, mehr ländlicher Tanz.

Låpp, *m.*, einfältiger oder gutmütig dummer Mensch, Laffe. – Ableitung: mhd. *lappe* oder *lape m.* gleichbedeutend; vgl. nd. *Labbe w.* ›Mund‹, bes. ›Hängelippe‹; demnach ist Laffe und ma. Låpp ›ein mit hängender Lippe (= offenem Mund) dastehender Zuseher und Nichtstuer‹; vgl. Textor 43 (Beleg); Kluge (1934) 341 (Laffe).

Larifári, *s.*, Geschwätz, leeres Gerede: ›Hörn S'ma auf mit den L.!‹ – Ableitung: Dieses Zwillingswort ist unter Anlehnung an die Benennung der Töne nach den sog. Aretinischen Silben, d. i. der ital. Solmisation des Guido von Arezzo (Ut–re–mi–fa–sol–la), gebildet und bezeichnet ursp. trällernde Gesangstöne. Weigand II 19 zitiert aus dem 15. Jh. (bei Fichard Archiv 3, 204): ›Da sungen sie die messe terribilis La re fa re ut in excelsis.‹ Vgl. Textor 44 (md. *larie w.* ›Gerede‹ und lat. *fari* ›sagen‹). Storfer (1935) 16, Anm. 1.

Latern-ånzünder, sprich Ladéan-å^{n}zindta, *m.*: Durch die elektrische Straßenbeleuchtung Wiens wurde die Gasbeleuchtung aus dem Wiener Stadtbild kontinuierlich verdrängt: diese hatte auch dem L. Beschäftigung geboten, der bei einbrechender Dunkelheit in den Straßen und Gassen erschien. Er trug einen weißlichen Arbeitsmantel und hielt in der Rechten eine über 2 m lange Bambusstange, an deren oberem Ende ein windgeschütztes Lichtlein brannte; bei jedem Kandelaber machte er halt, schob das obere Stangenende in die Glaslaterne, drehte deren Gashahn auf und ließ die Flamme aufleuchten. Er war in gewissem Sinne der Nachfolger des Ölerers (s. d.); s. auch unter ›Volksänger‹ (W. Seidl). – Ableitung: mhd. *latern(e)* w., lat. *laterna w.* (aus altgr. *lamptēr m.* ›Leuchter‹).

Lätiz(er)l, Letízl, *s.*, kleine Unterhaltung, bes. Bewirtung von Freunden; auch Tånzlätizl: ein mit Tanz verbundener Schmaus im Grünen. – Ableitung: das eingewienerte ital. *letízia w.* ›Fröhlichkeit‹, ›Vergnügen‹, lat. *laetitia w.* ›Freude‹; an eine unmittelbare Entlehnung aus dem Lateinischen (Mayr [1930] 189, Jakob 109) ist nicht zu denken.

Latter, sprich -ta, *w.*, Leiter; Redensart: ›sie schaut aus (als) wia-r-a å^{n}glegte L.‹ (wie eine bekleidete Leiter): abfällige Kennzeichnung eines weiblichen Wesens ohne rundliche Formen; vgl. Mayr (1929) 62.

Lått'n, Ez. u. Mz., *w.*: geringschätzige Bez. für Gewehr, einst bes. bei den Deutschmeistern in Gebrauch, s. Edlknåb'n. – Ableitung: ahd. *latta w.* ›Latte‹.

Lauf, *m.*, der mit Milch gemischte schwarze Trinkkaffee, jetzt gewöhnlich ›Milchkaffee‹, auch ›Melánsch‹ (frz. *mélange m.* ›Mischung‹) genannt. – Ableitung: zu hd. *laufen*, als das ›laufende‹ (= meistbegehrte) Getränk im Kaffeehaus.

Laufer, Läufer, ein junger Mann, der gleichsam als Herold vor den Wagen »hoher« Adeliger herlief, um deren Ansehen zu steigern. – Erklärung: eine morgenländische Sitte, die man heute noch in Alexandrien, Kairo und Damaskus beobachten kann; s. auch R. E. Petermann, ›Wien von Jahrhundert zu Jahrhundert‹ (Wien 1927), S. 327.

Laus-töter, sprich -tēta, scherz. Bez. des Daumens.

Laus-zupfer: s. zu Linazeugl.

laut-mari(ch), offenkundig, laut-ruchbar, zum Stadtgespräch geworden. – Ableitung: mhd. *lūt-maere* (Eigw.) ›öffentlich‹, ›bekannt‹, von mhd. *lūt* ›laut‹ und *maere* ›Märchen‹ (vgl. Märe), ›Kunde‹, ›Ge-

Laternanzünder

rücht‹; also eigentl. ›lautmärig‹; vgl. mhd. *lūt-maeren* ›kundtun‹; s. Textor 45.

Lavendl-weib: Verkäuferin von Lavendelbüschelchen, eine der wenigen Altwiener Straßentypen, die sich noch bis in die 2. Hälfte des 20. Jh. erhielten. Das L. taucht zur Zeit der Lavendelblüte (Ende Juni bis Anfang Juli) in den Wr. Straßen auf und bietet nach morgenländisch-italienischer Weise singend seine Ware feil; nicht selten gehen zwei Verkäuferinnen gemeinsam, abwechselnd die Stimme erhebend. Die alte Melodie des ›Lavendllieds‹ bietet Schranka 103 (vollkommen richtig); im Wortlaut wechselt die Preisangabe je nach der Geldbenennung und Währungslage. Als die älteste mir bekannte Textform klingt mir noch folgende im Ohre:

»Kaafts an Lafendl,

Zwaa Kraiza a Bischl Lafendl!

An Lafendl kaafts!«

Die späteren Textierungen zeigen zunächst bloß eine Änderung der Preislage (›a Kranl‹, ›drei Kranln‹, ›zwa Schülling‹ usw.). Später wurde die angeführte Schlußzeile fortgelassen, und an ihre Stelle traten zwei Zeilen mit geänderter Melodie: ›An Lafendl håb ih då: / Wer nimmt mar an å?‹

lawåriern oder **law(a)riern**, laborieren, leiden; vgl. ver-lawriern. – Ableitung: lat. *laborāre* ›sich abmühen‹, ›leiden‹.

lawra-tutti oder labra-: vortrefflich, ausgezeichnet (nur präd. von Sachen gebr.), z. B. der Rafler, der is scho l., d'Schlittschuach san d'r l. – Ableitung: zu ital. *lavorare* ›arbeiten‹ und *tutto* ›all‹: *lavora tutti* ›er arbeitet alles‹, ist vorzüglich (verwendbar); vgl. ma. law(a)riern.

Lāzi, Mzw.: 1. (tolle) Spässe, Stegreifwitze; 2. lächerliche Bewegungen; 3. Ausflüchte, Umstände; Redensart: ›kāne (oder ned vüⁱ) L. måch'n‹. – Ableitung: it. *lazzo m.* ›possierliche Gebärde‹, ›Spaß‹; Mz. *lazzi* bes. die Stegreifscherze in der ital. Komödie.

Lear, sprich Löᵃ: Redensart ›kan L. mehr håm‹: keinen lumpigen Heller mehr haben. – Ableitung: frz. *liard m.* ›Liard‹, ›Pfennig‹ (= 1 Viertelsou, etwa 1 Centime); vgl. die frz. Redensart *n'avoir pas un (rouge) liard.*

Leg-schicht, w., Gestell, Ständer. – Ableitung: zu legen u. Schicht(e); schade um das schöne Wort, an dessen Stelle sich der Ausdruck ›Stellage‹ (von *stellen* mit roman. Endung) eingebürgert hat und als schriftdeutsches Nhd. gilt.

Leib-husar = Hemadhusar, s. d.; vgl. auch ›husarisch‹.

leiⁿ-wånd oder **leiⁿ-wad** (älter), *w.*: 1. Leinwand. – 2. (Gaunersprache) stets ›Leiwånd‹ ausgesprochen und als Ustw. und Empfw. (also ›leinwand‹) gebraucht: fein(!) herrlich(!) trefflich(!). – Ableitung: Der zweite Wortteil gehört zu mhd. *wāt w.* ›Kleidung‹, ›Gewandstoff‹, ›Zeug‹. Dem rotwelschen Ausdruck liegt die Redensart der Gaunersprache ›dees is L. (oder l.)‹ = es klappt, es ist geglückt zugrunde, vgl. Petrikovits 31; in der münchnerischen Mundart entspricht ihm ›schnaidi‹ (schneidig), in der berlin. Mundart das gleichfalls der Gaunersprache entstammende ›keß‹ (dafür auch: ›prima Sache‹). Erwähnt sei noch, daß Theod. F. Meysels in seinem ›Bummel durch Alt-Wien‹, 1948, S. 45 diesen Ausdruck mit dem einstigen »Leinwandhaus« am Hohen Markt in Beziehung zu bringen versuchte, wo sich im 13. Jh. die bekannteste und beliebteste Bierhalle Wiens befand (›Leinwand‹ habe durch Begriffserweiterung den Sinn von ›Trefflichkeit‹ angenommen). Dieser weit hergeholte Deutungsversuch geht aber schon aus dem Grund in die Irre, weil das ma. Wort ›Leiⁿwand‹ in der bezeichneten Gebrauchsweise erst im 20. Jh. in Verwendung kam: darum kennen ältere Wr. Dialektlexika diesen Ausdruck nicht.

Lemoni (Mitt.), in der Redensart ›ned vü' L. (Mz.) måchn‹: nicht viel Förmlichkeiten (Artigkeiten, Feierlichkeiten) machen.

lend-los, lendenlahm, schwach in den Beinen. – Ableitung: mhd. *lende* (ahd. *lentī*) *w.* Körperteil hinter und über dem Hüftknochen.

Lepschi, Unterhaltung, bes. Liebesabenteuer, Seitensprung. Redensart: ›auf L. gehⁿ‹: einen Seitensprung machen. – Ableitung: tschech. *lepši* = ›Besseres‹. Mayr (1930) 192.

Lerch'n-feld, sprich Leachnföⁱd, einst eine der entfernteren Vorstädte Wiens; man unterschied Alt-L. (heute Teile des 7. und 8. Bezirks) und Neu-L. (heute ein Teil des 16. Bezirks). Das Gebiet stand neben Lichtental bis in die jüngere Zeit in dem Rufe, die urkräftigste Wr. Mundart zu besitzen (s. lerch'nfelderisch); später ist dieser Ruf auf die Bezirke Ottakring, Hernals und Meidling übergegangen. Vgl. F. Guglia, Wien, ein Führer durch Stadt und Umgebung, 1908, S. 310.

lerch'n-felderisch, sp. -föⁱd-, Redensart: ›l. red'n‹: unverfälschte Wr. Mundart (»urweanarisch«) sprechen; vgl. liacht'ntålerisch.

Letizl, s. Lätiz(er)l.

Lett'n, *m.* (nicht nur wienerisch), Tonerde, bes. ein mariner Ton der jüngeren Tertiärformation des Wr. Beckens (Tegel). – Ableitung: ahd. *letto*, mhd. *lette m.* ›Töpferton‹; vielleicht verwandt mit lat. *lutum s.* ›Lehm‹, ›Ton‹. Schmeller 1532.

¹ Letzerl, sprich Leeza'l, *s.*: 1. der letzte Schlag, mehr ein kameradschaftlich gegebener Puff mit der Hand, den Kinder (meist Knaben) einander beim Auseinandergehen gaben. Dabei schwebte gewöhnlich folgende Anschauung vor: Wer diesen letzten Schlag austeilt, ist im Vorteil, er ist Sieger, Herr, Glückskind, der andere ist im Nachteil, er ist Besiegter, Knecht. – 2. Derselbe Vorgang besteht beim ›Fåhderlspiel‹, nur daß sich daran in der Regel mehrere Kinder beteiligen. – Ableitung: Der Ausdruck bewahrt noch eine ältere Wortform: mhd. *letze w.* ›Abschied(sgeschenk)‹; vgl. mhd. *letzen* ›zu Ende bringen‹. – Erklärung: Das Letzerl, das als Abschiedsschlag erst im 20. Jahrhundert ungebräuchlich geworden ist, hat einen beachtenswerten volkskundlichen Hintergrund, und zwar spielt dies »Letzte« namentlich beim Getreideschnitt und bei der Erntearbeit eine Rolle. So hat sich in manchen Orten Schwabens und Mittelfrankens bis um die Jahrhundertwende der Brauch erhalten, demjenigen, der den letzten Halm schnitt oder den letzten Drischelschlag tat, beim Dreschermahl eine bevorzugte Kost vorzusetzen: F. Panzer, Bayr. Sagen und Bräuche II, 223f. Ferner bezeichnet der Volksglaube das aus der letzten Garbe gewonnene Mehl als besonders heilsam. Denn diese letzte Garbe steht, so heißt es, in geheimnisvoller Beziehung zur jenseitigen Dunkelwelt (wie etwa der ›Schwarze Peter‹ als ein Letzter beim Kartenspiel), und aus ihr entspringen bisweilen zauberhafte Heilkräfte: man denke dabei an die Schlange (= Teufel, schwarze Jenseitsgestalt) und ihre Verbindung mit dem Heilgott Asklepios. Das Lebenswasser, der ewige Jungtrank, ist eben (wie auch die Lebensspeise) nach alter mythischer Überlieferung häufig im Besitz der schwarzen Mächte und wird bisweilen von dort gewonnen: so tötet Indra seinen schwarzen Gegenspieler (namens *Vṛtra*), aus dessen Leib er das Lebenswasser holt. So erklärt sich auch unschwer der Brauch, demjenigen Schnitter, der die letzte Garbe geschnitten oder eingebracht hat, das Gesicht schwarz zu färben. – Vgl. Geramb S. 86.

² Letzerl, sprich Leeza'l, *s.*, ein Stückchen Naschwerk, bes. als Kostprobe. – Ableitung: nhd. *sich letzen* ›sich erfrischen‹; vgl. mhd. *letzen* ›laben‹, eigentl. durch einen Abschiedsschmaus (letzten Schmaus) erfreuen, ferner bayr. *Letz w.* ›Ergötzung‹ (durch Essen, Trinken, Tanzen): Schmeller I 1546.

Liacht-bratl, sprich -brā'l, *s.*, eigentl. »Licht-brätlein« (kleiner Lichtbraten). – Erklärung: Der Herbsttag, an dem in Handwerksberufen zum ersten Male bei künstlichem Licht gearbeitet wurde, galt einst als Festtag, zu dessen Feier der Meister den Gesellen einen Festbraten, das ›Liachtbratl‹, auftischte; man sprach von einem Liachtbratlfest, auch L.-Sunntåch; s. unter Schuastervogl.

liacht'n-tålerisch, urwienerisch; s. zu lerch'nfelderisch u. Lerch'nfeld. – Ableitung: nach der ehemaligen Wr. Vorstadt Lichtental (Liacht'ntål), die jetzt einen Teil des 9. Wr. Bezirks bildet; heute noch Lichtentaler Gasse im 9. Bezirk. – Entstehung: siehe zu Lerch'nfeld.

Liacht-putz'n oder **-butz'n**, *w.*, Schere zum Dochtreinigen, ehemals namentlich auch für die zahlreichen Kirchenkerzen gebraucht; daher die (scherz.-spött.) Redensart: ›a gånz a heilige (sprich häuliche) L.‹ = Betschwester. – Ableitung: mhd. *butze m.* (selt.) und frühnhd. *butz m.* ›Klumpen‹, ›Schnuppe‹ am Licht, auch Unreinlichkeit der Nase; vgl. Weigand I 316 u. II 496. Schmeller I 317 u. 1781. Das *w.* Geschlecht des Wortes in der Wr. Mundart ist scheinbar durch Angleichung an ›Schere‹ veranlaßt.

Lina, *w.*, Linie. – Erklärung: Die einstigen Wr. Linienwälle (s. Linawåll), an deren Stelle der heutige ›Gürtel‹ (Gürtelstraßen), die Gürtellinie der Stadtbahn (bzw. U-Bahn) und Gartenanlagen getreten sind, hießen ehemals ma. kurz ›die Lina‹; noch nach dem ersten Weltkrieg sprach man von der Mariahilfer-, Gumpendorfer- und bes. von der Taborlina (s. d.). – Da die Lina zugleich den äußersten Stadtrand, die Straßenenden Wiens, bedeutete, so gab es die Redensart ›bei der L. sei[n]‹ d. h. am Ende (fertig) sein, bzw. vor dem Nichts stehen, ratlos dastehen. – Ableitung: ahd. *linia w.* ›Linie‹ aus lat. *līnea w.* ›Linie‹, eigentl. ›Leine‹, ›leinener Faden‹ (Grundwort: lat. *līnum s.* ›Lein‹). – Vgl. noch Wien und die Wiener, Jg. 1950, Februarheft S. 28.

Lina-wåll, sprich -wo[i], *m.*, der einst um die Wiener Vorstädte gezogene äußere Befestigungsgürtel Wiens, eigentl. die Linienwälle; s. zu Lina.

Lina-zeugl, *s.*, einpferdiger Mietwagen (vgl. den späteren Komfortabl, s. d.), der außerhalb der ehemaligen Linienwälle (›Lina‹, s. d.) zu stehen pflegte. Gegenüber dem Fiaker (s. d.) stand das Linazeugl nicht hoch in der allgemeinen Schätzung, weshalb es im Hinblick auf seine rotfarbige Aufschrift LZ (Linienzeug) die geringschätzige Bez. ›Lauszupfer‹ erhielt.

link: 1. link; Redensart: ›dees fång ih mit der Link'n (= linken Hand)‹: das bringe ich spielend zuwege; ›er håt zwa Linke (linke Füaß)‹: seine Füße zeigen beim Gehen die gleiche Richtung; auch: er geht unbeholfen. – 2. unecht, falsch (aus der Gaunersprache übernommen); Redensart: ›a linker Nåm‹: ein meist in betrügerischer Absicht vorgebrachter falscher Personenname; auch mit Ellipse: ›er håt an link'n (näml. Namen) g'nånnt‹; ähnl.: ›bei ān a linke (näml. Hand oder Red') außasteckn‹: jemanden zum besten halten, foppen. – Ableitung: mhd. *linc* oder *lenc*; ahd. *lenka w.* ›linke Hand‹.

Locherl, *s.*: 1. (ger.) alter, sich hilflos gebärdender, einfältiger Mensch. – 2. Redensart: ›Påpst Locherl‹ a) als maßgebende Persönlichkeit: ›Der måcht, åls wånn er der P. L. wår (wäre)‹; b) als geistig minderwertige Person: ›Dees kånnst (i)n P. L. derzähln‹. – 3. Redensart: ›Jå, bein P. L.!‹ = ›jå bein Loch (= culus)‹. – Ableitung: Vkl. zu Loch (neben Löcherl); urspr. ist Locherl wohl im Sinne von *culus* gebraucht. »Påpst« ist spätere Zugabe und bewirkte sodann auch einen Bedeutungswandel.

Löchl, sprich Le-: ›'s süaße L.‹ hieß eine stadtbekannte Metstube in der Ertlgasse (bei der Rotenturmstraße). In diesem uralten Keller sang jahrzehntelang ein blinder Harfenist (also ein Vorläufer der Volkssängergilde, s. Volkssänger) seine meist auf die jüngsten Tagesereignisse Bezug nehmenden Stegreifg'stanzeln, bis er hochbetagt im Jahr 1900 seiner längst vergangenen Zeit nachstarb. Über die Geschichte des Süaßen Löchls vgl. Wien und die Wiener 1948, 10. Heft, S. 12. – Ableitung: Löch'l ist natürlich Vkl. zu Loch; mhd. *löchelīn s.*, ahd. *lochilīn s.* ›Löchlein‹.

Lozzelach, Mzw., witzige Schnurren. – Ableitung: jidd. *lotzel* (Mz. *lotzelech*) ›Scherz‹, ›Witz‹, ›Witzgeschichte‹.

Luader, *s.* (schelt.): 1. Taugenichts, wüster, verlotterter Mensch; 2. ungebärdiges Tier. – Ableitung: Die Urbedeutung dieses Wortes (mhd. *luoder*) ist ›Lockspeise‹; es erfuhr allmählich eine Bedeutungsverschlechterung, da als Lockspeise häufig Aas verwendet wurde; einen milderen Sinn zeigt das Wort noch in den Redensarten: ›a årms L.‹; ›a gscheits L.‹; ›a narrischs L.‹ (nicht ganz normaler Mensch, von beiden Geschlechtern gebraucht).

Ludros, *w.* (auch Mz.-Form): minderwertige Zigarre(n). – Ableitung: scherz. Wortbildung aus Luder (ma. Luader) mit spanischer Endung; vgl. Stink-adores. – Vgl. Mayr (1930) 191.

Lueger-viert'l, *s.*, Teilgebiet des 3. Wr. Gemeindebezirks, nämlich die Marokkanergasse und deren Nachbarschaft. – Erklärung: mit Bezug auf die einstige Privatwohnung des Bürgermeisters K. Lueger.

Lump'l oder **Lumb'l**, auch **Lumm'l**, *s.*: 1. Lende; vgl. Lungenbratl. – 2. genießbare Eingeweide, Lunge, Leber, Geschlinge; vgl. Lumplstrudl. – 3. Lunge; Redensart: ›si s L. aus n Leib red'n (außared'n) oder rausschrein‹. – Ableitung: mhd. *lumbel* oder *lummel* *m.* ›Lendenfleisch‹, ahd. *lumbal*; lat. *lumbus* *m.* ›Lende‹. Vgl. Schmeller I 1474f.; Kretschmer 198; Textor 7 (ital. heißt das Wort *lombo*); Storfer (1935) 102, Anm. 1; zu *lumbel* vgl. lat. *lumbulus* *m.* ›kleine Lende‹, ›Weichteil‹.

Lumpl-strudl, *m.*, eine mit gehackter Lunge gefüllte, viereckig geformte Mehlspeise als Suppeneinlage. – Ableitung: In diesem Worte ist Lumpl = Lunge; s. zu Lump'l. Mayr (1930) 94.

Lump'n-såmmler: 1. (Grundbedeutung) Fetzensammler; 2. (nicht nur wienerisch, scherz.) letzte Fahrgelegenheit bei Nacht, meist der letzte Eisenbahnzug vor Mitternacht, der die »Lump'n« sammelt.

Lungen-bråt'n, *m.*, oder **-bratl** (sprich -brā'l), *s.*, Lendenbraten. – Ableitung: s. zu Lump'l, Bed. 1 und Ableitung.

M

¹ Måg'n, Mz. Mag'n, *m.*, Magen (nicht nur wienerisch). – Ableitung: ahd. *mago*, mhd. *mage* zu altgerman. Wurzel; Mayr (1929) 49f.

² Måg'n, *m.*, Mohn. – Ableitung: mhd. māgen oder māge (später māhen oder mān), ahd. *mago m.* gleichbedeutend. Die wr. Lautung bewahrt somit noch die mhd. Wortform; vgl. noch altgriech. *mákon* (oder *mékon) m.* gleichbedeutend.

malörn, sprich -lé^{a}n, mißlingen, mißglücken, z. B. ›dee Årwat (diese Arbeit) wird m.‹ – Ableitung: frz. *malheur m.* ›Mißgeschick‹, ›Unglück‹, wobei *-heur* nicht von lat. *hora*, sondern von lat. *augurium s.* ›Vorbedeutung‹ abzuleiten ist; vgl. Storfer (1935) 175.

Malter oder **Mäu'ter** (Mö^{i}ta), *m.*, Mörtel. – Ableitung: tschech. *malta w.* ›Mörtel‹, ital. *malta w.* ›Schlamm‹, ›Steinkitt‹, ›Mörtel‹; vgl. Schmeller I 1593. Mayr (1930) 143 denkt auch an mhd. *molte* ›Staub‹, ›Erdbrocken‹, das wohl wurzelverwandt sein dürfte, aber für die unmittelbare Herleitung des wr. Wortes nicht in Frage kommt.

Mamsell, sprich -sö^i (End.), *w.* (ger.), Fräulein. Redensart: ›a feine M.‹ (iron.) = nichtsnutzige Frauensperson. – Ableitung: von frz. *mamselle*, einer Kurzform aus frz. *mademoiselle w.* ›Fräulein‹, eig. ›mein Fräulein‹. Das Wort hat in der Wr. Mundart eine Bedeutungsentwertung erfahren und wird jetzt ausschließlich in geringschätzigem Sinne gebraucht.

mandschárn, auch **mandschari** (ohne Abwandlung), mit großer Eßlust verspeisen. – Redensart: ›m. gehn‹. – Ableitung: ital. *mangiare* ›essen‹, ›speisen‹ (aus lat. *manducare* ›kauen‹).

Manschétt'n, Mzw. (nicht nur wienerisch): 1. Handfesseln; Redensart: ›Er håt d M. kriagt‹: er ist gefesselt worden, er ist ein Verbrecher. – 2. (Gaunersprache) Furcht; Redensart: ›d M. håb'n‹; vgl. Federn, Gamasch'n, Spundus. – Ableitung: frz. *manchette w.* eig. ›Ärmelchen‹ zur frz. *manche w.* ›Ärmel‹; Wurzelwort: lat. *manica w.* ›Ärmel‹ (zu lat. *manus* ›Hand‹); vgl. Schmeller I 1628; Storfer (1937) 245.

Mantscherei (End.), *w.* (ger.): 1. (unappetitliche) Vermischung einer flüssigen Kost; 2. (selt.) Herumstochern in Speisen. – Ableitung: zu hd.

man(t)schen = mischen, vermengen (von Speisen): Kluge (1934) 376; Weigand II 126f.; vgl. Schmeller I 1628.

maraxln (End.), andauernd kränkeln. – Ableitung: ital. *marasmo m.* ›Abzehrung‹ (v. altgriech. *marasmós m.* ›Kräfteverfall‹ zu *maraínein* ›auslöschen‹).

Ma(r)bs'n, *w.*, Ez. und Mz.: 1. (Grundbedeutung) kleine Marmorkugel zum Spiel der Kinder; Vkl. Ma^{r}berl (sprich -ba'l) oder Ma^{r}wa'l. – 2. (scherz.-spött.) Glatzkopf oder kurzgeschorener Kopf (›du gscherte M.!‹). – Ableitung: Zur Wurzel Marb- vgl. Marb-el (Märb-el) = Marmel: spätmhd. *marmel*, jünger *marbel m.* ›Marmor‹. Vgl. bayr. Marwel oder Marmel, Schmeller I 1653; s. auch O. Weise, Unsere Mundarten (Leipzig 1910), S. 128, Anm. 1; vgl. å^{n}mäuerln (Anf.).

marod oder **maråd** (End.): 1. umpäßlich; 2. (selt.) spröde, zurückhaltend. Redensart: ›Sie mächt si m.‹: sie spielt die Spröde. – Ableitung: frz. *marand* ›Taugenichts‹; vgl. Storfer (1935) 248 und zu Marod(e)nbüachl.

Marod(e)n-büachl, *s.* (mil., österr.), Krankenbüchlein, worin die beim Militärarzt »in der Marod(e)nvisit« erscheinenden Soldaten verzeichnet waren; so noch zur Zeit des 1. Weltkriegs. – Redensart: ›Der N. is a wandernd's M.‹: er ist (oder stellt sich) fortwährend krank. – Ableitung: von frz. *marode* (aus frz. *maraud m.* ›Schlingel‹, ›Lump‹ 17. Jh.) ›marschunfähig‹, ›matt‹; s. im folg.: Marodierer; vgl. Storfer (1935) 248.

Marodierer, sprich -dīra, *m.* (mil., österr.), kranker oder sich krank stellender Soldat; oft = Tachinierer, s. d. – Ableitung: s. zu Marod(e)nbüachl, Marodierer, aus ›Marodeur‹ (frz. *maraudeur m.* ›Plünderer‹ ›Schuft‹) gebildet, bedeutete urspr. einen im Kriege von der Truppe zurückbleibenden Soldaten, der gegen die Bewohner des Feindlandes Bedrückungen ausübte. Im 1. Weltkrieg war nebst dem Marodenbüachl und der Marodenvisit auch diese feldgraue Benennung in dem zuerst angegebenen Sinne noch gang und gäbe; vgl. Storfer (1935) 248f.

Maróni, *w.*, Ez. u. Mz., Frucht der Edelkastanie, s. Käst'n. – Ableitung: Der Ursprung des romanischen Namens der Frucht (it. *marrone*, frz. *marron*) ist noch nicht erklärt. Da der Baum in Griechenland, bes. in Thrazien heimisch ist, gaben ihm (und der Frucht) die Italiener vielleicht nach der thrazischen Küstenstadt *Marōncia*, wo er reichlich gedieh, den Namen.

Maroni-bråder oder **-månn** = Käst'nbråder, s. d.

Maschánsker, auch **Ma'sch-** oder **-nzker**, *m.* (nicht nur wienerisch), Borsdorfer oder Meißner Apfel, ein bes. in der Steiermark gepflanzter Ranettenapfel, in Frankreich *reinette d'Allemagne* genannt (*malum Misniacum*). – Ableitung: meist von tschech. *miženské (jablko)* = ›Meißnischer (Apfel)‹; vgl. Nestroy IV 384 (Bel.); Schmeller I 1679; Schuchardt 66 (»in Böhmen auch Mischanzker«). Diese herkömmliche Deutung (vgl. auch Kretschmer 142) ist jedoch sehr anfechtbar.

Maschek-seit'n, selt. Maschik-, *w.*, falsche, unrichtige (meist die entgegengesetzte) Seite. Redensart: ›Er kummt vo^n der M. (auch mit Bezug auf das gesprochene Wort)‹: Dabei ist meist an ein absichtliches Ausweichen, an ein listig-bedachtes Kommen von einer unerwarteten Seite gedacht (Überrumplungsabsicht). – Ableitung: ungar. *másik* (sprich māschik) ›der, die, das andere‹. Mayr (1930) 191.

Māsl oder **Māsel**, *s.*: 1. Glück; Redensart: ›Dēr håt d'r a M.!‹ – Ableitung: ein Wort der Gaunersprache (Petrikovits 33): jidd. *massel* (*mazzâl*), das mit weichem s gesprochen wird, ist aus dem Assyrischen ins Aramäische und Hebräische gedrungen und bedeutete urspr. Sternbild, Glücksstern, Schicksal; hieraus hat sich erst später die Bed. ›Glück‹ entwickelt. Vgl. E. Littmann, Morgenländ. Wörter im Deutschen (Berl. 1920), S. 17.

matsch (Eigw., nur präd., nicht nur wienerisch), müde, kraftlos, erschöpft: ›m. wia-r a hålbtote Fliagn‹. – Ableitung: ital. *marcio* (sprich martscho) ›faul‹, ›angefault‹, ›mürbe‹. Im Kartenspiel bedeutet ›matsch sein‹ keinen Stich gemacht haben. Vgl. lat. *marcidus* ›welk‹, ›schlaff‹, lit. *mark-īti* ›einweichen‹, ahd. *marawi* ›mürbe‹. Textor 8; Mayr (1930) 193; Schmeller I 1699; Nestroy X 580 (Bel.).

Matthi(a)sl: 1. Matthias; 2. der Letzte, Geringste. – Entstehung: Die 2. Bed. erklärt sich daraus, daß Matthias der zwölfte (= letzte) Apostel war; er wurde als Jünger Jesu anstelle des Judas Ischarioth durch das Los gewählt (Apostelgesch. I 23ff.). – Ableitung: aramäisch *matat* und *Jahu* ›Geschenk Gottes‹.

Matthi(a)sl-galarie (End.), die letzte, d. i. oberste (billigste) Galerie der Schaubühne; sg. Juchhee. – Entstehung: s. zu Matthi(a)sl, 2. Bed.

Maus: Redensart: ›nåß wia-r a bådte (gebadete) oder taufte M.‹: völlig durchnäßt (bes. vom Regen); ›ned vü^i Mäus måch'n‹: nicht viel Umstände oder Schwierigkeiten machen (man denke an das geschäftige

Hin- und Herlaufen der Mäuse). – Ableitung: lat. *mūs m.* (w.), altgriech. *mys m.* gleichbedeutend; vgl. Mayr (1929) 32; Schmeller I 1665; Nestroy VIII 519 (Bel.).

mausch'ln: 1. (nicht nur wienerisch, Usp.) jüdeln; 2. heimlich sprechen, flüstern. – Ableitung: hd. Mausch(e)l (= jüd. Händler, Jude) nach dem hebr. Namen *Mose* (*Moses*), in jidd. Aussprache *Mausche* (*Mōsche*), mit Diminutivsuffix gebildet. Weiterbildung: Mauschlerei.

Mäusl, *s.*: 1. Ellbogennerv (»Musikantenknochen«), dessen starke Berührung heftig schmerzt; er heißt in der Wr. Mundart auch ›s narrische Ba^n‹. – Redensart: ›si åns M. stößn oder si s M. ånschlågn‹. – 2. Rindfleischsorte (z. B. ›s Schultermäus'l‹). – Ableitung: In beiden Ausdrücken geht M. auf lat. *musculus m.* (Vkl. von lat. *mūs* Maus) ›Mäuschen‹ und (bild. nach der natürl. Ähnlichkeit) ›Muskel‹ zurück.

¹ Maxn, *w.*, Fangschnur, Fangschlinge. – Ableitung: mhd. *mahse w.* ›Schlinge‹, ags. *max w.* gleichbedeutend; vgl. Masche.

² Maxn, Mzw., Geld. – Ableitung: Nach einer Vermutung Schmellers (I 1700) rührt die bayr. Bez. ›Max‹ für Geld von Max (Maxd'or), einer zur Zeit des bayr. Kurfürsten Max Emanuel geprägten Goldmünze, her. Nestroy XI 644 (Bel.).

Mehlgruab'n, sprich Möhlgrua'm, *w.*, Name eines einstigen (vielgerühmten) Gasthofs auf dem Neuen Markt, der früher den Namen ›Mehlmarkt‹ trug.

Mehl-stauber, sprich Möhlstauba: scherz. Bez. der Soldaten des ehem. österr. Infanterieregiments Nr. 49 (St. Pölten), deren Uniform helle blaugraue, wie von Mehlstaub verfärbte Aufschläge hatte. – Nach anderer Deutung geht diese Bez. auf die weißen Waffenröcke zurück, die die Soldaten dieses Regiments unter Maria Theresia trugen.

Mehlwurm-häf'n, sprich -hefm, scherz.-spött. Bez. des Zylinderhuts, der sich vieler neckischer Beinamen erfreute: s. Zylinder. – Erklärung: Die Larve des Mehlkäfers, der ›Mehlwurm‹, wird als gesuchtes Futter für insektenfressende Vögel in großen Töpfen (ma. ›Häf'n‹) gezüchtet.

Melansch, *w.*, ›Melange‹, auch »weißer Kaffee« genannt, der schon als Mischung von Kaffee und Milch aufgetragen wird. – Ableitung: frz. *mélange m.* ›Mischung‹, ›Gemenge‹ zu *mêler* ›mischen‹ aus volkslat. *misculare* (von lat. *miscere*) ›mischen‹. Nestroy VIII 195 (Bel.).

Mering: s. Möring.

meschúgge (ger.), verrückt, geistesgestört. – Ein Wort der Gaunersprache aus dem Jidd.; das hebr. Wurzelwort lautet: meschuggā' ›irre‹, ›verrückt‹. Das Wort erfährt in der Wr. Mundart auch eine Abwandlung, z. B. ›a meschugganer Kerl (Åff, Tepp)‹.

Met-häus'l, sprich -haisl, *s.*, Metschenke. Besonders bekannt, aber auch übel beleumdet war das M. im alten Wurstelprater, das den gleichen Ruf hatte wie zur Biedermeierzeit die kleinen Bierhäuser auf dem Spittelberg (s. d.); es gehörte zu den bevorzugten Stätten der Wr. Dirnenwelt. – Ableitung: mhd. *met(e) m.*, ahd. *meto m.*, gleichbedeutend; der älteste aus Honig und Wasser bereitete Met ist das früheste idg. Rauschgetränk: aind. *mádhu s.* ›Honig‹, ›süßer Trank‹, ›gegorener Honigtrank‹.

Met-scherm, sprich -sche^{a}m, *m.*, Gefäß, worin Met erzeugt wird (auch Met-häf'n genannt). – Redensart: ›ān in M. aufsetz'n‹ = jm. Honig um den Mund schmieren. – Ableitung: zu Met s. Methäus'l; Scherm = Scherbe.

¹ Milli, Kurzform für Emilie und Ludmilla.

² Milli = Milch, s. unter Mülli.

Mîr-fāmane (Anf.), *w.*, Meerschaumpfeife. – Ableitung: zu Mīrfam (= Meerschaum), wovon das Eigw. ›mīrfaman, -mane, -man's‹ gebildet wird; also = mirfamane Pfeif'n.

Mirl, *w.*, Kurzform für Marie, meist in ger. Sinne: ›a fade M.‹; ›die dålkerte M.‹; ›a gscherte M.‹ (Bauernmädchen). Mayr (1930) 69; Schmeller I 1637, 1653; vgl. Tråtsch-mirl.

Mîr-wunder, *s.*, eigentl. »Meerwunder«: Riesenwunder, wundersame Überraschung, z. B. ›Ihna Bsuach (Besuch) is für uns a rein's M.‹ – Ableitung: Mir (Mi^a): ma. = Meer.

Mischpóche, *w.* (meist ger.), Sippschaft, Gesellschaft: ›a saubere (iron.) M.‹, ›a verlogene M.‹. – Ableitung: das aus der Gaunersprache stammende Wort kommt von hebr. *mischpāhā* ›Stamm‹, ›Sippe‹; vgl. Günther 92; Petrikovits verzeichnet es nicht.

Mistbauer, Fuhrmann, der den Kehricht aus den Häusern abholte, eine der vielen bezeichnenden Gestalten des einstigen Wien (berlinisch »Müllfuhrmann«). Er kam mit einem zweispännigen Pferdewagen und hielt bei jedem Hause an, wo ihm die Mägde ihre Müllkistchen (›Misttrügerln‹ oder ›-cherln‹) überreichten, die er, inmitten seines undichten Kastenwagens stehend, zuletzt vom Wagenbock aus meist unter sprudelnden Scherzworten und unter dem schallenden Gelächter der

Dienstmädchen in den Wagen entleerte, ungeheure Staubwolken entwickelnd. Er hatte zwei Begleiter bei sich: der eine half ihm, neben dem Wagen stehend, von der Straße aus bei seiner lärmreichen Arbeit, der zweite ging als Vorbote mit einer mächtigen Handglocke in die nächsten Häuser und kündigte dort durch markerschütterndes Geläute im Hausflur an, daß der Mistbauer nahe, worauf sich sämtliche Mägde dieser Häuser mit ihren ›gupftvollen‹ Truhen raschestens bei den Hauseingängen einfanden, die sehr erwünschte Wartezeit zu vernehmlichem Gedankenaustausch benützend; daneben wurden im Flüstertone die »Gnädigen« (Hausfrauen) ausgerichtet. – Der Mistbauer feierte übrigens nach dem zweiten Weltkrieg für kurze Zeit fröhliche Urständ. Im übrigen aber löste der Coloniakübelwagen der Wiener Städtischen Kehrichtabfuhr um 1920 das Pinzgauer Pferdegespann des Mistbauers ab. Jeder kann nun, wann und so oft er will, seine Abfallvorräte in die geräumigen, meist im Haushof untergebrachten Kübel leeren. Und so geht denn seither die Wiener Müllabfuhr geräuschloser, rascher, bequemer, hygienischer, moderner vor sich; sie wurde nur ärmer an Leid und Freud, also an Poesie. – Vgl. Nestroy XIV 637 (Belege).

Mist(e)lbàcher: 1. (ger.) Bauer, Urbild des Provinzlers; 2. (ger., schelt.) derber Wachmann. – Ableitung: Mistelbach ist eine Provinzstadt im nördlichen Niederösterreich, westlich von Zistersdorf. Der Ortsname bezieht sich auf das reichliche Vorkommen der bekannten Schmarotzerpflanze (*Viscum album*, ›Leimmistel‹). – Entstehung: Als nach dem ersten Weltkrieg die Verbrecherwelt Wiens wuchs, stieß sie auf die tüchtigen, handfesten Polizisten, die großenteils aus den niederösterr. Ortschaften stammten, und benannte sie aus Unmut mit diesem »Schmähwort« (= Bauer, Gscherter vom Lånd; zugleich Anspielung auf »Mist«, vgl. Storfer [1935] 77).

Mist-kratzerl, *s.* (scherz.), Huhn. – Ableitung: Mist (schon ahd. *mist* m. gleichbedeutend) hier = Düngerhaufen; kratzen = (mit den Füßen) scharren; aus der Gaunersprache übernommen: Petrikovits 33.

Mist-trügerl, sprich Mißtriagā'l, selt. -trucherl, *s.*, ein längliches Holzkistchen (gew. in der Küche) zum Sammeln trockener Abfälle im Haushalt: ›kleine Mülltruhe‹, berlin. ›Mülleimer‹.

Mitt(e)l, Mz. in der Redensart: ›Mitt'l måchn‹ = vermitteln. – Ableitung: mhd. *mittel s.* ›Vermittelung‹.

Mitzerl, *w.* (*s.*), oder **Mitzi**, *w.*, Koseform für Marie.

mog'ln (nicht nur wienerisch): 1. beim Spiel betrügen; 2. (allg.) schwindeln. – Ableitung: Das aus der Studentensprache in die Mundart gelangte Ztw. entstammt der Gaunersprache: *mohel* = ›Einschnitte machen‹, näml. in die Spielkarten, um sie dadurch zu kennzeichnen. Das hebr. Wurzelwort ist nicht nachweisbar: Littmann 17. – Es gibt auch ein davon gebildetes Hw. Moglerei (= Mogelei): Betrug, Schwindel.

Molke, *m.*: Der österr.-ungar. Feldmarschall Erzherzog Friedrich (der 1914 den Oberbefehl über die gesamten österr.-ung. Feldarmeen erhalten und einsichtigerweise seinem Generalstabschef F. Conrad von Hötzendorf in allen taktischen Fragen freie Hand gelassen hatte) führte wegen seines Besitzes großer Molkereibetriebe den Scherznamen »der österreichische Molke«. – Erklärung: scherz.-iron. Anspielung auf den preuß. Feldmarschall Helmuth Graf v. Moltke (+ 1891).

Monats-zimmer (scherz.): 1. ungewöhnlich großer Personenwagen mit sehr vielen Sitzgelegenheiten; 2. Möbelwagen.

[1] **Mopperl** oder **Mopserl**, sprich -a'l, *s.*, kleiner Mops. – Ableitung: zur german. Wurzel *mup* (vgl. eng. *mop*) ›ein schiefes (mürrisches) Gesicht machen‹; vgl. mops'n und Schmeller I 1633.

[2] **Mopperl**, sprich -a'l, *s.* (scherz.), Automobil. – Ableitung: aus -mobil in freier mundartlicher Gestaltung.

Möring oder **Mering**, *w.* (*m.*), Jauchenlache, Senkgrube. – Ableitung: wohl zur gleichen Wurzel wie mnl. *moer s.* ›Lache‹, ›Sumpf‹, mhd. *muor s.* ›Moor‹, ›Morast‹; vgl. auch Schmeller I 1640 in Kot (Schlamm) herúm-mērn.

Möring-rāmer, *m.*, Kanalräumer. – Ableitung: zu Möring (s. d.) und rāma = räumen.

Most-schädl (scherz.), Neckname des Oberösterreichers, der nicht Traubenwein, sondern Obstwein (Most) zu trinken pflegt. Im Gegensatz zu Niederösterreich und Wien gibt es in Oberösterreich keinen nennenswerten Weinbau.

moz (undekl. Eigw.), viel, z. B. moz Geld, moz Häuser. – Ableitung: tschech. *moc* (Ustw.) ›viel‹, ›sehr‹.

Muckerl: 1. Koseform für Johann von Nepomuk; 2. allgem. gebrauchter Kosename: ›mein M.‹ – Ableitung: tschech. *Népomuk*, männl. Vorname nach dem Landespatron von Böhmen, dem hl. Johann von Nepomuk, geb. zu Pomuk (Kreis Pilsen) um 1340. Wortbildung: Kurzform

von Nepomuk mit ma. Endung und äußerlicher Angleichung an
›Muck'n‹ (Mücke).

Mudl, sprich Mu'l, *w.* (kind., scherz.), Katze. – Ableitung: wahrscheinlich ein den Tierlaut nachahmendes Wort wie gleichbedeutend:
Mutz, Mautz, Mau^{n}z; vgl. Schmeller I 1571.

mudl-lind, sprich mu'l-, weich: (bes. weich zu greifen).

Mülli, *w.*, Milch; Redensart: ›Der håt bei mir d M. verschütt't‹: er hat
meinen Unmut (und meine Abneigung gegen ihn) erregt; vgl. Mayr
(1929) 38. – Ableitung: mhd. *milich* (jünger *milch*) und ahd. *miluh w.*
gleichbedeutend; vgl. Mayr (1930) 138f.

Mund-semm'l, *w.*, Gebäck, das der Kaisersemmel (s. d.) gleicht, die
es an Größe übertrifft. Die M. wird aus Weißmehl erzeugt, das aber einen Zusatz von Schwarzmehl erhält.

Murrer, *m.*: 1. Rüge, Scheltworte; Redensart: ›Kriagst dein M. sowieso‹; sg. Putzer, Rüffler, Wischer. – 2. Beschwerde; Redensart: ›an M.
loslåssn‹. – 3. lauter Streit, Zwist, Geschimpfe; Redensart: ›Heind gibts
no (oder setzts no) an M.‹; ›an M. schlågn‹: lärmend zanken. – 4. Musikkapelle; Redensart: ›A M. kummt aa mit‹; vgl. Burgmurrer. – Ableitung: von murren. Die Wurzel dieses lautmalenden Wortes begegnet in
mehreren idg. Sprachen: spätmhd. *murren*; vgl. lat *murmur s.* ›Gemur-
mel‹, *murmurare* ›murmeln‹. Schmeller I 1642.

Musch, *w.*, auch **Muschl**, *w.*, dirnenhafte Frau, Buhlin. – Ableitung:
nd. *mutze w.* ›Mädchen‹ u. ›Dirne‹ (spätmhd. *mucze w.*); vgl. Schmeller
I 1681 u. Weigand II 238f.

Musjee (End.), *m.* (scherz.), junger Herr, bes. in der Ansprache, z. B.:
›Nå, M., wås sågn Se dazua‹? ›Wia gehts, M.?‹ – Ableitung: frz. *mon-
sieur* (sprich mßjö) = ›mein Herr‹; *sieur* (alter Objektsfall zu *sire*) *m.*
›Herr‹, altfrz. *sire* (= frz. *seigneur* aus lat. *seniorem*, Akk. von *senior* ›älter‹).

Mutsch, *m.*: s. oben zu å^{n}mäuerln.

N

Nåbl, *m.*: 1. Nabel; 2. (schelt.) einfältiger, geistig minderwertiger Mensch; vgl. Kåtzn-nåbl (Anf.). – Ableitung: nhd. *nabel*, ahd. *nabalo*, das auf idg. *nobhalo – *onbhalo* zurückgeht; vgl. altgriech. *omphalós* und lat. *umbilīcus m.* gleichbedeutend.

nåch-tåpp'n, sprich -pm, nachstapfen. – Ableitung: s. zu tåpp'n; vgl. tåppnåchi.

Nåcht-rabl oder **Nåcht-vogl**, *m.*, scherz. Bez. eines Menschen, der die Nächte durchschwärmt (= ›Drahrer‹). – Ableitung: mhd. *naht-rabe m.* ›Nachteule‹, *naht-vogel m.* ›Eule‹.

Nåcht-scherm, Ez. und Mz., *m.*: 1. Nachttopf; sg. Potschåmper (s. d.); 2. (übt., Gaunersprache) Dirne. – Vkl: Nåchtscherb(er)l *s.*

Nåcka-bazl oder -bazi, *s.*, kleines nacktes Kind. – Ableitung: Die Deutung des 2. Wortteils macht Schwierigkeiten, viell. zu ›Patzl‹ = Bröcklein. Mayr (1930) 40.

Nåderer, *m.*, Angeber, Verräter; Spitzel, Geheimpolizist. – Ableitung: fraglich, ob von ahd. *nātāri m.*, mhd. *nātaere* (*nāter*) *m.* ›Näher‹ (›Schneider‹), also eig. der »Einnäher« (Einsperrer).

Nāg, *w.*, ›Neige‹: letzter Gefäßinhalt, Bodensatz, Rest; Redensart: ›bis auf d N. aussaufn‹. – Ableitung: mhd. *neige w.* ›Neigung‹, ›Senkung‹, ›Überbleibsel‹.

¹ **Nāgl** oder **Nāgerl**, *s.*, Mz. -ln, eig. ›Neigerl‹, eine Art Maßbezeichnung: 1. Rest(chen) einer Flüssigkeit im Glase oder Fasse: ›s N. austrink'n (stehn låss'n)‹. – 2. kleine Menge einer Flüssigkeit, bes. ein Achtelliter Wein: ›auf a N. (Wein) gehn‹; sg. Pfiff. – 3. Häufchen, kleiner Rest, bes. von Obst auf den Ständen der Obsthändler(innen), auch von dreißig Stück Salat, aber auch von Holz u. a. gebr.: ›a gånz a saubers N.‹ = ein ziemlich großer Rest. – Ableitung: Vkl. zu Nāg (s. d.); Schmeller 1733; Textor 50; Wien und die Wiener 1949, 4. Heft, S. 28; Nestroy II 708 (Bel.).

² **Nagl** oder **Nagerl**, *s.*, Mz. -ln, eig. ›Näg(e)lein‹: Nelke. – Ableitung: mhd. *nagel m.* oder *nagelīn s.* (Nebenformen *negellin* und *negelkīn s.* ›Nägelchen‹), ahd. *negellī s.* (Vkl. zu *nagal*) ›Gewürznelke‹. Diese ge-

mahnte an die Form der alten handgeschmiedeten Nägel und ihre Bezeichnung übertrug sich (aufgrund des ähnlichen Duftes) auf die nach
Nelkenöl riechende Blüte der Gartennelke (*Dianthus caryophyllus*); nebenbei mag bei der Bedeutungsübertragung auch die Formverwandt-
schaft eine gewisse Rolle gespielt haben. Schmeller I 1732; Weigand
II 285; Storfer (1935) 248.

Någl, *m.*, Mz. Näg'ln: 1. Holz- oder Metallnagel; Redensart (nicht
nur wienerisch): ›wås am N. hänga‹: etwas aufgeben, auflassen (s
Gschäft, d Årwat), sein lassen. – 2. Finger- oder Zehennagel; Redensart:
›ned schwårz untern N.‹ oder ›ned, wås schwårz is untern N.‹: nicht im
mindesten bzw. nicht das Mindeste, gar nichts; vgl. Mayr (1929) 51. –
3. (übt., oft schelt.) listiger, heimtückisch-schlauer Mensch: ›a gfink'lter
(oder ghauter) N.‹. – 4. Rausch; sg. Dåmpf, Koks, Schweigl u. a. – Vkl.:
Nägerl: kleiner Nagel. – Ableitung: mhd. *nagel*, ahd. *nagal m.* gleichbedeutend; aind. *nakhá* ›Nagel‹, ›Kralle‹; altgriech. *ónych-os m.* gleichbedeutend.

Nannerl, sprich -na'l, *s.*, einfältiges Ding, unbeholfener Mensch: ›a
årms (oder recht's) N.‹; Redensart: ›wia-r a N. dåsteh^n‹, d. i. rat- und
hilflos (oder ganz verblüfft) sein. Die Redensart erklärt sich daraus, daß
ihre ursp. und nur in derberen Kreisen gangbare Form lautet: ›wia-r a
å^ngschiss'ns N.‹. – Ableitung: Nebenform zu Nanderl, Koseform für
Anna, gebildet nach dem Vorbild des frz. Kosenamens *Nanon*,
Nan(n)ette; Wurzelwort: hebr. *channāh* ›Gnade‹, ›Gotteshuld‹. Nestroy
XIII 718 (Bel.).

Nåsch-mårk, *m.*, d. i. der ›Naschmarkt‹ in Wien, ein Großmarkt, früher am oberen, dem Opernring zugewandten linken Ende der Wiedner
Hauptstraße gelegen, seit 1919 auf die Wienflußeinwölbung längs der
Linken Wienzeile verlegt. Der Naschmarkt war und ist dem Wiener niemals ein Markt unter vielen anderen, sondern eine wienerische Besonderheit. Auf einem beträchtlichen Flächenraum findet hier die sorgsame
Hausfrau beinahe alles beisammen, was ihrer Küchenwirtschaft nottut,
und vieles, was darüber hinaus ihr Herz begehren mag; im Vordergrunde
stehen alle Sorten Obstes, Gemüse, Südfrüchte, Eier, Molkereierzeug-
nisse (für den Klein- und Großhandel), auch Fleischer, Mehlhändler und
Blumengärtner haben hier ihre Läden. Sein äußeres Bild auf der früheren Stätte unterschied sich nicht unbeträchtlich von seiner jetzigen Gestalt. Wohl erinnert er noch heute wie einst mit seinen zahlreichen

Gäßchen und Plätzen ein wenig an morgenländische Basare, doch liegt er unter freiem Himmel. Während die Wege jetzt ausschließlich von Verkaufsbuden umsäumt werden, war der frühere Naschmarkt (und erst recht der einstige Aschenmarkt) eine kleine Stadt von Verkaufsständen (›Standeln‹), deren aufgehäufte Waren von gewaltigen farbigen Stockschirmen überdacht waren; im übrigen wurden auch durch die Reihen der Standeln schmale, gassenartige Wege freigelassen. Einst sah man all die bunten Obst- und Gemüseberge unter den hellen Riesenschirmen neben den oft malerisch gekleideten Marktfrauen weithin leuchten und dieses freiere Walten eines reichbewegten Lebens bot Malern, Dichtern und Schauspielern mehr Anregung als das heutige, budenversteckte, stillere Getriebe. Erlitt aber auch die Marktromantik manchen Abbruch, so erhielt sich doch die Wiener Figur der ebenso liebenswürdigen wie reschen Marktfratschlerin in gewissen unverfälschten Urtypen bis in die 2. Hälfte des 20. Jahrhunderts: s. unter ›Sopherl‹. – Ableitung:»Náschmárk« ist die spätere infolge volksetymologischer Deutung geänderte Bez. des ursprünglichen ›Aschenmarkts‹ (s. unter Áschn'nmárk). Fehlerklärung bei Mayr (1929) 158; vgl. E. Hofmann, Wiener Wahrzeichen, Wien o. J., 131ff.; V. Chiavacci in ›Wienerstadt, Lebensbilder aus der Gegenwart‹ (o. J.) 32ff.

Nás'n-fuader, *s.*, eigentl.»Nasenfutter«: (scherz.) der Schnupftabak.

Nás'n-popl, *m.* (nicht nur wienerisch), verhärteter Nasenschleim. – Ableitung: Das auch in md. Mundart erscheinende Wort ist unerklärt, vgl. Weigand II 451; im Bayr. kommt ›Pöpel‹ in dieser Bed. vor: Schmeller I 400.

Násn-stiftl, *s.*, Nasenstüber. – Ableitung: wohl zu mhd. *stüpfen* ›mit kurzem Stoß berühren‹, ›anstacheln‹.

natral, sprich nadräu (End.), natürlich, der Natur gemäß; rechtschaffen, gut (›a natraler Bursch‹). – Ableitung: vgl. ital. *naturale* ›natürlich‹, ›echt‹ zu lat. *naturalis* gleichbedeutend.

nauf- (nauf), Kurzform für ›hinauf‹, meist in verbalen Zusammensetzungen, z. B.: nauf-bringa, nauf-fåhrn, nauf-geb'n, -geh^n, -heb'n, -kumma, -prack'n, -steig'n, -strick'n.

Nauscherln oder **Naunscherln**, Mzw., *s.*, ›Ringerln‹, d. i. gebackene hohle Mehlkügelchen als Beigabe zur Rindssuppe. – Redensart: ›Er tuat, åls essert er ålle Tåg gefüllte N.‹: er gibt sich den Schein eines Wohlhabenden; vgl. Mayr (1929) 76. Ungeduldige Frager, was der Mittagtisch bringen werde, speiste die Hausfrau mit den Worten ab: »Gfüllte N. und dürre Wuzerln«. – Ableitung: viell. zu tschech. *náušek* ›Ringlein‹, bes. Ohrring.

Nazl, Kos.: Nazerl, Nazi: Ignaz; Redensart (allg., auch zu Trägern anderer Vornamen): ›Bumsti Nazl!‹ (wenn jem. hinstürzt). – ›Siachst es (oder Sixt-as), N.?‹: Siehst du es nun? – Ableitung: spätlat. *Ignatius* = altlat. *Egnatius*; es liegt eine ungedeutete etruskische Namensform vor; vgl. W. Schulze, Zur Geschichte lat. Eigennamen (Berlin 1933), S. 188. Die spätere Zeit hat den Namen Ignatius mit lat. *ignis m.* (Feuer) in Beziehung bringen wollen (also ›der Feurige‹).

Nedsch oder **Netsch**, Ez. und (meist) Mz., *m.*, Kleinmünze, Wenigkeit (von Geld); Redensart: ›Wås måch ih d'nn mit meine påår N.?‹ ›Kān N. håb'n‹. – Ableitung: unsicher. Das Wort dürfte in die Mundart aus der Gaunersprache übernommen worden sein, in der es Kleingeld (Kreuzer, Heller, Groschen) bedeutet: Petrikovits 34. Erwähnt sei der Versuch (vgl. Mayr [1930] 52), den Ausdruck daraus zu erklären, daß einst im Etschtal äußerst kleine Münzen des Namens ›(ei)n Etsch‹ erzeugt wurden; vgl. noch ›Nezerl‹ (ländlich) *s.* sehr kleine, schwächliche Person (meist Frau): Schmeller I 1775.

Negerl, sprich -ga'l, *s.*, unansehnlicher Mensch. – Ableitung: unsicher; viell. ist an mhd. *negellīn s.* ›kleiner Nagel‹ (wr. sonst Nagerl) zu denken; vgl. Mayr (1930) 148.

Negōzi (Mitt.), *w.*, geschäftiges Treiben, fröhliche Unterhaltung, z. B. ›a große N.‹ – Ableitung: ital. *negózio m.* ›Handel‹, ›Verkehr‹. Schon zur Babenbergerzeit nannte man die Kaufleute auf deutschem Boden ›Negozianten‹ (ital. *negozianti*). Das weibliche Geschlecht des Wortes dürfte sich aus Analogie zur deutschen Bedeutung (›Unterhaltung‹) erklären.

Neu-brasilien, sprich -süll-, Scherzbezeichnung einer Anlage von Sand- und Sonnenbädern in der Lobau, auch ›Wildes Gänsehäufl‹ genannt (unentgeltliche Benützung). Die Anlage rührte von F. Berndl (s. d.) her, der sie nach der Übernahme des ›Gänsehäufels‹ durch die Wr. Gemeinde (1908) gegründet hatte; vgl. Berndl-Kolonie.

Neu-sunntåchs-kind, *s.*, »Neusonntagskind«, ein Kind, das an einem Neujahrstag, der ein Sonntag war, geboren ist. Es galt als ein Wunder- und Glückskind, von dem es hieß, daß es tobende Stürme zum Schweigen bringen könne (Anspielung auf die Jenseitswelt, vgl. das entsprechende Wunder Christi).

nieder-prack'n: 1. (mit etwas Breitem) klopfen, schlagen; Redensart: ›a niederprackte Frisur‹: d. h. durch Salbe niedergehaltene Frisur. – 2. (übt.) niederdrücken; Redensart: ›(gånz) niederprackt sei^n‹: in (sehr) niedergedrückter Stimmung sein. – Ableitung: s. zu prack'n.

Niefl, *m.* (*f.*), Fingerentzündung, bes. Fingerwurm (sog. *Panaritium*). – Ableitung: unsicher; vgl. ›Niffel‹ als Pferdekrankheit bei Schmeller I 1731 (Castelli S. 208).

Nigerl, *m.*: ›Der Herr von Nigerl‹, eine von dem Wr. humoristischen Schriftsteller Eduard Pötzl (1851–1914) geschaffene Gestalt, die einen waschechten Vertreter alten Wienertums kennzeichnete; vgl. E. P. ›Der Herr von Nigerl und andere humoristische Skizzen‹ 1889. – Ableitung: Nigerl = Nigl, Nikerl, Koseform v. Nikolaus.

Nigl (auch Nigerl oder Nikerl), Kurzform des Namens Nikolaus, die als ziemlich mildes Scheltwort (Fratz) gebraucht wird; Redensart: ›Du klaner N., du!‹ – ›Der Bua (oder s Madl) is a rechter N. in Ess'n‹: ist wählerisch in den Speisen und ißt nur wenig. – Zahlreich sind die Zusammensetzungen mit N.: Bos-, Gift-, Laus-, Sau-, Schweins-, Zurnnigl; vgl. auch Pumpernickl (-nigl). – Ableitung: altgriech. *Nikólāos* aus *níkē* ›Sieg‹ und *lāos* ›Volk‹. Der ma. Bez. liegt die ital. Namensform *Niccolò* (End.) = Nikolaus zugrunde. Vgl. Kretschmer 558; Mayr (1930) 121.

Nigowitz, auch **Nigawitz** gesprochen, *m.* (scherzhaft), Knirps, Zwerg. – Ableitung: Mischbildung von Nig- zu Nigl mit slaw. Endung -owitz (-*ovič*, -*ovice*). Diesen urwienerischen Ausdruck wählte F. Raimund als Namen für den dienstbaren Geist des Hasses in seinem Märchenspiel ›Das Mädchen aus der Feenwelt‹.

Nipf, sprich -bf, *m.*: 1. Nase; Redensart: ›(i)n N. hänga låssn‹: in herabgestimmter Gemütsverfassung sein, betrübt sein. – 2. Hochnäsigkeit, Hoffart; Redensart: ›ån (i)n N. nehma‹: jem. sein hoffärtiges Gebaren abgewöhnen, den Hochmut austreiben. – Ableitung: ital. *niffo m.* ›Schnauze‹, ›Rüssel‹; vgl. Mayr (1930) 59; Mayr (1929) 30f. (unzutreffende Deutungsversuche).

Nisi, *s.* (undekl.), ein Aber, Hindernis, Bedenken, (hemmende) Bewandtnis, Beschränkung; Redensart: ›Då håts a (oder sei^n) N.‹. – Ableitung von lat. *nisi* ›wenn nicht‹, offenbar aus der Gelehrten- und Studentensprache in die Wr. Mundart eingedrungen; abzulehnen ist die Vermutung (Textor 8), dem Wort liege ital. *niso m.* ›Gegendruck‹ zugrunde.

Nobl-práter, *m.*, d. i. der südlich vom ›Wurstlpráter‹ (s. d.) gelegene

Teil des Praters (s. Práter), den die mehr als 5 km lange Hauptallee (Fahrbahn, Reitbahn, zwei Geh-Alleen) schnurgerade durchzieht. Schon Kaiser Josef II. war um die Ausgestaltung des N.-P. bemüht und ließ auf der linken Seite der Hauptallee mehrere vornehme Kaffeehäuser errichten, die alsbald nebst den Promenaden zu bevorzugten Stätten des geselligen Lebens wurden. Zur Zeit des Wr. Kongresses (Sept. 1814 bis Juni 1815) wurden hier prunkvolle Gastlichkeiten veranstaltet. Lange gehörten die Fahrten in den N.-P. zu den Lieblingsvergnügungen der Wiener sowie der Fremden, und der daselbst veranstaltete Maikorso mit den unzähligen blumengeschmückten Wagen pflegte eine seltene Augenweide zu bieten. Von den einstigen ›drei Kaffeehäusern‹ des N.-P., geräumigen, von hohen Bäumen überwölbten Gaststätten, worin Musikkapellen konzertierten, ist nach den Kriegszerstörungen von 1945 nur noch ein Teil des ›Dritten Kaffeehauses‹ geblieben. – Ableitung s. Práter.

Nock'n, *w.*: 1. kleiner, länglicher Kloß, ähnl. den »Spatzen«, jetzt gew. »Nockerl« genannt. – 2. (ger.) Frauenzimmer, z. B. ›a fade (blöde) N.‹. – Ableitung: Zugrunde liegt wahrscheinlich das in den österr. Alpenländern gebräuchliche Wort Nock (*m.*) = gedrungener Hügel, knolliger Berg oder (bayr.) Felsbrocken, der aus einem Wasser (See, Teich) hervorragt. Die Ableitung des Wortes aus ital. *gnocco m.* ›Knödel‹ ist abzulehnen (vgl. Mayer-Lübke, Roman. Wörterbuch 439, 441), da dieser Ausdruck auf das deutsche ›Nocklein‹ zurückgeht. Schmeller I 1723; Textor 51; Kluge (1934) 419; Kretschmer 294f. – Zur 1. Bed. vgl.: Wiener Kochbuch vom Jahre 1730, S. 30 (Bel.).

nolt'ln, gewöhnlich **um-nolt'ln**, träge (widerwillig) bei einer Sache sein. – Ableitung: unsicher; vgl. ital. *nolente* ›widerwillig‹, ›ungern‹.

Nompröl(l), sprich -bröⁱ, gew. Mz. -prölln (End.), die Nonpareille (-schrift, -lettern). – Ableitung: frz. *nonpareil* ›unvergleichlich‹, *nonpareille w.* ›Kleinstes in seiner Art‹, ›kleinste Schriftgattung‹; vgl. Sampröl.

Not-någl, *m.* (nicht nur wienerisch, übt.), Aushelfer in einem Verlegenheitsfalle; auch Ausrede: ›Er håt an guadn N. ghåbt‹. – Erklärung: eigentl. Hilfsnagel, d. i. ein zweiter Nagel, wenn der erste das Holz (Gemäuer) verletzt hat.

Not'nschani: So hieß im Volksmund Johann Schrammel, da er selbst Tonstücke (»Not'n«) schrieb. – Ableitung: Schani von frz. *Jean* ›Johann‹.

Not-veidl oder **-veitl**, *m.*, mittelloser Mensch; oft: Knicker, Geizhals.

Nudl-drucker, *m.* (nicht nur wienerisch), knauseriger Mensch, Geizkragen. – Ableitung: Deutung unsicher. Im Bayr. finden sich die gleichbedeutenden zwei Ausdrücke ›Ludeltrucker‹ und ›Nudeltrucker‹ im Sinne von langsamer Mensch, auch karger Filz, ferner ›trucken‹ in der Bed. bedächtig verfahren, langsam vorwärtskommen (Schmeller I 647). Ludeltrucker ist die ältere Form: also ein Mensch, der mit dem Ludel, d. h. mit dem Schnuller (oder mit der Pfeife) bedächtig verfährt. Als Vermutung erwähnt Schmeller a. a. O., daß im 2. Wortteil allenfalls eine Kurzform von ›itrucken‹ (auch ›etruckn‹) = wiederkäuen vorliegen könnte. – Als andere freilich völlig fragwürdige Deutungsversuche des schwierigen Ausdrucks seien noch erwähnt: N. = ›einer, der um jede Nudel herumdruckt‹, d. i. einer, der mit den kleinsten Dingen spart; ferner: N. = ›einer, der die Nudel (= Penis) druckt‹, d. h. masturbiert, um (am weiblichen Geschlecht) Ersparnisse zu machen. Wahrscheinlich liegt hier ein Ausdruck der Dirnensprache vor mit der Bed.: ›der Monogame‹, der den Lockrufen der Dirnen keine Folge leistet; er begnügt sich mit einer Frau (›si druckn‹ = sich wegstehlen von etwas).

num(e)riern, sprich num(a)ri^{a}n, numerieren. – A Unnum(a)rierter (s. d.); auch: ein Herrschaftswagen oder nicht bezifferter Lohnwagen.

Num(e)ro, sprich Num(a)ra, *s.*, Redensart: ›Er wü^i auf N. Sicher geh^n‹: er will nur Dinge (Arbeiten, Geschäfte usw.) unternehmen, die nicht fehlschlagen können. ›Der gheert auf N. Sicher‹ (nicht nur wienerisch): er gehört in Haft. ›Dees is a ånders N.‹: das ist eine andere Sache, hier liegen die Dinge anders; s. Nummer. ›Der gheert in d Ålstervorstådt (Alservorstadt) N. ans (Nr. 1)‹: d. h. ins Narrenhaus (das sich ehemals dort befand).– Ableitung: ital. *numero m.* ›Zahl‹, ›Ziffer‹ (von lat. *numerus m.* gleichbedeutend). Den erwähnten Redensarten liegt scheinbar der Gedanke an eine Hausnummer zugrunde; vgl. Mayr (1930) 68.

Nummer, *w.*: 1. beachtenswerte Sache (also kein »Nullerl«; Redensart: ›dås is a N.!‹ – 2. bes. ein gelungener, urwüchsiger (›uricher‹) Mensch; Redensart: ›der (dees) is a N. (für sich)!‹. – 3. Begattung: Redensart: ›a N. måchn‹; sg. Straferl, Tupferl. – Ableitung: aus lat. *numerus m.* ›Zahl‹, ›Ziffer‹

O

Ober-höh, *w.*, Wacheleitung, Polizeidirektion. – Ableitung: Gaunersprache, eine andeutend-umschreibende Wortbildung.

Obers, sprich Owars, Owas, *s.* (österr. Ugs.): 1. Milchsahne, Rahm. – 2. (übt.) das Beste; Redensart: ›s O. von åll'n åschöpf'n‹. – Ableitung: eig. das Obere der Milch; das Wort ›Obers‹ ist völlig hauptwörtl. geworden, bildet nur eine Ez. und flektiert nicht. Es hat sich von Wien aus weit verbreitet: Kretschmer 401f.; daneben sind in Wien ›Rahm‹ und (seltener) ›Schmett(e)n‹ gebräuchlich, aber ›Sahne‹ ist der Wr. Mundart völlig fremd; vgl. Mayr (1930) 171; Schmeller I 17.

Ochsn'bergl, sprich Oxnbe^agl, *s.*, scherz. Bez. des Hügelteils der Berggasse im 9. Bezirk.

Ochs'n-schlepp, *m.*, Ochsenschwanz; auch: daraus bereitete Speise.

Ochs'n-stånd, sprich Oxn-, *m.*: 1. Verkaufsstand der Ochsen; 2. (übt., spött.) oberste (letzte) Stehplätze einer Schaubühne.

Of'n-röhr'n, sprich Ofmre^an, Ez. u. Mz., *w.* (Ofenröhre): scherz. u. spött. für Zylinderhut wegen dessen Form und meist schwarzer Farbe; s. Zylinder.

Ohnedem oder **Ohnidem**: Redensart (spött.): ›Dees is der Herr von O., der (i)n groß'n Åstauber gschlickt hat‹: Das ist ein eingebildeter, von Selbstgefühl strotzender Mensch, das er schon äußerlich durch seinen stolzen Gang und seine steife Haltung zur Schau trägt. – Mayr (1929) 38.

Ölberg-husar(e)n (mil., spött.), Wehrverbände, denen man klerikale Beeinflussung vorhielt, auch ›Bibelhusaren‹ genannt; vgl. Storfer (1935) 192.

Ölerer: 1. (urspr.) Betreuer der Straßenlampen (Öllaternen) Wiens; die ›Oelerer‹ werden beispielsweise schon in Berichten über die Verteidigung Wiens während der zweiten Türkenbelagerung 1683 erwähnt. Bei der Einführung der allgemeinen Stadtbeleuchtung (1688) erhielt der wohlbestallte ›Stadtölerer‹ seinen Amtssitz in einem Verkaufsgewölbe an der Peterskirche: vgl. Th. F. Meysels, Bummel durch Alt-Wien, 2. Aufl., 1948, S. 97; s. Laternanzünder. – 2. (später) Ölhändler. – 3. Seifensieder: diese letzte Bed. nach Angabe von Schranka 121 u. Mayr (1930) 176. – Ableitung: mhd. *öler m.* ›Ölmüller‹. Das Wort lebt noch als Eigenname fort, meist Oellerer geschrieben.

Öl-funs'n oder **-funz'n**, *w.*, Öllampe; Vkl. Ölfunserl. – Ableitung: mhd. *öl(e)* oder *ol(e)*, ahd. *ole(i) s.* ›Öl‹ aus lat. *oleum s.* gleichbedeutend. – Entstehung: Im Privatgebrauch stehen heute noch Öllampen und deshalb ist dieses Wort noch voll Lebens, wenngleich schon 1852 die letzte Ölfuns'n aus dem Wr. Stadtinneren verschwand; die Füllung dieser öffentlichen Beleuchtungskörper besorgten die »Stadtölerer« (s. Ölerer). Beiläufig sei hier erwähnt: 1832 legte man in Wien die ersten Gasrohre; 1899 erstrahlte die Stadt im Auer-Licht; 1903 wurde die elektrische Beleuchtung eingeführt; 1924 erlosch die letzte öffentliche Ölfuns'n auf der Heiligenstädter Lände.

Olmützer, *s.*, Quarkkäse aus Olmütz.

Oran(t)schn oder Ar- (End.), *w.*, Ez. und Mz., Orange, Apfelsine. – Ableitung: frz. *orange w.* (ursp. *arange* mit Anlehnung an frz. *or* ›Gold‹ umgeformt) aus ital. *arancia w.* sprich arantscha: dieses selbst ist gebildet aus pers.-arab. *narandsch* ›Orangenbaum‹. Daß der Baum seine Heimat in Ostindien hat, nach der in Deutschland üblichen Bez. ›Apfelsine‹ = chinesischer Apfel (›Sina‹ ist die arab. Bez. Chinas), ist unzutreffend; vgl. Pomeran(t)sch'n. Storfer (1935) 283; Kretschmer 82ff.

Ottakring, sprich Odagring, Name des 16. Wr. Gemeindebezirks, früher (bis 1891) ein Wr. Vorort. Es war ein nach dem ersten Weltkrieg verschwundener, nicht eben löblicher Brauch mancher Schulkinder, rothaarigen Knaben und Jünglingen auf der Straße singend die hechelnden Reimverse zuzurufen: ›Roda (Roter), Roda, Ginginggin(g), / s Feuer (Feia) brennt in Odakriñ(g), / s Feuer muaß ma lösch'n, / (i)n Rod'n muaß ma dresch'n‹. Für die letzten zwei Verse gab es auch die mildere Variante: ›s Feuer brennt in Wahring (= Währing), / bist a gsöⁱchta (geselchter) Haring!‹ – Ableitung: urk. *Otakringen* (1190) als Besitz eines bayr. Edelmannes *Otaccher* (*Otaricher*) bezeichnet; der Name O. ist aus *Otaccharingen* entstanden: vgl. R. Much bei Abel 256f.

P

Pablátsch'n oder **Pawlātsch'n**, Ez. u. Mz., *w.*, eine im Nu geschaffene
Bühne, z. B. aus zwei Fässern und einem darüber gelegten Brett bestehend. Sie war die Tribüne der vor Jahrzehnten überaus beliebten
Volkssänger und Volkssängerinnen (›Pablatsch'nprimadonnen‹, s. unter
›Volkssänger‹), die sich meist in einem Gasthaus der Wr. Randbezirke
(in einem »Beisel am Grund«) einfanden. Man unterschied einst Pablatsch'n-Sänger und Pablatsch'n-Nymphen (sprich -nimpfm). Diese
Barden besangen das »höchste Leben« der gemütlichen Weanastadt, den
alten Steffl (Stephansdom), den Wein und seine Folgen, die schöne und
vergängliche Liebe und die Reize des ›Drahns‹ (Drehens). Die P. verschwand, als deren Sängerschaft durch ausländisches musikalisches Gut
und Rundfunk verdrängt wurde; die P.-Lieder führen nur noch in manchen meist mit überfeinerter Berechnung ausgeklügelten Heurigenkan-
zonetten ein schemenhaftes Weiterleben. – Ableitung: tschech. *pavlač*
w., ›offener Gang‹, auch *pavláčka w.* ›Balkon‹, ›Söller‹, ›Erker‹: vgl.
Schuchardt 64; unzutreffend Textor 8, der das Wort aus ital. *parlágio m.*
›Parlamentshaus‹ herleiten wollte; s. auch Schmeller I 377 u. Ed. Pötzl,
»Bei den Volkssängern« in ›Wienerstadt‹ (Lebensbilder), Wien 1907, S.
223ff.

Pablatsch'n-nymphen s. Pablatsch'n.

Pabler (Babler), sprich Babla oder Bawla, *m.*, Schmetterling, Falter.
– Ableitung: frz. *papillon m.* Falter, von lat. *papilio m.* gleichbedeutend
(aus *pá-palio*) zur Wurzel *pal-* vgl. altgriech. *pál-lein* ›schütteln‹,
›schwingen‹, also ›Flügelschwinger‹; engst verwandt mit der Wurzel
pal- ist *fal-*, wozu ›Falter‹ (ahd. *fi-fal-tra*, mhd. *vī-val-ter m.*) gehört.
Gleicher Herkunft ist frz. *pavillon m.* urspr. ›Festzelt‹ für Feldherren,
das, mit Seitenflügeln versehen, einem großen Falter ähnelte. Storfer
(1935) 317f. – Ein Kinderspruch, der den P. angeblich veranlaßt, sich
fangen zu lassen, lautete: ›Pabler, Pabler, setz di! / Du bist der ållaletz-
ti!‹ Ein dies hindernder Gegenspruch aber heißt: ›Pabler, Pabler, fliag
davon, / Daß di kaner fånga kå[nn]!‹

Packl, Mz. -ln, *s.*: 1. = Packerl, Päckchen, Paket. – 2. Backenstreich.

– Ableitung: Die 2. Bed. wird viell. richtig mit ital. *pacca w.* ›Schlag‹ in Beziehung gebracht: Jakob 132. (Oder zu ›Backe‹? Doch kennt die Wr. Mundart dieses Wort sonst nicht.)

pack'ln: 1. durcheinanderbringen, bes. die Spielkarten in betrügerischer Weise mischen. – 2. insgeheim vereinbaren; Redensart: ›Dē zwa håm mitanånd pack'lt‹. – Ableitung: bayr. päckeln = heimlich tun: Schmeller I 380; zu ›der (oder das) Pack‹ = Gesindel, ursp. Bündel, Ballen, vgl. ›Packl-leut‹, die ihre Habe als Päcklein auf dem Rücken tragen: s. Schmeller a. a. O.; vgl. Packlträger; auspack'ln. Storfer (1937) 136; Storfer (1935) 56.

paff, sprich selt. baff (undeklin. Eig. und Ustw., nicht nur wienerisch), nur in der Redensart: ›(gånz) p. sei^n‹: (sehr) verblüfft sein. – Ableitung: lautmalendes Wort; vgl. mhd. *baffen* ›bellen‹. Schmeller I 212; Mayr (1930) 94.

Pafnuzi oder **Paffnuzi** (Mitt.), *m.*, ein Mensch, der in plötzlichem Schrecken seine Gesichtszüge blödgrinsend verzerrt. – Redensart: ›Drei^{n}g'schaut håt er wia-r a P.‹ – Ableitung: *Paphnutius*, ein Heiliger, vorher angesehener Bischof, gest. um 360. Die mißbräuchliche Verwendung dieses Namens erklärt sich wohl aus dessen erster Silbe, die an »paff« erinnert.

pägern, sprich bēgan: 1. seine Schuld begleichen, zahlen. – 2. sterben: ›er is p. gangen‹. – Ableitung: ital. *pagare* ›(be)zahlen‹; zur Bed. ›sterben‹ vgl. die Redensart ›etwas mit dem Leben bezahlen‹.

pali, auch **bali** oder **päuli** (Ustw.), weg, fort; sg. pfutsch (futsch); Redensart: ›p. gehn‹: abhanden kommen, verschwinden; s. palisiern. – Ableitung: Das Wort ist aus der Gaunersprache in die Mundart eingedrungen (Petrikovits 36); der Versuch, es aus lat. *vale!* ›Lebe wohl!‹ herzuleiten, muß als gewagt bezeichnet werden; vgl. Jakob 134.

palisiern, sprich -sí^{a}n, davonlaufen, Fersengeld geben; auch: durchgehen (›durchbrennen‹), verschwinden, z. B. ›er is mi'n Geld (mit da Kassa) palisiert‹ oder ›pali gånga‹. – Ableitung: Weiterbildung zu pali, s. d.; vgl. Petrikovits 36.

Pamperl, *s.*: 1. Kinderei, Albernheit; 2. Unwahrheit (sinngleich Schmäh). – Ableitung: zu ital. *bámbola w.* Puppe; vgl. ital. *bambolággine w.* ›Kinderei‹.

Panje-wåg'n, *m.* (nicht nur wienerisch), einfacher Bauernwagen. – Ableitung: Der im Wr. Dialekt ziemlich kurzlebige Ausdruck wurde während des 1. Weltkriegs aus Deutschland eingeführt. – Erklärung: Als ›Panje‹ bezeichneten die Deutschen (Ostpreußen) einen poln. Bauer (nach dessen Anrede ›panje‹ = Herr); vgl. Storfer (1935) 195, 232.

Pantscherl, sprich -tscha'l, *s.*: 1. verstohlenes Liebesverhältnis, geheime Liebelei: ›er håt a P. mit der Fräuln Lini‹ (in bild. Sinne). – 2. unsaubere Geschäftsbeziehungen. – Ableitung: zu påntsch'n (in bild. Sinne). – Schmeller I 397 erwähnt bayr. ›der Pantsch‹ als »zärtliche Benennung, die Verliebte einander geben«.

påntsch'n, selt. **pånsch'n** (nicht nur wienerisch): 1. plätschern, plan(t)schen. – 2. (ger.) in unlauterer Weise Flüssigkeiten mengen: ›a påntschter Wein‹, d. i. ein schlecht verschnittener oder durch Wasser verdünnter (»taufter«) Wein; ›so a påntscht's Zeuch!‹. – 3. einen Schlag (oder Ohrfeige) versetzen: ›Påntsch eahm āne!‹. – Ableitung: Der Versuch, das Wort auf spätmhd. *pansen* ›schmatzend essen‹ oder ›sich den Bauch (mhd. *panze m.* Wanst) füllen‹, dürfte mißglückt sein (vgl. Mayr [1930] 182, Weigand II 364), da die Wortbedeutungen zu sehr auseinander streben. Es liegt wahrscheinlich eine lautmalende Wurzel (Geräusch des Zusammengießens) vor; vgl. plan(t)schen, man(t)schen.

Påperl, *m.* (*s.*) (scherz.-kos.), Papagei. – Ableitung: vielleicht mit Anspielung auf påpp'ln, also Påpperl (worauf å deutet), vgl. bayr. ›der Påppl‹ (= Papagei), d. i. Schwätzer: Schmeller I 399.

Papp'm, sprich -pm, Ez. und Mz., *w.* (derb, ger.): 1. Mund, Maul, Schnauze; Redensart: ›d P. håltn‹; ›der is ned auf d P. gfålln‹: er weiß für seinen Teil zu reden: ›Hålt d P., daß s a Hetz gibt!‹ (spött. Mahnung an einen Schwätzer); sg. Gosch'n (das noch derber und verletzender ist). – 2. Gesicht(sausdruck): ›a brāde, blēde, gschwollane P.‹. – Ableitung: zu Påpp (= Pappe), eig. ›Brei‹; lat. *pappare* (Lallwort) ›essen‹. Zur Wurzel *pa* vgl. lat. *pascere* ›füttern‹, altgriech. *palē* ›Mehlstaub‹, aind. *palāvas* ›Spreu‹, russ. *polova* ›Spreu‹.

Paråber oder **-aber**, *m.*, ungeschickter Hilfsarbeiter. – Ableitung: slow. *paraba m.* ›ungeschulter Arbeiter‹; vgl. tschech. *parob* ›junger Mensch‹, ›Sklave‹; vgl. tschech. *poroba w.* ›Knechtschaft‹.

Parād (End.), *w.*, Parade, Prunk: ›åll(a)s nur zur P.‹; s. Wadlparad. – Ableitung: frz. *parade w.* ›Schaugepränge‹; vgl. frz. *parer* ›zurichten‹, ›schmücken‹.

Paradeis-gartl, *s.*, einstens stadtbekannter Kaffeehausgarten auf der Bastei (von der Wr. Künstlerwelt bevorzugt).

Pardon! (auch Paddon!), ein ehemals überreichlich verwendetes Entschuldigungswort. – Ableitung: frz. *pardon m.* ›Vergebung‹, ›Verzeihung‹.

Pareck'n (End.), *w.*, Perücke, Haarhaube. – Ableitung: ital. *parruca* (neben *perruca*), *w.*, vgl. russ. *parukmacher* ›Barbier‹; Grundwort: lat. *pilus m.* ›Haar‹, davon **pilucca* ›Haarschopf‹ (span. *peluca w.*); die beiden Fließlaute (Liquide) *l* und *r* wechseln nicht selten: Barbier – Bålbierer (Bålwierer), Marmor – Marmelstein.

Pareck'n-hansl, *m.* (schelt.), älterer Mann mit stutzerhaftem Gebaren. – Ableitung: s. zu Pareck'n.

parlewud'ln oder -derln (scherz.), französisch sprechen: ›er tuat p.‹ (doch braucht es keine völlige Beherrschung des Französischen zu sein). – Ableitung: frz. *parlez-vous* (sprechen Sie) mit wr. Suffix.

Paruck'n, *w.*, Nebenform zu Pareck'n (s. d.).

Paschi, *m.*, Stallknecht. – Ableitung: frz. *page m.*, ital. *paggio m.* ›Edelknabe‹, ›Page‹.

Patent-, in Zusammensetzung mit einem Hw., bes. gebräuchlich sind: Patent-kerl: sehr tüchtiger Mensch, sg. (gånz) verfluachter oder verflixter Kerl. – Patent-madl: bewunderswert tüchtiges Mädchen. – Patent-påtzer: arger Stümper. – Patent-tråtsch'n *w.*: Erz-Klatschbase; auch für einen Mann: ein Ausposauner. – Patent-watsch'n: saftige Ohrfeige. – Ableitung: frz. *patente w.* ›offene Bescheinigung‹, ›Diplom‹, ›Patent‹, zu lat. *patens* ›offen‹, mlat. *patens (epistola)* ›offene Urkunde‹.

påtsch'n, ins Nasse treten, im Nassen gehen, bes. in Zusammensetzungen: eini-påtsch'n, um(anånd)påtsch'n u. ä. – Ableitung: ein klangmalendes Wort, dessen ursp. Bedeutung ist: den Laut ›påtsch (patsch)‹ erzeugen; vgl. klåtsch'n, klesch'n, gåsch'n; vgl. Låck'npåtscher (s. d.). Das Wort ›påtsch'n‹ ist kräftiger als påsch'n. Schmeller I 415, Storfer (1937) 113.

Patschuli (Anf.), *s.*, Bez. eines früher sehr beliebten Duftstoffes, der aus der ostindischen Lippenblütlergattung *Pogostēmon patschuli* (hindustanisch *pacholī*, frz. *patchouli*) gewonnen wurde; vgl. Nestroy XII 666.

Påtz(e)n-ferl, *w.*, Stäbchen (Gerte) des Lehrers, der damit den Schulkindern (um sie zu strafen) Schläge auf die flache Hand gab. – Ableitung: lat. *ferula w.* ›Rohrstock‹, ital. *ferula w.* ›Rute‹, ›Fuchtel‹; vgl. bayr. ›Fer(e)l‹ Schmeller I 742. – Patz(e)n oder Batz'n = Schläge auf die Handfläche; so auch im Bayr.: Schmeller I 314 u. 416; es liegt hier kein schallnachahmendes Wort vor, sondern Batz'n (= Batzen, Geldstück) ist wie Schilling ein bildl. Ausdruck für Schläge.

Påtz'n, sprich auch Bå-, *m.* (nicht nur wienerisch): 1. (Grundbedeutung) Klumpen oder dickes Stück eines weichen oder klebrigen Stoffes: a Lahmpåtzn, a Tachpåtzn (Teigkloß). – 2. (bild.) ausgiebige Menge, Fülle; Redensart: ›an P. Freud håbn‹; ›ān an P. Hönich (oder Hoffnung) ums Mäu' schmiern (streichn)‹: jem. zur Vertröstung süße Hoffnungen machen; ›an P. Schlåf håbn‹: sehr schläfrig sein; (ger.) ›a P. Gips oder Gipspåtzn‹: schlechte oder wertlose Gipsfigur; ›an P. Schweigl zhaus bringa‹: starken Rausch. – 3. Klecks, bes. Tintenklecks. – 4. Fehler, Ungeschicklichkeit, Torheit; Redensart: ›an saubern P. måchn‹ (gedankliche Weiterentwicklung der 3. Bed.). – Ableitung: Das Wort ist fraglichen Ursprungs; in der Form Båtzen (= weicher Klumpen) begegnet es früh in verschiedenen nhd. Mundarten, desgleichen ein Ztw. *batzen* (wr. påtz'n), mit dem es zusammenzugehören scheint. Vgl. Schmeller I 314; Weigand I 166f.; Storfer (1935) 283.

Pauxerl oder **Pauxl**, sprich auch Bau-, *s.*: 1. kleines (kräftiges) Kind: ›a süaß', liabs, putzigs P.‹ – 2. (scherz. oder spött.) kleiner, dicker Mensch; Knirps. – Ableitung: von lat. *pauxillus* ›der Kleine‹, ›Winzige‹, zu lat. *paucus*, ›klein‹, ›gering‹. Castelli 77; Schmeller I 382: Nestroy gibt die Steigerung ›Engelspauxerl‹, s. Nestroy XI 648.

Pawlatsch'n: s. Pablatsch'n.

Peitscherl-bua, *m.*, Zuhälter, Dirnenbeschützer und deren Ausbeuter. – Entstehung: Die Bezeichnung nimmt darauf Bezug, daß der P. auch ›Hur'ntreiber‹ heißt, sg. Strichbua, Strizzibua. Petrikovits 36.

Peregrini-kipf(er)l, *s.*, ein Festgebäck, das in der letzten Woche des April, in der ›Peregriniwochn‹, erzeugt wurde. Es war ein großes, mürbes, sehr schmackhaftes Kipfel aus schwach gesüßtem Weißmehl und stand in einer Reihe mit dem Faschingskrapfen, Osterwecken und Allerheiligenstriezel. – Erklärung: Der heilige Peregrin(us), dessen Namenstag auf den 27. April fällt, wurde von Fußleidenden um seinen Beistand angerufen. – Ableitung: Lat. *peregrinus* ›ausländisch‹ oder ›Fremdling‹ ist das Wurzelwort des hd. Pilgrim. (Auf der Roßauer Lände gab es ehemals einen »Peregrinimark« = P.-Markt).

petschiern, sprich bedschiᵃn: 1. siegeln, besiegeln; Redensart: ›jez is er petschiert‹: d. h. erledigt, verloren (sein Schicksal ist besiegelt). – 2.

(übt.) begatten. – Ableitung: An die Stelle des älteren Wortes ›Petschier‹ (*s.*), von dem unser Ztw. gebildet ist, trat später ›Petschaft‹ = Handstempel zum Siegeln. Quellwort: altslaw. *pežati*, woraus tschech. *pežet m.* ›Siegel‹ abgeleitet ist (tschech. *pežetiti* ›siegeln‹).

Petschier-wåchs, *s.*, Siegellack.

Pfåb oder **Pfab,** *m.* (jetzt noch in den ländl. Mundarten Österreichs), Pfau. – Ableitung: ahd. *pfāwo,* mhd. *pfāwe,* niederrhein. *pāw m.,* sämtlich aus lat. *pāvo m.* ›Pfau‹. Als Familiennamen begegnet noch Pfab u. Pfob. Schmeller I 446. Heintze-Cascorbi 382.

Pfädler, *m.,* Erzeuger und Verkäufer aller Wäschegattungen (bes. Nachtkleider, Kinderwäsche, Brustflecke); auch: Pfadlerin, Pfadlerg'schäft; Nebenform: Pfaidler(in). – Ableitung: mhd. *pfeit (pheit) w.* ›Hemd‹, ›hemdartiges Kleidungsstück‹, ›Jacke‹, got. *paida.* Quellwort: altgriech. *baíte w.* ursp. ›Ziegenfell‹, ›Fell‹, später ›Rock (aus Fell)‹, ›Bauernkleid‹. Die Wortbildung (hd. Pfeidler) ist durch die mhd. Vkl. *pfeitel (pheitel) s.* ›Hemd‹ vermittelt. Vgl. Mareta I 4f.; Schmeller I 443f.

Pfåff'n-schnitzl, *s.* (scherz.), Gänsebrust, also das beste Stück des Gänsebratens; vgl. Bischof. Schmeller I 421.

Pfån(n)a-flicker, eigentl. ›Pfannenflicker‹, wandernder Drahtbinder; sinngleich Rastlbinder, s. d.; vgl. F. Schlögl, »Wienerisches« (Ges. Schriften III. Bd., Wien 1883), S. 349f.

Pfeiferl-hos'n, sprich -fa'l-, *w.,* Ez. u. Mz., sehr eng anliegende Hose, wie man sie lange Zeit im alten Wien trug. – Erklärung: Es liegt eine übertreibende Ausdrucksweise vor, indem die beiden »Hosen-Röhren« mit Pfeifchen (Pfeiferln) verglichen werden. – Ableitung: mhd. *pfîfe w.* ›Pfeife‹ aus mlat. *pīpa w.* ›Röhre‹ zu lat. *pīpāre* ›pfeifen‹.

pfeif'n, sprich bfaifm: Redensart (nicht nur wienerisch): ›Er pfeift enk wås‹: er hält nicht mit, er will nicht; ›dådrauf wird pfiffm‹: darum bekümmert sich niemand; ›dees håb ih m'r dazua pfiffm‹: diese (erwünschte) Zugabe habe ich mir bloß hinzugedacht; ›jez pfeifst ånderscht‹: nun sprichst du anders; ›der pfeift aus n letztn Loch‹: er ist sterbenskrank. – mhd. *pfîfen* bedeutet urspr. wie lat. *pīpāre* ›auf der Pfeife blasen‹. Kretschmer 364; Mayr (1930) 88.

Pfeif'n-deckl, *m.* (geringschätzig, spött.), Offiziersdiener. – Entstehung: Die schelt. Bez. nahm von den Kampfsoldaten ihren Ausgang und hatte wohl den Neid als eigentl. Veranlasser; es gab einst noch derbere

Schelte für diesen Beruf, so z. B. ›Schermtånz‹ (s. d.); bayr. ›Wichser‹, württemb. ›Káffeeweib‹.

Pfening-fuchser, sprich -fuxa, *m.*, Knauser, Geizhals, eigentl. ›Pfennigscharrer‹. – Ableitung: Fuchser zu fuchsen, einer Wiederholungsform von ›fucken‹, ›fücken (ficken)‹ = reiben, kratzen, scharren.

Pferscher, sprich Pfeascha, *m.*, Pfirsich; Redensart: ›a nåckerter (sprich nåckada) P.‹: d. i. eine Nektarine (Pfirsichsorte mit glatter, unbehaarter Schale); ›er håt a Gsicht wia-r a nåckerter P.‹: ein bartloses Gesicht. – Ableitung: mhd. *pfersich m.* aus volkslat. *persica w.* ›Pfirsich‹, aus lat. *Persicum (malum)* ›Persischer (Apfel)‹. Das *e* der Wurzelsilbe hat also unsere Mundart getreu bewahrt: vgl. Kerschn'n; Mayr (1930) 24, 181.

Pfiff, sprich Pfīf, *m.* (nicht nur wienerisch): 1. das Pfeifen, Pfeifton; Redensart: ›der Gauner (oder Hund) geht am P.‹: er ist abgeredet (abgerichtet) auf einen besonderen Pfeifton. – 2. kleinstes Getränkmaß im Wirtshaus, bes. ein Achtelliter Wein oder ein Seidel (auch halbes Seidel) Bier; Redensart: ›auf an P. Wei^n (Bier) geh^n‹; ›schnell an P. auf den Schrockn‹: rasch einen Beruhigungstrunk! – 3. Kniff, schlauer Streich; Redensart: ›ma kennt scho^n seine Pfīf‹. Die Erklärung dieser Bed. s. unter ›pfiffi(ch)‹. – Ableitung: Es liegt eine jüngere Bildung zu pfeif'n (Pfeife) vor: s. d. – Entstehung: Die Erklärung der 2. Bed. begegnet Schwierigkeiten; man vermutet eine inzwischen abhanden gekommene Sitte, dem Kellner um dieses Kleinstmaß zu pfeifen. Mayr (1930) 116. Vielleicht soll angedeutet werden, daß der kleine Trunk nur kurz wie ein Pfiff dauert. W. A. Hammer denkt an ital. *pipata w.* ›Zug aus der Pfeife‹. Als kleines Getränkmaß ist P. auch anderwärts belegt; so nennt man in Leipzig ein Gläschen Branntwein einen P.

pfiffi(ch), pfiffig, listig, schlau. – Ableitung: zu Pfiff, s. 3. Bed. (›Kniff‹), die das Wort entweder in der Gaunersprache erhalten hat (vgl. Diebspfiffe) oder die auf den Lockpfiff des Vogelstellers Bezug nimmt. Demgemäß bedeutet dieses Eigw. eig. soviel wie ›auf Pfiff(e) sich verstehend‹.

Pfiffikone, *m.*, listiger Mensch, Pfiffikus. – Ableitung: ma. Ew. zu ›pfiffig‹ mit ital. Endung (*-one* etwas Großes bezeichnend. Ggs. *-ino*).

Pfinz-ta oder **Pfinz-tåch**, *m.*, Donnerstag, jetzt nur noch in den ländlichen Mundarten Österreichs u. in Bayern. – Ableitung: mhd. *pfinztac m.*, aus altgriech. *pémptē* (näml. *hēméra*) ›fünfter Tag‹; das Wort dürfte

durch got. Vermittlung hieher verpflanzt worden sein; vgl. Schmeller I
439 u. E. Kranzmayer, Die Namen der Wochentage, Arbeiten z. bayr.-
österr. Dialektgeographie I 1929, 50ff.

Pifke, auch **Piefke** oder **Piffke**, *m.*, Bezeichnung des ehem. Preußen-
urbildes, also: das vollendete Gegenbild des frischen, aufgeschlossenen,
entgegenkommenden Österreichers, dessen Abneigung der Piefke durch
seinen Hang zu Besserwisserei und Rechthaberei, durch die steif-ver-
krampfte Art, sich zu geben, sowie durch seine Unfähigkeit zu gerader
Natürlichkeit, freundlicher Gutmütigkeit und lebensfrohem Genießer-
tum hervorruft. Auch das lebhafte Verlangen des Wieners (Österreichers
und Bayern) nach persönlicher Freiheit, sein freimütiges Wesen, sein
gesunder Menschenverstand und sein tiefwurzelndes Verabscheuen jedes Drills und jeder Strammsteherei ist eine unmittelbare Ursache dieser
Gegensätzlichkeit. – Entstehung: Dieser Eigenname zur Kennzeichnung
einer Volksart wurde während der Zeit des Anschlusses Österreichs an
Hitlerdeutschland (1938–1945) in Wien allgemein gebraucht; doch erscheint das Wort schon lange vorher hin und wieder in allerlei humoristischen Zeitschriften, auch in den Münchener ›Fliegenden Blättern‹ zur
Bezeichnung des typischen Norddeutschen.

Pilsling, sprich Pü'ßliñ, *m.*, Pilz, eßbarer Schwamm, bes. der Herrn-
oder Steinpilz (*Bolētus edulis*); Redensart: ›P. mit Ei‹: beliebte Speise. –
Ableitung: mhd. *bülz m.*, ahd. *buliz*; Quellwort: altgriech. *bolítes m.* ›ge-
nießbarer Schwamm‹. ›Pilsling‹ ist durch Mitlautvereinfachung aus
Pilzling (Pil[t]s-) gebildet. Vgl. Höfer und Kronfeld, Die Volksnamen
der niederösterr. Pflanzen (Wien 1889), S. 10; Schmeller I 237.

Pipp'n, sprich -pm, *w.*, Ez. und Mz.: 1. Röhre mit Faßhahn; Zapfröh-
re, ›Faßpipe‹. – 2. (scherz., selt.) Tabakspfeife. – Ableitung: nd. *pipe w.*
›Röhre‹; es ist das gleiche Wort wie hd. ›Pfeife‹; vgl. ital. *pipa*, frz. *pipe
w.* ›Pfeife‹; vgl. Rotzpipp'n (s. Rotz-). Schmeller I 399.

Pitsch'n oder **Bitsch'n**, *w.*: 1. Kanne, meist Blechkanne für Bier,
Milch, Kaffee: ›Bierpitschn‹, ›Müllipitschn‹. – 2. großes Gefäß für Getränke. – Ableitung tschech. *picí nádoba* ›Trinkgeschirr‹; vgl. slow.-
serb. *buča w.* ›Krug‹, ›Kürbisflasche‹. Schuchardt 69 vermutet·einen
ital. Ursprung des Wortes: ital. *boccia* (sprich bóttscha) *w.* ›geschliffene
Wasserflasche‹ (venetian. *bozza*).

Planet'n-bua, Mz. -buam: ein Knabe, der auf der Straße geschlossene
Briefchen (›Planet'n‹ oder ›Glücksbriaferln‹) feilbot, worin einige Lot-

terienummern enthalten waren; jeder P. versicherte, daß nur er die echten Planetenziffern habe, die »wås garantiert g'winna«. – Ableitung: urspr. altgr. *planḗtēs* (sc. *astēr*) ›Wandelstern‹.

Plätsch'n oder **Bledsch'n,** Ez. und Mz. (Mz. auch -schna), *w.*: 1. großes, breites Pflanzenblatt, z. B. Huafladi-plätschna = Huflattichblätter. – 2. feuchte Stellen (Nässeflecken) an der Wand. – 3. vorzügliches (»großes«) Blatt, also gute Stecher, im Kartenspiel; dann auch überhaupt die Karten in der Hand eines Spielers (›Ma sicht dei gånze P.!‹). – Ableitung: vermutlich aus ital. *placènta* (sprich Platschenta) *w.* ›Fladen‹; Mutterkuchen, lat. *placenta w.* gleichbedeutend; vgl. aber auch kroat. *pločta w.* ›Platte‹, ferner kärnt. ›Plotsche‹ (Krautblatt). Schmeller I 333 ›Blätschen‹ großes, breites Blatt, auch Zunge; Mayr (1930) 91; Jakob 137.

Plåttn, *w.,* Ez. und Mz.: 1. Platte; 2. Glatze; 3. (Gaunersprache) Gaunervereinigung, die ihre Zusammenkünfte meist unter freiem Himmel abhält (s. Plåttn-bruader). Petrikovits 37. – Ableitung: mhd. *plate w.* ›glatte Brustbedeckung (aus Eisen)‹ und ›Glatze‹ (Tonsur), mlat. *plat(t)a w.* gleichbedeutend.

Plåttn-bruader, *m.,* Mitglied einer Gaunerbande; s. zu Plått'n, 3. Bed.

plausch'n: 1. sich gemütlich unterreden. – 2. ein Gespräch führen, sprechen. – 3. (ger.) schwätzen, lügen; Redensart: ›Plausch ned, Pepi!‹: Erzähle mir nichts, denn ich glaube es dir nicht; auch: Sprich keinen Unsinn! – Ableitung: Das Wort, sozusagen eine Art Nebenform zu plaudern, gehört zu einer damit engst verwandten Wurzel. Schmeller I 331; zur Redensart vgl. Mayr (1929) 18 und Nestroy V 722 (Bel.).

plempern: 1. hin und her baumeln. – 2. sausen (åwi-plempern): s. zu Plempl; vgl. schweiz. *plampen* ›baumeln‹. Weigand II 440.

Plempl, *m.,* schlechtes Getränk, bes. schales Bier. – Ableitung: zu plempern (vgl. 1. Bed.), also eine hin und her geschwappte Flüssigkeit. Das Quellwort ist Plempe (nd. *plampe*), *w.,* Seitengewehr, kurzer (baumelnder) Säbel. Kluge (1934) 450; Schmeller I 457.

Plunz'n oder **Blunz'n,** *w.,* Ez. und Mz.: 1. Blutwurst; 2. (schelt.) weibliche Person; Redensart: (bes.) dicke P., (aber auch) ›ålde, bleede, fade P.‹; ›dees is ma gånz P.‹: das ist mir völlig gleichgültig, sg. Wurst. – Ableitung: Schmeller I 459 weist darauf hin, daß P. ursp. ›Urinblase‹ bedeutet; westpreuß. *pluz* ›genießbare Innereien‹, poln. *pluca w.* ›Lunge‹. Geringe Wahrscheinlichkeit hat eine Herleitung aus mhd. *blunsen* ›aufblähen‹: vgl. Weigand II 443.

Pluzer, sprich Blūza, *m.*: 1. (großer) Kürbis. – 2. bauchige Steingut-
flasche (Schmeller I 466 unter ›Plutzer‹); auch irdene Bierflasche:
Nestroy II 754; Redensart: ›Ma kunnt vor Gåll in an P. springa‹. – 3.
menschliches Haupt; Redensart: ›In dēn sein P. geht nix eini‹: er ist be-
griffstützig. – 4. (ger.) dummer Mensch: ›Is dees åba a saubleeder P.!‹ –
5. (kleines) Versehen; auch: Torheit; Redensart: ›an P. måchn‹. – Ableitung: tschech. *plucar m.* Pfebenkürbis (*Cucurbita pepo*). Eine Herleitung aus dem mundartlichen Ztw. *pluzen* ›geräuschvoll niederfallen‹
(vgl. Storfer [1937] 119) scheint uns minder wahrscheinlich. Die 5. Bed.
läßt übrigens an tschech. *blud m.* ›Irrtum‹ denken: Schmeller I 466; vgl.
Castelli 89; Storfer (1937) 119–123; Schuchardt 67; Mayr (1930) 73,
77.

Pockerl (Pokerl oder Boggerl), *s.*, Truthuhn; (*m.* oder *s.*) Truthahn;
Redensart: ›rod wern wia-r a g'razts (gereiztes) P.‹. – Ableitung: kroat.
pujka w. ›Truthenne‹. Kretschmer 382 (ohne Ableitung).

Pofes'n, sprich Bofösn, *w.* (meist Mz.), Mehlspeise: zwei Weißbrot-
schnitten werden mit Kalbshirn (›Hirn-p.‹), seltener mit Obstmus bestri-
chen, aufeinandergelegt und in Fett gebacken. – Ableitung: wohl zu ital.
pavese m. ›Schild‹ (mit Bezug auf die Rundform). Grimm Wb. I 1075;
Schmeller I 383; Castelli 90 (gibt an: ›von frz. *bavaises*‹; mir ist nur
omelette baveuse ›unausgebackener Eierkuchen‹ bekannt).

Pogátscherl, Mz. -ln, *s.*, kleiner, krapfenförmiger Eierkuchen mit
Fettgrieben (in mehreren Arten, z. B. Gramml-p.). – Ableitung: ung. *po-
gácsa* gleichbedeutend aus südslaw. (kroat.) *pogača w.* ›Kuchen‹, ›Fladen‹. Die »Pogatschen« werden schon in alten Zeiten in Krainer Hoch-
zeitsschilderungen erwähnt. Schuchardt 67.

polakiern (sprich -kí^(an)) oder **polak'n**, prellen, beschwindeln. – Ableitung: viell. zu Polakl, von frz. *poulard* ›Huhn‹; vgl. Castelli 91. Schmeller I 386. Nestroy IV 356 u. XII 687 (Belege).

Polakl (End.), *s.*, gemästeter verschnittener Hahn; sg. Kapauner. –
Ableitung: Das frz. Wort *poularde w.* ›Masthuhn‹ erfährt eine eigenartige, durch den bloßen Wortklang veranlaßte Umdeutung: schwäb.
polläckle s., steir. *pollakel*. Dem frz. Ausdruck (Grundwort *poule w.*
›Huhn‹) liegt zugrunde lat. *pullus m.* ›Tierjunges‹.

Poldi, sprich Bo^idi: Koseform von Leopold(ine). – Volksaberglaube:
Die Träger(innen) dieses Namens müssen in ihrer Jugend an ihrem Na-
menstage auf Fässern rutschen (s. ›Faßlrutsch'n‹), damit sie wachsen.

Poldi-Huber (oder P.-Huaba), Redensart: ›Er is a P.-H.‹ = ein naiver, kenntnisloser Anfänger (auf irgendeinem Gebiet). – Entstehung: In freiem Anschluß an Ludw. Thomas ›Lausbubengeschichten‹ (1905) hatte der Wr. Schriftsteller Rob. Weil (›Homunkulus‹) eine Schulbubengestalt des Namens Poldi Huber geschaffen, die über eigene Beobachtungen und Erlebnisse einfältig-urwüchsige Geschichten in unverfälschtem Wr. Dialekt erzählte.

Politeß (End.), *w.*, Höflichkeit, Artigkeit. – R: ›Er is z'runna (zerronnen) vur lauter P.’ – Ableitung: frz. *politesse w.* ›Höflichkeit‹ (v. lat. *politus* ›geglättet‹ gebildet).

¹ Pomad (End.), *w.* (nicht nur wienerisch), Pomade, Haarsalbe. – Ableitung: frz. *pommade w.* gleichbedeutend, aus ital. *pomáda w.*, von ital. *pomo m.* ›Apfel‹, da diese Salbe ursp. vornehmlich aus dem Saft des Apisapfels hergestellt wurde.

² Pomad oder **pomad** (End.), Redensart (nicht nur wienerisch): ›eahm is åll(a)s P. (p.)‹: ihm ist alles gleichgültig. – Ableitung: Es liegt eine Art volksetymologischer Umbildung aus pomáli (s. d.) vor; die ältere Form lautete ›pomale‹; den Übergang des l in d behandelt Schuchardt 67. – Nestroy IX 70 (Bel.).

pomáli (selt. Anf.); Nebenformen: pomálu und pomäuli (sprich bo-): langsam, gemächlich, bequem: ›er (es) is gånz p. gånga‹; Redensart (meist iron.): ›Nur ållawäu scheeⁿ p.!‹. ›Er is bei ålln (in allem) gånz p. und kriagt dabei kan Huastn‹. – Selt. auch: ›a pomalicha Mensch‹. – Ableitung: tschech. *pomalu* (Ustw.) ›allgemach‹, ›sachte‹, kroat. *pomalo* gleichbedeutend. Schuchardt 67. – Beleg: Rosegger, Fichtennadeln 281.

Pómeisl-Famüli, *w.* (scherz.-spött.), Spießbürgerfamilie. – Erklärung: Ed. Pötzl hat um 1900 einen gewissen Herrn Pomeisl als typischen Vertreter des damaligen Wr. Spießbürgertums gekennzeichnet. Der Name dieses Phlegmatikers scheint auf tschech. *pomalý* ›langsam‹ anzuspielen.

Pomeran(t)sch'n, sprich Bomar-, *w.*, Ez. und Mz., Orange, Apfelsine, Pomeranze. – Ableitung: aus mlat. (und ital.) *pomarancia w.*, dessen erste Silbe auf lat. *pōmum s.* ›Obstfrucht‹ (vgl. ital. *pomo m.* ›Apfel‹) zurückgeht; die übrige Worterklärung s. unter Oran(t)schn. – Entstehung: Das Wort war noch um 1900 anstelle des heute in Wien fast allgemein gebrauchten ›Oran(t)schn‹ üblich; es lebt jetzt noch in ›Låndpomeran(t)schn‹ (s. d.) fort.

Pom(p)finéberer, sprich -nēwara, *m.*, Angestellter des Leichenbestattungsgeschäfts (›Entreprise des pompes funèbres‹), sg. Totenvogl. Da mancher P., die herrschende Stimmung ausnutzend, von den Trauergästen ehemals ›milde Gaben‹ zu erbitten pflegte, aber dabei oft nur auf wenige »goldene Wiener Herzen« stieß, enthielt ein Altwiener Liedchen den Stoßseufzer: ›Der Pompfinebrer brummt: / »Wånn so wås no mål kummt, / Gib ih 's finebern auf, / Då pfeif ih drauf«. – Ableitung: frz. *pompe funèbre w.* ›Trauergepränge‹. Mayr (1930) 176; Schranka 129.

Pōnem (Anf.), *s.* (undekl.): 1. äußere Erscheinung. – 2. Gesicht. – Ableitung: ein Wort der Gaunersprache (›Ponung‹ schreibt Petrikovits 38): jidd. *ponim*, althebr. *pânîm* (Mz.-Bildung) ›Angesicht‹. Littmann 16.

Popel, *m.* (nicht nur wienerisch), vermummte Schreckgestalt, Popanz. – Ableitung: tschech. *bubák m.* ›Gespenst‹, ›Wauwau‹. Die deutsche Wortform ›Popel‹ bezeugt bereits für 1691 K. v. Stieler (Sprachforscher u. Dichter): vgl. Weigand II 451.

Potschåmper oder **Potschamber**, sprich -schámpa, *m.*, und Vkl. Potschamberl, sprich -pa'l, *s.*, Nachttopf, Nachtgeschirr. – Ableitung: Wiener ma. Prägungen für das frz. *pot de chambre* eig. ›Topf der (Schlaf-)Kammer‹; rein wr. Ausdruck ist Topferl.

Powidl (Anf.), *s.* (*m.*): 1. dick eingekochtes Zwetschkenmus, das für eine mindere Art des Eingemachten gilt; daher die Redensart: ›Eahm is (scho[n]) åll(a)s P.‹: Ihm ist alles gleichgültig. ›Der kummt aa ned mit an P.‹: Er weiß Tüchtiges zu bringen. – 2. (übt.) schwerer Rausch: ›In sein P. håt er ned sein Nåm gwußt‹. – Ableitung: tschech. *povidlí s.* ›Pflaumenmus‹, ›gesottener Obstsaft‹. Schuchardt 66; Kretschmer 368.

Prä-ámb'ln, *w.*, Mzw., (langweilige) Einleitungsworte zu einem Vortrag: ›er hat z'erscht fade P. g'måcht‹. – Ableitung: ital. *preámbolo m.* ›Einleitung‹, ›Vorrede‹ aus lat. *prae-ambulus m.* ›Vorläufer‹.

prack'n: 1. klopfen, mit etwas Breitem (mit einem Pracker) schlagen. – 2. Hiebe versetzen, (durch)prügeln. – 3. (übt., meist scherz.) laut ausrufen, ausschreien; bes. Bed.: tschechisch sprechen; Redensart: ›Wånn d Böhm' vü[i] p., so regn'ts båld‹. – 4. ›Gwihrgriff p.‹: Gewehrgriffe üben. – Ableitung: ein lautmalendes Wort wie krachen; vgl. mhd. *brach m.* Gekrach, Lärm.

Pråter, sprich Bråda, *m.*: ›Ist der Prater ein Park? Nein. Ist er eine Wiese? Nein. Ist er ein Garten? Nein. Ein Wald? Nein. Eine Lustanstalt?

Nein. Was dann? Alles dies zusammengenommen‹. Diese Begriffsbe-
stimmung stammt von Adalbert Stifter und behält ihre Gültigkeit (wenn
auch vorübergehend mit gewissen Einschränkungen) bis heute; denn
dieser volkstümlichste Lustbarkeitsort der Wiener erlitt 1945 durch den
Krieg schwerste Schäden, hauptsächlich in dem Teile, der der allgemeinen Erholung und Belustigung diente, im sog. Wurstelprater: er wurde
in eine trostlose Wüste verwandelt. Dieser gewaltige, malerische Natur-
park Wiens, dem keine Groß- oder Weltstadt eine ähnliche Vergnügungsstätte an die Seite stellen kann, vermag besser als irgend etwas anderes dem Fremden die Seele der Donaustadt nahezubringen. Treffend
bemerkte einst der französische Präsident R. Poincaré bei einer Anwesenheit in Wien: ›Nun will ich mir auch Wien und die Wiener wieder
einmal ansehen, ich meine, ich will dem Volksprater einen Besuch ab-
statten‹.
Im wesentlichen gliedert sich der Prater in drei Hauptteile: Wurstlprater
(s. d.), Nobelprater (s. d.), Praterauen. Da uns hier vor allem die Worterklärung interessiert, sei bloß einiges über die Entstehung des Praters
hervorgehoben. Die älteste Erwähnung des P. findet sich unseres Wissens in einer 1162 zu Bologna unterzeichneten Urkunde Friedrichs I.
Ein Lehensausweis Albrechts IV. führt 1403 die drei Donau-Auen an,
die heute den Praterraum umfassen: Pratter, Scheiben, Segengrund. Ferdinand I. (gest. 1564) verfügte das Pflanzen einer Kastanienallee bis zu
seinem Jägerhaus, dem heutigen Lusthaus, und Rudolf II. (gest. 1612)
schränkte bereits den Besuch des Pratergebietes ein, indem er ihn von
der Bewilligung seines Forstknechtes H. Bengel abhängig machte. Maximilian II., der in den Praterauen zu jagen pflegte, sperrte der Wr. Bevölkerung durch einen Erlaß den Praterbesuch; fortan durften nur Ka-
rossenbesitzer und adelige Reiter »nach der Vesper« den Prater benützen. Erst der Menschenfreund Josef II. erschloß den größten Teil des
Praters (wie auch den Augarten) dem allgemeinen Besuch. In der kaiserlichen Urkunde vom 7. April 1766 stand wörtlich zu lesen, »daß künf-
tighin und von nun an zu allen Zeyten des Jahrs und zu allen Stunden
des Tags, ohne Unterschied jedermann in den Bratter sowohl als auch in
das Stadtgut frey spatzieren zu gehen, zu reytten und zu fahren, und
zwar nicht nur in der Hauptallee, sondern auch in den Seytenalleen,
Wiesen und Plätzen (die allzu abgelegenen Orte und dicke Waldungen
wegen sonst etwa zu besorgenden Unfugs und Mißbrauchs alleinig aus-

genommen) erlaubt, auch Niemandem verwehrt sein soll, sich daselbst mit Ballonschlagen, Kegelscheyben und anderen erlaubten Unterhaltungen eigenen Gefallens zu divertieren«. Überdies sorgte Josef II. für die Schotterung der Praterwege und gab Bewilligungen für die Errichtung von Metschenken, Gasthäusern, Kegelbahnen, Schaukeln und Schaubuden im Prater. So verschwand der bisherige strenge Befehl, »keyne gemainen und gar Handtwerks Leut in den Bratter hineinfahrn und gehn zu lassen«. Später und noch zur Zeit Franz Josefs I. wurde am 1. Mai in der Hauptallee (des ›Nobelpraters‹) der einst berühmte ›Wiener Blumenkorso‹ abgehalten, bei dem die Geldmächtigen und Feudalen Wiens mit blumengeschmückten Gespannen einherfuhren; seit 1890 war der gesamte Prater eine der Hauptstätten zur festlichen Begehung des Arbeiterfeiertages. – Ableitung: Die Herkunft des Wortes ›Prater‹ ist umstritten. Man vermutete, das Wort gehe auf das Adelsgeschlecht *Prato* zurück, das daselbst im zwölften Jh. ansehnliche Gründe besaß. Lange Zeit glaubte man, das Wort leite sich vom lat. *pratum s.* ›Wiese‹ her. Man dachte auch an eine Entstehung des Ausdrucks aus dem Spanischen, wo *prado m.* ›Wiese‹ die übliche Bezeichnung für eine öffentliche städtische Gartenanlage ist; so heißt z. B. auch Madrids großer Park ›El-prado‹; an dieser Ableitung halten übrigens auch heute noch manche Sprachforscher fest. Indes ist es nicht einzusehen, warum sich die Wiener für eine so urheimische Sache die passende Bezeichnung aus Altrom oder Spanien geholt hätten; denn daß dieses Wort nicht durch eine obrigkeitliche Verfügung oder vom Hoflager her ins Leben gesetzt wurde, steht außer Frage. Überdies erscheint ›Pratter‹ in der oben angeführten Lehensurkunde Albrechts IV. neben den zwei vollauf deutschen Bezeichnungen Scheiben und Segengrund; im übrigen wechseln die Schreibungen des Wortes mit anlautendem P und B seit frühester Zeit und zu allem Überfluß sind die Schreibungen Prat(t)er und Brat(t)er in der bayr.-österr. Mundart völlig gleichwertig, da anlautendes P gewöhnlich wie B gesprochen wird. Zur Stützung einer Herleitungshypothese aus fremdländischer Wurzel müßte man in erster Linie aufzeigen können, auf welche Weise das Wiener Volk hier zu einer Verbindung mit Altrom oder Neuspanien gelangt sei. Die Beziehungen des Habsburgerhofes zu Spanien (an die gewöhnlich gedacht wird) kommen für diese Wortbildung auch darum nicht in Betracht, weil das Wort Prater (Brater) viel älter ist als diese höfische Angelegenheit; der spanische Einfluß machte sich ja in Wien erst Jahrhunderte später zur Zeit Karls VI. geltend. – Brater bedeutet ursprünglich einen Menschen, der etwas brät, oder ein Gerät zum Braten, also einen Bratspieß oder einen Bratenwender. Rich. Müller konnte durch reichen Belegstoff erweisen, daß Fluren ihren Namen häufig nach spitz zulaufenden Gegenständen (z. B. mhd. *gēr* ›Wurfspieß‹, *glitze* ›Spieß‹, *schōz* ›Geschoß‹, *zinke* ›Spitze‹) erhielten, wenn ihre Gestalt einen Vergleich mit ihnen nahelegte. In der Zeit, aus der die ersten Erwähnungen des Praters herrühren, war dieses Wort nichts anderes als die Bezeichnung einer inselförmigen kleinen Au neben anderen. Sein Name sollte eigentlich ›Brater‹ geschrieben werden: seine Urgestalt hatte ihm diese Benennung (= Bratspieß) verliehen. R. Much (Wien, sein Boden und seine Geschichte, S. 266f.) vermag zur Festigung dieser Wortdeutung auf die bedeutsame Tatsache zu verweisen, daß wir aus etwa gleicher Zeit den Namen *alstil* für eine der Donau-Inseln kennen, d. i. Stil des Al- oder Alatspießes. – Erwähnt sei ferner die allerdings wenig ansprechende Vermutung, daß der Name P. auf einen Besitzer zurückgehe und mit mhd. *brātaere m.* ›Bratenwender‹ (zu mhd. *brāten*) in Zusammenhang stehe: vgl. E. Weinberg, Die österr. Ortsnamen, 1936, S. 43.

Pråter-bua, Mz. -buam (oder -buama), Knabe oder angehender Jüngling, der, meist in der Umgebung des Pratersterns wohnend, im Prater seine allerengste Heimat hat. Innerhalb des Zeitraums, den dieses Buch behandelt, gibt es einen Praterbuam alten Stils, von dem hier die Rede sein soll, und einen P. neuen Stils, der den ehemaligen Repräsentanten fortsetzt. Der Praterbua alten Stils war vorzugsweise naturgeschichtlich eingestellt und beschlagen. (Seit 1897 besaß er in dem von Prof. Dr. Eman. Witlaczil verfaßten »Praterbuch«, 2. Aufl. 1926, einen vortrefflichen Führer zur Beobachtung des Naturlebens.) Er ist in den Prateraauen auf allen – einstigen – Holzbirn- und Holzapfelbäumen gesessen, er ließ keinen Maulbeerbaum unbestiegen, er hat alle – einstigen – Tümpel im Prater, die sog. ›Schwärz'n Låck'n‹ (s. d.), aber die gleichartigen Gewässer auch bis nach Kagran, Stadlau und Hirschstetten nach Sumpfgewächsen und noch mehr nach Salamandern, Schwimmkäfern, Egeln, Unken, Fröschen, Teichmolchen, Lurchen, Kaulquappen, Krötenlaich, Libellenlarven und auch (im Widerspruch zu den Warnungstafeln) nach Fischen untersucht, er war ein kleiner, kenntnisreicher Forscher auf dem Gebiete der drei naturgeschichtlichen Reiche und besaß auch ausgebreitete weidmännische Erfahrungen im Verfolgen von Eichkätzchen, Wieseln, Sandhasen, Ratten, Maulwürfen, Fledermäusen, Ringelnattern, Dohlen usw., Wissensschätze, größtenteils mittels steinbeladener Gummischleudern (›Gummischiaßn‹ od. ›Zwuschl‹ genannt) erworben. Zur Herbstzeit lieferte er in der Hauptallee beulenreiche Kastanienschlachten mit seinen Schulfreunden und baute große Reifdrachen (s. ›Rafler‹), die er, wenn sie verunglückten, bisweilen von den höchsten Weißpappeln und biegsamsten Ulmenästen unter Lebensgefahr in Sturm und Wetter herabholte. Er wagte sich auch bei hochgehenden Wellen auf See, d. h. auf das ›Heustadlwasser‹ (in den Praterauen) oder auf die ›Alte Donau‹ und pflegte des Winters lachend über deren weithin krachende dünne Eisflächen zu laufen und zu schleifen. – Im ›Wurstlprater‹ wußte er über sämtliche Ringelspiele, Grotten- und Fahrbahnen, Golaschhütten, Schänken, Unterhaltungsstätten stets genauestens Bescheid. – Der Praterbua, 1947 durch den Film »Praterbuben« verherrlicht und später, wie erwähnt, in Umformung und im Wiederaufbau begriffen, kann nicht untergehen: er ist, wie die Wienerstadt selbst, unsterblich. Dies prophezeit als ein einstiger Vollvertreter dieser Spezies: der Verfasser dieser Zeilen.

Pråter-scheiber, ein bes. geschickter Kegelspieler (oft ›Linksscheiber‹), der das Kegelschieben mit Leidenschaft, aber ohne viel Bedenklichkeiten betreibt. Er muß diesem Sport nicht im Prater nachgehen, doch sind dort die meisten Vertreter dieser Art zu finden.

Pråter-schlåmp'n, sprich -pm, *m.* (ger.), Dirne niedrigster Sorte.

Pråter-variété, sprich Prådavaredée, *s.*, eine von dem Gastwirt und Liederkomponisten Ferdinand Leicht geleitete Kleinbühne (nahe der Hauptallee), wo sogar Burgschauspieler auftraten.

pressiern, sprich bresían: 1. drängen; Redensart: ›Wås tuast d'nn går a so p.?‹. ›Er is årg pressiert‹: er hat es höchst eilig. – 2. (nicht nur wienerisch) dringlich sein; Redensart: ›Jå, pressierts d'nn?‹. – Ableitung: frz. *presser* ›zur Eile antreiben‹; Eile haben. Quellwort: lat. *pressāre* ›drücken‹.

Preuß'n-seuchler, sprich Breissnseichla, *m.*, ›Großdeutscher‹, Freund des Anschlusses von Österreich an Deutschland (bes. um die Jahrhundertwende üblich). – Erklärung: Das Wort ›Preußenseuche‹, d. i. Verseuchung Österreichs durch die wegen ihres selbstgefälligen Wesens und ihrer Besserwisserei in Österreich und Bayern mißliebigen Preußen

Pråterbua mit Rafler

(bes. Berliner), bringt die Abneigung der Wiener gegen diesen Menschentyp zum Ausdruck.

Prinz Schnudi, hoffärtiger Mensch. – Redensart: ›Der tuat gråd, åls wånn er der P. Sch. war (wäre)‹. – Ableitung: unsicher; vgl. mhd. *snūde m.* ›Schnaufer‹, ›alberner Mensch‹, *snūde w.* ›Nasenverstopfung‹; s. auch Schmeller II 573, bayr. ›*schnudern*‹ = durch die verstopfte Nase atmen, also hochvornehme Sprechgesten machen.

Propstl, *m.* (scherz.-iron.), wohlbeleibter Mann oder Knabe. – Ableitung: Vkl. v. Propst (lat. *pro-positus m.* ›Vorgesetzter‹).

Pülcher, sprich Büᶦcha, *m.*: 1. Herumstreicher, Bummler. – 2. arbeitsscheuer Strolch, der unter Umständen bereit ist, über Leichen zu gehen. – Entstehung: Ed. Pötzl (›Wienerstadt‹ S. 54) definiert: »Die Pülcher ... mit den Händen in den eigenen Hosentaschen, wenn sie diese schon nicht in fremde Taschen stecken können. Nicht ganz mit Unrecht travestiert der Wiener Witz das bekannte Wort Napoleons an seine Truppen in Ägypten auf diese Pilger: ›sechstausend Jahre schwere Kerker schauen Euch aus diesen verwegenen Gesichtern entgegen!‹« – Ableitung: eine ma. Form des Wortes Pilger; mhd. *bilgerīm m.* ›Kreuzfahrer‹, ›Pilger‹ aus mlat. *peregrīnus m.* ›Wallfahrer‹ mit der inschriftlich belegten Nebenform *pelegrīnus*, vgl. ital. *pellegrino* gleichbedeutend.

Pult, *s.*, Volkssängerbühne, sinngleich Pablatsch'n, s. d. – Ableitung: mhd. *pulpit* oder *pulpet s.* ›Pult zum Schreiben oder Lesen‹, abgeleitet aus lat. *pulpitum s.* ›Brettergerüst‹ für öffentl. Darbietungen, z. B. für Vorlesungen oder Schauspiele; vgl. ital. *pulpito m.* ›Kanzel‹.

Pummer-kestl: s. Bummer-kestl.

Pumperl, *s.*: 1. (selt.) Herz; 2. das Feminal (*cunnus*). – Ableitung: Bed. 2: zu Pumpe = Röhre und pumpen = Wasser schöpfen. In der 1. Bed. ist auf das »Pumpern« (Pochen) des Herzens Bezug genommen.

Pumper-nickl oder -nigl, *m.* (nicht nur wienerisch): 1. mit Mandeln belegter Lebkuchen. – 2. lärmendes Kleinkind: ›a klaner, schlimmer P.‹. – Ableitung: Das Wort bedeutet eig. ein westfälisches Roggenschrotbrot, das sehr würzig, aber schwerverdaulich ist. Wortteile: zu pumpern (mit Bezug auf die blähende Wirkung des Schwarzbrotes); Nickl (= Nikolaus) s. unter Nigl; der ursp. Sinn der 2. Bed. ist demnach ›Stinkfritz‹.

Puschka, *w.* (mil.), Gewehr (Feuerwaffe). – Ableitung: tschech. *puška w.* (gleichbedeutend); der Ausdruck wurde meistens in scherzendem Gespräch verwendet.

Q

quadralliert, auch kad- oder gad-, sprich quadräuli^ad (End.): quadratisch gemustert, bes. von Stoffen (Hosenstoffen): s. Fiaker. – Ableitung: eigentl. »quadrilliert« von frz. *quadrillé* ›kariert‹, ›gegattert‹, ›gewürfelt‹. Nestroy XI 534.

Quadrill-spenzer, auch Gad-, sprich Quadrü^i-schbenza, *m.*, scherz. Scheltwort: ›Geh, du ålder (oder narrischer) Q.!‹ – Ableitung: Spenzer (hd.): kurzer Rock ohne Schöße, nach dem engl. Erfinder Lord Spencer (+ 1834) benannt; Quadrill-: s. zu quadralliert. – Das Wort bedeutet eigentl. einen mit einem Jäckchen gewürfelten Stoffmusters Bekleideten, dann diesen selbst. Eine ma. wr. Parallele dazu: G'strafter (= gestreifter) Spitåljanker.

quanti-verdrahti (Ustw., nicht nur wienerisch), verdreht, verworren, unvernünftig, ungeschickt. – Redensart: ›wås qu. mach'n‹. – Ableitung: verdrahn = verdrehen, auf den Kopf stellen; scherzhafter ital. Anstrich. Mayr (1930) 194. Nestroy VIII 517 (Belege); vgl. auch Schmeller II 913f. (gwanti vo' dradi), wo gwanti (quanti) wohl zutreffend mit ›gewindig‹ zusammengestellt wird.

Quargl, sprich Gwa^rgl: 1. *s.* (Grundbedeutung) kleiner, rundlichscheibenförmiger Sauermilchkäse, Quarkkäschen. – 2. *m.* (übt.) verfahrene Sache, Plunder; R.: ›då håbts jez an saubern Q. beinånd‹; ›der gånze Q. haßt (heißt, taugt) nix‹. – 3. (schelt.) *m.* Dummkopf: ›Geh, du Q., du!‹ (nicht sehr derb). – Ableitung: Vkl. zu hd. Quark, durch Mitlautsvereinfachung gebildet; mhd. *twarc* oder *quarc m.* ›Quarkkäse‹, ›Topfen‹, aus russ.-poln. *twarog* gleichbedeutend, altslaw. *tvarogu* ›Molke‹, wurzelverwandt mit altgr. *tyrós m.* ›Käse‹. Die Geschlechtsänderung bei der 2. Bed., die sich aus der Wohlfeilheit des Topfenkäses erklärt, erfolgte durch den Einfluß gleichbedeutender Wörter (Dreck, Mist, Plunder, Schmårrn u. a.). Kretschmer 311, 560.

Quetsch'n, *w.*: 1. Mohn- oder Hanfmühle. – 2. Ziehharmonika: ›er spü^it a Q.‹ – 3. (abstrakt) Klemme; Redensart: ›in da Q. sitzn‹; ›in d Q. kumma‹; ›an aus da Q. ziagn‹. – Ableitung: mhd. *quetschen* oder *quet-*

zen ›quetschen‹; Wurzelwörter: lat. *quatere* und *quassare* ›schütteln‹, ›stoßen‹.

Quintl, *s.*, Quentlein, Quentchen; Redensart: ›ned a Q. (an) Verstånd håb'n‹: nicht ein bißchen. – Ableitung: spätmhd. quintlīn oder quintīn *s.* ›Quentlein‹, d. i. der vierte (ursp. fünfte) Teil eines Lotes, aus mlat. *quintīnus m.* ›das Fünftel‹ zu lat. *quintus* ›der fünfte‹. Das i im wr. Mundartwort bewahrt sonach die alte, ursp. Lautung. Schmeller I 1395.

Quint'n, Mzw. (*w.*), dumme Streiche. – Redensart: ›lauter solche Qu. mâch'n‹. – Ableitung: lat. *quinta* ›die fünfte‹ (Saite der Geige); dann auch die 5. Stoßweise in der Fechtkunst, davon die Mz. Quinten = ›Fechterstreiche‹, Finten. Schmeller I 1395.

R

Råbisch, s. Råwisch.

Råb'n-beuschl, sprich Råmbeischl, *s.*, ein Scheltwort (auch scherz.): elender Wicht, Lumpenhund; vgl. Råb'n-bratl.

Råb'n-bratl, sprich Råmbra'l, *s.*, Scheltwort, wie Råb'n-beuschl (s. d.). – Ableitung: eig. ein guter Braten für die (aasfressenden) Raben, d. h. ein Verbrecher, der den Galgen verdiente.

Radetzky: Josef Graf R. (gest. 1858), der volkstümlichste österr. Heerführer im 19. Jh., ›Soldatenvater‹ genannt; Redensart: ›Schau åba (näml. vom Himmel), Våda R.!‹ fragte man bes. dann, wenn etwas im öffentlichen Wr. Leben mißglückte. – Ableitung: zu tschech. *hradec m.* ›kleine Burg‹; *hradecký* = *bilý* (eigw.) zur Burg (zum Schloß) gehörig.

Rādi, *m.*: 1. Rettich; scherz. auch ›a Radi-blahdi‹ (blähe dich) genannt; Redensart: ›ångsoffm wia-r a R.‹ = vollgetrunken, betrunken. – 2. (übt., mit Bezug auf den scharfen, beißenden Geschmack des Rettichs): Schelte, Rüge, Zurechtweisung; Redensart: ›Er håt sein R. kriagt‹; ›er gibt eahm scho^n an ghörichn R.‹. – 3. (selt.) Aufblähung, Großtuerei; Redensart: ›Wås dēr für an R. gmåcht håt!‹ – Ableitung: ahd. *rātih m.* aus lat. *rādix w.* ›Wurzel‹, vgl. Radieschen (mdh. *raetich*). Die Wr. Mundart bleibt somit der Urform des Wortes nahe.

Radi-bua, *m.*: 1. Junge (Bub), der – in Gasthausgärten – Rettich zum Verkauf anbietet. – 2. (Scheltwort:) Frechling, unverschämter Kerl. Die aus K. Schmitters Wienerlied ›Dås is n Weana sei^n Scha^n‹ stammende, sehr volkstümlich gewordene Wendung ›R., riach zua den Ba^n!‹ bezieht sich darauf, daß man einem fremden Frechdachs mit diesen Worten den Standpunkt klar macht: unter ›Ba^n‹ (Knochen) ist die abwehrende Faust zu verstehen, die man dem kecken Wicht drohend unter die Nase hält (als ob er daran riechen sollte). – Ableitung: s. zu Radi. Mayr (1930) 176; Mayr (1929) 71; Nestroy IV 336.

Radl, sprich Rā'l, *s.*: 1. (Grundbedeutung) Rädlein, Rädchen; Redensart (in übt. Bed.): ›Er håt (um) a R. z vüi‹: er ist geistig nicht gesund. ›Låß ma s R. laufn!‹: Lassen wir den Dingen freien Lauf! ›Wia rennts R.?‹: Wie geht die Sache? – 2. Fahrrad (auch Råd). – 3. Wurstscheibe. – Ableitung: mhd. *rat s.* gleichbedeutend, lat. *rota w.* gleichbedeutend; aind. *ráthas m.* ›Wagen‹. – Entstehung: Die anfänglichen Bezeichnungen des Fahrrades waren Veloziped *s.* (lat.-roman. Fremdw.) und Bizykl *s.* (›Zweirad‹, lat.-griech.), dieses auch Bíssykl oder (scherz.) Beißzikl ausgesprochen – bis endlich die Wr. Mundart die deutsche Benennung brachte:»Jessas, dēr fåhrt aa am Radl« begann seinerzeit (kurz vor 1900) ein vielgesungenes Wienerlied. Von Wien aus ging dann das Wort Rad im Sinne von Fahrrad in die deutschsprechende Welt.

Rāf-drắchter, *m.*, Reifendrache als Kinderspielzeug; Nebenform zu ›Rafdråch(n)‹ und ›Rafler‹, s. d. und ›Drắchter‹. – Ableitung: Raf-: s. zu Rafler. – Zu Dråch: mhd. *trache m.*, lat. *draco m.* aus griech. *drakōn m.* eigentl. ›der scharf Blickende‹; Fabeltier aus Vogel und Schlange. Mayr (1930) 102 (R. als Scheltwort).

Rafferl, sprich fa'l, *s.*, zerrauftes Frauenzimmer. – Ableitung: spätmhd. *roufe w.* ›Futterleiter im Pferdestall‹, ›Heuraufe‹; zu mhd. *roufen* ›raufen‹, ›ausreißen‹ (bes. Haare), got. *raupjan* ›rupfen‹.

Rafler, sprich Rāfla, *m.*, d. i.»Reifler«, auch Rafdråch, Rafdråch'n, Rafdråchter (s. d.): 1. ein ›Reifendrache‹, ein jetzt nicht mehr gebräuchliches Kinderspielzeug; der Körper dieses aus stärkerem Papier erzeugten Drachens wurde über ein längliches hölzernes Kreuz gespannt, das oben ein halbrunder Holzreifen, der ›Raf‹, abschloß: danach führte er seinen Namen im Gegensatz zum ›Spanler‹ (s. d.). An einer Schnur hielt man ihn gegen den Wind (»ließ man den R. steigen«), und der Drachen, der eine Art windgeschwelltes Segel bildete, wurde vom Sturm emporgetrieben. An seinem unteren Ende bekam der R. einen mit farbigen Papierschleifen versehenen Spagatschweif, der bei stärkerem (böigem) Wind mit weiteren Papierstücken oder Grasbüscheln beschwert werden mußte, um einem den Drachen gefährdenden Sturz kopfüber in einen Baum oder zur Erde vorzubeugen, was »å-geig'ln« (s. d.) hieß. Beliebte Plätze für das Steigenlassen des R.s waren Wiens Randgebiete, so die Simmeringer Heide oder die Umgebung des Laaerbergs; die Praterbua'm (s. d.) bevorzugten hiefür das Inundationsgebiet der regulierten Donau oder die Praterauen, so z. B. die ehemaligen Wiesenflächen nahe der einstigen ›Feuerwerkswiese‹, wo sich heute die Stuwerstraße befindet und die sich anschließenden Lagerhäuser an der Donau stehen. Stieg der gut gebaute R. über die höchsten Baumriesen der Umgebung stolz empor, so stellten sich nicht selten Neider ein, Buben, die dem R. zuriefen: »Geig'l å, geig'l å oder ih schneidt di å!« Zur Wirkungsbannung dieses bösen Rufes gab es ein Sprüchlein, das der Besitzer des bedrohten R. in gläubiger Andacht vor sich herbetete. Es lautete:

»Rafler, Rafler, hålt' aus,
Sunst is 's mit dir båld aus,
Därf di ned verglimpfen,
Wånn die Buama schimpfen:
Muaßt, je mehr sie ›geigeln‹,
Umso höcha steigeln!«

Meiner Erfahrung zufolge tat dieser Bannspruch freilich nicht immer die erhoffte Wirkung, und der in eine himmelhohe Weißpappel oder Ulme abgestürzte R. fand dann, wenn sein Herabholen unmöglich war, oft unter den vom Raflerbesitzer und dessen Neidern gemeinsam inszenierten Steinschüssen aus Gummischleudern (›Gummischiaß'n‹) ein unrühmliches Ende. Der Himmelstürmer starb als Zielscheibe.

rāma (auch **ramma**): 1. räumen; vgl. auframa, zsåmmrama. – 2. Kanäle reinigen. Vielerwähnt war einst eine Auskunft einiger Wr. Kanalräumer an einen fragenden Fremden ›Was machen Sie denn hier?‹: »Rama tama« (d. i. Rama tan m'r = Räumen tun wir). – ›Und Sie selbst?‹: »Rama turi« (d. i. Rama tuᵃr-ih). – Endlich gibt ihm ein danach gefragter vorbeigehender Wiener den endgültigen Bescheid: »Rama tans« (Räumen tun sie). Der Fremde stand nun da, so klug als wie zuvor. – Ableitung: mhd. *roumen* ›Raum schaffen‹ zu mhd. *roum* m. (Raum).

Raml oder **Råml**, m.: 1. Speisekruste im Kochgeschirr; Redensart: ›(i)n R. auskråtzn‹. – 2. (schelt.) schmutziges Kind; auch unreinlicher Mensch (beider Geschlechter): z. B. ›Sö gscheada (gescherter) Raml! – 3. ein schwarzhaariges Mädchen mit dunkler Hautfarbe: ›a schwårza R.‹ (Anerkennung). – Ableitung: zu mhd. *råm* m. ›staubiger Schmutz‹, *råmic* ›rußig‹; ahd. *råmac* ›schwarz‹. – Entstehung: Die Schreibung dieses ma. Wortes mit doppeltem m ist somit verfehlt; das Wort råmm'ln (dazu Råmml-kåter) gehört zu einer anderen Wurzel. Schmeller II 88.

Ramsámperl, sprich -pa'l, m. (s.), Nebenform: Rampfsamp(er)l: 1. junger, heißblütig-unüberlegter Mensch. – 2. unsauberer Mensch. – Ableitung: dunkler Herkunft. »Da Amperl die Deminutivform von Åmper (Eimer) ist, soll R. vermutlich ›Räum den Eimer!‹ heißen« (Sonnleithner); Mareta II 12; Schmeller II 101; Castelli 216; Nestroy X 610f. (Bel.).

rapite-kapite (Anf.), Ustw.: überstürzt, Hals über Kopf. – Redensart: ›Er tuat åll(a)s r.-k.‹: tut alles übereilt, ohne Überlegung. – Ableitung: lat. *rapite! capite!* ›Raubt! Nehmt!‹ Diese Redensart drang offenbar aus der Studentensprache in die Mundart ein.

Rappl, *m.* (nicht nur wienerisch), Wahn, Irrsinn. – Ableitung: hw. Rückbildung aus dem Ztw. rapp'ln, s. d.

rappl'n (nicht nur wienerisch), verrückt sein. – Ableitung zu nd. *rapen* ›klappern‹, ›lärmen‹, mhd. *raffeln* gleichbedeutend; die Bed. ›närrisch sein‹ hat sich erst später aus dem ursp. Wortsinn ›lärmen‹ herausgebildet. Vgl. O. Weise, Unsere Mundarten (Leipzig 1910), S. 116.

Rastl, *s.* (österr.): 1. Messerbänkchen; vgl. Kretschmer 334. – 2. metallene Vorrichtung (Drahtgestell) zum Daraufstellen des Bügeleisens. – Ableitung: ital. *rastello m.* ›Gitter‹, ›Schutzgitter‹ (= *rastrello*). Das Wort, vielleicht mit Rost verwandt, ist aus seiner österr. Heimat auch in Süddeutschland (Usp.) eingedrungen. Weigand II 532.

Rast'l-binder: eine der zahlreichen, nach dem 1. Weltkrieg aus Wien verschwundenen Straßentypen. Dieser aus der Slowakei stammende Landsmann des ›Kochlöffelkrawaten‹ (s. Kolöfflkråwåt) verstand sich auf die Kunst, löcheriges Blechgeschirr zusammenzuflicken sowie zerbrochene Ton- und Porzellangefäße durch Draht für Zeit und Ewigkeit wieder »ganz zu machen«. Er fiel durch seinen lichten, aus grobem Stoff verfertigten Rock auf, den häufig ein Gürtel abschloß; in der rauheren Jahreszeit trug er meist eng anliegende, mit roten Schnüren verzierte Hosen, im Sommer weite, rohleinene, in Fransen ausgehende Beinkleider und eigenartige Schnürstiefel. Den Rücken beschwerte ihm ein mit Blechplatten, Draht und Mäusefallen gefülltes Holzgestell. Von Haus zu Haus ziehend, vermeldete er sein Erscheinen durch heftiges Schlagen auf ein Blechgefäß, wozu er ein lautes »Rastelbinde, Fanneflicke (Pfannenflicker) ho, Flicke-hooo!« ertönen ließ. Zur Arbeit gerufen, pflegte der Rastlbinder im Hausgang oder im Hof auf seinem Werkzeugkästchen Platz zu nehmen und, meist umlagert von der gesamten Hausbubenschaft, flink und sachkundig sein Werk zu vollbringen. Diese überaus rechtschaffenen Leute, die ihre geschickte Arbeit für ein Spottgeld leisteten, fanden vorzugsweise von seiten minderbemittelter Hausfrauen starken Zuspruch. Mancher von ihnen legte auf seine guten

Rastlbinder

Mausfallen besonderen Wert und kündigte sich deswegen mit dem Rufe: »Gaafte (Kaufet) Mausfalli, Gatzi (Katzen), Ratzi (Ratten)!« an. – Eine um die Jahrhundertwende im Carltheater viel aufgeführte Operette Franz Lehárs hatte den Titel ›Der Rastelbinder‹. Vgl. auch Pfån(n)aflicker. – Storfer (1937) 82.

Råt håb'n, entbehren können. – Redensart: ›Dees håb ih Råt‹. – Ableitung: mhd. *rāt m.* bedeutet auch: ›Verzicht‹, ›Entbehrung‹ (vgl. auch ›geraten‹, ›entraten‹).

Råtsch'n, *w.*, eig. ›Ratsche‹: 1. (Grundbedeutung) Holzrassel, ›Knarre‹, hölzernes Werkzeug zum Geräuschmachen (bes. in der Karwoche). – 2. (übt.) Mundwerk: ›Ihr geht d R. (i)n gånzn Tåch‹. ›Den lauft d R. wia gschmiert‹. – 3. (schelt.) Schwätzer(in): ›Er (sie) is a rechte R.‹. – Ableitung: die nhd. Bildung ratschen geht zurück auf das mhd. Schallwort *ratzen* ›rasseln‹; vgl. auch mhd. *retschen* ›schnarren‹ (tsch ist aus tz entwickelt).

Råtz, *m.*: 1. (Grundbedeutung) Ratte, auch Iltis (Marder); Redensart: ›schlåfn wia-r a R.‹: sehr gut (›bummfest‹) schlafen. – 2. (übt., scherz.) kleiner Knabe: ›a klana, schmieriga R.‹. – Ableitung: mhd. *ratz* (neben *ratze*) *m.*, ahd. *ratza m.* gleichbedeutend; daneben erscheinen als feminine Formen ahd. *ratta* und mhd. *ratte*. Storfer 251 erklärt Ratz als Koseform zu Ratte (wie Matz zu Matthias). Mayr (1930) 17, 185, Mayr (1929) 32 (unzutreffend, da bei der angeführten Redensart zur 1. Bed. an einen Marder zu denken ist, der einen Winterschlaf hält).

Råtz'n-stadtl oder -stadl, *s.*, scherz. Bez. der einstigen Wr. Vorstadt ›Magdalenengrund‹ am linken Ufer der jetzt überwölbten Wien; das R. wird in Altwiener Romanen gelegentlich erwähnt. – Ableitung: zu Råtz (Ratte) mit Bezug auf die dort herrschende Rattenplage; vgl. Schranka 135f. u. R. E. Petermann, ›Wien von Jahrhundert zu Jahrhundert‹ (Wien 1927), S. 435.

Rauh-waschl, *m.* (schelt.), derber, abstoßender Mensch, bes. junger, schmutziger Wildfang. – Ableitung: ›Waschl‹ in der Bed. ›Strohwisch‹, also eigentl. ein rauher Strohwisch.

raunz'n: 1. jammern, klagen; 2. unwillig murren, nörgeln, in klagender Weise kritteln. – Ableitung: eine Nebenform zu raunen, mhd. *rūnen* oder *rounen* ›flüstern‹, ›raunen‹; dazu mit Ablaut mhd. *rienen* ›jammern‹, ›klagen‹; vgl. mhd. *rūne*, ahd *rūna w.* ›Geflüster‹, ›geheimes Reden‹. Mayr (1930) 185. – Entstehung: Das vielerwähnte typische

»Raunzen« des Wieners (und Österreichers im allgemeinen) besteht in seinem eigenartigen Verhalten, mißlich-schwierigen Lagen und Fragen mit unwillig-spöttischer Nörgelei zu begegnen, ohne dabei nach einem zielbewußten Ausweg aus der schlimmen Situation zu trachten. Es gibt auch ein Raunzen, das man als ein Schimpfen aus übergroßer Liebe (bes. zur Vaterstadt oder zum Heimatland) entlarven kann.

Råwisch, *m.*, Kerbholz. – Redensart: ›Der hat vü am R.‹. – Ableitung: tschech. *rabuše w.* oder *rováš m.* ›Kerbholz‹; vgl. Schuchardt 68.

Rawutzl, selt. Rauwutzl, *m.*, erdichtete (teufelartige) Schreckgestalt, mit der man unfolgsame Kinder ängstigt: ›Wårt, di wird glei der R. holn!‹ – Ableitung: Die ursp. Wortform dürfte Rauh-Butzl (= rauher Butzi) sein; der Wechsel der Lippenlaute b und w ist in der Wr. Mundart sehr häufig. Butzi (= Wutzl) liegt hier in seiner späteren Bed. ›Poltergeist‹ vor. Um eine ähnliche Gestalt scheint es sich bei dem von Schmeller II 847 erwähnten Rauwuckl (oder Auwuckl, Schmeller I 3) zu handeln, womit im Gebiet des Bayr. Waldes gelegentlich der Teufel bezeichnet wird. Mayr (1930) 73.

Rebach oder **Rewach,** *m.*, ›Rebbach‹, d. i. Gewinn, Nutzen, vgl. Schmattes. – Ableitung: jidd. *rebbach* aus hebr. *rewach* gleichbedeutend: aus der Gaunersprache in die Mundart verpflanzt. Nach Littmann 17 liegt das Quellwort in aramäisch *rauchâ* ›Weite‹, ›Gewinn‹ vor. Schmeller II 128, 192.

Rebhendl, *s.*, eigentl. Rebhuhn. Mit dem Küchenausdruck »ungarisches R.« wird noch jetzt hin und wieder der eingesulzte Ochsenziemer in Essig und Öl bezeichnet. – Erklärung: Die mit ihrem Sinn völlig disharmonierende Bez. mutet jedenfalls seltsam an; es dürfte eine beabsichtigte Verschleierung vorliegen.

Red-haus, *s.*, (großes) Mundwerk.

Refollei, sprich -ta, *w.*, lärmendes Getümmel (Getöse), Rummel, Ruhestörung. – Ableitung: eigentl. Revolte, frz. *révolte w.* ›Empörung‹, ›Aufruhr‹; vgl. Mareta II 5f.

regadiern, sprich -diᵃn, berücksichtigen; betreffen. – Redensart: ›Dees regadiert mi ned‹: das betrifft mich nicht. – Ableitung: frz. *regarder* ›betrachten‹; ›berücksichtigen‹; ›betreffen‹.

regaliern, sprich -liᵃn, festlich bewirten. – Ableitung: frz. *régaler* ›bewirten‹; frz. *régal m.* ›großer Schmaus‹.

Regar oder **Regat** (-ad) (End.), *m.*, nur in der Redensart: ›an R. vur wem håbn‹: Achtung vor jm. haben. – Ableitung: frz. *regard m.* ›Blick‹; ›Beachtung‹. Mareta II 6. Mayr (1930) 197.

Regrazion oder -aun (End.), *w.*, Erholung; Unterhaltung. – Ableitung: frz. *récréation w.* (gleichbedeutend); vgl. Nestroy II 732 (›Rekration‹).

Reib'n, *w.*, eig. eine ›Reibe‹, d. i. Biegung, Krümmung, Schneise; z. B. ›der Wågn is in der R. außigflogn‹. – Ableitung: Hw. zu reib'n (s. d.).

reib'n, sprich rei'm: 1. angedrückt hin- und herbewegen; schäuern: ›s Zimmer r.‹; Redensart: ›si ån ån r.‹: jem. fortgesetzt beleidigen; ›si d Pråtzn r.‹: sich befriedigt zeigen. – 2. (im Bogen oder ausholend) langen, reichen, geben, z. B. ›reib m'r s Glasl (umma)‹; ›reib eahm åne‹: gib ihm eine Ohrfeige. – 3. drehend zerkleinern: ›Kaffee r. (mahlen)‹. – 4. masturbieren. – Ableitung: mhd. *rīben*, ahd. *rīban* gleichbedeutend. Schmeller II 7f.; Mayr (1930) 96.

Reichsbruck'n-skandal: Durch F. Berndls Anregung (s. Berndl) war um die Jahrhundertwende das Strandbad ›Gänsehäufl‹ an der ›Alten Donau‹ entstanden, dem dort zahlreiche weitere Badeanlagen in raschem Werden folgten, die sich ständig vergrößerten. Da konnte die über die Reichsbrücke führende eingleisige elektrische Straßenbahn dem gewaltig anschwellenden Verkehr ganz und gar nicht mehr genügen. Weil aber die alte Reichsbrücke keine größere Belastung zuließ und den Bau einer doppelgleisigen Bahn ausschloß, gab es durch lange, lange Jahre – bis zum Neubau der Brücke (1931–1937) – einen sprichwörtlichen »Reichsbruck'nskandal«.

Rei[n], *w.*, flacher Kochtopf, Kochpfanne, Pfannentopf; Redensart: ›Diab in der R.‹: Fleischsorte, die beim Sieden (Schmoren) sehr einschrumpft. – Ableitung: ahd. *rīna* (nur als Glosse überliefert) *w.* ›Topf‹. In der österr. Mundart bezeichnete das Wort ursp. einen dreifüßigen irdenen Tiegel: s. I. L. Fritsch Teutsch-lat. Wörterbuch II (1741) S. 83 unter ›Rain‹. Schmeller II 112.

reiß'n: Das Wort erhält in den verschiedenen Redensarten sehr zahlreiche Bedeutungen, z. B.: ›si um wås r.‹: etwas heiß erstreben; ›s reißt mi‹: ich habe Rheumatismus oder ich werde von Erregung (Zorn) erfaßt; ›dås Gschäft håt si g'rissen‹: ausgezahlt, gelohnt; ›jez is g'rissn‹: nun ist es geglückt; ›g'rissn sei[n]‹: schlau sein (›a g'rissaner Kerl‹); ›der stårke Tawåk reißt an s Beuschl außa‹: erzeugt heftigen Husten; ›reiß a scheens Buckerl‹: mach eine artige Verneigung; ›er håt an Serwas g'rissn‹: er grüßte achtungsvoll; ›er reißt eahm åne‹: er gibt ihm eine scharfe Ohrfeige (vgl. druck'n, reib'n, schmiern); ›dees reißt ins Geld (oder ins Börsl) a Loch‹: es ist teuer; ›der Bua is sein Vådern wia-r aus n Gsicht g'rissn‹: verblüffend ähnlich; ›dådrum reiß ih mi ned‹: danach habe ich kein Verlangen; ›dees Obst geht reißad‹: wird massenhaft verkauft; ›in den Gschäft håms di g'rissen‹: haben sie dich übervorteilt. – Ableitung spätmhd. *reizen*, mhd. *rīzen* ›(zer-)reißen‹, ›einritzen (schreiben)‹; ags. *wrītan* gleichbedeutend, eng. *write* ›schreiben‹, got. *writs m.* ›Strich‹ (in der Schrift); vgl. hd. Reiß-brett, -feder, -zeug.

Remas(s)uri, sprich -suāri oder Ramas(s)uri, *w.*: 1. (ältere Bedeutung) ausgelassene lärmende Unterhaltung, auch Hetz, Gaudi. ›A R. håmma (haben wir) gern, / Mir wolln scho späda (später) gscheida wern‹ (aus einem alten Wienerlied). – 2. Durcheinander, Wirrwarr, Rummel, Radau. – Ableitung: Das Wort ist romanischer Herkunft, doch bleibt unentschieden, ob es auf einen ital. oder frz. Ausdruck zurückgreift: vgl. frz. *ramas m.* ›Haufe‹, ›Plunder‹, ›Menge Gesindels‹; frz. *ramasser* ›zusammenraffen‹; ital. *ramassare* gleichbedeutend. Die Endung -ūri ließe an ital. Ursprung denken; s. zu Kramuri; doch liegt V. A. Hammers Versuch, in ital. *rumoroso* (geräuschvoll) das Wurzelwort zu suchen, doch zu sehr ab. Nebenformen des Wortes sind: Remassori und Remisori. Siehe bes. Storfer (1937) 176f., ferner Schmeller II 93; Castelli 219 (›ein lustiger Lärm‹). Bel. bei Nestroy V 719 und VIII 166.

Remont oder **Remont'n,** *w.,* in übt. Sinn: ungebärdiger junger Mensch: ›er (sie) is a rechte R.‹. – Ableitung: frz. *remonte w.* ›(junges) Ersatzpferd‹.

repatierli(ch), sprich -ti͏ali, anständig, ehrsam; nett. – Ableitung: eig. reputierlich zu mlat. *reputare* ›für etwas halten‹, ›ansehen‹; vgl. frz. *réputation w.* ›guter Ruf‹.

Repetier-aug'n måch'n (nur von weibl. Personen): 1. fortgesetzt feurige Blicke werfen; 2. einem Liebäugelnden Einverständnis andeuten. – Ableitung: Bezugnahme auf das ›Repetiergewehr‹, die frühere Bez. für Mehrlader (Magazingewehr). Mayr (1929) 85.

repramantiern, sprich -dí͏an, zurechtweisen, auszanken. – Ableitung: frz. *réprimander* (gleichbedeutend); gebräuchlich war auch: ›a Repramá kriagn‹, d. i. eine Rüge erhalten, v. frz. *réprimande w.* Vorwurf, Verweis. Nestroy XI 533.

resch, eig. rösch (nicht nur wienerisch): 1. an der Kruste hart gebacken, knusprig: ›a resche Semml‹ (Anerkennung). – 2. noch nicht gar gesotten oder gebraten (= zäh): ›s Fleisch is resch‹. – 3. (von Menschen) barsch, frech, schwer zu behandeln: ›Er is a resche Natur‹; vgl.: ›resche Manieren håbn‹, d. i. schneidig sein; ›sie is a Resche‹: sie hält mit ihrer Meinung nicht zurück. – 4. tatfrisch, munter: resch und fesch. – 5. herb, stark säuerlich: ›a rescher Wei^n‹. – Ableitung: mhd. *rösch, rösche* oder *rosch* ›hart‹, ›spröde‹, ›scharf‹ (v. Sachen); ›wacker‹, ›aufbrausend‹ (v. Personen); ahd. *rösc(i)* ›hitzig‹, ›lebhaft‹. Schmeller II 156 (rösch); Mayr (1930) 14, 51; Kretschmer 23.

¹ Riad, *w.*, Feld- oder Gartenstück (Wein-riad), abgegrenztes Landstück. – Ableitung: unsicher, nicht gleichzusetzen mit mhd. *riet s.* ›ausgereuteter Grund‹. Schmeller II 60; Castelli 219.

² Riad, *w.*, Hälfte des geschlachteten Rindes; vgl. Beiriad, Riadackl und Riadhüfl. – Entstehung: Nach Castelli 219 ist die Riad jener Fleischteil des Rindes (Ochsen), den man durch die Rückgratspaltung gewinnt; vgl. kärnt. *hrod w.* ›Rippe‹: vgl. A. Jarnik, Etymologikon der slow. Mundart in Innerösterr. (1832), S. 230; Schmeller II 60.

Ridikül, sprich Ridikü^i (Nebenform Ridakü^i) (End.), *s.* (nicht nur wienerisch), ein gehäkelter Arbeits- oder Handbeutel, Strickbeutel (oben zusammenziehbar), wie ihn früher die Damen trugen; an seine Stelle trat später eine kleine Handtasche (›Håndtascherl‹). – Ableitung: frz. *ridicule m.* (gleichbedeutend), das anstelle von *réticule m.* steht. Das Wort *réticule* leitet sich aus lat. *reticulum s.* ›Netzchen‹ (zu lat. *rete s.* ›Netz‹) her. In der frz. Volkssprache wird anstelle von *réticule* unrichtig das Wort *ridicule* gebraucht, das aber ›lächerlich‹, ›Lächerlichkeit‹ bedeutet; diese fehlerhafte Wortverwendung drang also aus der frz. Mundart in die deutsche Sprache ein. Schmeller II 59.

Ringl-gspiel, sprich -gschbü^i oder Ringl-spiel, sprich schbü^i, *s.*, Ringelspiel, ein prächtiges Mundartwort für Karussel, s. d.; vgl. Kretschmer 266. – Entstehung: Das erste R. im Wr. Volksprater errichtete ein Sprachlehrer namens Joh. Damen, der am 1. Mai 1766 die Erlaubnis erhalten hatte, eine »Hutschen nach niederländischer Art«, also ein Ringelspiel, und eine »Machine per modum einer Schlittenfahrt« zu errichten, unter der Bedingung, daß beim Ringelspiel nicht mit Böllern geschossen wurde! Bald darauf durfte der Herrschaftsdiener Joh. Noltz ein »Ringel-Reitungsspiel« mit Schlitten und Pferd »nebst zweyen kleinen Machinen« aufstellen. – Ableitung: Ringl = Vkl. von Ring, mhd. *ringel s.* gleichbedeutend. Schmeller II 121.

Ringlóttn, *w.*, Ez. u. Mz. (bot.), die »Ringlotte«, Edelpflaume. – Ableitung: frz. *reine-claude w.*, eig. *reine-Claude* (›Königin Claude‹) gleichbedeutend: Die Benennung erfolgte nach der Gemahlin Franz' I. von Frankreich oder nach einem frz. Obstbaufachmann namens René Claude; ein Anteil an der Wortbildung (»Ring«) kommt auch der Volksetymologie zu. Vgl. Textor 13; Kretschmer 367; Mayr (1930) 195.

Ritscher-gosch'n oder **R.-papp'n**, *w.*, Mund mit herabhängender Unterlippe, später ›hängada Fotz‹ genannt. – Ableitung: Ritscher- (eigentl. Rütscher-) zu rutschen, mhd. *rütschen* ›gleiten‹.

Riwisl oder **Ribisl** (Anf.), *w.*, Mz. -ln: 1. Johannisbeere; Redensart: ›Er håt Riwisln auf der Nåsn‹: eine sehr gerötete Nase; auch (jüd.) Fluch: ›Riwisln solln d'r wåchsn auf der Nås(n)!‹ – 2. Johannisbeerstrauch. – Ableitung: Das lat. Wort *ribis* oder *ribes* (der bot. Name ist *ribes rubrum L.*) geht allem Anscheine nach auf pers. *rīwās* (oder *rībās*) zurück und gelangte über Syrien ins Arabische: es bezeichnete früher eine Rhabarberart (*Rheum ribes L.*): s. Kretschmer 606f. – Schuchardt 68 zieht auch türk. *rīwās* Johannisbeere (eig. Sauerampfer) heran. – Die Wortform Ribis(e)l ist in der österr. Usp. herrschend: Kretschmer 243.

roglert oder -ad, auch rogli(ch): 1. locker, wackelig, unfest, z. B.: Der Staṉ is r.; Redensart: ›r. wern‹: sich lösen, z. B. ›a Katarrh wird r.‹; ausgelöst werden: ›a Gedånkn wird r.‹. – 2. gerührt, ergriffen: ›Bei den Liadl wird an (einem) s Herz r.‹. – Ableitung: mhd. *rogel* ›locker‹, ›lose‹. Mayr (1930) 14, 71; Schmeller II 75; Nestroy IV 336 (Bel.).

Röhr-brunn, sprich Reᵃ-, *m.*: 1. Rohrbrunnen, bei dem das Wasser ohne Pumpvorrichtung aus Rohren (»Röhre«) läuft; Auslaufbrunnen. – 2. Auslauf der Wasserleitung. – 3. (bild., scherz.) ein Kind, das fast unaufhörlich weint. – Ableitung: zu Röhrn, s. d.; vgl. Mayr (1930) 14; F. Schlögl, Ges. Werke, I. Bd. (Wiener Blut), S. 301.

Röhrl-sålåt, *m.*, Salat aus Löwenzahn (dooßen Blütenstengel rohrartig sind), doch auch aus wildwachsendem Sauerampfer oder aus Lauch (Porree). – Ableitung: Röhrl = Vkl. zu Röhre, s. Röhrn.

Röhrn, sprich Reᵃn, *w.*, Ez. und Mz.: 1. Röhre, z. B. Luft-, Speiseröhre; Redensart: ›s is wås in d gfehlte R. kumma‹: in die Luftröhre geraten; auch ›Stiefleröhrn‹. – 2. Rohr: Brat- oder Ofenrohr. – 3. (bild.) sehr lautes Sprechorgan: ›Håd'r dēr åba a R.!‹ – Ableitung: mhd. *roere*, ahd. *rōr(r)a w.* ›Röhre‹, zur gleichen germ. Wurzel wie Rohr (ahd. *rōr s.*). Weigand II 601.

Röhr-wåsser, sprich Rērwåssa, *s.*, Wasser aus dem Rohr der Wasserleitung (Ggs. ›Brunn-wåsser‹).

Roníer (auch **Runíer**), *w.*, Untergang, Ruin. – Redensart: ›auf der R. sein‹: dem Verfall (der Vernichtung) anheimgegeben sein. – Ableitung: mlat. *ruinare* ›verfallen‹, ital. *rovinare* (gleichbedeutend).

roniern, auch **runiern**, sprich -ní^{a}n, ruinieren, beschädigen, zugrunde richten. – Ableitung: mlat. *ruināre* gleichbedeutend, zu lat. *ruīna w.* ›Einsturz‹ (Mz. ›Trümmer‹); vgl. frz. *ruiner,* ital. *rovinare* ›zerstören‹.

Roradi-würst'ln, auch Oradi-w., Mzw. (*s.*), ›Rorate-Würstchen‹, beliebte Speise am ersten Adventsonntag. – Ableitung und Erklärung: lat. *roráte* ›tauet!‹ Mit diesem Worte (vgl. Jes. 45, 8) beginnt der Eingangsgesang der zu Ehren Marias während der Adventzeit abgehaltenen katholischen Frühmessen.

Rorát'n oder **Ro^{a}rat'n**, *w.*, Rorate, Adventmesse. – Ableitung: Benennung nach dem lat. Anfangswort *Rorate* (›Tauet‹) des Eingangsgesanges. Vgl. Roradiwürst'ln.

Roßbratl, sprich -bra'l, *s.* (österr.), Rostbraten. – Vgl. Kretschmer 430f.; Nestroy VIII 551 (Bel.).

Röster, sprich Rester, *m.*, mit Zuckerzusatz gedünstetes Obst als Mus, bes. beliebt ›Zweschb'nröster‹ (Zwetschkenröster). – Hw. zu röst'n, s. d.; Castelli 219.

röst'n, sprich re-, rösten; Mitt.: gröst = geröstet; Hw. (küch.): Gröste, d. i. geröstete Erdäpfel. – Ableitung: mhd. *roesten*, ahd. *rōstan* gleichbedeutend, zu germ. *hraustjan* ›rösten‹, woher auch frz. *rôtir* (braten) stammt. Schmeller II 162.

Rosumisch, auch **Rosumi**, **Rosami** oder **Rosomi** (sämtl. Anf.), *m.*: 1. Verstand; Redensart: ›an (oder kan) R. in Schädl håbn‹. – 2. Verständnis; Redensart: ›für dees håt er kan R.‹. – Ableitung: tschech. *rozumiš?* ›verstehst du?‹, *rozumé se* = man versteht. Mayr (1930) 192; Nestroy X 536f. (Bel., auch: Rosimi). Das Wort, dessen eigentl. Bed. meist unverständlich blieb, verleitete zu volksetymologischer Umformung, und man machte ›Roßmist‹ daraus.

Rotund'n, *w.*, die ›Rotunde‹, ein eindrucksvoller Rundbau im Prater, im Jahr 1873 ale Mittelpunkt der Wr. Weltausstellung erbaut, später oft verwendeter Ausstellungsraum, zuletzt Haupt-Messepalast. Das Gebäude, einst ein Wahrzeichen Wiens, durch sein gewaltiges kegelförmiges Dach eine technische Meisterleistung, brannte am 17. September 1937 ab. – Ableitung: mhd. *rotunde* (Eigw.) ›rund‹ aus lat. *rotundus* ›gerundet‹ (zu lat. *rota* ›Rad‹); hauptwörtlich gebraucht (mlat.) *rotunda w.* ›die Gerundete‹.

Rotz-, sprich Rooz, in hauptwörtl. Zusammensetzung mit ger. (meist schelt.) Bed.: Rotz-apathek'n *w.*: schmutziges (berotztes) Kind; Rotz-bua: schlimmer Knabe, sg. Lausbua, Mistbua; Rotz-löffl (sprich -lefl) *m.*: dummer, junger Mensch; Rotz-mensch *w.*: dummes, freches Mädchen (für Jungfrauen ehrenrührig); Rotz-nåsn *w.*: jugendlicher, unreifer und dabei ungezogener Mensch (für beide Geschlechter); Rotz-pippn (sprich -pm) *w.*, fast Rotz-nåsn, nur derber, s. zu Pipp'n (es rinnt ihm gleichsam stets der Nasenschleim herab). – Ableitung: mhd. *roz* oder *rotz*, ahd. *hroz m.* ›Schleim‹, zur gleichen Wurzel wie ahd. *rūzan* ›rasseln‹, ›schnarchen‹; verwandt: altgriech. *kóryza w.* ›Schnupfen‹.

Ruab'n, sprich Ru^am, Ez. und Mz., *w.*: 1. (Grundbedeutung) Rübe; Redensart: ›gelbe (sprich gö^ibe) R.‹: Mohrrübe, Möhre, Karotte (Kretschmer 337f.); ›durchanånd(a) liegn wia Kraut und Ruam (oder Ruama)‹; ›er håt an Håls, daß ma R. å^nbaun kunnt‹: so schmutzig; ›gsund wia-r a R.‹. – 2. (bild.) ein kräftig gebauter, blühend aussehender Mensch jeden Alters und beiderlei Geschlechts: ›Is dēr (oder dē) åba a gsunde, feste R.!‹ – 3. (scherz. oder spött.) Nase, bes. große, unförmige Nase. – Ableitung: mhd. *ruobe*, ahd. *ruoba w.* gleichbedeutend; verwandt mit lat. *rāpa* (mlat. *rāba*) *w.* und altgriech. *rápys w.* ›Rübe‹, altgriech. *ráphanos m.* ›Rettich‹.

Ruach, *m.*, ein von unersättlicher Habgier getriebener Mensch. – Ableitung: wahrscheinlich ein bildlicher Ausdruck, der auf mhd. *rouch* (ahd. *hruoh*) *m.* oder *w.* ›Saatkrähe‹ zurückgeht; s. ruach'ln. Schmeller II 23; Mayr (1930) 79 (fraglicher Deutungsversuch, der vom mhd. Ztw. *rouchen* ausgeht).

ruach'ln, aus unstillbarer Habsucht rastlos (und mühevoll) arbeiten; vgl. zsåmm-ruachln. – Ableitung: abgeleitet von Ruachl, einer Vkl. von Ruach (s. d.); die Grundbedeutung ist offenbar: wie eine Krähe (*ruoch*) gierig raffen; das mhd. Ztw. *ruochen* ›bedacht sein‹, ›begehren‹ geht auf mhd. *ruoch m.* (oder *rouche w.*) ›Sorge‹, ›Hang‹, ›Gier‹ zurück, das selbst als späterer bild. Ausdruck von *ruoch* ›Krähe‹ (s. zu Ruach) zu verstehen ist: vgl. bayr. ›fressen wie a Ruach‹, Schmeller II 23.

Rüaßl, *m.*: 1. Rüssel. – 2. (oft scherz. oder spött.) menschliche Nase; Redensart: ›Dēr håt an R.!‹ (= feine Nase): er bemerkt alles oder er riecht gutes Essen; auch: sehr große oder unförmige Nase, sg. Frnak, Gurken, Ruabn, Umurkn. – Ableitung: mhd. *rüezel* oder *rüzzel m.* gleichbedeutend; das Wort scheint auf die germ. Wurzel *wrōt* ›wühlen‹ (man denke an die Schweinsschnauze) zurückzugehen und ist möglicherweise verwandt mit lat. *rōstrum s.* ›Schnabel‹, ›Rüssel‹. Schmeller II 154, Kluge (1934) 492.

Rumm'l, *m.* (nicht nur wienerisch): 1. Aufruhr, Radau. – 2. (oft scherz.) Getümmel, Gewühl; lärmendes Durcheinander. – 3. reger Geschäftsgang, stürmischer Kundenandrang. – Ableitung: zu nd. *rummel m.* ›Haufen‹, womit das nl. Ztw. *rommelen* ›herumschleudern‹, ›rasseln‹, ›lärmen‹ zu verbinden ist; vgl. Schmeller II 98; Kluge (1934) 491.

Rummlsupp'n, sprich -suppm, *w.,* lautschallende Rüge: ›Er håt sei R. kriagt.‹ – Ableitung: Rumml (= Lärm, Gepolter) u. Supp'n (= Verweis).

Rumpumpl (End.), *w.,* Weib, insbes. höheren Alters, alte Wettel. – Ableitung: eine reimspielende Bildung; ob eine Anspielung auf md. *rump* ›gebogen‹, ›gekrümmt‹ vorliegt, bleibe unentschieden. Das Wort dürfte aber eine sehr alte Umschreibung für *vulva* (›Pumperl‹) sein. Schmeller II 100.

Runde, *w.,* Bankschein für 1 Million Kronen in der Inflationszeit nach dem 1. Weltkrieg. – Ableitung: Gaunersprache; ›rund‹ im Hinblick auf die »runde« Zahl; s. Fetz'n.

Rund-sprung, Freudensprung; Redensart: ›an R. måchn‹. – Erklärung: eigentl. Sprünge im Kreis herum.

Rutsch'n, *w.,* eig. ›eine Rutsche‹: 1. schiefe Fläche zum Herabgleiten (z. B. Kohlnrutschn); Redensart: ›auf der R. sei^n‹: geschäftlich oder gesundheitlich zusammenbrechen. – 2. sehnsüchtiges Hinstreben, Liebhaberei, Schwärmerei; Redensart: ›auf wem oder auf wås a R. håbn‹: jem. oder etw. ins Herz geschlossen haben = auf jem. oder etw. »rutschen«: ›Ih håb a R. auf Wean‹, Titel eines Wr. Liedes von O. Schima. – Ableitung: Hw. zu rutsch'n, s. d.

rutsch'n: 1. gleiten; Redensart: ›mit wås ins Rutsch'n kumma‹: in einer Sache (z. B. im Erwerb, Geschäft, Wohlbefinden) dem Niedergang verfallen. – 2. fahren: ›er rutscht murgn nåch N.‹ – 3. ›auf wen oder wås r.‹: an jemandem oder etwas Wohlgefallen finden, jemandem gewogen oder für etwas begeistert sein (»fliagn«). – Ableitung: mhd. *rutschen* oder *rütschen*, älter *rutzen* oder *rützen* gleichbedeutend: tsch ist aus älterem (t)z entwickelt, ebenso wie in glitschen, klatschen, quetschen u. a.

S

Sabler, *m.*, Heuschrecke. – Ableitung: zu sab(e)ln = ›laufen‹, ›eilen‹ mit Bezug auf das hurtige Springen des Tiers.

Såch-feiler, sprich -fäula, Hausierer, der sich mit dem Schleifen von Sägen, Scheren, Sicheln u. Messern befaßte. – Ableitung: aus Såch = Säge.

Salamíni, *m.*, »Salamimann«, d. i. ital. Wanderhändler mit Salamiwurst und Käse; seine häufigere Bez. war Salamudschi, s. d. Die Nebenform Salamini wurde dadurch gebräuchlich, daß er auf seine Anwesenheit scherzweise mit dem Ruf »Salamini, då bin ih!« aufmerksam zu machen pflegte. – Ableitung: ital. *salamino m.* ›kleine Salamiwurst‹, zu ital. *salame m.* ›Salzfleisch‹, ›Wurst‹ (*sale m.* ›Salz‹).

Salamúdschi, *m.*, auch der **Salamudschi-må^{nn},** ital. Wanderhändler (s. zu Salamini), eine seit dem ersten Weltkrieg aus Wien verschwundene, einst überaus volkstümliche Gestalt. Der Salamudschi war ein meist aus dem Trienter Gebiet (also aus dem italienischen Teil Südtirols der ehem. Habsburgermonarchie) stammender Italiener, der in den Gasthäusern des Praters, namentlich in den Gärten der ehem. drei ›Kaffeehäuser‹ an der Hauptallee Salami und Käse bester Sorte feilbot. Mit seinem mächtigen, breitkrämpigen Schlapphut (›Kalabreser‹), seinem meist schwarzblauen Samtrock und seiner gewaltigen Künstlerkrawatte machte er einen malerischen Eindruck. Stets bester Laune und voll geschäftiger Beflissenheit schnitt und reichte er seine verlockend geordneten Waren, die er mit dem weithin vernehmlichen Rufe »Salamini, Geß, Geß, duri-duri!« (= Salamiwürste, Käse, Käse, harte, harte) ankündigte; unter ›duri‹ waren die in Wien sehr beliebten harten (ital. *duro* ›hart‹, Mz. *duri*) ungarischen Salamiwürste – im Gegensatz zur weicheren ital. Veroneser Salami – zu verstehen. Geradezu Staunen erregte seine Kunst, die Wurstscheiben in beschwingter Eile derart dünn zu schneiden, daß er mit zehn Dekagramm Salami eine große Schüssel voll zu belegen imstande war; dabei wußte er sich der Waage nicht ohne Raffinement zu bedienen. – Ableitung: ital. *salame s.* zu Salamini (im vorhergehenden); der zweite Wortteil ist schwer zu deuten, vgl. ital. *muginare*

›tändeln‹. – Eine Abbildung (Stich von Chr. Brand) und ein Gedicht ›Der S.‹ von M. Kolisko s. in Wien und die Wiener, Jg. 1950, Juliheft S. 7.

Salar (End.) oder **Salari** (Mitt.), *s.*, Gehalt, Löhnung, Bezahlung. – Ableitung: ital. *salario* oder *salaro m.* ›Sold‹, ›Lohn‹: aus lat. *salarium s.* eigentl. ›Salzgeld‹ (zu lat. *sal m.* ›Salz‹), d. h. die später durch Geld (Sold) abgelöste Salzmenge (Salzdeputat) der altrömischen Soldaten und Beamten.

Sålz-fleck, sprich Soⁱzfleeg, *m.*, ein nicht dickes, tellerförmiges Weißgebäck, mit Salz bestreut. – Ableitung: mhd. *vlëc m.* ›Flecken‹; ›dünnes Brot‹.

Sampröl, sprich -pröⁱ, *m.*, Tabaksgattung. – Ableitung: frz. *sans pareil* ›ohnegleichen‹.

Såmt-bandl, *s.* (scherz.-spött.), Trauerrand.

Schåb'n-kräutl, sprich -grei'l, *s.* (botan.), »Schabenkräutlein«, d. i. der Stein- oder Honigklee (*Melilōtus officinalis*), auch Mottenklee genannt, ein meist gelb (seltener weiß) blühender Schmetterlingsblüter mit starkem Kumarinduft.

Schåchtlerin, sprich -arin, Schleiferin. – Ableitung: s. zu schåcht'ln.

schåcht'ln, schleifen. – Ableitung: zu einer mit ›schab‹ (schaben) engverwandten Wurzel, vgl. got. *skaban*, ahd. *scaban* ›schaben‹, ›scheren‹, altgr. *skáptein* ›graben‹ und germ. **skafti*: ›Schachtelhalm‹, mhd. *schaft-höuwe s.* ›Schaftheu‹, ›Schaftgras‹. – Erklärung: Der Schachtelhalm (nd. für hd. Schafthalm), auch Kannenkraut genannt, wurde wegen des hohen Kieselsäuregehalts früher zum Putzen metallener Gefäße und Geräte, bes. der Zinnkannen, verwendet.

Schåf-haxl-bålwierer (ger.), Inhaber eines kleinen Barbierladens = Gåßhaxlbålwierer, s. d.

schalu (End.), undekl. Eigw. (präd.): eifersüchtig. – Ableitung: frz. *jaloux* (gleichbedeutend) aus altgr. (dorisch) *zālos* ›Eifersucht‹; vgl. Mayr (1930) 76.

Schampaninger, *m.*: 1. Schaumweinhändler; 2. Schaumwein, Champagner. – Ableitung: frz. *(vin de) Champagne m.* ›Champagner(wein)‹, ›Sekt‹.

Schånd-bånk, *w.*, letzte Bank im Schulzimmer, auch Seitenbank (Strafbank).

Schanzl, *m.*, einst ein geräumiger Platz, zum Teil Obstmarkt auf dem

Salamudschi

rechten Ufer des Donaukanals, anschließend an die Landungsstelle der oberösterreichicchen Obstzillen und Obstplätten; er war zugleich Wiens größter Fischmarkt und lag etwa auf dem Gelände, wo jetzt der Schottenring in den Kai einmündet (einst auch von Spaziergängern viel besucht). – Ableitung: Vkl. zu Schanze; das männliche Geschlecht des Wortes erklärt sich daraus, daß man später darunter stets den Markt (»Schanzlmårk«) verstand: urspr. befand sich an dieser Stätte eine kleine Schanze (»das Schanzl«). Abbildung bei R. E. Petermann, ›Wien von Jahrhundert zu Jahrhundert‹, 1. Bd. (Wien 1927), S. 404; vgl. S. 422.

Schapō (End.), *m.*, Liebhaber, Begleiter. – Ableitung: frz. (Uspr.) *chapeau m.* (übt.) ›Herr‹, ›Mann‹; vgl. Textor 13.

Schattl, *s.*, Häufchen, Kleinigkeit. – Redensart: ›auf a Sch. wås kriagn‹: für ein Weniges (d. i. zum Erwerb einer Kleinigkeit) etwas erhalten. – Ableitung: mhd. *schīt s.* ›abgespaltenes Holzstück‹, ›Scheit‹, mhd. *scheite w.* ›Holzspan‹; Vkl. zu Schått'n (Späne).

Schåtz-hauf'n, sprich -haufm, *m.* (scherz.-kosend), Liebling; eigentl. ›Schatzmenge‹, also: großer Schatz.

Scherm-tånz, *m.* (mil.), spött.-verächtliche Bez. des Offizierdieners, sinnverwandt mit Pfeifendeckl. – Ableitung: zu Scherm (= Nachttopf); er tånzt (= eilt herum) mit dem Scherm (seines Gebieters).

Schie^n-banl, *s.*, Gebäck. – Ableitung: Vkl. zu Schie^n-ba^n (Schienbein) mit Bezug auf die Form des Backwerks.

Schion oder **-aun** (End.), *m.*, ›Nackenwulst‹, falscher Haarzopf, von haararmen Frauen am Hinterkopf getragen. – Ableitung: frz. *chignon m.* (gleichbedeutend).

Schlåg-bruck'n, *w.*, Name einer Holzbrücke über den Donaukanal, in ihrer ersten Form im Jahr 1439 erbaut; sie nahm den Platz der späteren Ferdinandsbrücke, d. i. der jetzigen Schwedenbrücke, ein; vgl. R. E. Petermann (s. unter ›Schanzl‹), S. 142 u. 283.

schlahn, stehlen. – Ableitung: aus der Gaunersprache, viell. zu schleichen.

Schlapf'n-prom(e)nad (End.), *w.*: 1. Abendbummel eines Dienstmädchens mit ihrem Verehrer. – 2. Rundgang der Gefangenen im Hof des Strafhauses. – Ableitung: zu Schlapf'n = Pantoffel; Prom(e)nad: frz. *promenade w.* ›Spaziergang‹.

Schlåpperments-tåg oder **Schlapraments-tåch**: 1. (mil.) Tag vor der Löhnung. – 2. (allg.) letzter Monatstag, Tag der leeren Geldbörse. – Ableitung: ital. *scioperamento*, sprich schop(e)raménto *m.* ›Arbeitseinstellung‹, ›Trägheit‹.

Schlasing, *w.*, Schlesien. – Ableitung: zu *Silingen* (vandalischer Volksstamm). Schlesien wird in der schlesischen Mundart ›die *Schlesing*‹, nicht selten aber auch mit Wechsel der Vokalisation in der Wurzelsilbe ›*die Schlas*‹ genannt; zu dieser Nebenform vgl. die gleichbedeutende poln. Bezeichnung *Szlask w.:* s. auch Egli, Nomina geogr. ²826. – Vgl. Schlasinger.

Schlasinger, *m.*: 1. Schlesier. – 2. (veraltet) schlesischer Wanderkrämer, der, von Haus zu Haus ziehend, Leinwand anbot, deren allfällige Besonderheit er hervorzuheben pflegte, z. B.: »Brad is se, åba schitter (= dünn gewebt)«. Die meist vorzügliche und sehr preiswerte Ware fand in der Regel reißenden Absatz. – Ableitung: zu Schlasing, s. d.; vgl. auch die Eign. Schlesinger, Schläsinger, Schlösinger.

Schlumpl, *m.* (nicht nur wienerisch), arbeitsscheue, dirnenhafte Frau (verächtlich), jetzt: Schlamp'n *m.* oder Schlamperl *s.* – Ableitung: wie Schlamp'n, nur liegt Ablaut in der Wurzel vor; mnd. *slumpe w.* (gleichbedeutend). Vgl. mhd. *slump* (Eigw.) ›schlampig‹, ›nachlässig‹.

Schmål-ranftler, sprich Schmoⁱrampftla, *m.*, Hut, insbesondere Zylinderhut (s. Zylinder), mit schmaler, flacher Krempe; diese Huttracht galt eine Zeitlang als Merkmal ›feschen, schneidigen‹ Wienertums. – Ableitung: Ranft (= umschließender Rand) hier von der Krempe gebraucht; ahd. *rampht m.*, mhd. *ramft* oder *ranft m.* ›Einfassung‹ ›Rand‹.

Schmålz-häf'n, sprich Schmoⁱzhefm, *m.*, eigentl. = Schmalztopf: (übt.) Zylinderhut, dem sein fettglänzendes Äußere und seine topfähnliche Form diese scherz.-spött. Bez. eintrugen.

Schmaus-wåberl, *w.*, Verkäuferin von Speiseresten der Hoftafel. – Ableitung: Wåberl, sprich -ba'l, Koseform zu Barbara, also eigentl. ›Babettchen‹.

Schmis'l, *s.*, Vorhemd. – Ableitung: frz. *chemise* (kelt. Herkunft) *w.* ›Hemd‹. – Es war auch die Vkl. ›Schmīserl‹ = Halskrause gebräuchlich: vgl. frz. *chemisette w.* ›Vorhemdchen‹; vgl. Mareta II 46.

Schmudl, sprich Schmū'l, *w.* (verächtlich), halt- und sittenlose Frau dirnenhafter Art; sinnverwandt Zolpl, s. d. – Ableitung: Hw. zu ma. *schmūdln* ›kosen‹, ›verliebt tun‹; vgl. Sassmann 232. Schmeller II 545.

Schnågerl-madam, *w.* (spött.), Großtuerin ohne wirkliche Mittel.

Schnågerl-såål (ger.), unfeiner Tanzsaal.

Schneck'n: in den Redensart ›Schneck'n hât's g'regn't‹ und ›Jå, Schneck'n mit Kren‹: die erste bedeutete ›Das ist Torheit‹, die zweite ›Fällt mir nicht im Traum ein‹. Vgl. Mayr (1929) 20.

Schneider-gāß, *w.* (spött.), Schneider. – Erklärung: Der Ausdruck nimmt auf die häufigen, seit alters üblichen Darstellungen des Schneiders mit einem rupfigen »Ziegenbart« Bezug, weshalb man den Vertreter dieses Handwerks mit dem Rufe ›Meck! Meck!‹ (der das Meckern der Ziege nachahmt) zu necken pflegte.

Schnî(d)ling-fest, sprich Schnî'l- (scherz.), Frühlingsfest. – Ableitung: hd. Schnittling = Schnittlauch (*Allium schoenóprasum*), das bekannte Küchengewürzkraut, das hier das erste Grünen in der Natur versinnbildlicht; s. zum folg. Wort und mhd. (ahd.) *snit m.* ›Schnitt‹, ›Zuschnitt‹, ›Beschneidung‹.

Schnî(d)ling-köpferl, sprich -kebfa'l, *s.*, der ältere Ausdruck für Bubikopf. – Ableitung: s. zu Schnîdling-fest; hier zu der Grundbedeutung des Wortes, näml. ›abgeschnittener Schoß‹, mhd. *snitelinc m.* ›Schnittling‹.

schok (undekl. Eigw.), viel; z. B. er hat schok Geld. – Ableitung: ung. *sok* (sprich schok) ›viel‹.

Schrecken-berger, *m.* (nicht nur wienerisch), falsche einschüchternde Kunde, erheuchelte, in Schreckbann versetzende Drohung. – Erklärung: Urspr. war Sch. die Sonderbezeichnung einer sächsischen Silbermünze, die eigentl. Engelgroschen hieß und im 15.–17. Jh. geprägt wurde; die Benennung Sch. erhielt sie nach den Silbergruben des Schreckenbergs bei Annaberg (Sachsen). Der spätere Wortsinn beruht auf einer scherzhaften Bedeutungsumbildung (vgl. D. W. B. IX 1672f.)

Schri(c)k, *m.*, Sprung (Bruch, Riß), bes. im Glas, Geschirr (aus Porzellan). – Ableitung: mhd. *schric m.* ›Sprung‹, ›Riß‹, mhd. *schricken* ›(auf)springen‹, ›einen Sprung (Riß) bekommen‹.

Schuaster-bua, Mz. -buam: eine seit dem frühen 20. Jahrhundert aus dem Wr. Straßenbild entwichene Gestalt. Der Sch. war das Urbild des kecken, schlagfertigen Lehrjungen (vgl. den Küchenjungen Leon in Grillparzers ›Weh dem, der lügt‹) von etwa dreizehn bis sechzehn Jahren, der mit einer blauen Schürze angetan – meist ein Stiefelpaar tragend – frohgemut und heftig pfeifend durch die Gassen ging und niemals um eine Antwort verlegen war. Diese in zahlreichen älteren Wiener Volksstücken erscheinende Figur fand auf der Bühne ihre vielbelachte Verkörperung gewöhnlich durch eine zarte, kurzbehoste Schauspielerin, die zwei ansehnliche Röhrenstiefel auf dem Rücken trug und schelmische Frechheiten versprühte. Um die Jahrhundertwende verwandelte sich dieser ausgelassene Fant, der mit der zunehmenden Macht des Kapitalismus und der fabriksmäßigen Schuherzeugung seine Magenöde immer bohrender zu fühlen bekam, in einen ernsten organisierten Jungarbeiter. Vgl. F. Schlögl ›Unsere Lehrbuben‹, Ges. Schriften I 301.

Schuaster-tåler, *m.* (scherz.), das einstige Vierkreuzerstück, eine große, gewichtschwere Kupfermünze in der Größe eines Silbertalers (daher der Name); vier Münzen dieser Art reichten aus, jedwede normale Geldbörse zu sprengen.

Schuaster-vogl, *m.*, scherz. Bez. des Truthahns (Indians). – Erklärung: Es bestand einst bei Handwerkern die Gepflogenheit, daß der Meister an dem Herbsttage, da zum ersten Male bei künstlichem Licht gearbeitet wurde, den Gesellen einen Festbraten, gewöhnlich einen gebratenen Indian, vorsetzen ließ; s. Liachtbratl. – Ableitung: Schuster hier im weiteren Sinne für Handwerker gebraucht; vgl. auch Mareta II 37f.

schubito (Ustw.), schnell, geschwind. – Ableitung: ital. *súbito* gleichbedeutend, auch: ›plötzlich‹. Die Aussprache des *s* als *sch* (›schubito‹) entspricht hier der ital. Mundart, wie sie vornehmlich auch im Trienter Gebiet und in Istrien begegnet.

Schur, sprich Schu^a, *m.*, Plage, Leid, Unannehmlichkeit. – Redensart: ›Er håt eahm an Sch. å^{n}tå^n‹: er hat ihm einen Streich gespielt (eigentl. ein Leid angetan). – Ableitung: mhd. *schūr* (oder *schūre*), auch *schour(e) m.* ›Hagel‹, ›Unwetter‹; übt. ›Leid‹ ›Ungemach‹; andere Deutung bei Mayr (1930) 77, Mayr (1929) 39. – Vgl. Nestroy XIV 637 (Belege) u. Mareta II 35.

Schuri-muri, sprich Schu^{a}ri-mu^{a}ri, *m.* (undekl.): 1. unruhiger, hitziger Mensch, (junger) Wirrkopf. – 2. Mischmasch, ein mit Weinzusatz bereitetes limonadeartiges Getränk. – 3. dummer Scherz: ›an Sch. treibn‹. – Ableitung: vgl. Castelli 251. Mareta II 35. Sassmann 232. Schmeller II 461.

Schwåmma-tåmerl, *m.*, oft berauschter Zecher. – Ableitung: Tåmerl: Vkl. von Thomas.

Schwåna-håls, *m.*, Meerschaumpfeife, jetzt in dieser Form nicht mehr gebräuchlich. – Ableitung: bildlicher Ausdruck (Schwanenhals).

Schwårz-bāzter, *m.*, schwarzgebeizter Tabak (zum Schnupfen). – Ableitung: s. bāzen (= beizen). – Wie das richtig und flott ausgesprochene ma. Wort ›Loabltoag‹ (»Laibchenteig«, wr. Labltach) einen Münchner oder überhaupt einen Bayer legitimiert, so galt und gilt das ma. gut gesprochene ›Zwirnknäullerl‹ als Paßwort eines echten Wieners oder Österreichers. Daneben gab es früher überdies einen wr. Erprobungssatz (zungenbrechend für jeden Norddeutschen): ›Wånn S' an' Schwårzbazt'n hätt'n, schnupfat'n S'n?‹

Schwårze Låck'n, *w.*, Ez. u. Mz., Tümpel verschiedener Größe mit reichster Sumpfflora und -fauna; mehrere davon waren in den Praterauen, z. T. in der nächsten Umgebung der unteren Hauptallee (»Nobelprater«), gelegen. Den Namen trugen sie von ihrem dunklen Gewässer und dem schwarzen schlammigen Sumpfgrund. Da sie eine üppige Brutstätte von Stechmücken waren und da man in Wien überdies vorübergehend von verschleppter Malaria und günstigen Entwicklungsbedingungen der gefährlichen Gabelmücken in den ›Schwårz'n Låckn‹ sprach, legte man sie zunächst im Pratergebiet durch allerlei Schutt trocken. So wurde eine kleine Welt mit tausendfachem Leben für immer erstickt – zum allergrößten Schmerz der einstigen Praterbuben (s. Pråterbua), die es nie verstehen noch verwinden konnten, daß man ihnen ihre heißgeliebten Unterhaltungsstätten und ergiebigsten Forschungsplätze nahm, »nur damit die faden noblichen Leut' in der Hauptallee keine Gelsen beißen«. – Ableitung: mnd. (mnl.) *lake* w. ›Pfütze‹, mhd. *lache* w. (gleichbedeutend); vgl. Kretschmer 318.

schwårz-gamert oder **-mad**, bösmäulig. – Ableitung: zu Gam = ›Gaumen‹, also eigentl. ›schwarzgaumig‹; vgl. der Schwårze = der Böse, der Teufel.

Schwerak (meist End.), *m.*, schelmischer, heiterer Mensch. – Ableitung: tschech. *čtverák m.* ›Schalk‹, ›Lustigmacher‹, ›Spaßvogel‹. Mareta II 55. Nestroy XIII 602 (»Schwerrak«). Schuchardt 66. (Nicht hieher gehört das gleiche Wort bei Schmeller II 646).

Schwulität, *w.* (nicht nur wienerisch), Notlage, Verlegenheit, Patsche. – Ableitung: Mischbildung aus hd. *schwül* = ›dunstig‹, ›heiß‹, (übt.) ›beklommen‹ (Nebenform hd. [16. Jh.] *schwule* ›ängstlich‹, s. Weigand II 829) und der latinisierenden Endung *-ität* (lat. *-itas*): ein drolliges Erzeugnis der Studentensprache, aus der es in die Uspr. und Mundart eindrang; vgl. Storfer (1937) 140; 218.

Schwumm, *m.*, Bedrängnis, Überbürdung. – Ableitung: unsicher; vgl. mhd. *swam m.* ›Überschwemmung‹; mnd. *swummen* ›schwimmen‹.

Sechser, sprich Seksa, Mzw.: eine um die Jahrhundertwende bei Männern beliebte, namentlich von den Deutschmeistern (s. ›Edlknåb'n‹) und Fiakern (s. d.) bevorzugte, »schneidige« Haartracht: an den Schläfen in Sechserform nach vorn gekämmtes Haar. – Ableitung: zu hd. *sechs* (lat. *sex*).

Sess'l-tråger, *m.* (schelt.), unwirscher Mensch, Grobsack. – Redensart: ›schimpfen wia-r-a S.‹: in flegelhafter Weise schimpfen. – Erklärung: Die muskelstarken Sänftenträger galten als derbe Gesellen.

Sidawazion oder **-aun** (End.), *w.*, Situation. – Ableitung: ital. *situazione w.* ›Lage‹, ›Zustand‹.

Siebazehner oder **Siewa-**, sprich -zeena, *m.*, eigentl. Siebzehner. – Redensart: ›Er is a fålscher S.‹, d. i. ein nicht verläßlicher Mensch, ein Mann, der kein Vertrauen verdient. – Erklärung: Im 18. Jh. gab es nicht selten gefälschte Siebzehnkreuzerstücke, und die angeführte Redensart ist bereits früh belegbar; in einer aus dem Jahr 1836 stammenden Arie (die bei Schmidt 3 mitgeteilt wird) heißt es: ›Die flatternden Männer, die falschen Siebzehner, die wissen zu schwören und uns zu betören‹. Abzulehnen ist der Deutungsversuch bei Mayr (1929) 37, den Jakob 173 wiederholt.

sindli(ch), sinnlich; begierlich, sehnsüchtig. – Ableitung: Das »d« in sindli(ch) ist ein Einschub, welcher der bequemeren Aussprache dient; mhd. *sinneclich* ›besonnen‹.

Sodaliske, *w.* (nicht nur wienerisch), Verkäuferin von Sodawasser. – Ableitung: Das Wort war keine Wiener Prägung; es war wohl von norddeutschen Reisenden hergebracht worden (vgl. Meyer-Mauermann, ›Der richtige Berliner‹ 1925, S. 168) und führte hier kein langes Dasein. Es liegt eine scherz. Weiterbildung von Odaliske vor. Zugrunde liegt das türk. *odalýk* ›Stubenmagd‹, ›Zimmergenossin‹, wovon sich ›Odaliske‹ (*w.*) herleitet, d. i. eine weiße Haremssklavin; aus diesen Kebsfrauen pflegten die einstigen Türkenkaiser ihre Gemahlinnen zu wählen.

Sofiderl, sprich -da'l, *s.*, kleines Ruhebett. – Ableitung: Vkl. zu Sofa, eine scherz. Mischbildung: aus arab. *suffa w.* (Ruhebank vor dem Hause) wurde frz. *sofa* u. ital. *sofà w.* ›Sofa‹; die Bildung der ma. Vkl. scheint unter Mitwirkung von frz. *soffite m.* ›Felderdecke‹ vor sich gegangen zu sein.

Sopherl: ›Frau Sopherl vom Naschmarkt‹, eine von V. Chiavacci, dem feinsinnigen Verfasser humoristischer Skizzen und Kulturbilder aus dem Wr. Volksleben (gest. 1916), geschaffene Wr. Charaktergestalt, das Urbild des Naschmarktweibes, zumal aus den Tagen, da der Wiener Naschmarkt noch auf seinem ursprünglichen Platz stand und ›Åschnmark‹ (s. d.) hieß. Der Typus starb aber nicht sogleich völlig aus, sondern war noch länger auch in Reinkultur anzutreffen. In ihrer Urform erscheint diese Verkäuferin als stämmige, »resche« Wienerin in den besten Jahren, einfach und dabei sauber gekleidet; sie trägt ein buntes Kopftuch, das unter dem Kinn häufig in einen Knoten verläuft, ferner eine blaue Schürze, auf der zwei große Taschen aufgenäht sind, in die sie tief hinunterlangen muß, wenn sie Geld wechseln will (manche Sopherl hatte dafür eine ansehnliche schwarze Ledertasche). Ihre Arme stemmt sie meist selbstbewußt in die Hüften, wobei sie liebevolle Blicke über ihre Waren schweifen läßt und die Vorübergehenden mit Sirenenstimme zum Einkauf verlockt: ›Wås kriag'n ma denn, gna' Herr? Zuckersüaße Traub'n hätt ih då, kumman S' her! Gnä Frau, suach'n S'Ihna wås aus! Såftiche Kaiserbirn', frische Gråvensteiner Äpfeln, um büllichs Göld a saubers Viertlkila; Nüss' und Dått'ln, nehman S' wås mit, junger Herr! Sie wern mi lob'n! Kost'n S' vülleicht, wås nåch Ihnern Guster is!‹ – Folgt nun eine angesprochene Frau der Einladung und kostet von den Früchten, wendet sich aber hierauf ohne Kauf zum Weitergehen, dann ergießt Frau Sopherl ein wahres Füllhorn der knallendsten und urwüchsigsten Scheltworte über diese »notige Person, die nur umanåndstierln und sich gånz umasunst ånessen möcht«. Frau S. ist zwar keine lebensvernichtende homerische Sirene, aber vor ihrer »Resch'n« kann in solchen Fällen nur eine schleunige Flucht retten. – Vgl. Vinzenz Chiavacci ›Standreden der Frau Sopherl vom Naschmarkt‹ (1896) und ›Frau Sopherl vom Naschmarkt‹ (1901), auch als Volksstück bearbeitet. – Ableitung: Koseform zu Sophie; griech. *sophia* w. ›Weisheit‹; Heilige Sophie: Namenstag am 15. Mai.

Spådi, *m.*, Säbel. – Ableitung: ital. *spada* w. ›Degen‹, ›Schwert‹ aus germ. *spatha* w. ›Schwert‹. Das männliche Geschlecht des Wortes erklärt sich aus dessen hd. Bedeutung.

Spadi-fankerl, sprich ka'l, *m.*: 1. (Grundbedeutung) der kleinste Teufel, eine ehemals beliebte Possengestalt. – 2. (übt.) heiterer Witzbold. – 3. (übt., weiterentwickelte Bed.) geistig regsames Kind. – Ableitung:

Spadi, s. d.: der Sp. trug gewöhnlich einen Säbel, der bisweilen fast so groß wie er selbst war. – Fankerl = Gankerl, d. i. Teufel. – Vgl. Mayr (1930) 148.

Spalett-ládn (Mitt.), Mz. -lädn, *m.*, hölzerner Fensterladen (innerhalb des Zimmers). – Ableitung: ital. *spalletta w.* ›Geländer‹, ›Lehne‹.

Spangerl, *s.*, Zigarette. – Ableitung: ital. *spagnoletta w.* ›Zigarette‹; Mischbildung mit ma. Endung und leichter Umformung der Wurzel.

Spanler, sprich -la, *m.*, kleiner Papierdrache, der auf einem rechteckigen, quadrat- oder kreuzförmigen Holzrahmen gespannt ist; er besitzt keinen Reifen; s. Rafler. – Ableitung: Spanl oder Spandl ist ma. Vkl. von Spå^n = Holzspan.

Spargament'n (End.), Mzw.: 1. (Grundbedeutung) Ausstreuungen, Gerüchte. – 2. übereifriges (auch geziertes) Getue. – Ableitung: ital. *spargimento m.* (Mz. -ti) ›Aussprengung‹, ›Verbreitung‹; vgl. lat. *spargere* ›streuen‹ (verw. mhd. *sprengen* ›streuen‹).

Spargel: Redensart (iron.): ›Er kriagt sein Lax(e)nburger Sp.‹ = seine wohlverdienten 25 Hiebe. – Erklärung: also einen ganzen Bund Spargel (man denke an die stockartige Form des schnittreifen Spargels) aus einem erlesenen Garten; zu Laxenburg in NÖ. befindet sich ein berühmtes, einst kaiserliches Schloß mit großen Gartenanlagen.

spassapā! (End.), Spaß (Scherz) beiseite! – Ableitung: Verbindung des hd. Wortes ›Spaß‹ mit frz. *à part* ›beiseite‹ (lat. *a parte*).

Spazi-kamin (End.), *m.*, Rauchfangkehrer. – Ableitung: ital. *spazzacamino m.* (gleichbedeutend) aus *camino m.* ›Schornstein‹ und *spazzare* ›fegen‹; vgl. Textor 10.

Spenat-wáchter, *m.*, Zollwächter auf den Linienämtern. – Ableitung: die scherz. Bez. rührte von den grünen Uniformaufschlägen dieser Beamten her und begegnet hin und wieder noch heute; ›Spenat‹ ist die wr. ma. Form von Spinat (mhd. *spināt m.*).

Sperenz(e)ln, Mzw. (nicht nur wienerisch), Schwierigkeiten, Umschweife, Ausreden. – Ableitung: mlat. *sperancia (sperantia) w.* ›Hoffnung‹; doch ist das Wort durch Volksumdeutung mit ›(sich) sperren‹ verquickt, daher auch ›Sperrenzien‹ (so bayr.) geschrieben; vgl. Weigand II 911; s. auch Mareta II 60f.

Sperr-geld, gewöhnlich **Spirrgeld**, sprich Schbī^{a}göɪd, *s.*, war das Geld (s. Sperrsechserl), das man dem Hausbesorger nach zehn Uhr abends bis fünf Uhr morgens für das Aufsperren des Haustores zu entrichten hatte.

Die Wohnparteien in Zinshäusern besaßen bis nach dem 1. Weltkrieg noch keinen Haustorschlüssel.

Sperr-sechserl oder gewöhnlich **Spirrsechserl**, sprich Schbiᵃseksa'l, *s.*, das übliche »Sperrgeld«, s. d. Um der Notwendigkeit dieses Geldopfers zu entgehen, entstand ehemals kurz vor der ›Spirrstund‹ (22 Uhr) eine allgemeine Flucht aus Gasthäusern und Unterhaltungsstätten; vgl. das einst oft aufgeführte Volksstück von Robert Stolz ›Das Sperrsechserl‹.

spezimopperl (Ustw.), wohlbefreundet. – Redensart: ›si mit ān sp. mȧch'n‹: sich mit jm. anfreunden, auf guten Fuß stellen; auch: sich jm. anbiedern. – Ableitung: ma. *Spezi* = besonderer (»spezieller«) Freund; der 2. Wortteil -mopperl (als eigw. oder ustw. Ausgang) ist schwer zu deuten; ich vermute eine freie ma. Umbildung des frz. Adjektivausgangs *-mable* (vgl. etwa *aimable, estimable* u. ä.), allenfalls der adverbialen Form (*-mablement*), so daß dieses Wort über *spezi-måbel entstanden wäre. Keinesfalls ist an das Hw. Mopperl (also etwa ›als Freund mitfahrend‹) zu denken.

Spiel-kaiser, sprich Schbüⁱkaisa: die einstige Bez. für Spielführer, bes. bei den Jugendspielen der Mittelschüler gebräuchlich. Der Sp. wurde von den Mittelschülern der betreffenden Klasse durch vollkommen republikanische Abstimmung oder durch Zuruf gewählt, er hatte das jeweilige Spiel bald als Nichtspieler (s. Supp'n), bald als Mitspieler zu leiten. – Ich wüßte aus dieser meiner eigenen Kaiserzeit, die ich unter den »Sperlisten« (Schülern des sog. Sperlgymnasiums u. -realgymnasiums in der Leopoldstadt) auf der Jesuitenwiese im Prater verlebte, zu berichten, daß ich es z. B. bei dem Kampfspiel ›Kaiserball‹ – später ganz simpel ›Schlagball‹ geheißen – als die oberste meiner Herrscherpflichten ansah, durch flinkes Eingreifen möglichst viele »Aussireissa« (d. i. Rettungen gefährdeter Situationen) durchzuführen. Komme ich heute an der Jesuitenwiese vorbei, klingt mir der Kampfruf »Schuster, mȧch an Aussireissa!« noch im Ohr. – Ableitung: mhd. u. ahd. *spil s.* ›Unterhaltung‹, ›Zeitvertreib‹ (Wurzel unerklärt); got. *kaisar* aus griech. *kaisar* (= lat. Caesar).

Spitål-bojazer (spött.), eigentl. ›Spitalbajazzo‹, ein Kranker mit der eigenartigen Spitalmütze.

Spittelberg, einstige Wr. Vorstadt üblen Rufes: sie war reich an Elendsquartieren, in denen lichtscheue Leute ihren ›Schluf‹ hatten (s.

Kråwåt'ndörfl), und galt auch als Hauptsitz der Wr. Dirnenwelt; vgl. K. E. Blümml u. G. Gugitz ›Der Spittelberg und seine Lieder‹, Wien 1924.

Spleny: Die Soldaten des ehem. Wiener Hausregiments (s. unter ›Edelknåb'n‹) rühmten sich: ›Mir von Hoch und Spleny / Mir, mir san ned weni‹; mit »Hoch« wurde auf den Namen ›Hoch- und Deutschmeister‹ angespielt, mit »Spleny« auf den beliebten Oberst A. Spleny dieses Regiments (vgl. Jakob 178). Es gab auch ein Deutschmeisterlied, das mit den Worten begann: ›Ih bin an ålder Spleny‹. – Zur Ableitung: Da das Wort fast regelmäßig ›Spleni‹ geschrieben wurde, wollte es W. A. Hammer (Fremdenblatt, 69. Jg., 11. 7. 1915) als Hw. zu ital. *splendido* ›glänzend‹ deuten; ähnlich Schranka 160.

Spritzerer, sprich -tzara, auch Spritz(n)-kommissär (scherz.-iron.) genannt: nicht seltene Bezeichnungen des ›Spritz'nschlauchschleuderers‹, s. d.

Spritz'nschlauch-schleuderer, sprich -schleidra, eine seit der Jahrhundertwende aus Wien verschwundene Straßenfigur, ein Opfer fortschreitender Technik. Die Bekämpfung der großstädtischen Staubplage, zumal in der wärmeren Jahreszeit, wurde in Wien bis zur Jahrhundertwende durch einen mit zwei Pinzgauer Pferden bespannten Wagen besorgt, auf dem ein längliches, riesiges, viele Hektoliter Wasser bergendes Faß ruhte, das auf seiner Rückseite unten in der Längsmitte eine faustgroße Öffnung als Spundloch hatte; darin steckte ein armdicker, etwa 2 bis 2,5 Meter langer Schlauch, der in einer großen Blechbrause (Rosette) endigte. Diese bewegte ein meist von der Wiener Gemeinde angestellter blaubeschürzter Mann mittels einer starken Rebschnur unablässig hin und her, während der Wagen in Bewegung war. Dieser ›Spritz'nschlauchschleuderer‹ schleuderte also den Schlauch der Spritze (Brause) hin und her und besprengte so die staubigen Straßen und Gassen, die vielfach noch keine Granit- oder Asphaltdecke besaßen. Kinder, besonders bloßfüßige Knaben, stellten sich an den Gassenrändern auf und ließen sich anspritzen, ab und zu wagten sie sich auch in die Gasse (Straße) selbst vor und erhielten bisweilen eine derbe Dusche. Vielen kleinen Jungen gefiel dieser »lustige« Beruf so sehr, daß sie ihn dereinst als ihren Lebensberuf zu wählen beabsichtigten: auch der Verfasser dieser Zeilen gehörte zu diesen. S. auch unter ›Spritzerer‹.

Spritz-wåg'n: So hieß schon der Vorgänger des heutigen Wagens zur

Straßenbesprengung. Über die Gestalt und den Betrieb des älteren Wohltäters s. unter Spritz'nschlauchschleuderer.

Ssere-sleife(r), *m.*, Scherenschleifer, ein jetzt ausgestorbener Wr. Straßentyp, ein Landsmann des Figurimanns und des Salamudschis (s. unter diesen Wörtern), ein Italiener aus dem ehem. Vielvölkerstaat der Habsburger. Das Wort ›Sseresleife‹ gibt die radebrechende Aussprache des Italieners wieder. Dieser Messer- und Scherenschleifer kündigte sich, von Hof zu Hof ziehend, durch den weithin vernehmbaren Ruf ›Sseresleife(r)‹ an. Das hatte zur Folge, daß sich zahlreiche Türen öffneten und die Leute aus vielen Häusern ihre stumpfgewordenen Messer und Scheren herbeibrachten, denen er für ein geringes Entgelt mit unglaublicher Geschwindigkeit und Geschicklichkeit ihre Schärfe wiedergab. – Übrigens hatte noch lange eine beträchtliche Anzahl von Wiener Messer- und Scherenhandlungen ital. Besitzernamen. Diese Kulturbeziehungen Wiens zu Italien reichen bis in das dreizehnte Jahrhundert zurück.

Stååts-krippl, sprich grippⁱ, *m.* (*s.*), spött. Bez. eines Mannes, der bei der Musterung als untauglich für den Militärdienst befunden wurde. – Ableitung: von Krüppel.

Stäberl, sprich -ba'l, *m.*, vielbelachte Possengestalt der Wiener Bühne. – Erklärung: A. Bäuerle (gest. 1859) hatte in seinem Stück ›Die Bürger von Wien‹ in dem Regenschirmmacher Staberl einen urechten Wiener Spießbürger auf die Bühne gestellt; der große Erfolg dieser Volksposse machte die bezeichnete Hauptgestalt sehr volkstümlich und ließ in der Folgezeit zahlreiche ähnliche Bühnenwerke, die sog. ›Staberliaden‹, entstehen. – Ableitung: ma. *Staberl s.* = Stäblein.

Stådt-mauer, *w.*, ein auffallend hoher, steif hervorstehender Hemdkragen; er ist jetzt, da man keine steifen »Stehkrägen« mehr trägt, außer Gebrauch; s. auch ›Vatermörder‹.

Stamperer, *m.*, Mädchenbetörer, Schürzenjäger. – Ableitung: eigentl. Stampfer (Stampfender) zu hd. *stampfen* (bildl.) = koitieren; vgl. ital. *stampāre* ›stempeln‹, ›eindrücken‹.

Stampor-kitt'l, sprich -kī'l, *m.*, derbes Arbeitskleid für Frauen. – Ableitung: mhd. *stampf m.* ›Werkzeug zum Stampfen‹ (also für harte Arbeit) zur idg. Wurzel **stemb-* ›stampfen‹, vgl. ital. *stampa w.* ›Presse‹, engl. *stamp* ›stampfen‹. – mhd. *kitel m.*, md. *kidel* ›hemdartiges Oberkleid‹.

Staⁿ, *m.*, Silbergulden (im Ggs. zum Gulden als Banknote). – Ableitung: Gaunersprache; Sta^n = Stein, weil Hartgeld.

Staub-aus (End.), *m.*, Schluß. – Redensart: ›mit $\bar{\text{a}}$n in (= den) St. måchn‹: mit jm. Schluß machen, jn. entlassen. – Ableitung: Wortbildung mittels der Befehlsform.

Staub-ferien, Mzw., Freizeit (der Kanzleibeamten) infolge Scheuerung ihrer Arbeitsräume. – Ableitung: lat. *feriae*, Mzw. (*w.*) ›Feiertage‹, ital. *fèrie w.* ›arbeitsfreie Tage‹.

Steffl, *m.*: 1. deutsche Kurzform des aus dem Griech. stammenden Männernamens Stephan; griech. *stéphanos* ›Kranz, Krone‹. Der heilige Stephan erwarb die erste Märtyrerkrone. 2. ›Der ålde Steffl‹ ist die wr. Bezeichnung des einen ausgebauten Turmes der fast genau im Stadtmittelpunkt stehenden größten Kirche Wiens, der Metropolitankirche zu St. Stephan. Er ist wie der Dom selbst eines der stolzesten Kunstwerke der Stadt und geradezu das (in vielen Liedern verherrlichte) Sinnbild Wiens. Vor dem 12. Jh. stand an dieser Stelle eine dem gleichen Heiligen geweihte Kapelle, die zur Zeit Heinrichs Jasomirgott durch einen romanischen Großbau ersetzt wurde (geweiht 1147). Dieser Dom brannte 1276 zum größten Teil ab, und Rudolf IV. der Stifter ließ die Kirche in gotischem Stil umbauen, die in ihrer neuen Gestalt erst im 15. Jh. vollendet wurde. Den Wienern der älteren Generationen war kaum etwas so sehr ans Herz gewachsen wie der alte Steffl, der durch die Jahrhunderte Österreichs Glanz- und Trauerzeiten sah, der eine kurze Zeit den türkischen Halbmond auf seiner Spitze trug und der auf Napoleons Krieger niederblickte. Wenngleich seit der vormärzlichen Zeit im Äußerlichen Wiens und in dessen Seele gewaltige Änderungen vor sich gingen und die alten Formen des Urwienerischen und Urgemütlichen neueren Gestaltungen des Wiener Lebens und Denkens gewichen sind, so ist doch der alte Turm, Wiens Riesenfinger, ein besonders ehrwürdiges Denkmal Vindobonas geblieben. An der Kirche selbst ging der zweite Weltkrieg allerdings nicht spurlos vorüber. Die vor der anrückenden Armee Rußlands weichenden deutschen Faschisten fügten dem weltberühmten Kunstwerk schwersten Schaden zu: am 11. und 12. April 1945 brannte unter dem Beschuß deutscher Granaten das Dach des Stephansdomes aus, dessen Gewölbe einstürzte. – Der ›ålde Steffl‹, womit bisweilen auch der gesamte Dom gemeint ist, hat zu München im dortigen ›åld'n Peder‹ (Petersdom), einem Münchener Wahrzeichen, eine Parallele.

Stell-wåg'n, sprich Schdö^i-, ein Personenfuhrwerk, dessen Nachfolger der motorisierte Omnibus, anfangs ›Auto-Omnibus‹ genannt, wurde. Die ersten St. wurden im 19. Jh. in Österreich gebaut, und sie vermittelten den regelmäßigen Verkehr zwischen bestimmten Haltestellen. Die blaugestrichenen, breitgebauten, sehr behäbig schwankenden St. Wiens waren von zwei Pferden gezogen und fingen der damaligen Straßenpferdebahn nicht wenige Kunden weg. Der St. mit seinem Damen- und Rauchcoupé war nämlich das Lieblingsgefährt aller Großmütter und älteren Frauen, die der heillosen Gefahr des sie verwirrenden Umsteigenmüssens von einem Straßenbahnzug in einen anderen entrinnen wollten. Denn der St. fuhr frischweg gewisse Bahnen weit über das Stadtgebiet hinaus; und wäre auch manche Strecke mit der ›Pferdetramway‹ in einem Drittel der Zeit erreichbar gewesen, sie litt nun einmal an der abschreckenden »Umsteigerei«, und im übrigen spielte der Zeitbegriff bei den älteren Weiblichkeiten jener Tage keine Rolle. Um die Jahrhundertwende betrachtete man den St. bereits als eine veraltete Fahrgelegenheit; in allerlei Scherzversen belustigten sich die Volkssänger über dieses Fuhrwerk, das übrigens auch Omnibus (ma. ›Onibus‹) hieß, z. B.:
Bequemer als die Tramway is
    Der Omnibus,
Man findet viele Damen g'wiß
    Im Omnibus:
Der rüttelt fest, dås is famos,
Die Damen kollern an in' Schoß
    Im Omnibus, im Omnibus, im Omnibus.

Die Schwiegermutter zu uns kummt
    Im Omnibus,
Bezåhlen muaß ih, weil s' sunst brummt,
    Den Omnibus:
Sie is so liab und is so g'scheit
Und håt aa so vü' Ähnlichkeit
    Mi'n Omnibus, mi'n Omnibus, mi'n Omnibus.
Ableitung: Stell- = Gestell; somit ist Stellwagen eine Kurzform für ›Gestellwagen‹; vgl. hd. Stellmacher, d. i. Wagner, der Wagengestelle verfertigt.

stern-kreuz-diwi-domini! ein Fluch, der religiöse Begriffe andeutet bzw. umbildet. – Ableitung: Stern steht hier für Himmel als Pars pro toto; im übrigen s. zu Kreuzdiwidomini.

Sterz: Redensart: ›Dåstehⁿ' wia 's Manndl bein St.‹: sich ratlos und unentschlossen zeigen. – Erklärung: Im Ggs. zu Mayr (1929) 67 möchte ich diese Redensart folgendermaßen erklären: Das Manndl ist deshalb so verblüfft und hilflos, weil es als Nicht-Steirer mit dem Sterz, der sozusagen ein echt steiermärkisches Nationalgericht ist (›oa Reindl voll Sterz und oa Rahmsupp'm drauf‹) nichts anzufangen weiß. Man denke dabei auch an die ziemlich wählerische Art des Wieners in Angelegenheiten des Essens; vgl. Schmeller I 1601, II 786. Lit. Belege: Nestroy IV 419.

Stimulus, *m.*: 1. Ahnung: ›voⁿ wås an St. håb'n‹. – 2. Anheiterung (durch Genuß geistiger Getränke). – Ableitung: lat. *stimulus m.* ›Ansporn‹, ›Antrieb‹. Das aus der Gelehrtensprache in die Mundart gelangte Wort hat dabei einen gelinden Bedeutungswandel erfahren.

Stößer, sprich Schdessa, *m.*, schmalkrempiger Zylinderhut, sinngleich Schmalranftler, s. d. – Redensart: ›an hoch'n St. trågn‹. – Ableitung: zu stoßen; der hohe Hut stößt gleichsam gegen den Himmel. – Erklärung: Diese Kopftracht, obzwar englischen Ursprungs, galt lange Zeit als ein Abzeichen echtesten Wienertums und war namentlich bei Fiakern (s. d.) und Volkssängern (s. d.) beliebt; vgl. Zylinder.

Stråmpfer-wåg'n, beschönigende Bezeichnung des Polizeiwagens, worin Häftlinge abgeschoben wurden, später ›Greaner Heinrich‹ genannt. – Erklärung: Der Name nahm auf das ehemalige Strampfertheater (Tuchlauben) Bezug, das zahlreiche blinde Fenster hatte; vgl. Jakob 185. Strampfer hieß der Direktor der genannten Bühne.

Strazzen-såmmler, Sammler von Fetzen und allerlei Abfällen. – Ableitung: ital. *strácci* (Mz.) ›Lappen‹, ›Lumpen‹.

Streich-muaster (spött.-ger.), stark geschminkte (»ang'strichene«) Frau: ›so a rapplerts St. überanånd‹. – Erklärung: Das Verächtliche dieser Bezeichnung liegt darin, daß die Person nur als Sache (farbiges Muster) hingestellt wird.

Stub'n-madl-füaß, sprich Stu'm-mā̄'l-. – Redensart: ›båchane St.‹: gebackene Kalbsfüße. – Erklärung: Der scherz. Ausdruck bezieht sich auf die gelenkige Zartheit der Glieder des jungen Stubenmädchens.

Stub'n-muatta (-muada), sprich Stu'm-, ›Stubenmutter‹, zutrauliche Bez. der Aufseherin im Frauenraum eines Armen- oder Krankenhauses.

Stub'n-våtta (-våda), sprich Stu'm-, ›Stubenvater‹, zutrauliche Bez. des Aufsehers im Männerraum eines Armen-, Kranken- oder Gefangenenhauses.

Stuck, *s.*, Mz. Stuck (selt. Stucker, sprich Stucka), Stück; Theaterstück. Redensart (iron.): ›a gscheits St. von eahm‹: ein dummer Streich; ›nåch'n St. geb'n (årwat'n, verkauf'n)‹: einzeln. – ›Stucker åchte‹: acht Stück. – Ableitung: ahd. *stucki*, mhd. *stucke, stuck* (später *stücke, stück*) ›ein Teil (von etwas)‹.

Stuwer: Anton Stuwer war der Name eines noch um die Jahrhundertwende gerühmten Veranstalters von Feuerwerkskünsten (s. Feuerwerkswies'n). Er hatte seinen Beruf ererbt: schon sein Urgroßvater, Großvater und Vater waren Pyrotechniker gewesen, vgl. Petermann (s. unter ›Schanzl‹) I 391 u. 427. – Der Ausdruck ›Bravo, Stuwer!‹, urspr. ein vieltausendstimmiger Beifallsruf, wurde in Wien eine Zeitlang zu einer anerkennenden Formel für jede tüchtige Leistung. – Zur Zeit des genannten Anton St. gab es auch das Wort ›Stuwerwetter‹ (sprich -wēda): der Regengott spielte ihm allzu oft einen Possen. Vgl. F. Schlögl, Das letzte Stuwersche Feuerwerk, Ges. Schriften II 275ff.

Sudetinger, Sudetendeutscher; die S. spielten oft im politischen und kulturellen Leben Wiens eine bedeutende Rolle. – Ableitung: Das Wort ›Sudeten‹ ist unerklärt, C. Zeuss denkt an eine kelt. Wurzel.

Sumpernelli, *m.*, veraltete Nebenform von Sumper, scherz. mit ital. Endung gebildet.

Supp'n, sprich -pm, Ez. u. Mz., *w.*, eigentl. Suppe: Bez. einer kleinen, etwa tellerartigen Vertiefung auf einer Spielwiese. In die S. wurde beim sog. Nationenspiel der Ball gelegt; die spielenden Knaben, deren jeder als Vertreter eines mobilisierten Volkes »kämpfte«, stellten sich auf den Befehl des Spielkaisers (s. d.) »Zua Suppen!« im Kreise um diese Vertiefung auf und streckten die Rechte in die Richtung zum liegenden Ball. Auf des Spielführers Ruf »Österreicher!« oder »Franzos!« »Türk!« »Kinés!« griff der jeweils Gerufene hurtig nach dem Ball und warf ihn auf einen der auseinanderstiebenden Mitspieler. Der Getroffene bekam im Verzeichnis des Spielkaisers ein »Stricherl« (Verlustpunkt), ebenso ein Fehlwerfender. Wer fünfmal (oder zehnmal) in einem dieser Kriege geschlagen war, mußte ausscheiden; Sieger war, wer zuletzt die wenigsten Schlachten verloren hatte. – Ableitung: Das Wort gehört zur gleichen Wurzel wie hd. *saufen*; vgl. mhd. *sūfen*, mnd. *sūpen* ›schlürfend trinken‹. – Erklärung: Es liegt ein Vergleich der Vertiefung mit einem Suppenteller vor.

Supp'n-schwåb, sprich Supp'm-, leidenschaftlicher Suppenesser. – Ableitung: Bauern sollen Suppenfreunde sein, worauf ihr Sprichwort ›Wer gern suppt, lebt lång‹ hindeutet (Schwåb hier im Sinne von einfacher, anspruchsloser Mensch, Nichtstädter).

Swoboda, sprich -bada, Franz Swoboda, einstiger Besitzer eines von den minder bemittelten Klassen der Wr. Bevölkerung (insbesondere von Dienstmädchen, Soldaten, jungen Arbeitern) viel besuchten Tanzlokals im Volksprater. Die Tanzgebühr war hier mäßig: man ging zum ›Fünfkreuzertanz‹ (sprich Fimfkraizatånz) beim S.; wer den ›Stahlener‹ in Hernals aufsuchte, mußte schon besser bei Kasse sein. – Ableitung: Swoboda ist ein häufiger tschech. Eign. (tschech. Hw. *svoboda f.* ›Freiheit‹).

T

Tabor-lina, *w.*, Taborlinie (s. unter ›Lina‹), benannt nach der Stadt Tabor im mittleren Böhmen. Ehe es Eisenbahnen gab, erfolgte die Einwanderung von Tschechen nach Wien bei der Taborlinie: vgl. die jetzige Taborstraße in der Leopoldstadt. Ihre eigenartige Aussprache des Deutschen ließ die neu zugewanderten Tschechen leicht als solche erkennen; sie selbst aber waren damals (und noch um die Jahrhundertwende) größtenteils bestrebt, möglichst rasch im Wienertum aufzugehen und als vollwertige Wiener betrachtet zu werden. Mißglückte diese Absicht, so hieß es: ›Der is aa bei der Taborlina einakumma‹ oder ›Der håt aa seine Schlapf'n bei der T. stehn låss'n‹.

tachinier(e)n, sprich -ní^{a}n: sich dem Dienst an der Kriegsfront entziehen, sich vom Kriegsdienst drücken. Dieses Wort kam in Österreich (wahrscheinlich in Wien) während des ersten Weltkriegs auf. Der Ursprung dieses Ausdrucks ist dunkel; zwei Deutungsmöglichkeiten verdienen Hervorhebung: 1. Ableitung vom tschech. Worte *táhnouti se* ›sich ziehen (dehnen)‹, ›sich fortpacken‹ (*táhni!* ›troll dich fort!‹).
2. Ableitung aus dem Altgriechischen (Stammwort *tachýs* ›schnell‹). Der medizinische Fachausdruck ›Tachykardie‹ bezeichnet eine krankhaft gesteigerte Herztätigkeit, und dieses Leiden pflegte die Militärärzte zu veranlassen, die damit Behafteten für »untauglich zum Frontdienst« zu erklären. Da diese Tatsache in Soldatenkreisen allgemein bekannt war, suchten manche Drückeberger dem prüfenden Militärarzt dieses Leiden (meist durch reichlichen Genuß schwarzen Kaffees vor der Untersuchung) vorzutäuschen. Die Tachykardie modelte der Soldatenmund zu ›Tachynose‹ (s. d.) um und bildete von dieser Verballhornung das Zeitwort ›tachinieren‹ und das Hauptwort ›Tachinierer‹ (s. d.). Diese Wörter, zumal die zwei zuletzt genannten, waren auch im zweiten Weltkrieg auf österr. Boden noch gebräuchlich.
3. Mindere Glaubwürdigkeit wird nachstehenden Deutungen zukommen. Man wollte das Wort mit dem rotwelschen Ausdruck ›Tarchener‹ (Bettelbetrüger) in Verbindung bringen. Ferner wies man auf die Tatsa-

che hin, daß im Jahr 1914 bei den kriegerischen Vorgängen in Galizien der Mannschaft die Küche oft tagelang fehlte. Da gingen öfters Soldaten aus eigenen Stücken »*an Tach* (einen Teig) holn«, d. h. Brot beschaffen. Daraus sei das Wort ›tachinier(e)n‹ entstanden, das aber erst allmählich seine üble Bedeutung angenommen habe.

Tachinierer, *m.*, Drückeberger; einer, der sich vom militärischen Frontdienst losstiehlt und sich im Hinterland oder in den rückwärtigen Heeresteilen (als ›Etappenhase‹) herumdrückt; abgeleitet von ›tachinier(e)n‹, s. d.

Tachinose, *w.*, wahrscheinlich ein verzerrter Ausdruck für ›Tachykardie‹: s. unter ›tachinieren‹. – 2. Die spöttische Redensart ›Er leidet an T.‹ ist gleichbedeutend mit ›Er ist ein Tachinierer‹ (s. d.).

Tåler, sprich Dåla, *m.*, Taler; Redensart: ›a (guade) Ausred is an T. wert‹: du weiß immer eine Ausrede vorzubringen. – Ableitung: Kurzform für die altertümliche Silbermünze aus dem Bergwerk zu Joachimstal (in Böhmen), die ›Joachimstaler‹ hieß; nd. *daler*, eng. *dollar*; vgl. Schuastertåler.

Tåmerl, sprich Dåma'l = Thomerl (s. d.); vgl. Schwåmmatåmerl.

Tamleschi, s. unter Damleschi.

Tandler: 1. Trödler, Händler mit Altwaren; 2. Krämer; vgl. Plätsch'ntandlerin, Quargltandler; 3. (schelt., spött.) umständlicher, nichts weiterbringender Mensch (= ›Umstandsmeier‹): ›er is a rechter T.‹. – Ableitung: zu Tand = wertarme oder wertlose Sache, vgl. mhd. *tant m.* ›Tand‹, ›Possen‹. Quellwort: lat. *tantum* ›so viel‹, span. *tanto* ›Kaufpreis‹; es liegt also ein kaufmännischer Ausdruck der Schätzung des Warenwertes vor; vgl. bayr. Täntler(inn): Schmeller I 610; Weigand II 1022.

tand'ln, tändeln, trödeln. – Ableitung: zu mhd. *tanten* ›spielen‹, ›Possen reißen‹; vgl. um-, ver-tand'ln; s. zu Tandler und Kretschmer 540.

Tanterling, *m.* – Redensart: ›Dafur gib ih an T.‹: dafür gebe ich keinen roten Heller. – Ableitung: eigentl. *Tantes* (Dantes) Mzw. *m.* ›Spiel-, Rechenpfennig‹ aus span. *tantos* (Mz.) ›Spielmarken‹ zu lat. *tantus* ›so groß (viel)‹; s. Schmeller I 610. Die Endung -ing macht das Wort zu einer Mischbildung.

Tånz, *m.*, Mz. Tãnz oder Tanz: 1. Tanz; Redensart: ›Sie is kumma wia a Diandl (oder wia di Dirn) von Tånz‹: ohne Hab und Gut (übt. auch: ohne Entgelt). Entstehung: Sie besaß (bei ihrer Vermählung) nur gerade das, was sie am Leibe trug, also keine Ausstattung, kein Vermögen. – 2. Tanzweise, Musikstück, Lied; Redensart: >ha^rbe (oder ferme) Tānz (auf)spü^in<: schneidige Weisen, bes. Volkslieder oder Gassenhauer, (auf)spielen. – 3. (meist Mz.) Umschweife; Umstände, Schwierigkeiten; Redensart: >ållerhånd (dumme) Tānz måch'n<. >Geh, måch kane Tānz!< auch = ziere dich nicht! – 4. Zurechtweisung, Rüge, Strafpredigt; Redensart: >Er (sie) håt eahm an Tånz gmåcht<. – 5. Zank, Auftritt, erregtes Gespräch; Redensart: >ān (= jem.) an Tånz måchn<; >an Tånz aufführn<: lärmend sich ereifern (>Wirbl<). – 6. Ausflüchte, hinterlistige Reden: >dee Tānz kenna ma (scho^n)<. – 7. seltsame Einfälle, verrückte Ideen: >Dees san d'r (narrische) Tānz<. >Wås dee (diese Frau) für Tānz in ihr håt!< – 8. schlechte Witze: >fade Tānz derzähln<. – Ableitung: mhd. *tanz* m. gleichbedeutend; die Bed. >Streit, Kampf< ist schon im Jahr 1386 belegbar (s. Weigand II 1024).

Tánzowat, *s.*, schlichter Tanzraum, meist im 2. und 10. Bezirk, Unterhaltungsstätte tschechischer Hausgehilfinnen und Soldaten. – Redensart: >Sie brennt aufs T.< – Ableitung: das tschech. Ztw. *tancovati*, ma. *tancovat* >tanzen< wurde hauptwörtlich gebraucht; das Ztw. blieb noch lange als solches in ma. Verwendung.

Täpp oder **Tepp**, Mz. Täpp'n, *m.* (nicht nur wienerisch, ger.), unbeholfen-dummer oder geistig minderwertiger Mann, Dummkopf; sg. Blödian, Trottel; Redensart: >a(n) ålder T. (ger.)<: alter, körperlich und geistig nicht mehr regsamer Mann, dessen weibliches Gegenstück >a ålde Schåchtl< ist. – Ableitung: Das Wort gehört wahrscheinlich zu mhd. *tāpe* w. >Pfote<, >Tatze<; man beobachtet beim Kretinismus meist auch ein mangelhaftes Gehvermögen: tappen = unbeholfen (wankend) gehen. Der Ausdruck nimmt sohin ursp. ebenso wie Trottel (zu trotten) auf die schlechte Gehweise dieser geistig Behinderten Bezug.

tåpp'n, sprich -pm: 1. (nicht nur wienerisch) plump auftreten oder greifen; sich plump zu einer Sache (an)stellen; sich ungeschickt benehmen; plump behandeln. – 2. = >an Tåpper måchn<, zu dritt Tarock spielen. – Ableitung: zur 1. Bedeutung vgl. mhd. *tāpe* w. >Tatze<, >Pfote<, vgl. bayr. tåppen: Schmeller I 612.

Tåpp-nåchi, *m.* (scherz.-ger.), eigentl. >Nachtappender<, d. i. 1. Nachtrotter, Nachahmer. – 2. Zurückbleiber (zu spät Erscheinender), Faulpelz. – 3. in der Redensart >Du heilicher (sprich häulicha) Tåppnåchi!< d. h. (im Vorwurf): Wann wirst du einmal zu rechter Zeit kommen?! –

Ableitung: zu nåchtåpp'n, hd. *tappen* ›plump auftreten‹ zu mhd. *tāpe w.* ›Tatze‹, ›Pfote‹. Es liegt eine Wortbildung mittels der Befehlsform vor.

Tapp-schädl, sprich Dábschä'l, *m.*, Dummkopf, bes. alter, kindischer Mann: ›a(n) ålder T.‹, ähnlich Nårrnthaddl, Krauterer, Locherl. – Ableitung: s. zu Täpp; vgl. Nestroy XI 644.

Taschlowitz, *s.* (scherz.), erdichteter Ortsname, und zwar eine Mischbildung mit Verwendung des ma. Wortes *Taschl* (= Geldtäschchen) und einer slaw. Endung. – Redensart: ›nach T. wåndern müass'n‹: in die Geldbörse greifen müssen. ›Die Endstation von aner jed'n Låndpartie haßt (heißt) immer T.‹ – Überdies unterschied man in feinsinniger Weise Unter-Taschlowitz, d. i. das mit Kleingeld versehene Geldbörschen im Hosensack von Ober-Taschlowitz, der Brieftasche mit größeren Bankscheinen. – Vgl. Mayr (1929) 81. Storfer (1935) 78.

Tåschn-feitl oder -feidl, sprich fei'l, einfaches Taschenmesser mit Holzgriff und bloß einer (breiten) Klinge, primitives Einschlagmesser. Mayr (1930) 58; Nestroy XII 633.

Taxameter, sprich -mēda, *m.*: So nannten die Biertippler (Trinker von Bierresten) ein Gefäß (›Reindl‹ oder ›Häferl‹) zum Sammeln der Bierreste, das sie an einem Riemen hinten unter dem Rock zu tragen pflegten. Die Benennung rührt davon her, daß die Autochauffeure einen ähnlich geformten Behälter haben, der die zurückgelegte Wegstrecke anzeigt.

Taxler: 1. Wagenführer (Chauffeur). – 2. Biertippler, da er aus einem »Taxameter« (s. d.) Bierreste trinkt.

Techtl-mechtl, *s.* (nicht nur wienerisch), geheimes Einverständnis, bes. (geheime) Liebschaft, Liebesverhältnis; sg. Pantscherl. – Ableitung: Das Wort, das von Wien ausging und sich rasch ausbreitete (Weigand II 1034, Kluge [1934] 616), suchte man aus ital. *teco meco* ›ich mit dir, du mit mir‹ zu deuten; Littmann 18f. vermutet eine hebr. Wurzel (*tachtî* ›Verborgenes‹).

Tee: 1. (übt.) Rüge, Zurechtweisung, Strafe: ›er håt sein T. kriagt‹; vgl. Nestroy XIV 677; Mayr (1929) 74 (berl. ›ne Zijarre bekomm‹). – 2. Erledigung, Abfertigung; Redensart: ›scho sein T. håb'n‹, d. i. dem Ende entgegengehen.

tegetthoff-blau, marineblau. – Ableitung: eigentl. ein Wort der österr. Uspr. mit Bezug auf den österr. Admiral W. v. Tegetthoff (gest. 1871).

Teixl oder **Deixl**, *m.*, Teufel: in allerlei Flüchen gemilderter Art wie: pfui T.! pfui der T.! hols der T.! T. noamål! zan T. eini! (= zum Teufel hinein!) – Ableitung: Das Wort stellt eine durch abergläubische Furcht veranlaßte verhüllende Ummodelung des Wortes ›Teufel‹ dar, dessen Aussprache man dadurch entgehen will; vgl. Schmeller I 589 und Storfer (1935) 361.

Temp'l, sprich Dembü oder Dembl: 1. (Grundbedeutung) Tempel. 2. (übt.) Haus, Wohnung. Redensart: ›er is scho bein (aus 'n) T. draußt‹: er verließ bereits die Wohnung. – ›Den schmeißert ih bein T. außi‹: ich würfe (wiese) ihn aus dem Haus hinaus. – Ableitung: mhd. *tëmpel m.* (*s.*) aus lat. *templum s.* (Tempel, heiliger Raum), dem altgriech. *témenos s.* ›geweihtes (abgegrenztes) Stück Land‹ zugrunde liegt.

Templ-hupf'n, sprich -hupfm, *s.*: 1. Kinderspiel, das meist auf dem (asphaltierten) Gehsteig betrieben wurde; dabei wird auf dem Spielplatz mit Kreide eine tempelähnliche Figur gezeichnet, die ›Himmel‹ und ›Hölle‹ abgrenzt. Wie bei der »Eselsstiege« (s. ausführlich zu ›Eselsstiagn‹) liegt dem Spiel die folkloristisch bekannte Idee der »Himmelsleiter« zugrunde: es handelt sich auch bei diesem Hüpfspiel darum, daß der (die) Hüpfende allen unheilbringenden Stellen (bes. den Kreidestrichen) geschickt ausweicht. Der Verspielende muß strafweise ›Brot tragen‹, d. h., er erhält keine Himmelsspeise (Lebensspeise) zum Genuß und muß sich mit knechtischer Arbeit abfinden. – 2. (scherz.) Tennisspiel, bes. mit Bezug auf die abgrenzende Linienzeichnung auf den beiden Spielfeldern.

Tern, sprich Dean, Deⁿn, *w.* (nicht nur wienerisch), Ohrfeige, Maulschelle; sg. Flåsch'n, Fotz'n, Tätsch'n, Watsch'n u. a. – Redensart: ›a T. fånga, derwischn, kriagn‹. – Ableitung: zum mhd. Ztw. *ter(e)n* ›schaden‹ (jem.), ›schädigen‹ (jem.); vgl. bayr. ›oan oa Dern ånhänga‹: jem. eine Ohrfeige versetzen, (übt.) jem. schädigen. Grimm Wb. II 786: Därre (*w.*) = Schlag. Vgl. Schmeller I 540; Castelli 108; Mayr (1930) 14; Nestroy V 747.

téschek! = Bitte! oder Bedienen Sie sich! – Ableitung: ung. *tessék* (sprich täschschēk) ›Belieben Sie!‹, die Befehlsform von *tetszik* ›Gefallen finden‹. – Eigenartig ist der ironische hw. Gebrauch dieses Wortes: der Teschek = der Betrogene, Übervorteilte, z. B. ›Jez is er der T.‹: der, der bei einer Sache schlecht abschneidet.

Thaddädl, *m.*, läppisch-schlauer Tropf, kindisch-alberner Mensch. – Ableitung: Diese Gattungsbezeichnung geht auf eine (jetzt längst vergessene) stehende komische Figur der alten Wr. Schaubühne zurück, die ein Schauspieler des Leopoldstädter Theaters namens Anton Hasenhut (1766–1841) geschaffen hatte; der Thaddädl pflegte ein durch vorwitzige Dummheit, Ängstlichkeit und Gefräßigkeit gekennzeichneter Lehrbursche oder Handwerkergeselle zu sein, eine Gestalt, die sprichwörtlich wurde. Das Wort Th. ist eine Koseform des Vornamens Thaddäus (syrisch ›der Kluge‹ oder chaldäisch ›der Beherzte‹). Auch im Ital. hat Taddèo die Bed. ›Tropf‹, ›Dummkopf‹; schwerlich hat das Wort mit frz. *dadais* (Tölpel) etwas zu tun. Vgl. Nestroy I 652, XII 634 (Bel.).

Theater-gredl, sprich Teatergrē'l, *w.* (ger.): 1. Schauspielerin; 2. fürs Theater schwärmendes Mädchen oder überhaupt begeisterte Theaterbesucherin. – Ableitung: Gredl = Kurzform des Vornamens Margarete.

Theater-mamsell, sprich Teatta-mamsöⁱ, *w.* (spött.), Schauspielerin.

Thēk'n, Ez. u. Mz., *w.*, die »Theke«, d. i. Schreibheft (für die Schule), Schulheft (›Schuⁱthekn‹). – Ableitung: lat. *theca w.* ›Behälter‹ vom altgr. *thēkē w.* gleichbedeutend.

Thomerl oder **Tåmerl**: 1. kleiner Thomas (Koseform). – 2. (spött., bes. in der Form ›Tåmerl‹) zu knechtischen Diensten bereiter Mensch: ›Ih gib d'r kan T. å‹ (oder ›ih måch d'r kan T.‹). – 3. überspannter Mensch: ›a narrischer T.‹; s. auch Schwåmmatåmerl. – 4. Bez. einer Mehlspeise, ähnlich dem Kaiserschmårrn, aber im Ganzen belassen. – Ableitung: Vkl. von Thomas; hebr. für ›Zwilling‹.

Thury-brückler, *m.*: Ungefähr beim Zusammentreffen der heutigen Alserbachstraße mit der Liechtensteinstraße stand einst das ›Thurybrückl‹, das von der Roßau zu der ehem. Vorstadt Thury hinüberführte. Die Bewohner vom Thury, »vom ållerharbsten Grund«, einst in vielen Volksweisen besungen, galten als die wahren ›Urweaner‹, als solche in Sprache und Sitten besonders erkennbar; nur die Liacht'ntåler reichten an sie heran: ›thury-brücklerisch‹ galt so viel wie später liacht'ntålerisch und lerch'nfelderisch. In unseren Tagen teilen sich die Bewohner von Hernals und Ottakring in den Ruhmestitel der Urwiener: vgl. J. Weinheber ›Wien wörtlich‹ (1935), S. 13. – Erklärung: Die Vorstadt Thury führte den Namen nach ihrem Begründer, dem kaiserlichen ›Ziegelschaffer‹ Joh. Thury (um 1650).

Tod, Redensart: ›Er schaut aus wia-r in Tod sei' Speon (Spion)‹: d. i. sehr leidend. ›Den schaut der T. aus di Augn (raus)‹: er sieht todkrank aus; ›eam sitzt der T. in Gnack‹: er geht seinem Ende entgegen; ›den kånn ma uman (um den) T. schickn‹: so sagt man, wenn jemand endlos ausbleibt, den man fortsandte, damit er etwas hole (Sinn: er braucht so viel Zeit dazu, daß man noch sehr lange leben kann); ›då hockt (oder is) der T. drauf‹: es liegt ein Fluch darauf, es will sich nicht gut entwickeln. – Ableitung: ahd. *tōd* zu got. *diwano* ›Sterblicher‹; vgl. aslaw. *daviti* ›(er)sticken‹, ›würgen‹. Weigand II 1049; vgl. Mayr (1929) 79.

togaz'n, auch: togerz'n, togatz'n, doge(r)z'n geschrieben: 1. toben, pochen, bes. tobenden Schmerz hervorrufen: von Toben (schnellem Pochen) des Pulses bei einer körperlichen Entzündung (Geschwulst), z. B. ›in meine Gfrörbålln (Frostbeulen) togazt's‹. – 2. (übt.) beben: ›vor Gift und Gåll togazt ålls in eahm‹. – Ableitung: zu mhd. *tokzen* (*tokzelen*) ›sich hin- und herbewegen‹; s. Schmeller I 489; Castelli 111; Nestroy IV 336.

¹ Tråchter, sprich Dråchta, *m.* (nicht nur wienerisch), Trichter. – Ableitung: mhd. *trahter* (Nebenformen *trehter* und *trihter*), ahd. *trahtāri m.* gleichbedeutend; Wurzelwort: mlat. *tractarius m.* gleichbedeutend (aus lat. *traiectorius* ›Hinüberwerfer‹ zu *traicere*); zum Wechsel des Stammselbstlauts vgl. Gnack (Genick), Schlankl (Schlingel). Schmeller I 645; Mayr (1930) 56; Storfer 96.

² Tråchter, sprich Drochda, *m.*, Drachen als Kinderspielzeug; s. unter ›Rafdråchter‹.

traktiern, sprich -tiᵃn (nicht nur wienerisch): 1. reichlich bewirten: ›er håt ihn mit Weiⁿ traktiert‹. – 2. heftig schlagen, scharf zusetzen, mißhandeln, z. B. ›er wird enk schoⁿ traktiern‹: er wird euch schon einen Herrn zeigen; ›den håms sauber traktiert‹: schwer verprügelt. – Ableitung: lat. *tractare* ›herumzerren‹, ›behandeln‹; mlat. auch: mißhandeln; ital. *trattare* ›behandeln‹, ›bewirten‹, s. Traktör; vgl. Mayr (1930) 194.

Traktör, sprich -tēᵃ (End.): Wirt, Auskocher. – Ableitung: frz. *tracteur* (nur ma.) u. ital. *trattore m.* ›Wirt‹.

Tråm-biachl oder -bichl, *s.*, Traumbuch, aus dem namentlich die Lottospieler die ihren Träumen entsprechenden Nummern entnehmen; bes. beliebt ein babylonisches, ägyptisches oder persisches T. – Redensart (spöttisch): ›Der redt wia-r a T.‹. – Vgl. Nestroy VIII 353; Mayr (1929) 14 (Redensart: ›Dees steht ned in T.‹: es ist ganz unverständlich, näml. das kann man nicht einmal träumen).

Trånak (meist Anf.), *m.*, Troßknecht, Troßmann. – Ableitung: zwitterhafte Bildung aus frz. *train m.* ›Zug‹, (mil.) ›Train‹, ›Troß‹ und der

Pferdetramway (Tranway)

slaw. (tschech.) hauptwörtlichen Ableitungssilbe -ák; das Wort entstammt der Soldatensprache.

Tranway, sprich Trannwai, *w.*, Tramway. – Schon die Vorgängerin
der ›Elektrischen‹ hieß ma. ›Tranway‹. Auch ihre Wagen fuhren in
Schienen; in Bewegung setzten sie zwei mit Glöckchen versehene, bisweilen schwache Rößlein, denen sich bei stark hügeligen Straßenstellen
ein drittes als Vorspann zugesellte: auf ihm saß ein »b'rittener Tran-
wayer«. Kurz vor der Jahrhundertwende wurden die ersten Versuche mit
der elektrischen Straßenbahn (›Luegertranway‹) eingeleitet. Da es anfangs außer dem ungeheuren Staunen über die »gånz von allani« fahren-
den Wagen alsbald auch mehrere Unfälle gab, griff in großen Teilen der
Bevölkerung rasch die Überzeugung durch, daß sich dieses »Teufels-
zeugs« nicht lange werde halten können, da man ja seines Lebens nicht
mehr sicher sei …

Tranway-schienen-ritz'n-kråtzer, *m.*, Reiniger der einst vom Pferde-
mist viel verunreinigten Straßenbahnschienen, ein Mann, der sich in den
Hauptstraßen zu einem wahren Verkehrshindernis entwickelte. – S. zu
Tranway.

Tråtsch, *m.* (nicht nur wienerisch): 1. Geplauder; Redensart: ›auf an
T. geh[n]‹. – 2. (ger.) leeres Geschwätz, Klatsch, Gerede. – 3. Nörgelei;
Redensart: ›an T. über ān loslåssn‹. – 3. Verleumdung; Redensart: ›in an
T. kumma‹, d. i. verleumdet werden. – Ableitung: urspr. ein schallnach-

ahmendes Wort, das Niederprasseln der Wassertropfen (bes. des Regens) nachbildend (›Tråtsch-weda‹). Schmeller I 681; Mayr (1930) 32.

Tråtsch-mirl, *w.*, Plaudertasche; sg. Tråtschkatl. – Siehe zu Mirl. Als ältere Formen liest man bei Nestroy Tråtsch-mird(e)l und Tråtsch-miedl, vgl. Nestroy IX 530f.

tråttnerisch, reichlich. – Redensart: ›Der håt's tr.‹: er besitzt Überfluß (z. B. an Geld, Gütern, Schmuck, Büchern usw.). – Erklärung: Der sehr wohlhabende Buchhändler Th. Trattner hatte zur Zeit Josefs II. am Graben den vielstöckigen Trattnerhof, eines der stattlichsten Bauwerke Altwiens, erstehen lassen, an dessen Stelle 1912 der Doppeltrakt des Geschäftshauses Grabenhof trat.

treife oder **trēfe**, Eigw., präd. (nicht nur wienerisch), unrein. – Ableitung: Das aus dem Jidd. stammende Wort der Gaunersprache geht zurück auf hebr. *teréfah* ›Zerrissenes‹, urspr. ein von wilden Tieren zerfleischtes eßbares Tier, dessen Genuß jedoch untersagt war; Gegensatz: *koscher*.

Trema, *s.*, Zittern, Angst, bes. eines Schülers vor der Prüfung und eines darstellenden Künstlers vor dem Auftreten (Lampenfieber). – Ableitung: zu ital. *tremarella w.* ›Furcht‹, *tremare* ›zittern‹; agriech. (und lat.) *tremo* ›ich zittere‹, lat. *tremor m.* ›Beben‹. Mayr (1930) 193; Textor 11; Nestroy IX 588.

Trepp'l-wech, *m.*, schmaler Weg am Flußrand (Donauufer), bes. für Pferde, die Lastschiffe stromaufwärts ziehen. – Ableitung: Hw. zu trappeln.

tritsch'ln, klatschen (vom Wasser), plätschern, bes. vom Regen. – Ableitung: das schallnachahmende Wort ist eng verwandt (ablautende Bildung) mit tråtsch'n: s. zu Tråtsch. Schmeller I 681.

tritsch-tråtsch (End.), *m.* (ger.), gehaltloses Geplauder, leeres Geschwätz. – Ableitung: schallnachahmendes Wort; s. zu Tråtsch und tritsch'ln; Tritsch (mit Ablaut) = Tråtsch.

Trostle(r)t, *m. (s.)*, Bodensatz bei Suppen, ungenießbarer Brei. – Ableitung: eng verwandt mit Trester (= Treber); ahd. *trestir* Mzw. (Ez. **trast*) ›Überbleibsel‹, ›Abfälle‹; vgl. slow. *droždije* (Mzw.) ›Hefe‹; bayr. *Trotze w.* ›Jauche‹, ›Sudel‹: Schmeller I 572.

Trumm(e)l-hund, *m.* (mil., spött.), Soldat, der am Ende der marschierenden und dabei musizierenden Militärkapelle – in Vertretung eines

Ponys (oder Hundes) – ein Wägelchen mit der großen Trommel zog: s. oben unter ›Burgmurrer‹.

Tschapka, *w.* (nicht nur wienerisch), Ulanenmütze, -helm. – Ableitung: poln. *czapka w.* ›Mütze‹.

Tschau! (Gruß), Diener! Servus! – Ableitung: ital. *schiavo m.* ›Knecht‹, ›Sklave‹; der Gruß entsprach also vollkommen unserem ›Servus‹ von lat. *servus m.* ›Diener‹, ›Knecht‹. Das ital. Wort wurde in der derben venetianischen Mundart ähnlich wie ›tschau‹ gesprochen und tauchte in Wien um 1900 als beliebter, aber meist unverstandener Offiziersgruß auf, der später viel Nachäffung fand und schon vor dem 1. Weltkrieg wieder verschwand, bevor er sich im zweiten Anlauf fest einbürgerte.

Tscherk, *m.,* Sperling. – Ableitung: ein den Spatzenruf nachahmendes Hw. für das Tier selbst.

Tschihü (End.), *m.,* meist Mz. (mil., spött.), Angehöriger der Traintruppe (›Tschihükorps‹). – Ableitung: ›tschihü!‹ ist ein Kutscherruf an das Pferd (= rechts!). Trotz seiner großen Bedeutung erfreute sich der Troß keiner sonderlichen Beliebtheit: er war eben keine eigentliche Kampftruppe, und darum mangelte es ihm nicht an Kosebezeichnungen, z. B. Peitscherlhusaren, Veigerldragoner, Laberlfåhrer, Tschihü.

Tschin(t)scherl-zeuch oder -zeugs, *s.* (ger.), Flitterkram, unechter Schmuck. – Ableitung: ital. *gingillo m.* ›Spielerei‹, ›Tand‹, ital. *gingillino m.* ›Kinkerlitzchen‹.

Tulp'n, sprich Tu^{i}pm, Ez. u. Mz.: übt. Ohrfeige (viell. wegen der sich tulpenrot färbenden Wange).

[1] Türk, Türke: Ein Großteil der einst zahlreichen Redensarten, in denen der Türke eine Rolle spielte, ist im 20. Jh. ausgestorben; man sagt nicht mehr: ›dreinhaun wia-r-a T.‹ (wild um sich schlagen), ›rauk'n åls wia-r-a T.‹ (maßlos rauchen), man fragt nicht mehr: ›Hab'n S' kan Türk'n gsegn?‹ d. i. Sie begehren umsonst meine Unterstützung: s. Hügel 168, Mayr (1929) 16f., Wien und die Wiener 1949, 2. Heft, S. 14f. – Im Veralten begriffen ist die einst bes. häufige Redensart ›dåsitz'n wia-r-a å^{n}gmålana (angemalter) Türk‹, d. i. in gemächlicher, schlafmütziger Ruhe dasitzen. Der Ausdruck nimmt Bezug auf das meist in dürftiger Kunst ausgeführte Ölbild eines seine Pfeife schmauchenden Türken, das noch vor dem 1. Weltkrieg als Aushängeschild bei Tabakläden gebräuchlich war. Einem unverbürgten Gerücht zufolge sammelte der damalige Thronfolger Erzherzog Franz Ferdinand (gest. 1914) solche Schilder, was zu deren Verschwinden führte. – Ableitung: türk. *Turk;* mhd. *turke-man m.* ›Türke‹ (mhd. *türke m.* ›türkisches Pferd‹). – S. noch Wien und die Wiener 1950, Februarheft S. 28.

² Türk: »Der Türk«, eine verschwundene Wr. Straßengestalt, war ein Verkäufer, der an Sonntagen durch die Gassen (besonders der Randbezirke) mit einem Handwägelchen fuhr, dessen Nahen er durch Glockengeklingel ankündigte; vgl. ›Gfrorne-måⁿⁿ‹. Er bot sog. ›Türkisch'n Hönich‹ (Honig) feil und pflegte einen roten Türkenfes zu tragen. Neben dem weißgelblichen, glänzenden Honigblock lagen kandierte Äpfel, Zwetschken und Mandeln. Dieser Türke machte an den Ecken vielbegangener Gassen halt und empfahl seine süßen Sachen in humorgewürztem Urwienerisch.

türkisch, ehem. = groß, heftig, z. B. a türkischer Grant (Zorn), Schweigl, Spetakl u. a.; s. zu ¹Türk.

Tútanl, *s.*, unbedeutende Kleinigkeit: ›Dees is ma ka T. wert‹. – Ableitung: zu mhd. *tütelīn s.* ›Tüttelchen (Titelchen)‹, ›Geringstes‹, mhd. *tütel m.* ›Punkt‹.

U

über-måcht (Ustw.), über die rechte (natürliche) Grenze hinaus, z. B. ü. årwat'n, bergsteig'n, ess'n. – Erklärung: eigentl. die eigene Macht übersteigend; in den ländlichen Mundarten noch begegnend.

Über-tå^n, *w.*, weißes Schleiertuch zur Bedeckung eingesargter Leichen. – Erklärung: was über die Leiche ›getan‹ (d. i. gelegt) wird; vgl. Schmeller I 606.

Ulmer-kopf, eine aus gemasertem Holz erzeugte Tabakspfeife; es wurde hiefür meist das Holz der Bergulme (oder Nußholz) verwendet; vgl. hingegen: Mirfamene, s. d.

Ultra-tschech, *m.*, Bez. eines leidenschaftlich nationalen Tschechen; das Wort war namentlich in den letzten drei Jahrzehnten der Habsburgermonarchie gebräuchlich. – Ableitung: lat. *ultra* ›darüber hinaus‹, d. i. über alle Schranken hinausgehend.

um-fuhrwerch'n: 1. (Grundbedeutung) umherfahren. 2. (bild.): ›mit wås u.‹ d. h. derb umgehen mit etwas. – Ableitung: zu Fuhrwerk.

um-lank'ln, träg (lendenlahm) umherschleichen. – Ableitung: ahd. *lanka*, mhd. *lanke w.* ›Hüfte‹, ›Lende‹; vgl. bayr. *Lanken w.* ›Lendenstück‹: Schmeller I 1493.

um-maraxln, andauernd sich sein. – Ableitung: s. maraxln.

um-nolt'ln, ohne Arbeitsgeist bei einer Sache sein. – Ableitung: s. nolt'ln.

um-nursch'n, sprich -nu^{a}schn, ohne rechte Eßlust speisen.

um-pfnott'n, sich trotzig verhalten. – Ableitung: zu mhd. *phnuten* ›anschnauben‹.

um-scheft'n, eilig umhergehen. – Ableitung: Gaunersprache *scheften* ›rasch gehen‹ von hebr. *schafat* (gleichbedeutend); vgl. bayr. *å-scheft'n* ›abgehen‹, ›entlaufen‹: Schmeller II 387.

um-schlack'n, ziellos und träge umhergehen. – Ableitung: zu ahd. (mhd.) *slach* ›schlaff‹, ›welk‹; bayr. *schlack* ›faul‹, ›nachlässig‹ und *schlack'n* ›schlaff und schwankend sich bewegen‹; vgl. Weigand II 717; Schmeller II 504. – Das Wort begegnet noch ab und zu in den ländlichen Mundarten Österreichs.

um-tschachandern, sich (arbeitslos) herumtreiben. – Ableitung: unsicher; vielleicht verw. mit tschech. *chachar* (Anf.) *m.* ›Vagabund‹.

um-webern, sprich -ban, sich geschäftig hin- und herbewegen; bes.: unruhig sitzen. – Ableitung: zu Weber, mhd. *webaere m.;* vgl. auch mhd. *wëberen* ›hin- und herwandern‹.

um-zett'n, herumzerren, Zeit vertrödeln. – Ableitung: mhd. *zetten* ›streuen‹, ›ausbreiten‹ (z. B. die Mahd zum Trocknen); vgl. bayr. *verzett'n:* Schmeller II 1159f. – Das Wort lebt noch in den ländlichen Mundarten Österreichs.

Un-aderl, *s.*, Makel, Fleckchen, kleiner Fehler (in der äußeren Erscheinung). – Redensart: ›ån den Maderl is ka U.‹: es hat einen völlig reinen Teint. – Ableitung: zu Aderl; eigentl. ›Unäderchen‹, Mißäderchen; vgl. Castelli 260.

ungleich, Redensart: ›Dees is der Welt (sprich Wöⁱd) u.‹: das widerspricht den Weltvorgängen (Naturgesetzen), das kann es nicht geben; vgl. Mayr (1929) 109.

Un-numerierter, sprich -riada, Bez. eines Fiakers (s. d.), der keine Wagennummer hatte, da er in ständiger Beschäftigung war, indem er beispielsweise gewisse Personen täglich zu bestimmter Zeit abzuholen und in ihre Amtsstätten zu fahren hatte. Er brauchte sich somit um Kunden nicht erst zu bemühen und war dadurch in gesicherter Stellung. Diese Unnumerierten hatten ihren Standplatz auf dem Graben und galten als die feinste Oberschicht der Wiener Fiaker.

Un-ziefer, *s.*: 1. (Grundbedeutung) Ungeziefer. – 2. (übt.) schlimmes Kind. – 3. (ger.) schlechter, verachtenswerter Mensch. – Ableitung: Die Form ›*Unzifer* (*unziver*)‹ begegnet schon bei Luther; ahd. *zebar s.* ›Opfer(tier)‹, angelsächsisch *tifor s.* ›Opfer‹. Somit bedeutet ein ›U.‹ urspr. ein zur Opferung nicht geeignetes Tier; vgl. Kluge (1934) 641f., Schmeller II 1087 (Frauenzifer, scherz. für Frauenzimmer); s. auch ›Ziefer (Zifer)‹.

Uridil, ein in den zwanziger Jahren vielgenannter Fußballer, dessen flottes, trefferreiches Spiel die Zuschauermassen begeisterte. Der Refrainbeginn eines Liedchens »Heut spielt der Uridil« war damals ein ebenso geflügeltes Wort, wie Jahrzehnte vorher: »Heut spielt der Strauß.« Und doch liegt eine Welt zwischen beiden Äußerungen. Den Besuch eines Straußkonzerts beim Dommayer in Hietzing konnten sich nur wohlhabendere Kreise des Bürgertums leisten, was folgende Worte aus einem Couplet W. Wiesbergs (s. ›Volkssänger‹) deutlich machen: ›Wånn ma bei uns in Wean / D' Kapelle Strauß wü' hör'n, / So kost't dås mindest'ns an Guld'n Entree; / Hernåch für'n Winterrock / A Sechserl, an's für'n Stock / Und dånn 's Programm zehn Kreuzer, / Wiss'n ma eh‹. Nach dem 1. Weltkrieg entwickelten sich »andre Sitt'n, andre Leut'«. Der Sport, darunter besonders das Fußballspiel, zog die breiten Volksmassen an, und billige Eintrittspreise ermöglichten ihnen den Genuß neuer Kunstdarbietungen. So decken die beiden Redensarten nicht wenig von den Wandlungen im Wiener Leben und in den Interessen der Bevölkerung auf. – Ableitung: Der Eigname Uridil ist tschech. Herkunft; vgl. *uřiditi* ›festsetzen‹, ›anordnen‹, *uřiditel m.* ›Anordner‹.

V

Valedi (Mitt.), *s.*, Abschiedsschmaus; Festmahl als Abschiedsveranstaltung unter Bekannten. – Redensart: ›a V. gebn‹. – Ableitung: lat. *valete!* ›seid gesund!‹ ›bleibet wohlauf!‹, ›lebet wohl!‹ (Abschiedsgruß); lat. *vale-dicere* ›valedizieren‹, d. i. ›Abschied nehmen‹, einst ein öffentlicher Festbrauch in Gelehrtenschulen (*Valediktion* ›Abschiedsrede‹). Aus der Studentensprache fand das Wort Eingang in die Mundart.

Våter-mörder (nicht nur wienerisch), sehr hoher, steifer Hemdkragen. Diese Bezeichnung, die schon um 1810 erscheint, dürfte einem Scherz ihre Entstehung verdanken. Das Wort ist übrigens schwerlich eine Wr. Prägung; die in Wien hiefür übliche Benennung war ›Stadtmauer‹ (s. d.) und ist jetzt gleichfalls ausgestorben; vgl. Weigand II 1135.

Veidl, sprich Vei'l, auch Veitl: 1. Veit (männl. Vorname). – 2. (ger.) geiziger Mensch, z. B. ›a noticher V.‹. – 3. (ger.) schlechter, verachtenswerter Mensch; Redensart: ›V. wüll ih haß'n, wånn dees ned wåhr is‹. Diese Bed. ist erklärungsbedürftig (und deckt sich im wesentlichen mit Bed. 2). Der hl. Veit, mlat. *sanctus Vitus*, gilt als einer der ›Vierzehn Nothelfer‹. Es ist nun von Wichtigkeit, daß die Hauptheiligen volkstümlicher Prägung stets in doppelter Gestalt, in einer hellen, schönen, guten und in einer dunklen, häßlichen, bösen erscheinen: Diese Hell-dunkel-Zweigestalt ist bei einer großen Anzahl von Vornamen dadurch belegt, daß die häßliche, abträgliche Ausprägung in besonderen zusammengesetzten Bezeichnungen hervortritt, z. B. Gift-migl, Sau-bartl, Pelz-märtl (Martin) u. a. Die vorliegende Redensart bezeugt den »gegensätzlichen« häßlichen (›schiach'n‹) Veit. Es wundert darum nicht, daß dieser Name gelegentlich auch für den Teufel gebraucht wird, was Weigand II 1137 literarisch belegt. – Ableitung: Vkl. des Vornamens Veit (lat. *Vitus*, ital. *Guido*); zugrunde liegt ahd. *Wido* (*witu* ›Holz‹), vgl. die damit zusammengesetzten Namen Widukind, Witold.

Veloziped (End.), *s.*, ma. meist ›Fellitschipée‹ ausgesprochen (wohl unter gewisser Einwirkung der frz. und der oberital. Aussprache des entspr. Wortes): Fahrrad, Rad. – Ableitung: frz. *vélocipède m.* (ital. *velocipede m.*) aus lat. *velox* (Gen. *velocis*) ›schnell‹ u. *pes* (Gen. *pedis*) *m.*

›Fuß‹. Das in den siebziger Jahren des 19. Jh. eingeführte Wort verschwand in einem Jahrzehnt unter dem Vordringen von ›Rad‹: den Weg dazu bahnte das Wr. Mundartwort ›Radl‹.

Velozipéd-Zirkus, *m.*, Ringelspiel (Karussell), aus Fahrrädern bestehend, die zwar von den Benützern selbst in Bewegung gesetzt, aber durch entsprechende Vorrichtungen stets in gleicher Entfernung voneinander gehalten wurden. In der Zeit des aufkommenden ›Niederrades‹ (Zweirades) gab es im Wurstelprater zahlreiche V.-Zirkusse, von der männlichen Jugend mit Jubel begrüßt und viel benützt.

Venedig, sprich Fenēdi(ch), die einst beliebte Vergnügungsstätte ›Venedig in Wien‹, die den Abschluß des Praters gegen den Praterstern zu bildete. Dieses um 1895 erstandene Miniatur-Venedig, mit zahlreichen, gondelbefahrenen Kanälen, mit einer Operettenbühne und vielen Gast- und Unterhaltungslokalen ausgestattet, wurde später zum »Vergnügungspark« umgestaltet und 1945 durch den Krieg verwüstet.

ver-defendiern, verteidigen. – Redensart: ›Er håt si v. müassn‹: er mußte sich verteidigen. – Ableitung: lat. *defendere* ›abwehren‹, ›verteidigen‹. Aus der Gelehrtensprache in die Mundart übernommen.

ver-dobrischiern, in lustigem Treiben vertun, verludern. – Ableitung: zu tschech. *dobrý* ›gut‹. Die Wortbildung, eine Verbindung der slaw. Wurzel mit deutscher Vorsilbe und Endung, bezweckt eine Kurzfassung des Begriffs ›guten Zwecken zuführen‹, ›für gute Dinge verbrauchen‹.

Vergißmeinnicht (scherz.): Redensart: ›a Lerchenfelder (sprich -föⁱda) V.‹: eine Ohrfeige, die man nicht so bald vergißt.

ver-kältinga, verkühlen. – Ableitung: eigentl. ›ver-kält-i(n)gen‹ zu ›kalt‹. Das Ztw. lebt noch in den ländlichen Mundarten Österreichs.

ver-kímm'ln oder **-kümm'ln**, verkaufen. – Ableitung: Gaunersprache, viell. zu ›*Kimmel*‹ in der Gaunersprache ›drei‹ aus hebr. *gimēl*, Bez. des 3. Buchstaben (g) und Zahlzeichens für 3; also urspr. Verkauf durch 3 Hände.

ver-knus'n (nicht nur wienerisch), verbeißen. – Redensart: ›Dees kånn er ned v.‹: das kann er nicht verwinden (ertragen). – Ableitung: mhd. *verknüsen* ›zerreiben‹, ahd. *firknussan* ›zerquetschen‹; mhd. *knus m.* ›Stoß‹.

ver-newern, erneue(r)n, neu (erneuert) hinstellen; verjüngen. – Ableitung: mhd. *ver-niuwen* (gleichbedeutend).

ver-petz'n, anzeigen, verraten. – Ableitung: Gaunersprache; zu (veralt.) *Petze w.* ›Hündin‹ (vgl. Weigand II 401), vgl. engl. *bitch* ›Hündin‹. Das Ztw. bedeutet also eigentl. ›verbellen‹; vgl. Storfer (1937) 141.

ver-rank'ln, sprich -angln, aus der Ordnung bringen, verlegen, verstecken. – Ableitung: zur Wurzel *rank* (*-ränk*), *renk*; vgl. ahd. *renkan* ›drehend herumzerren‹, nhd. *Ränke*, d. i. ›Verdrehungen‹, vgl. sich ranken. – s. auch zsåmm-rank'ln.

ver-sampern, (etwas) an einen falschen Platz legen (so daß es schwer zu finden ist). – Ableitung: unsicher; viell. zur bayr. Wurzel in *samb m.* ›Sand‹ (*sambig* ›sandig‹): Schmeller II 282.

ver-scha(r)miern, verlieben. – Redensart: ›Sie is in' Kårl gånz verscha(r)miert‹. – Ableitung: zu frz. *charmer* ›bezaubern‹, *charmant* ›entzückend‹, ›allerliebst‹; vgl. Mareta II 31. Nestroy V 746 (›verscharmeriern‹).

ver-zett'n, sprich fazédn, verstreuen, in Teilchen verzetteln. – Ableitung: mhd. *verzetten* ›zerstreut fallen lassen‹, mhd. *zetten* ›streuen‹; s. unter ›zett'n‹.

Vierting, *m.* (*s.*), Viertel eines Maßes oder Gewichts. – Ableitung: mhd. *vierdinc* oder *vierdunc m.* (gleichbedeutend), bes. ein Viertelpfund, vgl. Nestroy II 729.

Volks-fiaker, sprich Foˡx-fíaka, scherz. Bez. des Stellwagens (s. d.).

Volks-sänger, sprich Foˡx-senga. Seit den Zeiten der Harfenisten spielten die Volkssänger und -sängerinnen im Wiener Unterhaltungsleben eine sehr beachtenswerte Rolle und waren bei der Bevölkerung zeitweise beliebter als die Darsteller auf den weltbedeutenden Brettern. Auf ihrer Tribüne, Pablatsch'n oder Pawlatsch'n (s. d.) genannt, trugen sie ihre Schlager (›Weanatanz‹) vor. Die Blütezeit dieser Volksbarden bildeten etwa die hundert Jahre vor dem ersten Weltkrieg; in dieser Spanne erlebte das Volkssängertum aber auch mancherlei Wandlungen: die schlichten, oft köstlichen Späße J. B. Mosers, dessen »Konversationen« viel belacht waren, wurden durch die frivolen, doppelsinnigen Bänkellieder der Mannsfeld abgelöst, deren Nachfolgerinnen mit ihren unverhüllten Zoten sogar auf heftigen Widerspruch der Zuhörer stießen. Man suchte wieder anständige, familienmögliche Sänger und fand sie. Vor allem war es der reichbegabte, fruchtbare Volksschriftsteller Wilhelm Wiesberg (1850–1896), der nebst einigen Dramen achtzig Duette und mehr als tausend Lieder verfaßte, die großenteils J. Sioly mit guter Einfühlung vertonte. Wiesberg, der mit seinem bürgerlichen Namen Bergamenter hieß, ist auch der Verfasser eines überaus volkstümlichen Liedes dieser Gattung, dessen Kehrreim noch heute lebt:

Dees håt kaⁿ Goethe g'schriebn, dees håt kan Schiller dicht',
'S is von kan Klassiker, von kan Genie,
'S is von an Weana, der mit seinem Herzen spricht,
Und segn S', 's is dennoch voller Poesie.

Auf diese Verse spielt auch J. Weinheber im »Leitspruch« seines Buches ›Wien wörtlich‹ (1939) an. Neben Wiesberg und nach dessen Tode war Edmund Guschelbauer (1839–1912) ein Hauptvertreter der Wiener Volkssängerzunft; berühmt, ja als schauspielerische Leistung auf der Pablatsch'n einzigartig, war sein ›ålder Drahrer‹. Er gab da einen älteren weinfrohen Wiener, der auf dem Heimweg vom Heurigen in duseliger Stimmung von seiner Allbeliebtheit berichtet und der sich darum auch einst eine freudige Aufnahme im Himmelreich erwartet; denn ›Sunst gibts an Bahöl då drin, / Weil ih an ålder Drahrer bin!‹ Dabei schwang er in kraftstrotzendem Selbstgefühl seinen Stößer (s. d.) und deutete an, daß weder Alter noch Rausch einen echten Draher je niederringen könnten.

Der Volkssänger hatte meistens einen Partner oder eine Partnerin. Als die bekanntesten Paare (›Gaudéebrüader‹ oder ›Gaudéegschwister‹) seien hier genannt: Nagel und Amon, Edi und Biedermann, Mirzl (die übermütigste Meisterin des Brettls, ein urwienerisches Wäschermädel und eine vornehme Gesellschaftsdame in einer Person) und Dreher, Guschelbauer und Luise Montag, (Wenzel) Seidl und Wiesberg. Seidl (gest. 1921) war auch in Einzelauftritten ein gern gesehener Komiker, besonderer Beliebtheit erfreute er sich als Plattenbruder, als Pompfineberer und als wandelnde Gaslaterne, die, mit einem Trauerflor versehen, in herzergreifender Klage von ihren großen Vorzügen und ihrem bevorstehenden Ende sang, da sie nunmehr dem alles weithin grell beleuchtenden Auerlicht (in neuartig gestalteten Laternen) weichen müsse; schade, schade: »Denn d' neuche Gas / Verdirbt die scheenst'n Gspaß'!« (bes. bei Liebespärchen; s. auch ›Laternanzünder‹). Zu einer Mannsfeld und zum Guschelbauer strömten einst ganze Menschenzüge, die ulkigen Weisen eines Wiesberg und einer Hornischer kannte und sang die ganze Wienerstadt.

Die Volkssängergilde hatte allmählich die einstigen Harfenisten abgelöst, deren Lebenslicht noch bis zum Anbruch unseres Jahrhunderts geflackert hatte (s. unter ›Löchl‹). Allein auch die Volkssängerherrlichkeit währte nicht überlange. Nach dem ersten Weltkriege ging sie ihrem Ende zu: die neuen Belustigungen durch amerikanische Unterhaltungsmusik, Kino und Rundfunk vereitelten nahezu jeden Versuch der Pablatsch'nmeister, sich den mit elementarer Gewalt anstürmenden neuen Vergnügungsarten erfolgreich zu widersetzen. Über ein mattes, meist wenig echtes Fortleben dieses Sängertums, dessen ältere Überlieferung bis zum »Lieben Augustin« und den mittelalterlichen Wiener »Reimsprechern und Singern« zurückreicht (s. unter ›Pablatsch'n‹). Daß Friedrich Schlögl, der »Wiener Aristophanes« (+ 1892), diese Zunft einst scharf unter die Lupe nahm und von einer ›leidigen Volkssängerei‹ sprach, war vornehmlich durch die gelegentliche Zotenhaftigkeit der vorgetragenen Liedertexte (s. o.) veranlaßt. Als die letzten Wiener Fortsetzer dieses schlichten Kunstzweiges wird man etwa den Heurigensänger Schier und den Conferencier Heinz Conrads ansprechen dürfen. – Viele Erinnerungen an die Glanzzeit des Volkssängertums, die im zweiten Weltkrieg vernichtet wurden, bewahrte das ›Pratermuseum‹. Vgl. F. Rebiczek, ›Der Wiener Volks- und Bänkelgesang in den Jahren 1800–1848‹, Wien 1913. G. Gugitz und E. E. Blümml, ›Alt-Wiener Thespiskarren‹ u. ›Die Frühzeit der Wiener Vorstadtbühnen‹, Wien 1925.

Vur-stådt: Die ›innere Stadt‹, der jetzige erste Bezirk Wiens, war (1863) von 34 »Vorstädten« umgeben, die nach dem genannten Jahre zu 8 »Vorstadtbezirken« zusammengefaßt wurden. Ältere Leute sprachen auch nach der Einteilung Wiens in 21 Gemeindebezirke noch oft von der Ålservurstådt (Alservorstadt) und anderen ehemaligen Vorstädten.

Vur-stadtler, Bez. eines Bewohners der ehem. Wiener Vorstädte: s. Vurstådt; die »Vurstadtler« galten als die »echteren« Wiener, die alte Wiener Sprache und Bräuche treuer bewahrten.

W

Wáchstum, *m.*, kleiner aus Wachs geformter Phallus, der früher von Frauen geheim als Zauberschutz gegen die Einwirkung böser Geister, auch gegen den »bösen Blick«, getragen wurde. – Ableitung: Das Wort scheint in seiner Herleitung nicht ohne Grund zwischen *Wachs* und *wachsen*, zu schwanken. Der Gegenstand, ein Sinnbild der Zeugungskraft und Fruchtbarkeit, diente schon im Altertum dem gleichen Zweck. Das auffallende Geschlecht des Wortes (*m.*) erklärt sich durch Angleichung (Analogie) im Hinblick auf gleichbedeutende deutsche Wörter. – Literar. Belege: Nestroy I 611.

Wadl-parad, *w.* (scherz.), ›Wadenparade‹; sie gab es einst bei Regenwetter, wenn die Damen ihre ehemals langen Röcke, um sie vor Verunreinigung durch Straßenschmutz zu schützen, ein wenig hoben, so daß die Waden sichtbar wurden.

Wahderl, *s.*, kleiner Fächer. – Ableitung: zu ma. ›wahn‹ (= wehen), also: Luft zuwehende Vorrichtung; entstanden aus ›Wah-erl‹ mit Einschub eines *d* zur bequemeren Aussprache (›euphonischer Einschub‹).

Wahringer Pfeiferl. – Redensart: ›der håts W. Pf.‹: ein pfeifendes Hüsteln als Merkmal der Lungenschwindsucht. In Währing befand sich einst eine der Hauptbegräbnisstätten Wiens, der ›Allgemeine Währinger Friedhof‹.

Wäller, *m.*, ein Wällischer, d. i. Italiener.

Wangl, *s.*, Redensart: ›ān a W. (Uhrwangl) gebn‹, d. i. eine Ohrfeige. – Ableitung: von Wange.

Wånz'n-nest (scherz.), Bett, eigentl. ›Wanzennest‹, vgl. Wånz'nburg.

Wa'z'n-zupferin (spött.), altes Weib: ›a ålde W.‹. – Erklärung: Nach diesem anschauungsvollen Ausdruck besteht ihre vornehmliche Tätigkeit darin, daß sie an den Härchen ihrer Gesichtswarzen zerrt (›zupft‹).

Wäscher-madl, sprich Weschama'l, *s.*, junge Wäscherin, die in einem Rückenkorbe gesammelte Wäsche zum Reinigen oder Reinwäsche zum Liefern trug. Sie arbeitete in einer großen Wäscheanstalt, die das mühevolle und peinliche Geschäft des Wäschereinigens für einen großen Kundenkreis übernahm. Als Urbild eines W.s galt eine durch Reschheit und Feschheit, d. i. durch Redegewandtheit und hübsche Erscheinung, auffallende, ›harbe, laute, fidele Godl‹, die aber die Grenzen des Anstands gewissenhaft hütete. Vgl. V. Chiavacci in ›Wienerstadt. Lebensbilder aus der Gegenwart‹ (Wien 1907), S. 87ff.; s. unter ›Wäschermadl-ball‹. Den Inbegriff eines W.s zeichnete F. Schlögl in der von ihm geschaffenen Gestalt der schneidigen »Wäschertonerl vom Himmelpfortgrund«, s. Ges. Schriften I 122f.

Wäschermadl-ball, sprich Weschama'l-bä^i (-bäu), *m.*, ein von der jungen Lebewelt stark besuchtes Tanzfest der Faschingszeit, bei dem sich das urwüchsige Wienertum in seiner gemütlichen Ungebundenheit zu entfalten pflegte. Vgl. F. Schlögl, Ges. Schriften I (›Wiener Blut‹), 122ff.; s. auch unter ›Fiaker-milli‹.

Wäsch-pracker, scherz. Bez. der Gitarre (nach ihrer Form).

Wasserer, ein Mann, der die Reinigung des Wagens der Fiaker und der Komfortabler (s. d.) besorgte, ehemals eine auffallende Wr. Straßenfigur, die mit dem Aufkommen des Automobils verschwand. Der W. war meist ein stämmiger, handfester Mann in den mittleren Jahren, den man auf jedem Fiakerstandplatz antraf; als Arbeitsgeräte dienten ihm ein hölzerner Wasserkübel und ein ansehnlicher Schwamm, mit dem er das Wasser in verschwenderischen Mengen über das beschmutzte Fahrzeug sprudeln ließ. Seine aufgestrickten Hemdärmel machten nervige Arme frei; die Hose hatte er bei der Arbeit bis zu den Knien hinaufgekrempelt. Er trug ein blaues Fürtuch und hölzerne Halbschuhe (›Holzschlapfen‹); in der warmen Jahreszeit ging er bisweilen auch barfuß. Nie fehlen durfte eine Virginia-Zigarre (›Wedschina‹ oder ›Wedsch‹), die ihm während seiner Tätigkeit hinterm Ohr hervorlugte. Fr. Schlögl sagt vom W. in seinen »Ges. Schriften«, Bd. II, 193: ›Der Wasserer ist eine der populärsten Figuren auf dem Wiener Pflaster. Von dunkler Abstammung und nicht selten auch von ganz unaufgeklärtem Vorleben, weiß er die Tücken seines feindlichen Geschickes, das ihn zu dem wenig ehrenvollen Amte des ›Büttelschleppens‹ und ›Räderwaschens‹ verurteilt, wie die unausgesetzten kritischen Bemänglungen seines hämisch-witzigen Brotherrn mit dem stillen Heroismus eines passionierten Dulders zu ertragen‹. – Ableitung: von Wasser.

Wåsser-kind, Säugling, der künstlich ernährt wurde. – Erklärung: es fehlte ihm an der kräftigenden Muttermilch.

Watsch'n-åff, *m.*, s. Watsch'n-må^{nn}.

Watsch'n-må[nn], *m.*, eine bis zur Zerstörung des Volkspraters (in den Kämpfen 1945) sehr bekannte, aus Leder erzeugte Menschengestalt mit überaus häßlichem, affenartigem Gesicht – daher auch der ›Watsch'n-åff‹ geheißen –, das durch seine überfeisten Wangen zum Abohrfeigen einzuladen schien. Dazu war der W. auch tatsächlich da: hinter seinem Haupt befand sich eine Meßvorrichtung, deren Zeiger die Wucht der ihm verabfolgten Ohrfeigen in Kilogramm angab. Der Ausrufer lud die Praterbesucher zum Eintritt in seine Bude mit den Worten ein: »Meine Herr'n, stöll'n S' Ihna jez Ihnarn best'n Freund vur, ih man' (meine) den, der was Ihna allas z'Fleiß tuat, und nåchdem schmier'n S' eahm a påår Säftiche! Dees kost't Ihna dåda nur a Sechserl, bein Bezirksgaricht håm S' as ned so büllich!« Jede Ohrfeige über 100 kg begleitete er mit anerkennenden Schmuckwörtern, wie z. B.: ›a Patentwatschn‹ oder ›ein Elementarereignis!‹. – Redensart: ›Dees is der reine W. in Pråda‹, d. h., er erfährt eine brutale Demütigung nach der andern, ohne sich zur Wehr zu setzen.

Weana-g'setz (spött.), Verordnung der Wiener Stadt- oder Polizeibehörde. – Redensart: ›Dees is a W.‹, d. h., bald nach seiner Verlautbarung schert sich keine Seele mehr darum; vgl. Mayr (1929) 107.

Weidner-sau, *w.*, gestochenes Schwein, dem man die Eingeweide herausnahm. – A. mhd. *weiden* ›ausweiden‹.

Weimba (Mzw.), Weinbeeren; scherz. Redensart: böhmische (sprich bemmische) W. = Erdäpfel; einst ein geläufiger Marktausdruck.

Werd, *m.*, Insel. – Erklärung: Vor der Donauregulierung wurde das teilweise mit Auwald bedeckte Eiland der Leopoldstadt von Nebenarmen der Donau in Inseln zerteilt; insbesondere unterschied man zwei Hauptinseln, den ›Oberen‹ und ›Unteren Werd‹, Bezeichnungen, die ein zähes Weiterleben führten. – Ableitung: mhd. *wert* (Gen. *-des*) *m.* ›Insel‹, ›Halbinsel‹, ahd. *warid* oder *werid m.* (gleichbedeutend); verw. mit ›Wehr‹, aind. *varaná m.* ›Damm‹, ›Wall‹; s. Kluge (1934) 685f.

Werkel-må[nn], sprich We[a]klmå[nn], Drehorgelspieler. Diese Straßenfigur, die in Alt-Wien besonders zahlreich vertreten war, wurde zwar schon wiederholt totgesagt (vgl. z. B. Weinheber ›Verschwundenes Wien‹ in »Wien wörtlich« S. 16), führt aber immer noch ein zähes, wenn auch stark eingedämmtes Weiterleben.

Wildbrat-schütz, sprich Wü[i]d-, Wildschütz, Wilderer (Wilddieb). – Ableitung: zu mhd. *wiltbrāt s.* (eigentl. Wildbraten) ›Wildbret‹.

Wilder Må[nn], sprich Wü[i]d-: Name einer ehem. Gaststätte im Volksprater (›Zum wilden Mann‹), bei der sich einst die Kunstbegeisterung der Wurstelpraterjugend austobte. Hier, in »Hagenbuchers Restauration«, traten unter freiem Himmel, jedem Spaziergänger sichtbar, »die Künstler« auf und zeigten sich vom frühen Nachmittag bis zum späten Abend in ununterbrochenen Vorstellungen. Unter den Klängen eines alten Klaviers »arbeiteten« hier Gaukler und Zauberer, hypnotisierte und seiltanzende Damen, Tänzerinnen, Tänzer und Gewichtstemmer. Am Gasthausgitter stehend, traf hier mancher Junge, der früher als Achtjähriger noch Spritzenschlauchschleuderer (s. d.) werden wollte, seine neue idealere Berufsauswahl: nun gedachte er Künstler, d. h. »Dummer August im Prater«, zu werden.

Wind-wachl: 1. (Grundbedeutung) ein aus Federn erzeugter Fächer zum Anfachen des Herdfeuers. – 2. (übt.) geckischer Großtuer; vgl. ›Windmacher‹. – Ableitung: zu ›wacheln‹ = winken.

Winter-schwålb'n, sprich -schwålm, *w.*, Ez. u. Mz., eigentl. »Winterschwalben«, scherz. Bez. der vor Wintersbeginn in den Wr. Straßen regelmäßig erscheinenden Brater eßbarer Kastanien (›Maronibråder‹). Sie rösten und verkaufen nebst Erdäpfeln und Äpfeln auch Edelkastanien; aber ihre Scherzbenennung ist seit dem 2. Weltkrieg außer Gebrauch; sinngleich Maronimå[nn] und Käst'nbråder.

Wogesthin, volksetymologische Verballhornung des frz. Namens *Vaugoin:* so hieß der österr. Minister für Heerwesen (in den Jahren 1922–1933). Ein Beispiel dieser Art für viele! Es liegt da eine jener absichtlichen Fremdwortverdrehungen vor, »die sich auf unsicherem Grund zwischen Witz und nicht zu überbietender Albernheit bewegen«: Storfer (1935) 174.

[1] **Wolferl**, sprich Wo[i]fa'l, *s.*, Kreisel aus Holz, einst ein überaus beliebtes Knabenspielzeug. Das W. wurde zunächst dadurch in drehende Bewegung gesetzt (»å[n]trie'm« = angetrieben), daß man die Schnur einer Peitsche um dessen waagrechte Rillen drehte und diese Schnur sodann rasch aufdrehte (ziehend loswickelte). Der nun auf dem Erdboden oder im Zimmer sich drehende Kreisel wurde durch geschickte, flach geführte Peitschenhiebe in dauernder Drehung (»in Tånz'n«) erhalten. Dieses Spiel hieß: Wolferltreiben (sprich Wo[i]fa'ltrei'm). – Ableitung: Eine befriedigende Deutung des Wortes steht noch aus. Das W. wurde (scherz.) auch ›Drahdiwaberl‹ genannt.

² Wolferl, *m.*, Koseform für den Namen Franz Wolfsecker; sein Träger, ein Tambour des ehem. Wr. Hausregiments Hoch- und Deutschmeister (s. unter ›Edelknåb'n‹), wurde infolge seiner urwüchsigen Eigenart eine stadtbekannte Gestalt. Dazu trugen seine Jongleurkünste nicht wenig bei. So pflegte er während eines Marsches dutzendemal die Trommelschlegel hoch in die Luft zu werfen, behend aufzufangen und sogleich wieder einen »Wirbel« zu schlagen. Belustigt blickten die Leute, die mit dem ›Burgmurrer‹ (s. d.) mitmarschierten, auf den geschickten, schneidigen Edelknaben, den ›Trommler von Wien‹, dem ein eigenes Lied gewidmet wurde.

Wolferln, Mzw., *s.*, scherz. Bez. der ersten Zähne eines Kleinkindes. – Erklärung: Es kann schon beißen ›wie ein Wolf‹.

Wolferl-treiben s. ¹Wolferl.

Wuckerl-strumpf, *m.*, ein mit erhabener Zierstickerei versehener Strumpf.

Wühl-huaber (schelt.), Wühler, Aufwiegler. – Erklärung: So nannte man in der monarchischen Zeit jeden Vertreter strengsozialistischer, insbesondere aber kommunistischer Anschauungen. – Ableitung: mhd. *wüelen* ›wühlen‹, ›graben‹, *wuol m.* ›Niederlage‹, ›Verderben‹ (im Ablaut zu *wal, m. (f.)* ›Schlachtfeld‹, vgl. Walstatt).

Wurstl, sprich Wuᵃschtl, *m.*, Possenreißer, Spaßmacher.
1. Der Hanswurst als Bühnengestalt, die ihre Späße großteils aus dem Stegreif vorbringt. In ihrer ältesten Ausprägung hat diese komische Figur stets einen Gegenspieler, nämlich den Schwarzen (Teufel), mit dem der frohgemute, hellgekleidete Wurstl Kämpfe bestehen muß. In mehrfacher Hinsicht, unter anderem auch durch seine äußere Erscheinung (Tracht), läßt der Wiener W. die Einwirkung der italienischen Commedia dell'arte erkennen. Die lange, aus dünnen Brettchen gefügte Holzklapper (›Pritsche‹), die er bei seinem Auftreten gewohntermaßen als Waffe gebraucht, kennzeichnet ihn als einen zum Bajazzo herabgesunkenen Helden: Sie entspricht nämlich der Keule (s. unter ›Kasperl‹) mit der der Sagenheld besonders in der iranischen und später in der russischen Überlieferung ausgestattet ist. Nach O. Rommel (s. u.) geht der wr. Hanswurst in seinem Wesen unmittelbar auf die Gestalt des sog. Pickelhärings (eines Lustigmachers auf der Schaubühne) des 17. Jh. zurück, »in dessen Komik aber die ganze Tradition des ›deutschen Narren‹ einging.« – Der Wiener Wurstl: Der Begründer des Wr. Volkstheaters,

Jos. Ant. Stranitzky (gest. 1726) stellte um 1710 die von ihm geschaffene einfältig-pfiffige Gestalt des »Wienerischen Wurstels« (Wiener Hanswursts) auf die Bühne. Er erschien in der Tracht eines Salzburger Bauern mit hohem grünem Spitzhut und begründete damit als Schauspieler-Dichter eine in allerlei Wandlungen bis zum österreichischen Aristophanes, Johann Nestroy, reichende Überlieferung. Stranitzky deutete die Beziehung zur italienischen Bühnendichtung und Schauspielkunst in seiner ›Lustigen Reyß-Beschreibung‹, die mit seiner Ankunft vor dem Wiener Komödihaus schließt, durch die Erklärung an, daß ihm die Kenntnis des Italienischen viel Nutzen gebracht habe; auf dieser Bahn sind ihm seine künstlerischen Nachfahren wie Kurz und Prehauser, später auch Bäuerle, Meisl und Gleich gefolgt, ja selbst bei Raimund und Nestroy erinnert noch manches an diese Verbindung. Vgl. Wurstlpråter und Kasperl.

2. In der Mundart und Usp. ist ›Wurstl‹ auch eine meist in spöttischem Sinn gebrauchte Bezeichnung für einen harmlos-gutmütigen, zu tollen Späßen geneigten Menschen (= Kåsper, s. d.).

3. Bezeichnung einer Puppe männlicher Prägung.

4. Puppentheater, z. B. ›mir gengan zun W.‹: ins Kasperltheater; ›dees siegt (sicht) ma bein W.‹: im Puppentheater.

Ableitung: Wurstl ist eine mit der Verkleinerungsendung -l versehene Kurzform für Hanswurst, d. h. urspr. ein Mensch, der sich für eine wohlfeile Verköstigung (Wurst) hänseln (zum besten haben) läßt. Im Schrifttum begegnet der W. erstmalig als Hans Worst in einer nd. Übertragung von Seb. Brants ›Narrenschiff‹ (1519). – Lit.: Flemming, Hanswurstspiel in Merker-Stammlers Reallexikon, Bd. 1 u. 2, 1926–28. Die älteren Arbeiten verzeichnet O. Rommel in seiner Nestroy-Ausgabe (Deutsches Verlagshaus Bong, o. J.) S. IXff., der die Gestalt des wr. Hanswursts in seiner Schrift ›Die großen Figuren der Alt-Wiener Volkskomödie (Hanswurst, Kasperl, Thaddädl und Staberl)‹, Wien 1946 eingehend behandelt hat.

Wusch, *w.*, und **Wuscherl**, *s.* (schelt.), Dirne. – Ableitung: unsicher; vgl. md. *wusch s.* Strohwisch; vgl. auch Musch (s. d.).

Z

Zåhnd-stierer, sprich -schdiᵃra, *m.*, Zahnstocher.

Zåm-geld, sprich göⁱd, *s.*, eigentl. ›Zaumgeld‹, d. i. das beim Pferdehandel den Kutschern (Roßknechten) gegebene »Schmiergeld« (Trinkgeld).

z'darma, eigentl. »zerdärmen«, d. i. die Gedärme (ma. ›die Darm‹) zerreißen. – Redensart: ›Dēn kunnt ih z.‹: (vor Wut) könnte ich ihn in Stücke reißen; vgl. ›ān in der Luft z'reiß'n‹.

Zeis(e)l-bauer, der Kutscher eines Zeis(e)lwåg'ns, s. d.

Zeis(e)l-wåg'n (nicht nur wienerisch), Nebenform Zeißl-wåg'n, später auch Zeiserl-wåg'n: So nannte man im alten Wien ein schlichtes, sehr beliebtes Gesellschaftsfuhrwerk, dem die Verbindung der Stadt mit den ehem. Vororten oblag (Ggs.: ›Kutschier-wagerl‹, s. d.). Dieses meist einspännige, hellgestrichene, mit Deck- und Seitenplachen versehene »Familienvehikel« für 8 bis 12 Personen stammte noch aus der Zeit des Vormärz, führte aber in der Umgebung Wiens ein langes Weiterleben. – Ableitung: Die Wortdeutung dieses mit Querbrettern versehenen Eilwagens ist sehr umstritten. Manche führten diese Bez. auf den nö. Ort Zeiselmauer zurück, was zweifellos abwegig ist; auch die Annahme, dieses Gefährt, das einen Vorläufer des ›Stellwagens‹ (s. d.) bildete, sei nach dem in Penzing bei Wien wohnhaften Fuhrmann Wenzel Zeisel benannt (vgl. auch Schranka 192), geht schon deshalb in die Irre, weil das Wort auch früher schon außerhalb Wiens und Österreichs gebräuchlich war: s. Schmeller II 1156. Wahrscheinlich gehört das Wort zu bayr. *zeis'ln* ›eilen‹, mit dem das schweiz. Ztw. *zisen* ›anstürmen‹ wurzelverwandt sein dürfte. – Eine allem Anscheine nach überkühne Ableitung des Ausdrucks vermutete Alexander Gaheis, der dessen ersten Wortteil mit dem aus dem Keltischen entlehnten lat. *cisium s.* ›Reisewagen‹ in Zusammenhang bringen wollte. – Die spätere Wortform ›Zeiserlwåg'n‹ verdankt ihre Entstehung einer volkstümlichen Umdeutung, die möglicherweise durch den gelben oder hellgrünen Wagenanstrich angeregt wurde. – Vgl. noch Storfer (1935) 233f.

Zepperl-polka, *w.*, in kurzem, trippelndem Schritt getanzte Polka. –

Ableitung: verw. mit ›zappeln‹. – tschech. *polka* oder *pǔlka w.* ›Polka‹, ›Halbschritt‹ (zu tschech. *pǔl* ›halb‹).

Zerb'n, sprich Zer'm, *w.*, Zerbe, Zirbel, eine Fichtenart (*pinus cembra*), meist aber von der Legföhre (*pinus montana*) gebraucht. – Ableitung: ahd. *zerben* ›drehen‹, mhd. *zirben* oder *zirm w.* (*m.*) ›Zirbelkiefer‹.

zett'n, hin(aus)ziehen, verschleppen, verzögern. – Ableitung: ahd. *zetjan*, mhd. *zet(t)en* ›streuen‹, ›ausbreiten‹; s. zu ›verzett'n‹; noch gebr. Ableitung: um(a)zett'n; vgl. Sassmann 232. Schmeller II 1160.

zick'n s. zigern.

Ziefer oder **Zifer**, *s.* (nicht nur wienerisch): 1. (Grundbedeutung) Ungeziefer; 2. (übt.) verächtlicher Mensch. – Ableitung: s. zu dem sinngleich Ausdruck ›Unziefer‹; vgl. Schmeller II 1087 (›Zifer‹).

zigern, auch **zig'n (zick'n)**, sauer sein: ›D Mülli (Milch) zigert (zickt) scho^n.‹ – Ableitung: bayr. *Ziger m.* ›Topfen‹; es ist sehr fraglich, ob das Wort mit tschech. *sýr* (Käse) wurzelverwandt ist; s. Schmeller II 1094.

Ziguri-sitzer (spött.), knickerischer Gast eines Nachtcafés, der still bei seiner Kaffeeschale sitzt und sich nicht ins Nachtleben hineinlocken läßt. – Ableitung: Das Wort ist ein Dirnenausdruck; ›Ziguri‹, d. i. Zichorie, bezeichnete auch den daraus hergestellten minderwertigen Kaffee-Ersatz.

Zins: Redensart: ›schiach wia der Z.‹ Der Zins galt bis vor kurzem (wie die Steuer weiterhin) als Teufelsbruder (daher ›schiach‹), der den minder bemittelten Leuten fortgesetzt schwerste Sorgen aufbürdete und sie sogar bis in den stillen Waldesschatten verfolgte: interpretierte man doch sogar den aus zwei Tönen bestehenden Ruf eines Waldvogels durch die Worte: »Zåhlts Zins!« – Ableitung: ahd. *zins m.* ›Abgabe‹ aus lat. *census m.* ›Einschätzung‹, ›Abgabe‹.

Zivilhelm, sprich Ziwühö^{i}m, *m.* (nicht wienerisch), scherz. Bez. des Zylinderhutes, s. Zylinder. – Ableitung: frz. *civil* (von lat. *civīlis*) ›bürgerlich‹ mit Bezug auf diese Kopftracht im Ggs. zum Soldatenstand.

z'müas'ln, sprich mia-, zerbröseln, zerbröckeln. – Ableitung: vgl. bayr. *Mus'l* (*m.*) = ›Brotkrume‹, *mus'ln* ›spalten‹: Schmellmer I 1674.

Zolpl, sprich Zo^i-, *m.* (*w.*) (ger.), derbes, klotziges (auch sittenloses) Weib; sinnverwandt Schmudl, s. d. – Ableitung: Herkunft dunkel; viell. zur gleichen Wurzel wie hd. *Zaupe* ›Hündin‹ gehörig; vgl. Jakob 227. Sassmann 232. Schmeller II 1118.

Zópak'n, Mzw., *m.*, scherz. Bez. der Tschechen mit Bezug auf deren häufige Frage *copak?* ›was denn?‹

zsåmm-pfregna, zusammenschnüren, zusammenpacken. – Ableitung: eigentl. ›pfrågna‹ zu Pfrågner = Fragner (Greisler).

zsåmm-rank'ln, sprich -rangln: in arge Unordnung bringen. – Ableitung: s. zu verrank'ln.

Zua-schroter, *m.*, Gehilfe des Fleischers, auch dieser selbst. – Ableitung: mhd. *schrōten* ›(ab)schneiden‹, *schrōtaere* ›Schneider‹.

zua-tati(ch) (Anf.), dienstbereit, eigentl. ›zu-tätig‹.

Zwiefachl, *s.*, nur in der Redensart: ›ån bein Z. derwischn‹: jn. bei den Rockschößen fassen, jn. ertappen. – Ableitung: zu zwiefach (mhd. *zwivach*); die Redensart rührt noch aus der Zeit der langen Rockschöße her. Man bildete auch daß Ztw. zwiefach'ln, d. h. (dem Ertappten) Hiebe geben.

Zwiefl-kråwåt, sprich -gråwåd, *m.*, eigentl. ›Zwiebelkroate‹, eine längst verschollene Wr. Straßenfigur. Der Z. war ebenso wie seine engeren Landsleute, der Kolöfflkråwåt (s. d.) und der Rastlbinder (s. d.), ein aus der Slowakei stammender Wanderhändler, der meist in einem geräumigen Korbe Zwiebel zum Verkauf anbot. Er machte sich durch keine Rufe bemerkbar, und nur selten ließ einer in Haushöfen eine Schalmei ertönen, die er einer Holzflöte entlockte; die meisten standen an Markträndern, gingen durch die Gassen oder von Tür zu Tür. Hinsichtlich seiner Geschäftüchtigkeit war der Z. geradezu der äußerste Antipode des Handlehs (s. d.): gelang es diesem zufolge seiner geschäflichen Energien rasch und gründlich, die früheren ›Hasenbalgkramerinnen‹ zu verdrängen, so hatte der Z. auf dem von ihm erwählten Zweig wirtschaflicher Spekulation dauernd mit der schwersten Konkurrenz der Markthändler und Greißler zu kämpfen und konnte nur durch Unterbietung der jeweiligen Marktpreise zu kümmerlichem Verdienst kommen. Er war ein durchaus rechtschaffener Mann, seine Ware vortrefflich, seine Preisbildung höchst bescheiden; nur eines fehlte ihm: die Gerissenheit geschäftlicher Begabung.

Zylinder, sprich Zlinda, *m.* (nicht nur wienerisch). Dieser meist schwarze walzen- oder röhrenförmige Hut aus Filz oder Seidenplüsch mit gewölbter oder gerader Krempe war in Wien und Österreich noch zu Beginn des 20. Jahrhunderts sehr gebräuchlich. Dieses heute absonderlich anmutende glanzreiche Ungetüm wurde namentlich bei festlichen und amtsförmlichen Anlässen, wie bei Hochzeiten, Taufen, Leichenbegängnissen und »hochortlichen« Angelegenheiten (z. B. persönlichen Vorstellungen bei Behörden), getragen; beim Reitsport war er auch als weibliche Kopftracht üblich. Dem Z. verehrte der Volksmund zahlreiche, meist scherzhafte Namen: s. Ångströhr'n, Glånzbutt'n, Mehlwurmhäf'n, Of'nröhr'n, Schmålzhäf'n, Stößer, Zivilhelm; vgl. auch Schmålranftler. – Redensart: ›Runter mi'n (= Herunter mit dem) Z.!‹, eine Mahnung an Überhebliche, von ihrem hohen Roß herabzusteigen. Es gab auch im Prater eine Unterhaltungsbude, in der man durch Bälle die Zylinder von den Köpfen der auftauchenden Figuren herunterschoß; der Budenbesitzer lud mit dem Rufe »Runter mi'n Z.!« ein. – Ableitung: altgr. *kýlindros m.* ›Walze‹. – Erklärung: Als Männerhut kam der Z. in Paris auf; er entstand zur Zeit der Frz. Revolution aus der damals getragenen runden Kopfbedeckung und fand allmählich im übrigen Europa Eingang; s. A. Kretschmer u. C. Rohrbach, Trachten der Völker, S. 318; vgl. Kretschmer 595f.

SPRACHLEHRE DER WIENER MUNDART

> Jede Provinz liebt ihren Dialekt: denn er ist doch eigentlich
> das Element, in welchem die Seele ihren Atem schöpft.
>
> *Goethe, Dichtung und Wahrheit*

Vorwort zur ersten Ausgabe

Viele Leute in der Großstadt schämen sich, Mundart zu sprechen. Auf dem Lande ist das gewöhnlich anders. Woher kommt das? Der Grund dafür liegt darin, daß im Dorfe alle Bewohner in der Mundart sprechen, daher braucht sich keiner vor dem anderen zu schämen. In der Stadt gibt es viele Gesellschaftsschichten. Zahlreiche Personen führender Kreise müssen sehr häufig, wie die mundartsprechenden Wiener sagen, »hochdeutsch« sprechen. (Wir werden später sehen, daß »hochdeutsch« nicht das richtige Wort ist. Man ist gewohnt, dafür »schriftdeutsch« zu sagen. Auch das ist noch nicht ganz richtig, es soll heißen, daß diese Leute in der Hochsprache sprechen müssen.) Ihnen gegenüber kommen sich also die Leute, die in der Mundart sprechen, als ungebildet vor, und sie bemühen sich daher, ihre Sprache der der Gebildeten anzugleichen. Dazu kommt die Ansicht, die auch heute noch vielfach verbreitet ist, daß die Mundart nur eine verunstaltete, verdorbene Schriftsprache sei. Wir werden später sehen, daß dies völlig falsch ist. Die Mundarten waren sogar früher da als die Schriftsprache, denn diese ist erst aus ihnen hervorgegangen.

Wir müssen übrigens gleich an dieser Stelle darauf hinweisen, daß Bildung nicht allein darin besteht, die Schriftsprache zu gebrauchen. Es kann jemand hochgebildet sein und dennoch im Alltag sich der Mundart bedienen. So haben unsere drei großen deutschsprachigen Dichter Goethe, Schiller und Grillparzer im gewöhnlichen Verkehr ihren Dialekt gesprochen. Noch zu den Zeiten Maria Theresias wurde am Wiener Hof von ihr selbst und vom Hochadel der Wiener Dialekt gebraucht. Ja, es gibt sogar heute noch ein ganzes Land, das sich nicht schämt, in der Mundart zu sprechen. Das ist die Schweiz. Wohl können die meisten Schweizer die Schriftsprache, sie verwenden sie auch in ihren Büchern, Zeitungen und Vorträgen, aber untereinander unterhalten sie sich durchaus in ihrem Dialekt, dem sogenannten »Schwyzerdütsch«.

In Wirklichkeit ist gar kein Grund dazu da, sich der Mundart zu schämen, das Gegenteil wäre am Platz, wir haben alle Ursache, vor ihr

Ehrfurcht zu haben. Sie steht sozusagen vor uns da wie ein Bauwerk aus dem Mittelalter. Wie wir im Verlaufe dieses Buches sehen werden, hat die Wiener Mundart sowohl in der Aussprache der Laute als auch in den Wörtern, die sie besitzt, vielfach einen Zustand unverändert bewahrt, wie er um 1300 allgemein bestand. Leider stimmt das heute nicht mehr ganz, weil sie seit den zwanziger Jahren des 20. Jahrhunderts eine Reihe von neuen Veränderungen in der Aussprache mitgemacht hat. Aber auch jetzt noch besitzen wir genügend Sprachgut, auf das wir ebenso stolz sein können wie der Bauer, der in seinem Haus schöne alte Möbel oder Hausgeräte aus dem Mittelalter besitzt. Überdies hat die Wiener Mundart seit ungefähr 1200 die übrigen Dialekte Österreichs ungemein stark beeinflußt, so stark, daß wir auch von dieser Seite her auf sie stolz sein dürfen und guten Grund haben, wenn wir uns mit ihr beschäftigen.

Alle Mundarten, auch die unsere, haben sogar eine große Aufgabe im Leben der Sprache zu erfüllen. Um das klar zu machen, müssen wir zwei wichtige Erkenntnisse vorausschicken. Die meisten Leute glauben, daß eine Sprache ständig unverändert bleibt. Das ist nicht so. Alle Sprachen, wenn sie nicht ausgestorben sind, wie z. B. das Lateinische, verändern sich ununterbrochen, nur merken wir Lebenden es nicht. Wenn wir heute Schriften oder Dichtungen aus der Zeit um 1800 lesen, werden wir oft genug Redewendungen finden, die jetzt nicht mehr üblich sind. Wer heute moderne englische Schriftwerke liest und dazu ein Wörterbuch von früher verwendet, wird mit Erstaunen feststellen, daß er viele Wörter darin nicht findet, weil die Engländer dafür schon neue Ersatzausdrücke gebildet haben.

Wenn wir aber noch weiter zurückgehen, sehen wir, daß im Mittelalter in unserem Sprachgebiet ein anderes Deutsch gesprochen wurde, das Mittelhochdeutsche, und noch früher das Althochdeutsche. Bei anderen Sprachen ist es genauso: In Frankreich gab es ein Altfranzösisch und in England ein Altenglisch. Das ist ja auch ganz verständlich, daß sich die Sprachen ständig verändern müssen. Es gibt immer neue Erfindungen, neue Einrichtungen in Staat und Wirtschaft, für die auch neue Wörter geschaffen werden müssen. Andere Ausdrücke werden überflüssig, weil die Gegenstände, die sie bezeichneten, nicht mehr im Gebrauch sind, und so werden sie vergessen. Aber auch die Aussprache der Laute verändert sich, freilich sind dafür die Gründe nicht so leicht zu finden.

Eine zweite Erkenntnis der Sprachwissenschaft ist die, daß die Schriftsprache leicht in die Gefahr gerät, starr und steif zu werden, was wir tadelnd oft die »Papiersprache« nennen. Unser großer Wiener Dichter Weinheber sagt: »Sprach, des is Bluat, und Schrift is Papier.« Die Mundart ist also das Lebendige, das Natürliche, Schriftsprache aber ist, wie wir später noch genauer erkennen werden, eigentlich etwas Künstliches. Wie wir heute wissen, steigen ständig aus der Mundart über die Umgangssprache neue Schöpfungen in die Schriftsprache auf und schützen diese vor dem Erstarren.

Noch eines ist es, was uns nötigt, Achtung vor der Mundart zu hegen. Der große Künstler ist imstande, auch aus ihr große Kunstwerke zu schaffen. Wir Österreicher können da mit Stolz auf die Werke von Raimund, Nestroy, Rosegger, Stelzhamer und Schönherr hinweisen. In neuerer Zeit hat ein so großer Dichter wie Weinheber, der gerade wegen der genialen Wortkunst in seinen schriftsprachlichen Gedichten gefeiert wurde, es nicht verschmäht, im Leben ein urwüchsiges Wienerisch zu sprechen und mit Vorbedacht eine Reihe von Gedichten im Wiener Dialekt zu schreiben, die den Titel »Wien wörtlich« tragen.

Die Wiener Mundart nimmt eine gesellschaftliche Sonderstellung ein, die ich hervorheben will. Während auf dem Lande die Mundart hauptsächlich von den Bauern tradiert wurde, sind in Wien schon seit Ende des 19. Jahrhunderts neben den Einheimischen die zugewanderten Arbeiter zu ihren Trägern geworden. Wien teilt natürlich diese Eigentümlichkeit mit anderen Großstädten. Da aber auch andere Kreise die Mundart sprechen, so kann sie eine wichtige soziale Aufgabe erfüllen, nämlich die, eine breite Brücke zwischen den sogenannten Gebildeten und den anderen Schichten herzustellen.

Für uns Großstädter hat die Mundart noch eine besondere Bedeutung. Wir, die gezwungen sind, in Mietwohnungen zu hausen, in Gassen, die vielfach öde und gleichförmig sind, wir haben es viel schwerer, ein Heimatgefühl in uns groß werden zu lassen. Wohl formt auch jede Großstadt durch ihren besonderen Charakter, durch ihre Bauwerke dieses in ihren Bewohnern. Wir brauchen nur zu erinnern, was für den Wiener der »Steffel« bedeutet; das haben wir in schmerzhafter Weise erfahren, als er zerstört war. In unmittelbarster Weise aber erlebt der Großstädter gerade in seiner Mundart die Heimat. Auch deshalb soll sie gepflegt werden.

Bescheiden wie die Wiener sind, haben sie nie ein großes Aufheben von ihrer Stadt gemacht. So kommt es, daß sie sich der Bedeutung, die Wien als Kulturzentrum schon fast vor tausend Jahren hatte, gar nicht bewußt sind. Daher werden nur die wenigsten Wiener wissen, daß ihre Stadt schon vor dem Jahre 1100 in Italien und Frankreich bekannt war und demgemäß schon damals im Leben der Völker eine Rolle gespielt haben muß. Die Sprachwissenschaft ist stolz darauf, daß nur sie diesen Nachweis liefern kann, denn andere Nachrichten haben wir nicht. Wie kann sie nun diesen Beweis erbringen? Der Name unserer Stadt wird zum erstenmal um das Jahr 800 in einer Salzburger Urkunde in der Form *Venia* genannt. Da diese Urkunde lateinisch ist, so ist der Buchstabe »V« als »W« zu lesen. Damals sprach man noch althochdeutsch, und gewisse »e« des frühen Althochdeutschen sind im Mittelhochdeutschen zu »ie« geworden (gesprochen wie unser mundartliches Briaf = Brief). So ergibt sich für die mittelhochdeutsche Zeit die Form »Wienne«. Nun heißt der Name unserer Stadt im Italienischen und Englischen Vienna und im Französischen Vienne. Die Sprachwissenschaftler können beweisen, daß diese Formen mit »V« unbedingt vor 1100 in die drei Sprachen aufgenommen wurden, denn wären sie erst nach dieser Zeit entlehnt worden, dann müßten sie Bienna und Bienne lauten. Erstaunt wird jetzt der Leser fragen, wieso denn ein solcher Beweis möglich sei. Nun, das ist eigentlich ganz einfach. Wenn wir heute das Wort »Bureau« im Deutschen als »Büro« schreiben, so werden kommende Zeiten daraus erkennen, daß in der 2. Hälfte des 20. Jahrhunderts ein »u« von den Franzosen als »ü« gesprochen wurde und ein »eau« als »o«. Solche Entlehnungen aus einer Sprache in die andere hat es immer gegeben, und so können wir feststellen, wie gewisse Laute zu einer bestimmten Zeit in einer anderen Sprache gesprochen wurden. Für unsere Stadt geht aus der obigen Feststellung hervor, daß Wien schon vor dem Jahre 1100 eine so große Bedeutung hatte und schon so starke kulturelle Beziehungen zu Italien und Frankreich bestanden, daß sein Name in diesen Ländern bekannt war.

Den wenigsten Wienern ist auch bekannt, in welch großem Ausmaß das Wienerische die österreichischen Dialekte beeinflußt hat. Dieses Nichtwissen ist freilich nur zu verständlich, denn erst die neuere Mundartforschung war imstande, diesen Einfluß nachzuweisen. Maßgeblich daran beteiligt ist eine Institution der Österreichischen Akademie der

Wissenschaften in Wien, die den Titel Institut für österreichische Dialekt- und Namenlexika (früher »Wörterbuchkanzlei«) führt. Sie wurde im Jahre 1912 gegründet und mit der Aufgabe betraut, ein Wörterbuch der bairisch-österreichischen Dialekte zu schaffen. Ihre Arbeit wurde durch die beiden Weltkriege sehr gehemmt, und so sind bis heute die Arbeiten an diesem Werk nicht abgeschlossen. Das Institut verfügt über ein ungeheures Material. Auf Millionen Zetteln sind durch Sammler aus allen Bundesländern die österreichischen Dialekte festgehalten. Auf Kundfahrten, die von den erfahrenen Fachleuten des Instituts veranstaltet werden, werden diese Resultate überprüft, vielfach auch auf Tonbändern Proben einzelner Dialekte festgehalten.

Aufgrund dieses Materials sowie eingehender Forschungen konnte festgestellt werden, daß schon seit dem Mittelalter sowohl wienerische Lautungen als auch Wiener Wörter in viele andere Mundarten eingedrungen sind. In neuerer Zeit breiten sich Wiener Formen immer mehr in den angrenzenden Gebieten Niederösterreichs und des Burgenlandes aus. Diese Wirkung des Wienerischen ist verständlich, wenn wir bedenken, daß Wien ja seit Rudolf von Habsburg mit einiger Unterbrechung ständig der Sitz des Kaisers gewesen ist. Es ist nur zu begreiflich, daß die Sprechweise der »Kaiserstadt« den anderen als besonders vornehm erschien und von ihnen nachgeahmt wurde.

Auf eine Besonderheit des Wienerischen will ich noch hinweisen. Es verbindet eine staunenswerte Beharrsamkeit mit einer großen Freude an ständigen Neuerungen. Das ist so zu verstehen: Wir werden aus unserer Besprechung der einzelnen Laute sehen, daß die Wiener Mundart vielfach Lautformen bewahrt hat, die sich seit ungefähr sechs Jahrhunderten nicht verändert haben. Daneben aber zeigen sich besonders im Wortschatz viele Veränderungen. Über diesen ständigen Wechsel hat ein ganz hervorragender Kenner der Wiener Mundart, Walter Steinhauser, einen Aufsatz in der »Zeitschrift für Mundartforschung«, Jahrgang 1953, Heft 3, veröffentlicht, der den Titel führt: »250 Jahre Wienerisch. Zur Geschichte einer Stadtmundart.« Der Leser braucht nicht zu befürchten, eine trockene, schwer verständliche Darstellung vorzufinden, er wird sich im Gegenteil an einer geradezu amüsanten Lektüre erfreuen.

An dieser Stelle will ich zunächst meinem Dank Ausdruck geben, der in erster Linie dem Österreichischen Bundesverlag gilt. Dieser hat in seiner Liebe zu Wien und zur Wiener Mundart erst die Drucklegung des Buches ermöglicht. Reichen Dank schulde ich Herrn Universitätsprofessor Dr. Eberhard Kranzmayer, der in selbstloser Freundschaft meine Arbeit in jeder Hinsicht gefördert und besonders durch das Mitlesen des Manuskriptes unterstützt hat. Dafür und für wertvolle Ratschläge danke ich weiters Frau Dr. Maria Hornung und Herrn Dr. Franz Roitinger von der Wörterbuchkanzlei der Österreichischen Akademie der Wissenschaften in Wien. Ihnen schulde ich noch besonderen Dank für das Lesen der Korrekturen.

Dr. Hans Schikola

Einleitung

Jeder, der seinen Heimatort verläßt, wird bald merken, daß die Leute an dem neuen Ort, an den er kommt, anders sprechen als bei ihm daheim. Dies gilt nicht nur für das Deutsche, sondern für alle Sprachen. Wenn also ein Wiener nur nach Niederösterreich fährt, wird er wohl die Leute dort verstehen, aber er wird spüren, daß ihre Redeweise anders ist als seine. In Tirol kann es ihm passieren, daß er im Autobus oder im Gasthaus, wenn die Bauern untereinander reden, wohl einzelne Wörter auffaßt, ihrem Gespräch aber nicht mehr folgen kann. Kommen wir gar in die Schweiz oder nach Deutschland, so erfassen wir den Sinn der Rede umso schwerer, je weiter wir uns von unserer Heimat entfernen.

Wir sehen also, daß es in ein- und derselben Sprache sehr große Unterschiede geben kann. Diese verschiedenen Sprechweisen nennen wir Mundarten oder Dialekte. Jede Sprachgemeinschaft ist aus einzelnen Stämmen entstanden. So gibt es bis heute die Stämme der Baiern, Alemannen, Franken usw., die in ihrer Mundart bairisch-österreichisch, alemannisch, fränkisch usw. sprechen. Die vielen Mundarten, die es auf dem deutschen Sprachgebiet gibt, werden zunächst in drei große Gruppen geteilt: das Oberdeutsche, das Mitteldeutsche und das Niederdeutsche. Das Oberdeutsche heißt so, weil es »oben«, d. h. an den Oberläufen der großen Ströme gesprochen wird. Das Niederdeutsche lebt in den tiefer gelegenen Landschaften. Es gibt sonach die Einteilung in hochdeutsche und niederdeutsche Dialekte. Zwischen ihnen besteht folgender Unterschied: Im 7. Jahrhundert begann in der deutschen Sprache eine wichtige Veränderung, die die Laute p, t, k betraf. Dadurch kommt es, daß man im Hochdeutschen »Wasser«, »zehn«, »offen«, »Pfeffer«, »machen« sagt, im Niederdeutschen dagegen »Water«, »ten«, »open«, »Peper«, »maken«. Wer denkt da nicht ans Englische in seiner engen Verwandtschaft zum Niederdeutschen? Diese Veränderung nennen wir die zweite oder hochdeutsche Lautverschiebung. Wir Österreicher haben sie sozusagen »erfunden«. Sie ist vom Süden aus nach Norden gegangen. Alle Mundarten, die die Lautverschiebung mitgemacht haben, nennen wir hochdeutsch. Nicht überall ist sie voll und ganz durchgeführt worden, sondern mancherorts nur teilweise. Das sind die mitteldeutschen Dialekte. Daher werden die Unterschiede in der Veränderung der Laute p, t, k zur Einteilung der Mundarten verwendet. Von einer bestimmten Linie an unterblieb die Lautverschiebung überhaupt. Die Dialekte nördlich dieser Linie sind das obenerwähnte Niederdeutsche. Weiter südlich läuft grob gesagt eine parallele Linie, welche das Mitteldeutsche umrandet. Erst ganz im Süden herrscht das Oberdeutsche. Die Fachleute zerlegen es mit Recht in drei Großdialekte: das Ostfränkische, das Alemannische und das Bairisch-Österreichische. Wenn also die Wiener von jemandem, der sich der Schriftsprache bedient, sagen, er spreche »hochdeutsch«, so ist das falsch, denn auch die Wiener Mundart ist hochdeutsch.

Wir in Österreich gehören zum bairisch-österreichischen Dialektgebiet. Nur in Vorarlberg herrscht das Alemannische. Dies ist der Grund, warum wir die Vorarlberger so schwer verstehen. Weil es aber in Österreich und Bayern viele Teilmundarten gibt, hat man diese wieder in große Gruppen zusammengefaßt, und zwar in das Nordbairische, Mittelbairische und Südbairische. Beim Mittelbairischen unterscheiden wir das West- und das Ostmittelbairische. Unsere Wiener Mundart gehört zum Ostmittelbairischen. (Wer sich über die gesamten österreichischen Mundarten näher unterrichten will, kann dies in dem ausgezeichneten Buch »Unsere Mundarten« von M. Hornung und F. Roitinger tun, das 1950 erschienen ist.)

Wir Österreicher können einen Norddeutschen, wenn er im Dialekt spricht, kaum mehr verstehen. Das geht so weit, daß ein Hamburger sich mindestens ebenso leicht mit einem Engländer verständigen kann wie mit einem Kärntner. Ein solcher Zustand wäre im Schrifttum für die Wissenschaft und Dichtung von Nachteil. Aus dem Bedürfnis nach Ausgleich beginnen schon um 1200 die Dichter, in ihren Werken allzu mundartliche Lautungen und Wörter zu vermeiden, denn sie wollten ja überall verstanden werden. Aber auch die Ämter der Kaiser und Fürsten, die damals Kanzleien hießen, mußten sich bemühen, in ihren Verordnungen eine Schreibweise zu gebrauchen, die möglichst in allen Gebieten des Landes richtig aufgenommen werden konnte. Aus diesem Grund hat man in den Kanzleien gern weitgereiste Beamte angestellt. Es ist klar, daß deren Schreibweise gemeinverständlicher war als das Schrifttum von Leuten, die von der Welt nichts gesehen hatten. Die Anfänge dieser Kanzleisprache liegen um 1300. Als dann die katholischen und protestantischen Bibelübersetzungen als Bücher gedruckt wurden, wollte man ebenfalls, daß sie überall verstanden würden. Daher lehnten sich diese Bücher zwangsläufig an die überkommene Kanzleisprache der Fürstenhöfe an. Luther gestaltete sie in genialer Weise aus. Die gedruckten Bücher des 16. und 17. Jahrhunderts trugen dann das meiste zur Festigung unserer heutigen Schriftsprache bei. Im Laufe der Jahrhunderte erkannte man ihren Wert immer mehr, denn sie ermöglicht es ja allen Sprachzugehörigen, sich untereinander zu verständigen, und heute wird sie in allen Schulen Deutschlands, Österreichs und der Schweiz im Unterricht gelehrt. Unter ähnlichen Voraussetzungen kam es auch in Frankreich, Italien und anderen Ländern zur endgültigen Festigung der Schriftsprache.

Hier müssen wir nun eine wichtige Feststellung machen. Die Schriftsprache ist, wie schon ihr Name sagt, eine Sprache, die wir anwenden, wenn wir schreiben. Es gibt eigentlich niemanden, der sie spricht, wenigstens nicht im zwanglosen Umgang. Wenn wir sprechen, setzen wir ein anderes System von Spracherscheinungen ein, als wenn wir schreiben. Die heimische Rede nennen wir die Umgangssprache. Nur in ganz seltenen Fällen, etwa bei feierlichen Anlässen, also in Predigten, Reden oder Vorträgen, bemühen sich die Vortragenden, sich möglichst genau an die Schriftsprache zu halten. Diese Sprechweise heißt die Hochsprache. Wer diese auch noch so genau spricht, verrät trotzdem in seiner Aussprache und im Akzent, welchem Dialekt er angehört. Weil das im Theater und bei feierlichen Gelegenheiten störend, ja sogar komisch wirken könnte, hat sich schon Goethe in seiner Stellung als Direktor des Weimarer Hoftheaters bemüht, den Schauspielern eine mundartfreie Aussprache anzulernen. Wozu eine solche mundartlich gefärbte Aussprache führen kann, zeigt ein schmerzliches Erlebnis des jungen Schiller. Als er sein Drama »Die Verschwörung des Fiesko zu Genua« vollendet hatte, las er es persönlich einigen damals berühmten Schauspielern vor. Dieses Schauspiel wurde bei der Aufführung ein großer Erfolg. Schiller aber war verzweifelt, als er bei der Vorlesung des Werkes merkte, daß es den Anwesenden gar nicht gefiel und nach dem zweiten Akt alle gelangweilt weggingen. Erst als am nächsten Tag einer der Schauspieler, der das Stück in der Nacht noch einmal selbst gelesen hatte, seine Begeisterung über die Schönheit des Stückes in beredten Worten zum Ausdruck brachte, wurden auch die anderen umgestimmt. Was war da geschehen? Nun, die Erklärung ist sehr einfach. Schiller hatte das Stück selber vorgelesen, weil er aber sehr stark »schwäbelte«, war es ohne Wirkung geblieben.

Um 1900 wurden durch eine Kommission, der Fachleute aus Deutschland, Österreich und der Schweiz angehörten, feste Regeln für die Bühnen- und Vortragssprache aufgestellt, die in einem Buch von Siebs »Deutsche Bühnenaussprache« niedergelegt wurden. Nach mannigfachen Umänderungen der Regeln von Siebs haben sich in den zwanziger Jahren unseres Jahrhunderts durchgreifende Vorschriften für die Bühnensprache herausgebildet. Nach ihnen werden die Schauspieler in den Schauspielschulen unterrichtet. Heute wird diese Aussprache von allen Theatern und auch von den Radiosprechern verwendet. Aber sogar bei der Bühnenaussprache gibt es noch Unterschiede. Ich will nur ein Beispiel anführen: Kaffee wird in Deutschland auf den Bühnen auf der ersten Silbe betont, in Österreich aber auf der zweiten, denn uns würde die Aussprache Káffee komisch vorkommen.

Um 1950 war wieder eine Kommission am Werke, um eine neue Auflage der »Deutschen Bühnenaussprache« von Siebs herauszugeben. Mit Recht könnte jemand fragen, wozu denn das nötig sei. Wir haben schon früher (S. 200) erwähnt, daß sich die Sprache ständig verändert. Weil nun seit der ersten Auflage des Buches im Jahre 1898 mehr als fünfzig Jahre vergangen waren, mußten diese Veränderungen in einer Neubearbeitung festgehalten werden.

Aus alledem ersieht man, daß die Schrift- und Bühnensprache immer mehr in die Hände von wenigen Betreuern und Formern gerät, daß sie feste Regelwerke nötig haben, aus denen man sich in Zweifelsfällen Auskunft holen kann und muß.

Alles das braucht die Mundart nicht. Sie wächst aus sich selbst heraus und ist das namenlose Sammelwerk all der Tausenden und Abertausenden von Menschen, die ohne feste Vorschriften sich gewohnheitsmäßig ihrem Rahmen fügen, an ihrem Aufbau unbewußt mitarbeiten und ihre Gliederung nach Altersschichten, nach landschaftlichen Schattierungen, nach gesellschaftlichen Färbungen mitgestalten helfen. Die Mundart ist volksgebundenes Wachstum, die Schriftsprache künstliche und künstlerische Schöpfung.

LAUTLEHRE

Vorbemerkung

Bevor wir daran gehen, die Laute, die es in unserer Mundart gibt, einzeln zu betrachten, müssen wir zuerst etwas Wichtiges lernen. Wir müssen lernen zu hören. Dabei werden wir einige Überraschungen erleben. Wir unterscheiden in der Schrift die Wörter Laib und Leib, die Saite und die Seite. In ihrer Aussprache ist gar kein Unterschied. Wenn wir aber genau hinhören, werden wir finden, daß wir in einem Wort wie Leib oder Leiter gar kein ei sprechen, denn dann müßten wir ja Le-iter sprechen. Der Zwielaut ei ist aber auch kein ai, denn wir sagen ja nicht Saite. In Wirklichkeit ist der erste Bestandteil dieses Zwielauts ein Selbstlaut, der in der Mitte zwischen a und e liegt und für den wir in unserer Schrift kein Zeichen haben. Dasselbe gilt auch für die Zwielaute au und äu, das auch eu geschrieben werden kann. Wir sprechen nicht Bauten als Ba-uten und Leute als Le-ute aus. Der Laut au ist vielmehr aus einem dumpfen a und einem o-ähnlichen Laut zusammengesetzt, und eu oder äu klingt einem oi ähnlich. Ein weiterer wichtiger Unterschied ist, daß der Buchstabe e verschieden gesprochen wird. Das e im Wort Leben klingt ganz anders als das e in Fett. Wir kommen da auf eine wichtige Tatsache: Die Schrift hat manchmal für ein und denselben Laut zwei Zeichen, wie bei ei – ai und eu – äu, ein andermal wieder gibt sie zwei verschiedene Laute durch ein Zeichen wieder, wie beim e. Dies gilt für das ganze deutsche Sprachgebiet. In unserem Dialekt nun gibt es eine Tatsache, die die Wiener nie glauben wollen, daß wir nämlich am Anfang eines Wortes zwischen d und t und b und p keinen Unterschied machen. Wir sprechen z. B. b und p in Puppe und Bett oder t und d in Tag und Dach ganz gleich. Was wir wirklich sprechen, ist ein Mittelding zwischen hartem und weichem b bzw. d. Aus der Aussprache eines Wieners läßt sich nicht feststellen, ob »Tepp« mit hartem oder weichem d geschrieben werden soll. Daher sehen wir auf den Hauswänden, daß die Kinder einmal »Tepp« und ein andermal »Depp« schreiben. Erst wenn wir das Wort von einem Kärntner oder Tiroler hören, die b und p, d und t fein säuberlich unterscheiden, erfahren wir, daß die Schreibung »Tepp« die richtige ist. Wieder gibt es in unserer Schrift kein Zeichen für diesen Mittellaut, den wir Wiener sprechen. Aber es gibt in unserer und auch in allen anderen Mundarten Laute, für die es in der Schrift kein Zeichen gibt. Dasselbe gilt auch für andere Sprachen, denn es gibt viel mehr Laute als die 26, die durch unsere Schriftzeichen dargestellt werden können. Um sich zu helfen, hat man zu verschiedenen Mitteln gegriffen. So haben die Mundartdichter Laute, die es in der Schriftsprache nicht gibt, durch Zusammensetzungen aus den bestehenden Schriftzeichen wiederzugeben versucht, z. B. Leiter in der ländlichen Aussprache schreiben sie Loater. Das stimmt in Wirklichkeit auch wieder nicht, denn es wird nicht Lo-ater gesagt. Die Wissenschaft ist da anders vorgegangen, sie hat in internationaler Übereinkunft eine große Reihe von Zeichen geschaffen, die es ermöglichen sollen, alle Laute, die in den verschiedenen Sprachen vorkommen, zu schreiben. Man hat sich dabei damit geholfen, daß man Zeichen unseres Alphabets im Druck verkehrt, Zeichen aus dem griechischen Alphabet verwendet oder manche ganz neue eingeführt hat. Daneben wird dann noch die Bildung jeden Lautes ganz genau beschrieben. Es wird also angegeben, wie weit der Mund bei diesem oder jenem Laute geöffnet wird, wo die Zunge sich befindet, ob sie an den Gaumen oder an die Zähne anstößt, wie die Lippen gerundet sind usw. Schließlich werden Phonogramm- oder Tonbandaufnahmen gemacht, sodaß man jederzeit beim Abspielen die Laute hören kann. Die internationale Lautschrift, die in unseren Mittelschulen oft auch beim Englisch- oder Französischunterricht verwendet wird, ist aber sehr kompliziert. Es gehört eine große Übung dazu, sie lesen zu können. Daher ist diese Schrift für unser Buch nicht geeignet. Ich werde mit freundlicher Erlaubnis der beiden Autoren jene Schreibung verwenden, die in dem bereits erwähnten Buch von Hornung/Roitinger »Unsere Mundarten« gebraucht wurde. Sie besteht nur aus den Zeichen unseres Alphabets. Wenn der Leser trotzdem in manchen Fällen über die Wiedergabe mancher Wörter erstaunt sein wird, so steckt auch darin eine gewisse Absicht. Er soll erkennen, wie weit oft die mundartliche Aussprache von der Schriftsprache und der Bühnensprache entfernt ist. Ich betone noch einmal, daß diese Schreibung nicht die wirkliche Aussprache wiederzugeben imstande ist. Da aber die meisten Leser Wiener sein werden, werden sie leicht erkennen, welcher Laut gemeint ist.

An dieser Stelle muß ich auf eine für die Entwicklung der Wiener Mundart höchst wichtige Erscheinung hinweisen. Ich habe im Vorwort (S. 200) bemerkt, daß unsere Mundart vielfach Lautformen festhält, die sich seit sechs Jahrhunderten kaum verändert haben. Das gilt heute (1950) nur mehr für die Wiener, die im Alter von über fünfzig Jahren stehen. In den Jahrzehnten seit etwa 1910 sind nämlich eine Reihe von Veränderungen in der Aussprache des Wienerischen eingetreten. Als erster hat Walter Steinhauser sie erkannt und in einem Aufsatz »Von der Wiener Volksmundart«, der im Jahre 1913 in der »Österreichischen Rundschau«, 34. Bd., Heft 4, erschien, auf sie hingewiesen. Er zeigte auch den soziologischen Ursprung dieser Veränderungen auf, die aus den Eigentümlichkeiten der Sprache der sogenannten »Plattenbrüder« herkamen, sich aber über diesen Kreis hinaus schon damals sogar über das Gebiet von Wien hinweg bis nach Niederösterreich ausbreiteten. Eingehender behandelte dann Anton Pfalz diese Neuerungen der Aussprache des Wienerischen in seiner Schrift »Reihenschritte im Vokalismus« (Sitzungsberichte der Akademie der Wissenschaften in Wien, phil.-hist. Klasse, Bd. 190, 1918). In voller Deutlichkeit hat diese Vorgänge merkwürdigerweise der amerikanische Student Byron Koekkoek in einer Arbeit »Phonetik und Phonologie des Wienerischen« dargestellt, mit der er den Doktortitel der Wiener Universität erwarb. Es ist übrigens bezeichnend für die Wertschätzung, die unsere Gelehrten im Ausland genießen, daß dieser Student von der Universität Buffalo mit einem Stipendium nach Wien geschickt wurde, um hier bei Professor Kranzmayer die Methoden der Mundartforschung zu erlernen. Im Anschluß an diese Arbeit Koekkoeks hat Kranzmayer dieses Problem erschöpfend in einem Aufsatz »Lautwandlungen und Lautverschiebungen im gegenwärtigen Wienerischen« behandelt, der in der Zeitschrift für Mundartforschung, 21. Jahrgang, Heft 4, im November 1953 erschien. Auch diese Arbeit ist trotz ihrer wissenschaftlichen Genauigkeit für jeden Laien leicht lesbar. Aus ihr ergibt sich, daß die Veränderungen hauptsächlich die Aussprache der mundartlichen Laute e, o und ö sowie die Zwielaute au und ei betreffen und daß zum Zeitpunkt der Untersuchung drei Altersschichten – die jüngste Generation bis zu den ungefähr Dreißigjährigen, die Dreißig- bis Fünfzigjährigen und die über fünfzig Jahre alten Wiener – sich durch ihre Aussprache unterschieden. Das Merkwürdige ist nun, daß die Wiener selber die Verschiedenheiten der drei Schichten gar nicht merken, sodaß Kranzmayer feststellen konnte, wie z. B. nicht einmal die Eltern sich dessen bewußt werden, daß ihre Kinder das Wienerische anders aussprechen als sie selber. Einzig die ältere Generation der Wiener merkt etwas von diesen Vorgängen. Das äußert sich in ihren Klagen, daß das Wienerische so verroht, und sie glauben, dies sei nur das Eindringen der Sprechweise gewisser Gesellschaftsschichten. In Wirklichkeit haben wir es dabei mit dem Neuwienerischen der jungen Generation zu tun. Wohin diese Entwicklung führen wird, läßt sich natürlich in keiner Weise abschätzen. Ich kann nun nicht bei jedem Wort die Aussprache dieser drei Schichten angeben, bei der Besprechung der einzelnen Laute werde ich aber immer auf diese Veränderungen hinweisen.

Eine Schwierigkeit bei der Darstellung der Wiener Mundart ergibt sich auch aus der Großräumigkeit unserer Stadt. Es ist vielleicht angebracht, hier einen Rückblick auf die Entwicklung des heutigen Wien zu machen. Das Gebiet der Stadt Wien bestand bis zum Jahre 1857 nur aus dem heutigen 1. Bezirk, der Inneren Stadt. In dem genannten Jahr wurden die sogenannten Vorstädte als 2. bis 9. Bezirk an Wien angeschlossen. Erst im Jahr 1890 wurden dann die außerhalb des Festungsgürtels liegenden Gemeinden einverleibt. Sie bilden heute die Bezirke 10 bis 19. Im Jahr 1900 wurde die Brigittenau vom 2. Bezirk als 20. Bezirk abgetrennt. 1904 kam Floridsdorf als 21. Bezirk zu Wien. Zuletzt wurden dann im Jahr 1938 die Bezirke 22 bis 26 an Wien angegliedert. Dies wurde 1954 größtenteils rückgängig gemacht.

So wie in den zuletzt an Wien gekommenen Bezirken die vielfach bäuerlichen Bewohner dieser Gegenden noch ihren niederösterreichischen Dialekt bewahrt haben, so haben natürlich auch die im Jahr 1890 angeschlossenen Bezirke, die damals noch stark ländlichen Charakter besaßen, teilweise niederösterreichischen Dialekt gesprochen. Die Folge davon ist, daß sich in der Wiener Mundart bezirksweise gewisse Unterschiede bemerkbar machen. Um nur ein einziges Beispiel zu geben, kenne ich selber drei verschiedene Aussprachen des Wortes »Schübel« = Haufen, z. B. »ein Schübel Geld« = ein Haufen Geld. Die drei mundartlichen Lautungen sind Schibl, Schiwi und Schippi. Nun sind diese Unterschiede bis heute noch gar nicht erforscht, und es würde auch die Kraft eines Einzelnen übersteigen, dies zu tun. Ich kann also auch in diesen Fällen nicht auf die verschiedenen Lautungen eingehen. Dadurch kann es aber vorkommen, daß der Leser in diesem Buch eine Aussprache angegeben findet, die mit seiner nicht übereinstimmt. Es handelt sich dann nicht um einen Fehler meinerseits, sondern eben um eine der verschiedenen Aussprachen, wie sie im Wienerischen oft genug vorkommen.

Abschließend möchte ich, um Irrtümer des Lesers zu vermeiden, noch auf eines hinweisen: Wenn hier im Buch Laut- oder Wortformen als wienerisch bezeichnet werden, so ist damit nicht gesagt, daß diese nur bei uns in Wien üblich sind. Viele Lautungen und viele Wörter teilen wir mit anderen Mundarten, sie sind also nicht unser ausschließlicher Besitz.

Übersicht über die Schreibung der mundartlichen Laute

Bevor wir an die einzelnen Laute herangehen, will ich eine Übersicht über die Schreibung geben, die wir für die Laute unserer Mundart in diesem Buche verwenden werden.

a = das helle a, wie wir es z. B. in »fad« sprechen. (In Nebensilben, wie z. B. in *renna* = rennen oder *Radal* = Rädchen bezeichnet das a einen dem a ähnlichen Murmellaut.)

å = das schriftsprachliche a vor m und n.

ę = offenes e (für schriftsprachliches e oder ö).

e = geschlossenes e (es bezeichnet schriftsprachliches e, in manchen Fällen aber auch schriftsprachliches ä oder ö).

ǫ = offenes o, es bezeichnet schriftsprachliches a.

o = geschlossenes o für schriftsprachliches o.

ǫ̈ = offenes ö für schriftsprachliches e vor l.

ö = geschlossenes ö für schriftsprachliches e vor l.

ei = schriftsprachliches ei und ai.

äu = schriftsprachliches äu und eu.

ia = der Zwielaut, den die Mundart z. B. in *Dieb* spricht.

ua = der Zwielaut, den die Mundart z. B. in *gut* spricht.

ea = der Zwielaut, den die Mundart z. B. in *Wien* spricht.

Für p und t zu Beginn eines Wortes schreiben wir immer b und d.

kh = schriftsprachliches k im Anlaut eines Wortes.

gl, gn, gr, gw = kl, kn, kr, kw (= qu) im Anlaut eines Wortes.

s = lindes s.

ss = »scharfes« s (ss oder ß).

w = schriftsprachliches w, es bezeichnet aber auch das b, wenn es zwischen zwei Selbstlauten steht.

z = z am Beginn eines Wortes.

ds = lindes z.

ts = »scharfes« z.

Die Verdoppelung eines Selbstlautes zeigt an, daß der vorangehende Selbstlaut kurz ist.

Der Ausfall von b, d, n, r wird durch Hochstellung angezeigt, z. B. [b]m, [d]l, [n]l, [r]l.

Die Begründung dieser Schreibungen wird jeweils bei der Besprechung der einzelnen Laute gegeben werden.

Die Selbstlaute

Schriftdeutsches a

Wenn wir nun darangehen zu untersuchen, wie das schriftdeutsche a in unserer Mundart gesprochen wird, will ich den Leser anleiten, selber die Regel zu finden. Zu diesem Zweck zähle ich eine Reihe von Wörtern mit a auf: ab, aber, Affe, Dach, Wasser, Fahrer, Kassa, Klasse, Masse, Lack. Der Leser wird leicht erkennen, auf welche Weise sie im Wienerischen ausgesprochen werden. Die zuerst genannten sechs Wörter besitzen ein dumpfes a, die folgenden vier ein helles a. Wenn wir die letztgenannten näher betrachten, sehen wir sofort, daß sie keine deutschen Wörter sind, sondern Fremdwörter. Wir können also folgende Regel aufstellen: Das a der deutschen Wörter wird in der Wiener Mundart als dumpfes a gesprochen, das der Fremdwörter als sehr helles a. Beide Laute gibt es in der Bühnensprache nicht. Das dumpfe a ist ein Mittelding zwischen a und o. Wir wollen es als o mit einem Häkchen darunter schreiben. Fast alle bairisch-österreichischen Dialekte sprechen das a so wie wir aus. Aber auch das helle a kommt in der Bühnensprache nicht vor, sie verlangt für das schriftdeutsche a ein etwas weniger helles a.

Wir erhalten also für die oben genannten deutschen Wörter folgende wienerische Lautung: *ǫ, ǫwa, Ǫff, Dǫch, Wǫssa, Fǫara,* für die Fremdwörter aber ergibt sich die Aussprache *Khassa, Glass, Massa, Lakk.* Leider werden wir bald sehen, daß unsere so einfache Regel nicht ganz stimmt, denn es gibt auch Fremdwörter im Wienerischen, die mit dumpfem a gesprochen werden. Über sie wollen wir aber erst später reden. Vorläufig werden wir die deutschen Wörter noch näher betrachten.

Da müssen wir zunächst feststellen, daß ein l nach dem dumpfen a in ein i verwandelt wird. Wir sagen also *ǫid* = alt, *Wǫid* = Wald, *fǫin* = fallen, *mǫin* = malen oder mahlen, *Zǫi* = Zahl. Nur wenn das l zwischen zwei Selbstlauten steht, bleibt es erhalten: *Gnǫlla* = Knall, *Gǫling* = Galgen, *Bǫling* = Ball (aber nur in der Bedeutung »Spielball«, das Tanzfest heißt *Bäu*). In den zwei zuletztgenannten Wörtern haben wir noch sehr alte Lautformen mit einem Wucherlaut zwischen l und g vor uns, doch werden diese Formen immer seltener, heute wird meist *Gǫign* und *Bǫin* gesprochen. Der Leser wird sich wundern, daß auch in den Wörtern wie »malen« und »fallen« das l zu i verwandelt wird, obwohl es ja in der schriftsprachlichen Form zwischen zwei Selbstlauten steht. Die Erklärung dafür liegt darin, daß in der Mundart das e der zweiten Silbe ausgefallen ist, wodurch solche Wörter einsilbig geworden sind.

Auch das r verwandelt sich nach dem dumpfen a in einen Selbstlaut, den wir mit a bezeichnen wollen, obwohl er kein wirklich reines a ist: *Bǫat* = Bart, *Gǫatn* = Garten, *hǫat* = hart, *Hǫa* = Haar. Zwischen zwei Selbstlauten bleibt auch das r erhalten: *Bfǫara* = Pfarrer, *Fǫara* = Fahrer.

Vor einem m und n erfährt unser dumpfes a eine ziemliche Veränderung, es wird nämlich stark genäselt gesprochen. Wir wollen daher ein eigenes Zeichen für diesen Laut verwenden, und zwar ein a mit einem kleinen Kreis darüber. Folgt am Ende eines Wortes auf das a ein n, dann fällt dieses aus.

»Mann« lautet daher im Wienerischen *Mån*, »Hahn« = *Hån*, Hammer = *Håmma*, mahnen = *måna*. *Wåmpm* = Bauch ist dasselbe Wort wie »Wamme«, bedeutet aber in unserer Mundart nicht die Hautfalte der Kuh am Hals, sondern den Bauch; und *wåmpat* ist »dickbäuchig«. Aus der mittelhochdeutschen Zeit bis heute haben wir das Wort *schlåmpat* = unordentlich bewahrt, das vom mittelhochdeutschen Zeitwort *slampen* = schlaff herabhängen kommt. Dazu gehört dann die *Schlåmpm* = eine unordentliche Frau. Auch ein uraltes Wort war der *Grånd* = Trog, Becken. Noch in meiner Kindheit war es in Wien gang und gäbe. So nannte man die Tröge bei den Hausbrunnen. Weil durch die Einführung der Wasserleitung die Brunnen in den Häusern verschwanden, ging auch das Wort für den Trog vor den Brunnen verloren. Diesen Vorgang werden wir noch oft beobachten können: Wenn ein Gegenstand oder eine Einrichtung nicht mehr in Verwendung steht, wird auch die Bezeichnung dafür vergessen. Unsere Regel, daß alle schriftsprachlichen a in deutschen Wörtern zu dumpfen a werden, muß sich natürlich auch umkehren lassen, und wir können sagen, überall wo uns in der Mundart ein dumpfes a begegnet, muß in der Schriftsprache a stehen. Ein findiger Wiener könnte nun kommen und sagen, das stimme nicht, denn das Wort »Mohn« habe in der Schriftsprache ein o, werde aber in der Mundart *mọgn* gesprochen. Was ist da geschehen? Das erklärt sich folgendermaßen: Unsere Regel ist nur scheinbar falsch. Sie würde ganz genau stimmen, wenn die Schriftsprache nicht ihre Formen aus verschiedenen Dialekten genommen hätte. Es gibt nämlich Mundarten, die das a wie o sprechen, und aus solchen hat die Schriftsprache das Wort »Mohn« übernommen. Aber im Mittelhochdeutschen hat das Wort »mâgen« gelautet und daher spricht unsere Mundart mit Recht ein dumpfes a. Ganz das gleiche ist bei den Wörtern »ohne«, »Mond« und »Monat« geschehen, auch sie lauteten im Mittelhochdeutschen *âne*, *mânde* und *mânot*.

Wir wenden uns jetzt den Fremdwörtern mit a zu. Da gibt es zunächst solche, die mit hellem a gesprochen werden : Amen, Arnika, Frack, Fotograf, Radio, Husar, Kanarienvogel, *Glass* = Klasse, *Khassa* = Kasse, *Massa* = Masse usw. Vor einem l wird jedes helle a wie äu gesprochen. Daher sagen wir Wiener *Bäu* statt Ball (so heißt aber nur das Tanzfest, der Ball zum Spielen heißt *Bọin*, altwienerisch der *Bọling*), *Khanäu* statt Kanal, *Generäu* statt General. Fremdwörter, die in der heutigen Zeit in unsere Mundart aufgenommen werden, erhalten alle ein helles a.

Daneben aber gibt es zahlreiche Fremdwörter, die dumpfes ọ haben. Viele von ihnen stammen aus alter Zeit. *Ọitọr* = Altar, *Ọtlọss* = Atlas, *Grọwọd* = Kroate, *Khọprọi* = Korporal, *Dọwọg* = Tabak, *Brẹlọd* = Prälat, *Pọss* = Paß, *Sọlọd* = Salat, *Spọgọd* = Spagat (aus dem italienischen *spagato*).

Warum eine Reihe von Fremdwörtern mit hellem a und andere wieder mit dumpfem ọ gesprochen werden, ist schwer mit Sicherheit zu beantworten. Man hat früher geglaubt, daß die Fremdwörter aus alter Zeit, die schon im Mittelhochdeutschen aufgenommen wurden, dumpfes ọ haben, die aber aus neuerer Zeit helles a. Das stimmt aber nicht. So ist z. B. das Wort »Amen« sicher schon ein sehr altes Wort, hat aber helles

a. »Tabak« dagegen kann erst nach der Entdeckung Amerikas zu uns gekommen sein und lautet *Dọwọg*. Nebenbei bemerkt wird es in den meisten ländlichen Mundarten als *Tawak* mit hellem a gesprochen. Man vermutet heute, daß diese verschiedenartige Aussprache mit der sogenannten Lesesprache zusammenhängt. Erstaunt wird der Leser fragen, was denn dies wieder für eine neue Sprache sei. Nun, damit hat es folgende Bewandtnis: In den Schulen wird den Schülern eine bestimmte Art gelehrt, wie sie die Laute aussprechen sollen. Diese Aussprache ändert sich in den verschiedenen Zeiten. Heute sind Bestrebungen im Gange, in der Schule möglichst jene Aussprache zu lehren, die die Bühnensprache vorschreibt, aber wir sind noch weit von diesem Ziel entfernt. Daneben hat jede Mundart gewisse Eigentümlichkeiten, wenn die Mundartsprecher in der Schriftsprache lesen. Noch etwas kommt aber bei den Fremdwörtern in Betracht. In den Schulen wurde und wird bis heute für das Lateinische eine bestimmte Art zu lesen gelehrt. Auch diese ist in den verschiedenen Ländern verschieden. So lesen wir in Österreich das Wort »Caesar« als »Zäsar«, in England aber wird es »Sisa« gelesen. Man glaubt nun, daß die Fremdwörter auch aus dem Grunde verschieden gesprochen werden, weil die Aussprache des Lateinischen zu verschiedenen Zeiten anders war. Es kann auch darauf angekommen sein, ob man ein Wort als Fremdwort oder als deutsches Wort ausgesprochen hat. Ein Fremdwort wird nämlich manchmal als solches nicht erkannt. Dann wird es eben nach deutscher Art gesprochen, wie z. B. *Schpuat* = Sport, obwohl es aus dem Englischen stammt. Der Leser kann aus dieser Behandlung der Fremdwörter sehen, wie kompliziert oft sprachliche Vorgänge sein können.

Nach der Lesesprache werden bei uns auch die Familiennamen gesprochen, in denen ein a vorkommt. Während in den ländlichen Mundarten Familiennamen wie Wagner, Maler, Bachmann richtig mundartlich mit dumpfem a gesprochen werden, also *Wọgna*, *Mọla*, *Bọchmä^n*, werden sie in Wien mit hellem a ausgesprochen, obwohl dann, wenn der Handwerker gemeint ist, *Wọgna*, *Mọla* gesprochen wird. Dasselbe gilt auch vielfach für die Ortsnamen mit a, z. B. Hall usw. Man könnte also sagen, die Familien- und Ortsnamen werden wie Fremdwörter behandelt. Das stimmt auch bis zu einem gewissen Grade, denn in sehr vielen Fällen ist ja für den Sprecher bei diesen Namen die Bedeutung nicht erkennbar. Daher bleibt in manchen zusammengesetzten Namen, in denen die Bedeutung dem Sprecher ganz klar ist, die mundartliche Aussprache erhalten. So wird z. B. der Name »Nachtnebel« als *Nǫchtnewi* gesprochen und Ortsnamen wie Baden und Altenmarkt als *Bǫᵈn* und *Qitenmǫakt*. Auffällig ist, daß Familiennamen mit einem anderen Laut als a meist richtig mundartlich gesprochen werden.

Wenn die Wiener das Wort »Vater« heute fast immer als *Vatta* sprechen und für »Wasser«, das für gewöhnlich *Wǫssa* lautet, dann, wenn es sich um ein Glas Trinkwasser handelt, *Wassa* sagen, müssen diese Formen vom Standpunkt der Mundart ebenfalls als Fremdwörter betrachtet werden, die aus der Umgangssprache in die Mundart eingedrungen sind. Daß in *Vatta* ein kurzes a gesprochen wird, erklärt sich daraus: Im Wienerischen wird, wie wir später noch genauer sehen werden, nach einem kurzen Selbstlaut immer ein harter Mitlaut gesprochen. Daher glauben die Wiener, man müsse überall, wo ein harter Mitlaut folgt, den vorangehenden Selbstlaut kurz aussprechen. Weil nun in der Verkehrssprache »Vater« mit hartem t gesprochen wird, setzten die Wiener den kurzen a-Laut ein.

Aus unserer bisherigen Betrachtung erhalten wir also folgendes Ergebnis: Ein schriftsprachliches a wird in der Wiener Mundart gesprochen:

1. In deutschen Wörtern:

a) als dumpfes a (Zeichen dafür ǫ).

b) Vor l als ǫi, wobei das l wegfällt, wenn es nicht zwischen zwei Selbstlauten steht.

c) Vor r als ǫ, wobei das r zu einem Murmellaut wird und nur zwischen zwei Selbstlauten erhalten bleibt.

d) Vor einem m oder n als genäseltes a (Zeichen dafür å), dabei fällt das n weg, wenn es am Ende eines Wortes steht.

2. In Fremdwörtern:

a) In einer Gruppe als ǫ.

b) In einer anderen Gruppe als helles a. Dieses helle a klingt vor l wie äu. Auch hier fällt das l weg, wenn es nicht zwischen zwei Selbstlauten steht.

Die Verdumpfung des a zu ǫ trat in unseren Dialekten ungefähr um 1200 ein. Die Wiener Mundart bewahrt also seit 700 Jahren unverändert diese Aussprache.

Umlaut des a

Der Umlaut des a wird uns einige Schwierigkeiten bereiten, aber mit Geduld wird sich der Leser, davon bin ich überzeugt, schon zurecht finden, denn er ist ja, um es wienerisch auszudrücken, »nicht auf den Kopf gefallen«. Schuld an dieser Schwierigkeit ist zunächst unsere Schriftsprache. Wir wissen, daß wir bei vielen Wörtern mit a, o, u oder au die Mehrzahl anders bilden als die Einzahl. Wir sagen »der Apfel – die Äpfel«, »der Boden – die Böden«, »die Mutter – die Mütter«, »das Haus – die Häuser«. Diese Erscheinung nennen wir den Umlaut. Sie tritt übrigens auch bei der Biegung der Zeitwörter (»ich fahre – du fährst«), bei der Steigerung der Eigenschaftswörter (»kalt – kälter«) und in sonstigen Fällen ein. Ich mache darauf aufmerksam, daß sie sich nicht immer vorfindet, denn es heißt in der Schriftsprache »der Wagen – die Wagen« und »die Hose – die Hosen«. Bei den Wörtern mit a ist nun die Sache die: Meistens schreiben wir für den Umlaut des a das Zeichen ä, z. B. »der Garten – die Gärten«, »die Hand – die Hände«. Aber da spielt uns die Schriftsprache einen Streich, sie schreibt oft für den Umlaut auch e. Einige Beispiele sollen das klarmachen. Der Leser wird leicht einsehen, daß mit dem Wort »Eltern« die »Älteren« gemeint sind, und daher sollten wir, so würde er glauben, die »Ältern« schreiben. Er wird auch verstehen, daß »edel« zu »Adel« gehört und »behende« zu »Hand« (= einer, der alles gleich bei der Hand hat). Aus diesen Beispielen, die sich um viele vermehren ließen, wird klar sein, daß auch diese mit e geschriebenen Wörter einen Umlaut besitzen. Der Leser würde sich aber irren, wenn er jetzt annähme, alle Wörter mit e seien durch Umlaut entstanden. Jedenfalls wird er sich die Frage stellen, warum der Umlaut von a einmal mit ä und dann wieder mit e ausgedrückt wird. Da kommt nun ein Umstand hinzu, der die Sache noch schwieriger macht. Die Umwandlung des kurzen a zu e in gewissen Fällen war schon um das Jahr 750 nach Christus vollendet. Wir nennen sie den vollen Umlaut. Damals haben aber nicht alle Wörter mit a den Umlaut bekommen, viele (auch da nicht alle) haben ihn erst später angenommen, und diesen bezeichnen wir als den gehemmten Umlaut. Das Althochdeutsche und das Mittelhochdeutsche schrieben für den vollen Umlaut, der immer von einem kurzen a stammte, ein e. Für den gehemmten Umlaut des kurzen a jedoch verwendete das Mittelhochdeutsche das Zeichen ä. Wenn er von einem langen a herkam, schrieb es æ. Unsere Rechtschreibung hat nun zum Teil die Schreibung des Mittelhochdeutschen beibehalten und verwendet daher zwei Zeichen, nämlich ä und e, sie hat aber in vielen Fällen auch beim vollen Umlaut aus kurzem a, wo das Alt- und Mittelhochdeutsche e geschrieben hatte, statt dessen das Zeichen ä eingesetzt, umgekehrt aber beim gehemmten Umlaut statt ä den Buchstaben e. In unseren Beispielen werden daher auch Wörter vorkommen, bei denen der Leser gar nicht wissen wird, daß sie Umlaut haben, nur die Sprachwissenschaft kann das heute noch feststellen.

Wer nicht Sprachwissenschaftler ist, dem könnte es ganz gleichgültig sein, ob ein Wort mit ä oder e geschrieben wird und welchen Laut dafür das Mittelhochdeutsche besaß. Für unsere Mundart ist das aber nicht so. In der heutigen Schriftsprache gibt es nur zwei Zeichen für den Umlaut, das ä und das e. Wir Wiener sprechen sie in der Umgangssprache ganz gleich aus, die Bühnensprache freilich verlangt einen kleinen Unterschied zwischen den beiden. In unserer Wiener Mundart aber machen wir eine wichtige Unterscheidung. Die Wörter nämlich, die vollen Umlaut besitzen, der aus einem kurzen mittelhochdeutschen a herstammt, werden mit einem geschlossenem e gesprochen, wie in der Hochsprache das Wort »leben«, wobei es gleichgültig ist, ob sie in der Schriftsprache mit ä oder e geschrieben werden, auch kann statt des alten kurzen a heute bei uns ein langes e stehen. Die Wörter aber, bei denen gehemmter Umlaut vorliegt, werden mit hellem a gesprochen.

Voller Umlaut des mittelhochdeutschen kurzen a

Wie wir eben gesagt haben, sprechen wir für den vollen Umlaut ein geschlossenes e. Einige Beispiele sollen das zeigen: *di Epfi* = Äpfel, *di Weschsch* = Wäsche, *da Bekk* = Bäcker (von unserer mundartlichen Form kommt der so häufige Personenname »Beck«), *Hefn*, das in anderen Mundarten »der Hafen« heißt und den Topf bedeutet. Ein echtes Wiener Wort gehört hieher: *si frettn* oder *gfrettn* = sich abmühen, sich plagen und dazu das Hauptwort *s Gfrett*. Wir finden es schon im Mittelhochdeutschen. Dort bedeutet es zunächst »entzünden«, »wundreiben«, »quälen«, »plagen«. Sein e ist wirklich ein Umlaut von a, denn es stammt von dem mittelhochdeutschen *vrat* = halbfaul, wundgerieben.

Vor m und n wird das e genäselt, wie in *Hen* = Henne, *brenna* = brennen, *fremd* = fremd und einem heute schon sehr selten gewordenen Wort *ǫschbena*, das »von der Mutterbrust entwöhnen« bedeutet. Im Mittelhochdeutschen hatte es in erster Linie die Bedeutung »locken«, »abspenstig machen«, aber auch damals schon konnte man ein Kind *spenen*. Zu *spenen* gehört auch *Schpåⁿfa^dl* = Spanferkel, ein Ferkel, das erst entwöhnt werden muß.

Vor einem l wird unser e zu einem geschlossenen ö: *stön* = stellen, *Ölent* = Elend. Etwas Merkwürdiges geht aber vor einem r vor sich, da wird das e zu i: *Khiazn* = Kerze, *schbian* = sperren, *fiatich* = fertig, *miakn* = merken, *khian* = kehren (im Sinne von »fegen«), daher auch der *Raupfångkhiara* = Rauchfangkehrer. Ich hebe gleich hier hervor, daß e vor r nur in solchen Wörtern zu i verändert wird, die den vollen Umlaut haben, aber nicht bei anderen e-Lauten, die wir noch kennenlernen werden. Diese Umwandlung des e zu i vor r gibt es nur im Mittelbairischen, und zwar in Wien, in Teilen von Niederösterreich (Weinund Waldviertel) und im Burgenland. Sie hat ein ehrwürdiges Alter. Zum erstenmal wird in einer Urkunde aus Niederösterreich aus dem Jahre 1283 ein i vor r statt e geschrieben. Fast 700 Jahre also hat unsere Mundart diese Aussprache bewahrt. Leider verschwindet sie jetzt immer mehr und mehr. Nur wenige alte Wiener sprechen noch *Khiatsn, miakn* usw. Früher hat man in Wien sogar Meer als *Mia* gesprochen, und noch in meiner Kindheit sagte man als ganz selbstverständlich *di Miafamane* oder *di Miaschamane* = die Meerschaumpfeife. Heute gilt diese Aussprache als unfein, und sie wird gemieden. Daher sind sich die Wiener nicht mehr bewußt, daß ein i vor einem r einem e entsprechen kann, und so können sie mit der Redewendung *Schui stiatsn* nichts mehr anfangen. Sie glauben, dieses *stiatsn* sei so viel wie stürzen. Aber wenn ein Schüler heimlich nicht in die Schule geht – das bedeutet ja die Redensart – stürzt er ja nicht die Schule um. Das Wort kommt von *sterzen*, das im Mittelhochdeutschen umherschweifen bedeutet und der *sterzer*, auch Störzer geschrieben, war ein Vagabund.

Gehemmter Umlaut des mittelhochdeutschen kurzen a

Auch die Wörter, die hier in Betracht kommen, werden in der Schriftsprache, wie ich schon erwähnt habe, mit ä oder e geschrieben. In unserer

Mundart aber sind sie von den Wörtern, die vollen Umlaut haben, scharf getrennt: sie zeigen ein helles a, z. B. *Jaga* = Jäger, *hachln* = hecheln (auch in der übertragenen Bedeutung »streiten«), *Gmach* = Gemäche, schlechte Arbeit, Machwerk, *Glachta* = Gelächter, *Gwaks* = Gewächs, *gschmakkich* = geschmäckig, schmackhaft, *iwanachtich* = übernächtig, *Flaksn* = Flechse, *wassan* = wässern, dazu ein heute verschwundenes Wort *da Wassera* = Wässerer (so hießen in Wien die Leute, die berufsmäßig die Pferde der Fiaker tränkten und die Wagen reinigten), das *Gwaschsch* = Gewäsche (für Nässe, die durch Unachtsamkeit verursacht wird), *Gnakk* = Genäcke statt Nacken. Ein schwer zu erkennendes Wort ist *Ghakk* = Häcksel. Wir werden später lernen, daß bei uns in der Vorsilbe »ge-« das e vor bestimmten Mitlauten ausfällt. Wenn wir das berücksichtigen, dann erhalten wir ein schriftsprachliches »Gehäcke«.

Vor l wird unser helles a, wie wir schon auf S. 220 gesehen haben, zu äu. Wenn dieses l am Schluß einer Silbe oder eines Wortes steht oder auf das l ein Mitlaut folgt, verschwindet das l. Daher sagen wir *Fäukl* für Falke und das *Äutl* = Ältel (von »alt«) für den Geschmack des alten Weines. Dazu gibt es das Zeitwort *äutln* = den Geschmack des alten Weines haben.

Folgt auf unser helles a ein r am Schluß einer Silbe oder eines Wortes oder kommt nach dem r ein Mitlaut, dann fällt das r ganz weg. Es heißt dann also *hab*, was soviel wie »herb« ist. Nur wird es von uns Wienern nicht in der Bedeutung »bitter« verwendet, sondern es heißt entweder in der Redensart *auf wem hab sei^n* = auf jemanden böse sein oder wir sprechen von einer *habn Gredl*, was ein temperamentvolles Mädchen bezeichnet. *Fawün* = färbeln, *Khapfm* = Karpfen, *Hapfm* = Harfe, *narisch* = närrisch. Durch das Fehlen des r erkennen die Wiener auch nicht mehr das Wort *zan*. Sie glauben immer, das komme von »ziehen«, weil es bei uns in dieser Bedeutung verwendet wird. Es ist nichts anderes als »zerren«. Ein *Schwatl* ist die Verkleinerung von Schwarte und bezeichnet die Speckrinde. Die *Dam* sind die Mehrzahl von Darm, die Därme.

Vor n schließlich wird das helle a genäselt gesprochen: *Antn* = Ente, *hantich* = bitter (mhd. *hantig*), *grantich* = mürrisch, unwillig, dazu *da Grant* = Unwille, leichter Zorn.

In die Gruppe des gehemmten Umlautes gehören auch die vielen Verkleinerungen von Wörtern mit a: *Ra^{d}l* = Rädchen, *Mandl* = Männchen, *Apfal* = Äpfelchen, dazu dann die doppelten Verkleinerungen: *Radal*, *Mandal*, *Wagal* = Wägelchen und noch viele andere.

Interessant ist es, daß gerade in der Gruppe der Wörter mit dem gehemmten Umlaut des a sich sehr viele echt mundartliche Formen finden, die der Schriftsprache ganz fehlen. Da haben wir die *Haksn* = das Bein; sie müßte schriftsprachlich »Hachse« heißen. Die *Graksn* = Traggestell, wird als solches heute in Wien kaum mehr verwendet. Der Wiener kennt aber das Wort aus der Fügung *Buglgraksn trǫgn* und als *ǫide Graksn* für eine alte Frau. Schriftsprachlich müßte es »Krächse« lauten. Das Wort kommt schon im Mittelhochdeutschen als *krähse* vor, ist aber dadurch bemerkenswert, daß es in sehr früher Zeit aus dem slawischen *krošinja*, das heute noch im Kroatischen als *krošnja* = Korb lebt, übernommen wurde. Nicht von *Graksn* abzuleiten ist *graksln* = klettern und *Grakslarei* = Kletterei. Der *Bamgraksla* = Baumkletterer vom Kalvarienberg in Hernals (eine kleine Puppe, die mit einer Schnur an einem Holzstab emporgezogen werden kann, sodaß es den Anschein erweckt, als ob sie hinaufklettern würde) entzückte die Wiener Kinder. Wir finden weiter das *Grafflweag* = Geräffelwerk für wertloses Zeug, den *Wascht* = Wäschel, früher ein Strohbüschel zum Abwaschen des Geschirres, heute auch aus Metallfäden oder Nylon hergestellt, *Schlankl* = Schlingel, *brandln* = brändeln, nach Brand riechen, scherzhaft auch für »zahlen«, *schtampan* = stämpern, hinauswerfen, hinausweisen (nur von Personen gebraucht, nicht von Gegenständen), *dratsn* = trätzen, necken (mittelhochdeutsch *trätzen*), *es happat* = es häpert, es geht nicht vonstatten, *bladsn* = plätzen, weinen, *si schwantsn* = sich »schwänzen«, sich ärgern, *pflantsn* = pflänzen, jemanden ärgern, necken, das *Grass* = Gräß, Reisig (mittelhochdeutsch *graz*) die *Dakkn* = Täcke, Strohmatte (mhd. *täcke*), der *Schlads* = Schlätz, schleimiges Sekret, *Hallawachl* = Lump, *Hallimasch* = Honigpilz (*Armillaria mellea*), *Haschscha* = Hascher, armer Teufel, *gralawadschat* = windschief.

Gehemmter Umlaut des mittelhochdeutschen langen â

Der Umlaut des langen mittelhochdeutschen â wird in unserer Mundart genau so gesprochen wie der eben besprochene gehemmte Umlaut des kurzen a, wieder also als helles a. In der Schriftsprache kann ä oder e dafür geschrieben werden. Hierher gehören die Wörter *Khas* = Käse,

Gra = Krähe, *Haring* = Hering, *Gra^{d}n* = Gräte, *Radi* = Rettich, *gach* = jäh, *zach* = zäh, *stad* = ruhig, *rach* = gliedersteif (mhd. ræhe), *dasich* = dasig, still, in sich gekehrt (mhd. dæsic), *draksln* = drechseln, *man* = mähen, *dran* = drehen, *san* = säen, *i dat* = ich täte, das *Gfrasst* = Gefräße, schlechtes Essen, *Dram* = Träm, Balken. Hierher gehört auch das Wort *häu* = glatt, glitschig. Es kommt vom mittelhochdeutschen hæle, das dieselbe Bedeutung hat. Die Wiener erkennen nicht mehr die richtige Herkunft, und so hört man oft die Leute, wenn sie gewählt sprechen wollen, sagen: »Es war heute so heil auf den Straßen.« Genau so geht es ihnen mit einem anderen Wort, das noch recht oft verwendet wird: *blad* = dick. Um darauf zu kommen, woher es stammt, müssen wir uns daran erinnern, daß in unserer Mundart die Vorsilbe ge- vor bestimmten Mitlauten wegfällt (genauer werden wir dies auf S. 243 besprechen). Wir sagen also statt geblüht *bliad*, statt gebunden *bundn* usw. Daher kann *blad* auch so viel wie »gebläht« sein, das ganz unserer Bedeutung »dick« entspricht. Ein Dicker ist ja ein »Aufgeblähter«. Weil wir in Wien das Zeitwort »blähen« nicht mehr wie früher einmal in der mundartlichen Form *blan* gebrauchen, so verstehen wir auch nicht mehr das davon abgeleitete *blad*.

Folgt auf das a ein r, so schwindet dieses wieder am Schluß eines Wortes oder einer Silbe. Daher heißt es *i wa* = ich wäre, *Jaling* = Jährling, jähriges Tier, scherzhaft früher auch für den »Einjährig-Freiwilligen«, d. h. jene Jugendlichen, die die Reifeprüfung abgelegt hatten und deshalb nur ein Jahr statt dreien Militärdienst leisten mußten und nachher zu Reserveoffizieren befördert werden konnten. »Schere«, »leer« und »schwer« werden in der Schriftsprache mit e geschrieben, sie lauten aber in der Mundart mit Recht *Scha*, *la* und *schwa*, weil sie im Mittelhochdeutschen überoffenes e hatten und mit æ geschrieben wurden. So können also unsere Kinder beim Spiel den Vers bilden *V̦otta, V̦otta leich ma d Scha, V̦otta, V̦otta wo is la* = Vater, Vater leih mir die Schere, Vater, Vater wo ist leer.

Schriftdeutsches e

Wörter, die in der Schriftsprache mit e geschrieben werden, haben wir schon im Abschnitt über den Umlaut des a (S. 219ff.) kennengelernt. Wir haben dort erfahren, daß sie eigentlich mit ä geschrieben werden sollten.

Nun gab es im Mittelhochdeutschen noch zwei andere e, das eine schrieb man ê, das andere ë. In unserer Schriftsprache schreiben wir für beide Laute meistens e. Für die ältere Wiener Mundart, wie sie um 1950 noch die Leute von 50 Jahren aufwärts sprachen, galt folgende Regel:

a) Alle Wörter, die vollen Umlaut des a haben und im Mittelhochdeutschen mit e geschrieben wurden, gleichgültig ob in der jetzigen Schriftsprache mit ä oder e, werden mit geschlossenem e gesprochen, das vor r sogar zu ia wurde. Sie wurden auf den Seiten 222f. bereits besprochen.

b) Alle Wörter, die im Mittelhochdeutschen ê hatten, werden mit offenem e gesprochen.

c) Die Wörter, die im Mittelhochdeutschen mit ë geschrieben wurden, werden in unserer Mundart teils mit »offenem«, teils mit »geschlossenem« e gesprochen. Dasselbe ist in der Hochsprache auch der Fall, nur stimmt sie nicht immer mit unserer Mundart überein. Es werden also manche Wörter in der Hochsprache mit »geschlossenem« e gesprochen, in der Mundart mit »offenem« und umgekehrt. Beispiele dafür werde ich weiter unten anführen.

Diese Regeln gelten bei den jüngeren Leuten nicht mehr. Infolge der Veränderungen, die in der Wiener Mundart in den letzten Jahrzehnten eingetreten sind (vgl. S. 213), verschwindet neuerdings der Unterschied zwischen dem »offenen« und »geschlossenen« e immer mehr. Von den Jüngeren werden alle e offen gesprochen. Ich will nach dem älteren Wienerischen die e-Laute des Mittelhochdeutschen, die wir noch nicht behandelt haben, genau unterscheiden.

1. Mittelhochdeutsches ê: Dieses e war lang und ist auch heute noch in unserer Mundart lang. Hierher gehören: *Glę* = Klee, *Sę* = See, *Rę* = Reh, *Schnę* = Schnee, *węh* = weh, *Zęchn* = Zehe, *ręan* = weinen (von mhd. *rêren*, blöken, brüllen). Vor l wurde es zu offenem ö: *Sö̜* = Seele, vor n oder m wird es genäselt: *ste^n* = stehen, *ge^n* = gehen. Auch das in Wien so beliebte *ę* = sowieso müssen wir hier nennen. Es kommt vom mittelhochdeutschen *ê*, das »früher« bedeutete und aus dem unser schriftsprachliches »eher« wurde. Wenn wir also heute sagen: *I hǫb eam's ę scho gsǫkt*, so meinte man ursprünglich damit: Ich habe es ihm schon früher gesagt.

2. Mittelhochdeutsches ë:

a) Wörter mit offenem e: *bętn* = beten, *bękn* = pecken, mit dem

Schnabel auf etwas loshacken, *zlęksnt* = ausgetrocknet (von Holzge-schirren gesagt), *Sęchda* = Eimer, *gschękkat* = scheckig, *schęppan* (auch *schęwan*) = klappern, klirren (von mhd. *scheberen*), der *Zękk* = die Zecke, *Dępp* = Dummkopf, dazu *dęppat* = dumm, *Schęatsl* = Anfangs- oder Endstück eines Brotlaibs, auch eine Fleischsorte, *ręwün* = rebeln, d. h. Trauben ablösen, dazu der *Gręwüte* = ein aus gerebelten Trauben hergestellter Wein.

b) Wörter, die im Altwienerischen geschlossenes e haben: *Besn* = Besen, *ge^{b}m* = geben, *Lewa* = Leber, *ledich* = ledig, *Weda* = Wetter, *Wech* (oder *Weg*) = Weg. Schon ganz verschwunden ist das Wort *Sǫits-messa* = Salzmestel = Salzfaß (von mhd. *mëste* = Salzgefäß). Es war noch um 1900 üblich.

Vor l wird aus diesem e immer ein offenes ö: *Mǫ̈* = Mehl, *hǫ̈* = hell, *schtǫ̈n* = stehlen, *Gǫ̈d* = Geld, *sǫ̈chn* = selchen, *Fǫ̈wa* = Felber, Weiden-baum. Die heutige Felberstraße im 15. Bezirk bewahrt noch dieses ver-gessene Wort, weil dort früher viele Weiden standen. Von »Felber« wur-de ein Zeitwort *fǫ̈wan* gebildet, das »eifrig, schnell arbeiten« bedeutet, wahrscheinlich ursprünglich vom Flechten der Weidenruten gesagt. *Lebzǫ̈tn* = Lebzelten, Lebkuchen (sein »e« wird von den alten Wienern geschlossen gesprochen). Dazu gehört auch *Zǫ̈tln* = Zeltln, wie man noch in meiner Kindheit vielfach die Bonbons nannte. Heute ist das Wort schon selten und wird meist durch *Zukkaln* ersetzt.

Die Erklärung dafür, warum dieser e-Laut, der im Mittelhochdeut-schen einheitlich als offenes e gesprochen worden war, später sowohl in der Hochsprache als auch in der Mundart teils zu einem offenen, teils zu einem geschlossenen Laut wurde, ist sehr kompliziert. Ich gehe daher nicht darauf ein.

Schriftdeutsches i

Viele Wörter, die in der Schriftsprache mit i geschrieben und gespro-chen werden, haben auch in unserer Mundart i, manche andere zeigen statt dessen ein ia. Das kommt daher, daß die Schriftsprache heute nur mehr einen Laut hat, wo das Mittelhochdeutsche zwei verschiedene Laute besaß, nämlich kurzes i und einen Zwielaut ie, der so gesprochen wurde wie das ia im Wienerischen. Die Mundart hat also in diesem Fall das Alte bewahrt. Wir trennen also in unserer Besprechung das i:

1. Wörter, die im Mittelhochdeutschen kurzes i hatten: *i* = ich, *bittn* = bitten, *schitta* = schütter, dünn, lückenhaft (mhd. *schiter*), *Bian* = Birne, *schbiadsn* = spirzen, spucken. Vor l wird dieses i zu ü und das l fällt am Schluß einer Silbe oder eines Wortes und vor einem Mitlaut aus: *vü* = viel, *müd* = mild, *schbün* = spielen, *Müli* = Milch (heute fast nur mehr *Müch*). Hierher gehört das echt wienerische *Bücha*, dessen Bedeutung mit Plattenbruder oder Gangster nicht ganz richtig wiedergegeben ist. Die Plattenbrüder sind sozusagen die Nachfolger der *Bücha*, die »Platten« als Verbrechervereinigungen haben sich erst um 1900 gebildet, *Bücha* gab es schon früher. Sie waren beiläufig arbeitsscheue Nichtstuer und Raufbolde. Das Wort müßte schriftdeutsch, so merkwürdig es auch zuerst klingen mag, »Pilger« heißen. Es läßt ein sehr hohes Alter vermuten, denn im Mittelalter zogen viele Leute als Pilger ins Heilige Land oder an andere heilige Stätten. Viele Tunichtgute mögen sich auch fälschlich als Pilger ausgegeben haben. So kamen die frommen Pilger in Verruf, und das Wort bezeichnet heute gerade das Gegenteil von einem frommen Menschen. Vor n wird der i-Laut genäselt, und das n fällt am Ende eines Wortes aus: *hi[n]* = hin, *schwimma* = schwimmen.

Der Wiener wird sich wundern, warum der »Trichter« in guter Mundart *Dręchta* gesprochen wird. Dies erklärt sich so: Dieses Wort stammt aus einem lateinischen *traiectorius*, das wieder von einem Zeitwort *traicere* »aus einem Gefäß ins andere gießen« abgeleitet ist. Schon im Lateinischen wurde *traiectorius* zu *tractarius* verkürzt. Aus dieser Form wurde in althochdeutscher Zeit *trahtari*, das im Mittelhochdeutschen zu *trahter* wurde. Daher sprechen wir im Wienerischen mit Recht *Dręchta*. Andere Mundarten bildeten eine Form »Trichter«, aus denen die Schriftsprache das Wort übernahm.

2. Wörter, die im Mittelhochdeutschen ie hatten: *Diab* = Dieb, *liab* = lieb, *diaf* = tief, *Fliagn* = Fliege, *schiach* = schiech, häßlich (mhd. *schiech*), *Liachd* = Licht, *Gnia* = Knie, *nia* = nie (heute meist *ni* gesprochen), *wia* = wie, *Briaf* = Brief, *Fiawa* = Fieber (heute meist *Fiwa* gesprochen), *Schbiagl* = Spiegel, *Ziagl* = Ziegel. Vor m und n erfährt dieser Laut eine starke Veränderung, er wird zu ea, das überdies genäselt wird. *Ream* = Riemen und *Wean* = Wien sind die einzigen Überbleibsel dieser Lautung. Sie galt schon seit Jahrzehnten als besonders unfein, und so hört man nur mehr aus dem Munde sehr alter Wiener die Form *Ream*, und auch *Wean* wird kaum mehr gebraucht, es heißt jetzt Wien.

Einige andere Wörter, die den ea-Laut haben sollten und ihn in den Mundarten auf dem Land tatsächlich noch besitzen, haben schon seit Jahrzehnten bei uns in Wien ein i, z. B. »Dienen«, »Dienst«, »Pfriem«, »Kienspan«.

Daneben gibt es aber einige Wörter, die im Mittelhochdeutschen kein ie hatten und trotzdem in unserer Mundart ea haben. Anscheinend hatte die bairisch-österreichische Mundart früher einmal die Neigung, vor gewissen Mitlauten ie zu sprechen. Hierher gehören: *eam* = ihm oder ihn, *eana* = ihnen (oder »ihr« als Mehrzahl des besitzanzeigenden Fürworts, z. B. *eana Muata* = ihre Mutter), wofür heute meistens *im* und *ina* gesagt wird. Auch *Schriad* = Schritt und *niada* = nieder zeigen ein ia, das man nicht erwarten würde. *Niada* wird nur in der Bedeutung »niedrig« so gesprochen, dagegen heißt es: *Sets di nida* = Setz dich nieder.

Schriftdeutsches o

Diesmal haben wir es in unserer Mundart ziemlich leicht. Im Gegensatz zur Schriftsprache nämlich, die ein geschlossenes und ein offenes o besitzt (z. B. Ofen und offen), gibt es bei uns nur ein geschlossenes o: *grob*, *Goda* = Goder, Fettansatz am Kinn (mhd. *goder*), *Go^{d}l* = Godel, Patin, *Gro^{d}n* = Kröte, *roglat* = locker (mhd. *rogel*), *Brod* = Brot, *Nod* = Not, dazu *nodich* = notig, d. i. neidig, geizig, *rod* = rot. Mit l wird es am Ende eines Wortes oder einer Silbe und wenn ein Mitlaut folgt zu oi: *hoi* = hohl, *Goid* = Gold, *Woi* = Wolle, aber *Holla* = Hollunder (auch Flieder). Vor r wird es zu u: *Uat* = Ort, *fuat* = fort, *Wuat* = Wort, *Khuab* = Korb, *Uawaschl* = Ohr, *wuan* = geworden. »Morgen« hieß im Altwienerischen *muaring*, heute wird meist *muagn* gesagt. Unserer Regel scheint zu widersprechen, daß »Docht« in guter Mundart mit dumpfem a als *Docht* gesprochen wird. Für dieses Wort gilt dasselbe, was wir auf S. 216 über »Mohn«, »Mond«, »Monat« und »ohne« gesagt haben. Im Mittelhochdeutschen hatte nämlich das Wort langes â und lautete *tâht*. Dem entspricht natürlich in unserer Mundart *Docht*. Die Schriftsprache übernahm aus anderen Mundarten die Form mit o. So wie das heutige Schriftdeutsche zwei o besitzt, hatte auch das Mittelhochdeutsche zwei verschiedene o-Laute. Im Mittelhochdeutschen waren jedoch andere Ursachen für die Scheidung maßgebend, nämlich die Länge und Kürze.

Dieser mittelhochdeutsche Unterschied zeigt sich in unserer Mundart nur vor m und n. Vor diesen Lauten nämlich wird das o zu u, wenn im Mittelhochdeutschen kurzes o vorhanden war, z. B. *gnumma* = genommen, *khumma* = kommen, *Dunna* = Donner, *Dunnasdǫg* = Donnerstag. Gegen diese Regel verstoßen nur »von«, das »vo^n« gesprochen wird und »davon«, das »davå^n« lautet, weiters die Fremdwörter, wie *Bǫmerantschn* = Pomeranze oder *Dåni* = Toni, als Koseform zu Anton. Wenn im Mittelhochdeutschen langes ô da war, wird es zu å: *Lån* = Lohn, *Gråne* = Krone. Vielleicht sind diese zwei Wörter aber als Fremdwörter aus der Schriftsprache übernommen worden. »Schon« sollte auch *schå^n* haben, wird aber *scho* gesprochen, obwohl es im Mittelhochdeutschen langes ô hatte.

Die Tatsache, daß in unserer Mundart die o immer geschlossen gesprochen werden, gleichgültig ob im Mittelhochdeutschen kurzes oder langes o stand, ebenso die Umwandlung des kurzen mittelhochdeutschen o vor m und n zu u sind ein besonderes Kennzeichen der Wiener Mundart, durch die sie sich von den anderen mittelbairischen Mundarten unterscheidet. Dazu nun eine wichtige Feststellung: Das neuere Wienerisch zeigt die Neigung, diese »o« offen zu sprechen, sodaß z. B. »Hasen« und »Hosen« heute in der Mundart häufig ganz gleich ausgesprochen werden, nämlich *hǫsn*.

Schriftdeutsches ö

Bei diesem Laut, der in der Hochsprache entweder geschlossen oder offen gesprochen wird (vgl. »Öfen« und »Öffnung«), unterschied die ältere Mundart genau, je nachdem er von einem mittelhochdeutschen kurzen oder langen ö stammt, und zwar wird im alten Wienerischen dementsprechend geschlossenes oder offenes e gesprochen. Wie bei allen e-Lauten ist dieser Unterschied bei der jüngeren Generation verschwunden. Wir wollen auch hier wieder die frühere Aussprache näher betrachten.
1. Für Wörter mit mittelhochdeutschem kurzen ö steht geschlossenes e: *Lecha* = Löcher, *Dechta* = Töchter, *Gnepf* = Knöpfe, *begln* = bügeln, plätten (unserer Mundart entspräche ein schriftsprachliches »bögeln«, d. h. Bogen = Krausen oder ähnliches in die Wäsche machen), *Ged* = Gote, Pate. Vor l wird dieses ö zu geschlossenem ö: *Ö* = Öl, *Hötsl* = Hölzchen.

Eine Bemerkung will ich noch an das ebengenannte *Ged* = Tauf- oder Firmpate sowie das dazu gehörige *Go^dl* = Tauf- oder Firmpatin (siehe S. 228) anschließen. *Go^dl* kommt von einem mittelhochdeutschen *gote*, *Ged* von einem mittelhochdeutschen *göte*. Man vermutet, daß diese Wörter nur abgekürzte Koseformen zu einem ursprünglichen »Gottvater« und »Gottmutter« sind, die die Bedeutung »Vater oder Mutter in Gott« hatten, denn Pate und Patin gelten ja nach dem christlichen Glauben als geistliche Eltern des Kindes (vgl. Kluge, Etymologisches Wörterbuch der deutschen Sprache). In seinen mundartkundlichen Vorlesungen an der Universität Wien hat Eberhard Kranzmayer darauf hingewiesen, daß die meisten bairisch-österreichischen Dialekte nicht diese Wörter als Bezeichnung für die Paten besitzen, sondern andere, die auf das mittelhochdeutsche *tote* zurückgehen. Da unsere Wörter erst nach 1300 in Wien und seinen angrenzenden Gebieten auftauchen, wohl aber in den Schweizer Dialekten für die Paten üblich sind, nimmt er an, daß sie erst durch die Habsburger und deren Schweizer Gefolgsleute, die mit Rudolf von Habsburg nach Wien kamen, zu uns gelangten. Man kann mit Recht vermuten, daß diese Edelleute häufig als Paten gebeten wurden, wobei sie natürlich die ihnen geläufigen Wörter gebrauchten. Da aber die Sprache des Hofes als besonders vornehm galt, wurde sie gerne von den Wienern nachgeahmt.

2. Dagegen hatten Wörter mit mittelhochdeutschem langem ö offenes ẹ: *blẹd* = blöd, *Schdẹssa* = »Stößer«, Stoß (auch ein hoher Hut), *Schdẹssl* = Stößel, *lẹdich* = lötig = lauter, rein (z. B. die Suppe ist ein *lẹdigs* Wasser = reines Wasser; von mhd. *lœtic* vollgewichtig, voll und ganz), *g'nẹdich* = genötig, es eilig habend (mhd. *genœtic*), *Brẹsl* = Brösel. Vor l wird aus diesem Laut ein offenes ö: *Khọch* = Kelch = Kohl.

Auch vor r steht offenes e, gleichgültig welches ö das Mittelhochdeutsche hatte, in *Mẹascha* = Mörser, dazu *zamẹaschan* oder *zmẹaschan* zermörsern = zertrümmern, *schbẹa* = spör, trocken (vom ausgetrockneten Brot gesagt, mhd. *spör*), ebenso in *Rẹan* = Röhre, *g'frẹan* = gefrören = sich ein Glied frieren, *hẹan* = hören. Ein interessantes Wort ist *dẹrisch* = taub, schwerhörig. Es müßte in der Schriftsprache »törisch« heißen und kommt von »Tor«, das im Mittelalter die Bedeutung »einfältiger Mensch«, »Schwachsinniger« hatte. Dem Volk kam es also bei der Benennung der Schwerhörigkeit hauptsächlich auf die vor der Erfindung der Taubstummensprache unausbleibliche Folgeerscheinung der Taubheit, die Schwachsinnigkeit, an. Vor n erscheint ein genäseltes e: *Dǫglena* = Taglöhner, *sche^n* = schön.

Die Verkleinerung zu »Krone« als Geldstück heißt merkwürdigerweise *Gra^{n}l*, sie müßte jedoch *Kre^{n}l* lauten. Vielleicht hat man geglaubt, weil die Verkleinerung zu »Fahne« (in der Mundart *Fån*) *Fa^{n}l* heißt, müsse sie zu *Gråne* eben *Gra^{n}l* heißen. Erst durch diese falsche Bildung wurde das berühmte Wienerlied möglich: *Heit' hǫb i scho^n mei^n Fa^{n}l, heit' is ma ǫllas ans. Dǫ hǫpt's mei^n letstas Gra^{n}l und schbüd's ma hawe Dants!* (Heute habe ich schon mein Fähnlein [= Räuschchen], heute ist mir alles eins. Da habt ihr meine letzte Krone und spielt mir herbe [= flotte] Tänze.)

Etwas Ähnliches hat sich bei vier anderen Wörtern abgespielt. Der Wiener wird sich über unser *wa^{r}tln* wundern, das die Bedeutung hat, in harmloser Weise mit Worten zu streiten oder am Gesprochenen herumzudeuteln. Er weiß recht gut, daß es soviel wie »wörteln« sein muß, aber wie kommt da das a herein? Heute sprechen wir »Wort« als *Wuat*, aber in früheren Zeiten wurde in Wien *Wǫat* gesagt, und das o vor dem r klang genau so wie im Wort *Bǫat* = Bart. So wie von Schwarte die Verkleinerung *Schwatl* lautet, bildete man fälschlich zu *Wǫat* die Verkleinerung des Zeitwortes als *wa^{r}tln*.

Das zweite Wort, das ich erwähnen will, ist heute fast ganz vergessen. Noch in meiner Kindheit gab es ein Gebäck, das nur einen Einschnitt auf der Oberfläche hatte, es hieß die *Gschrade*. Die Bezeichnung kommt vom mittelhochdeutschen *schrôt* = Schnitt, und so müßte dieses Gebäck die »Geschrotete« heißen. Hier erklärt sich der falsche Umlaut folgendermaßen: Langes mittelhochdeutsches ô wurde früher auch in Wien so wie noch jetzt in allen niederösterreichischen Mundarten als ǫ gesprochen wie im Wort Rat. Rot und Rat lauteten damals in gleicher Weise *rǫd*. (Diese Aussprache des langen o ist ein charakteristisches Merkmal des niederösterreichischen Dialektes, vgl. E. Kranzmayer, Der niederösterreichische Dialekt, S. 208.) So bildete man zu »Geschrotete« in mißverständlicher Weise den Umlaut *Gschrade*.

Das gleiche geschah bei *Rastl* = Drahtgestell zum Abstellen des Bügeleisens. Es ist die fälschlich gebildete Verkleinerung zu mittelhochdeutsch *rôst* = Rost, das also in ganz alter Zeit in Wien als *rǫst* gesprochen wurde. Die Figur des heute immer seltener werdenden *Rastlbindas* ist durch Lehárs Operette »Der Rastelbinder« weltbekannt geworden.

Die »Rastelbinder« waren meist aus der Slowakei stammende Hausierer, die Arbeiten aus Draht, z. B. Mäuse- und Rattenfallen sowie eben Rastln verfertigten und verkauften und irdene Geschirre mit Draht zusammenflickten.

Beim vierten Wort handelt es sich um die »Weinscharln«, die Früchte des Berberitzenstrauches. Auch eine Sorte von Bonbons heißt so. In diesem von den Wienern in seiner ursprünglichen Bedeutung nicht mehr verstandenen Wort schreiben sie fälschlich ein r. Wenn wir uns daran erinnern (vgl. S. 264), daß ein l ganz gleich ausgesprochen wird, ob nun vor dem l ein r oder ein d ausgefallen ist, dann werden wir verstehen, daß ein richtiges *Wei^{n}scha^{d}l* fälschlich als *Wei^{n}scha^{r}l* gedeutet wurde. In Wirklichkeit haben wir wie bei Gschrade statt »Geschrötete« hier ein *Scha^{d}l* statt »Schötel«, d. h. eine kleine Schote, vor uns. »Weinscharl« sind also »Weinschötchen«, die so heißen, weil die Früchte der Berberitze das Aussehen kleiner Schoten haben und aus ihnen ein Wein bereitet werden kann. Im Mittelhochdeutschen hatte *schôte* ein langes o, das eben, wie wir gerade früher gesehen haben, mit dem dumpfen a verwechselt werden konnte, sodaß man den falschen Umlaut *Wei^{n}scha^{d}l* bildete. (Die Ableitung von Gschrade ist dem Buch von Hornung/Roitinger, Unsere Mundarten, S. 20, die der anderen Wörter den Vorlesungen von E. Kranzmayer entnommen.)

Schriftdeutsches u

Auch mit dem u hätten wir es leicht, wenn nicht in der Schriftsprache zwei mittelhochdeutsche Laute, nämlich kurzes u und uo, zu u geworden wären; diese ursprünglich verschiedenen Laute werden auch in unserer Mundart noch immer verschieden ausgesprochen. Wir müssen sie daher getrennt behandeln.

1. Wörter, die im Mittelhochdeutschen kurzes u hatten, werden auch im Wienerischen mit u gesprochen: *Fuks* = Fuchs, *Schmuts* = Schmutz, *khudan* = anhaltend lachen, kichern (vom mittelhochdeutschen *kuteren*), *Gupf* = Erhöhung des Inhalts über das gestrichene Maß beim Abmessen von trockenen Gegenständen, z. B. Mehl, Hülsenfrüchten etc., auch Spitze eines Hügels oder Berges (mhd. *gupf* = Spitze), die *Gugl* = ein in gewisser Form gebundenes Kopftuch (mhd. *gugele* = Kapuze, von lateinisch *cuculla*). Wahrscheinlich gehört zu diesem Wort auch unser be-

liebter Wiener *Guglupf*. Die Bedeutung dieses Wortes ist noch immer nicht mit Sicherheit zu erklären. Jedenfalls sprechen die Wiener nicht, wie gewöhnlich geschrieben wird, Guglhupf. Die Ableitung von »Gugl hupf!«, die man oft angegeben findet, ist kaum haltbar. Einen recht guten Sinn aber gäbe die Ableitung von einem lateinischen *cuculla offa*, das Kapuzenkuchen oder Kuttenkuchen bedeuten würde, ein Backwerk, das in manchen Klöstern zur Feier des Eintrittes neuer Mönche gebacken wurde. Unser Backwerk mit seiner Öffnung in der Mitte und den eigentümlich gewundenen Linien kann man sich leicht als eine stilisierte Darstellung einer Mönchskutte vorstellen. Hierher gehört weiters ein sehr altes Wort, der *Ura*, d. i. der Sauerteig, der bis zum nächsten Brotbacken aufgehoben wird (von mhd. *urhap* = Sauerteig). Auch unsere *Bluntsn* = Blutwurst oder dicker Mensch ist ein altes Wort, es kommt vom mhd. *blunsen* = aufblähen, weil die Wurstfülle in weite, »aufgeblähte« Därme gefüllt wird. Dagegen gehört nicht hierher die *Bissguan* = zänkisches Weib, das gewöhnlich als »bissige Gurre« erklärt wird. Gurre hieß im Mittelhochdeutschen eine schlechte Stute. In Wirklichkeit ist *Bissguan* Fremdwort, es kommt vom tschechischen *piskora* und bezeichnet einen Fisch mit Stachelflossen, nämlich den Stichling. Wie wir auf S. 230 gesehen haben, wird auch o vor r bei uns zu u. Eine *Bissguan* ist also ein Weib, an dem man sich so sticht wie an einem Stichling.

2. Wörter, die im Mittelhochdeutschen uo hatten, werden heute in unserer Mundart mit ua gesprochen: *Muata* = Mutter, *Bua* = Bub, *guad* = gut, *Bluad* = Blut, *Luada* = Luder. Der *Luach* = zusammengeballter Staub, kommt wohl von einem althochdeutschen *luoh*. Vor einem l wird der ua-Laut zu ui: *Schui* = Schule, *Schbuin* = Spule, *Schdui* = Stuhl. Eine starke Veränderung erfährt unser ua-Laut, wenn er vor m oder n steht; da wird er zu einem hellen, genäselten a. Daher heißt es bei uns die *Mam* = Muhme, *tan* = wir oder sie tun, *Grammat* = Grummet, das eigentlich die grüne Mahd bedeutet (mittelhochdeutsch *gruonmat*) und die *Wa^n*, eine durch Druck oder Schlag hervorgerufene Vertiefung. Nach Hornung/Roitinger, Unsere Mundarten, S. 26, kommt es von einem spätmittelhochdeutschen *wuone*, das eine zu uo gedehnte Form von mittelhochdeutsch *wune* = ein in das Eis geschlagenes Loch ist. Statt unseres a sprechen viele Mundarten außerhalb Wiens für das uo vor m oder n oa, sie sagen also *Moam*, *toa^n* usw. Dieser Regel nach müßte der länd-

lichen Aussprache *Doana* für die Donau bei uns in Wien *Dana* entsprechen, denn im Mittelhochdeutschen hieß unser Strom *Tuonouwe*. Tatsächlich haben in meiner Kindheit die alten Wiener noch *Dana* gesagt. Heute ist diese Lautung schon ganz verschwunden, man sagt *Dånau* oder *Dåna*.

Weil es nur wenige Wörter gibt, die ein ua vor m oder n haben, und helles a in unserer Mundart viel häufiger statt eines schriftsprachlichen ei oder ä steht, haben die Schreiber oft diesen Lautwandel nicht mehr verstanden, und so ist es zu Mißverständnissen gekommen, die zu ganz sinnlosen Neubildungen geführt haben. Eine solche ist der Name der Teinfaltstraße. Im Mittelhochdeutschen lautete unser Wort »Dom« der *tuom*, woraus neuhochdeutsches *Thum* wurde. Diese Form war noch im 18. Jahrhundert im Gebrauch. Daneben taucht zum erstenmal im Jahr 1591 aus dem Französischen eingeführt »Dom« auf, das dann über das frühere *Thum* siegte. Aus dem älteren *tuom* müßte in der Wiener Mundart eigentlich *Ta^m* werden. Das Wort »Vogt« lautete im Mittelalter *Voit*, wie es ja noch in vielen Familiennamen erhalten ist. So hieß also der Domvogt in der Mundart einstmals bestimmt *Ta^nvoit*. In Unkenntnis der Herkunft bildeten die Schreiber daraus »Teinfaltstraße«, die in Wirklichkeit »Domvogtstraße« heißen sollte, weil hier der Domvogt von St. Stefan ein Haus besaß, das schon 1302 in einer Urkunde erwähnt wird. Um 1700 haben die Schreiber dann noch einen weiteren Fehler gemacht. Sie glaubten, daß das t am Anfang der Artikel sei und das ganze Wort »richtig« »die Ainfaltstraße« zu schreiben wäre. Sie nannten unsere Straße jetzt sogar »Ainfeldstraße«. Wir sehen daraus, welch sonderbare Schreibungen bei Namen, die nicht mehr verstanden werden, entstehen können. Nebenbei ist ähnliches in vielen Fällen bei Ortsnamen geschehen, und auch die heutige amtliche Schreibung führt dann diese Entstellungen weiter.

Merkwürdigerweise haben einige Wörter das ua, das sie haben sollten, nicht bewahrt, z. B. Wucher, Wut, Stufe, Ufer, Futter. Wahrscheinlich geschah es unter dem Einfluß der Schriftsprache.

Schriftdeutsches ü

Auch beim ü müssen wir unterscheiden, von welchem mittelhochdeutschen Laut es kommt.

1. Wenn es von einem mittelhochdeutschen kurzen ü stammt, wird es bei uns als i gesprochen: *Glikk* = Glück, *Hittn* = Hütte, *Schdridsl* = Strützel, längliches, geflochtenes Gebäck (mittelhochdeutsch *strützel*), *Schippi* (auch *Schiwi* oder *Schibl*) = Schübel, Büschel, auch in der Bedeutung »viel«, z. B. er hat einen *Schippi* Geld = er hat viel Geld (mittelhochdeutsch *schübel* = Büschel, Haufen, Menge), *Dipfal* hat zwei Bedeutungen, entweder »Punkt«, »kleiner Fleck«, dann kommt es vom mittelhochdeutschen *tupfe*, wo es keinen Umlaut hatte, oder »Töpfchen«, dann stammt es vom mittelhochdeutschen *tupfen*, das natürlich mit »Topf« verwandt ist. »Trocknen« heißt bei uns *trikkan*, weil es mittelhochdeutsch *trückenen* war. Hier ist auch der Name des Bisambergs zu nennen. Er kann natürlich nicht bedeuten »bis auf den Berg«, was ja gar keinen Sinn hätte, sondern er sollte »Büsenberg« geschrieben werden und stammt von einem alten Personennamen »Buso«, der in althochdeutscher Zeit *Boso* lautete. Weil damals der 2. Fall dazu *Busin* war, mußte der Umlaut eintreten. Dieser mußte aber schon ungefähr um 800 eintreten, denn aus bestimmten Gründen konnte *Busin*, wie die Sprachwissenschaft weiß, später nicht mehr als 2. Fall zu *Boso* gebildet werden. Auf diese Weise kann die Sprachwissenschaft beweisen, daß der Name »Bisamberg« schon um 800 existierte, obwohl er erst 1108 als »Businberg« genannt wird (Erklärung von E. Kranzmayer). Eine alte mundartliche Form, die heute schon ganz vergessen ist, war *Khini* = König. So sagte man im alten Wien, weil es im Mittelhochdeutschen *künec* hieß. Nichts mit »König« hat der *Khiniglhọs* = Kaninchen zu tun. Das Kaninchen hieß im Mittelhochdeutschen *küniclîn*, das aber aus dem Lateinischen *cuniculus* entlehnt ist. Wir haben also die Kaninchenzucht erst von den Römern gelernt.

Vor l wird das i zu ü, wobei wieder am Ende eines Wortes oder einer Silbe und vor l mit einem nachfolgenden Mitlaut das l wegfällt: *Mü* = Mühle, *Müna* = Müll(n)er, *fün* = füllen, *Füllal* = Füllen.

Häufig, aber nicht regelmäßig, hat unsere Mundart vor bestimmten Mitlauten keinen Umlaut des u: *schlupfm* = schlüpfen, *schdupfm* = stupfen, mit dem Finger stoßen (mhd. *stüpfen*), *hupfm* = hüpfen, *dupfm* = tupfen, *schupfm* = schupfen, *zupfm* = zupfen, *Glupm* = Kluppe, Wäscheklammer aus Holz zum Aufhängen der nassen Wäsche (mittelhochdeutsch *kluppe*), *Brukn* = Brücke, *Mukn* = Mücke, *Rukn* = Rücken, *Schduk* = Stück, *Lukn* = Lücke, *bukn* = bücken, *rukn* = rücken, *drukn* =

drücken, *jukn* = jucken, *Suits* = Sülze, *Khuchl* = Küche, *Lug* = Lüge, *Buttn* = Bütte, oben offenes Traggefäß (mittelhochdeutsch *bütte*). Dieses Wort ist schon ziemlich selten geworden. Die *Buttn* hat Bänder, an denen sie auf dem Rücken getragen wird; sie war ursprünglich aus Holz und wird heute noch viel in der Landwirtschaft verwendet. In meiner Kindheit wurde das Wasser von der *Bassena* (dies waren die Auslaufbrunnen auf den Straßen) in solchen Butten in die Wohnungen geschafft. Die Kohlenhändler gebrauchten Butten aus Blech. Auch sie verwenden sie kaum mehr, weil heute festes Brennmaterial meist in Säcken zugestellt wird. Ein kleines Traggefäß in dieser Form, das aber nicht auf dem Rücken getragen wird, sondern einen Handgriff hat, heißt *Bittl*. Es ist manchmal noch in den Waschküchen in Gebrauch. An die große Bedeutung, die der Weinbau für Wien hatte, erinnert noch die Redensart *Hend wek von da Buttn, 's san Weimpa drin* (= Hände weg von der Butte, es sind Weinbeeren drinnen). In den Weingegenden werden nämlich die Weintrauben bei der Lese in Holzbutten gesammelt. Die Redensart warnt scherzhaft, etwas anzugreifen, das einen kostbaren Inhalt hat.

Umgekehrt hat bei uns *Inslat* = Unschlitt im Gegensatz zu der Schriftsprache Umlaut.

2. Wenn aber das schriftsprachliche ü von einem mittelhochdeutschen üe herkommt, dann lautet es in unserer Mundart ia. Das mittelhochdeutsche üe ist der Umlaut zu uo, dementsprechend ist unser ia der Umlaut zu ua, das wir auf S. 233f. besprochen haben. Daher muß die Mehrzahl von Mutter *Miata* heißen und die von Bruder *Briada*. Andere Beispiele sind: *bliatn* = bluten, *briatn* = brüten, *Mia* = Mühe, *Riassl* = Rüssel, *driab* = trüb, *Biachl* = Büchlein, *Niaschl* = Nüschel, kleiner Futtertrog für das Vogelhaus, scherzhaft auch für das Bett (von mittelhochdeutsch *nuosch*). Den *Hiata* in unseren Weinbergen halten viele Wiener für den »Hirten«. Das ist aber unrichtig, denn der »Hirt« heißt in unserem Dialekt *Hiat*. Der *Hiata* ist der »Hüter«, dazu gibt es das Zeitwort *hiatn* = hüten. *Hia^{d}l* = Hütlein, *Griagl* = Krügel. Ein uraltes Wort ist auch die *Iaksn* = Achselhöhle. Es kommt vom mittelhochdeutschen *üehse* und müßte in der Schriftsprache »Üchse« lauten. In der Fachsprache der Spengler bezeichnet es eine Eindeckung aus Blech für Stellen, wo sich in der Dachkonstruktion Winkel, d. h. also Höhlungen, ergeben. Mit l wird das ia zu einem ü: *khü* = kühl, *wün* = wühlen, *schbün* = spülen. Im Mittelhochdeutschen hatten diese Wörter üe. So wie das ia aus

mittelhochdeutschem ie vor m und n zu ea geworden ist (S. 227), wird auch dieses ia in solcher Stellung zu ea: *Bleamal* = Blümlein, *grea^n* = grün, *Heana* = Hühner, dazu *Heanaschdeign* = Hühnersteige. Doch sind diese Formen heute schon selten.

Schriftdeutsches au

Zwei mittelhochdeutsche Laute sind in der Schriftsprache zu au geworden, das lange u und das ou. Mit einer kleinen Ausnahme, die wir später erwähnen werden, braucht uns dieser Unterschied hier nicht zu bekümmern, denn beide Laute werden in der Wiener Mundart einheitlich als au gesprochen. Hier muß ich darauf aufmerksam machen, daß weder in der Hochsprache noch im Dialekt wirklich a+u gesprochen wird. Das au in der Hochsprache klingt beiläufig wie ein ao. Wir müssen aber noch eine wichtige Feststellung machen. Die jüngeren Wiener sprechen diesen Laut anders aus als die ganz alten. Im älteren Wienerischen war das au noch einem wirklichen Zwielaut ähnlich. Die jüngeren Wiener sprechen dagegen keinen Zwielaut mehr, sondern nur mehr einen einfachen Laut, er ist ein sehr offenes o. Das wollen die Wiener zwar nicht glauben, aber es ist doch so, und wer sich bemüht genau hinzuhören, wird erkennen, daß es stimmt. Da wir in unserer Schrift für diesen neuen Laut kein Zeichen haben, schreibe ich einfach au. Im folgenden führe ich einige Beispiele an: *baun* = bauen, *Haud* = Haut, *Aug* = Auge, *khaufm* = kaufen, *jaukn* = jauchen, jagen (mhd. *jouchen*), *Schdraukn* = Strauchen, Schnupfen (mhd. *strûche*). *Rauwa* = Räuber, *Auta* = Euter (mhd. *ûter*) und *laugna* = leugnen (mhd. *lougenen*) haben keinen Umlaut. Vor m wird dieses au zu hellem a: *Dam* = Daumen, *fasama* = versäumen, *Bam* = Baum, *Sam* = Saum, dazu *ei^nsama* = einsäumen, *Dram* = Traum, *Zam* = Zaum, dazu *aufzama* = aufzäumen, *damin* = taumeln, *rama* = räumen. Da diese hellen a für den Fremden schwer verständlich sind, spielt der Volkswitz mit ihnen. Ein Fremder fragt einen Kanalräumer, was er hier mache. Er antwortet: *Rama duari* (= räumen tue ich). Das versteht der Fremde natürlich nicht. Er fragt einen anderen. Der sagt: *Rama dama* (= räumen tun wir). Weil er noch immer nicht versteht, fragt er einen Zuschauer. Der antwortet: *Rama dans* (= räumen tun sie). Der Fremde geht weg und glaubt, es handle sich um das türkische Fest Ramadan. Hier füge ich noch eine Wortform an, die heute schriftsprachlich geworden ist, obwohl sie eine bairisch-österreichische Dialektform ist, nämlich der Rahm, also die saure Sahne. Da das Wort im Mittelhochdeutschen *roum* lautete, müßte es in der Schriftsprache eigentlich »Raum« heißen. Wenn wir im Wienerischen *ọrama* sagen, dann kann dies sowohl »den Rahm abschöpfen« heißen, als auch »abräumen«. Im ersten Fall hieß es im Mittelhochdeutschen *abroumen*, im zweiten *abrûmen*. Wir sehen also die interessante Erscheinung, daß zwei Wörter, die früher verschieden gesprochen wurden, nach Jahrhunderten ganz gleich werden können. Solche Entwicklungen gibt es in allen Sprachen.

Den Unterschied zwischen mittelhochdeutschem û und ou müssen wir jetzt doch ein wenig näher betrachten. Er ist nämlich in bestimmten Fällen von Wichtigkeit. Während das lange u außer vor m immer zu au wurde, war früher das ou im Dialekt sowohl im Südbairischen als auch bei uns im Mittelbairischen in allen Stellungen, nicht nur vor m, zu a geworden. In Kärnten und Tirol sagt man also auch heute noch *glabm* = glauben, *Schtaw* = Staub, *Law* = Laub, *zawrn* = zaubern, *Taf* = Taufe, *lafn* = laufen, *kafn* = kaufen usw. In der Wiener Mundart ebenso wie in der niederösterreichischen gibt es nur mehr kümmerliche Reste dieser uralten Unterscheidung. So sagen wir *raffn* statt raufen, *Schab* statt Schaub, Strohbündel. Dazu gehört der *Bamschawi* = Baumschaub als Bezeichnung für einen flatterhaften Menschen, einen Windbeutel. In manchen Gegenden Niederösterreichs bezeichnet man damit ein Strohbündel, das auf einen Baum gehängt wird zum Zeichen, daß das Obst dieses Baumes verkauft ist. Darnach mag man einen flatterhaften Menschen benannt haben, der sich wie ein Strohwisch nach dem Winde dreht. Hierher zählen *schdrafm* = streifen (mhd. *stroufen*) und mit umgelautetem mittelhochdeutschem *ou schdran* = streuen (mhd. *ströuwen*), dazu *Zukkaschdrara* = Zuckerstreuer. Lebendig erhält sich bei den Hausfrauen das *Hapl* (auch *Happi*) = Häuptel, eine Verkleinerung zu »Haupt«, das aber nur vom Gemüse, z. B. vom Kraut, Salat usw. gebraucht wird. Der in Wien häufige Personenname »Weißhappel« zeigt, daß früher dieses Wort auch für das menschliche Haupt verwendet wurde. Viel gebraucht wird auch noch *iwahaps* in der Bedeutung oberflächlich, nicht ins Detail gehend. Es ist eigentlich ein zweiter Fall »überhauptes« und stammt aus der ländlichen Sprache, wo es sich auf die Zählung von Schafen bezog. Denn mit *Hapl* bezeichnete man früher auch ein Schaf, wie dies nach einer mündlichen Mitteilung von E. Kranzmayer heute noch in Oberkärnten und Osttirol der Fall ist. Schließlich gehört noch unser *awę* hierher, das natürlich aus »au weh« entstanden ist (mhd. *ouwê*), und *a* = auch.

Noch zwei aus alter Zeit stammende Wörter müssen wir nennen. Das eine ist *damisch*. Es hat zwei Bedeutungen, die eine ist beiläufig »benommen«, wenn man z. B. sagt: *I węa gånds damisch*, die andere soviel wie »reichlich«, z. B. »Das gibt *damisch* aus«. Unser Wort entspricht einem mittelhochdeutschen *töumisch* und kommt von *toum* = Dunst, Qualm, Rauch. Das zweite Wort ist der *Dappschędl* = ein dummer, ungeschickter Mensch. Es kommt von mhd. *toub* = taub und müßte also in der Schriftsprache »Taubschädel« lauten. Dabei ist »taub« hier nicht als »nichthörend« verwendet, sondern in der Bedeutung, die wir gebrauchen, wenn wir von einer tauben Nuß sprechen und eine leere meinen. Ein »Taubschädel« ist also ein leerer Schädel, ein Hohlkopf.

Schriftdeutsches äu und eu

Wieder müssen wir uns zuerst mit der Aussprache dieser Laute befassen. In der Bühnensprache ist gar kein Unterschied zwischen ihnen, aber sie werden nicht als e+u gesprochen, sondern ähnlich wie ein oi. In unserer Mundart sind sie zu ei geworden, aber nur die ältesten Wiener sprechen einen Zwielaut, die jüngeren haben einen einfachen Laut, für den wir in unserem Alphabet kein Zeichen besitzen. Er klingt wie ein sehr offenes ä. Das Mittelhochdeutsche hatte für unser eu oder äu zwei Laute: entweder ein iu verschiedener Herkunft oder ein öu als Umlaut des ou. So ergaben sich bei uns aus dem mittelhochdeutschen öu Wörter wie *Eigal* = Äuglein, *Fakeiffa* = Verkäufer, *beign* = beugen, *leifig* = läufig (d. h. brünstig von den Hündinnen), *Freid* = Freude, *si gfrein* = sich freuen und heute schon selten das *Gei* = Gäu statt Gau (mhd. *göu*) in der Redensart »jemandem ins *Gei* gehen«, d. h. jemandem ins Gehege kommen. Vom Mittelhochdeutschen iu kommen: *Greids* = Kreuz, *Heiffal* = Häuflein, *Heisa* = Häuser, *Leis* = Läuse, *Brei^nl* = Bräunel, ein braunes Pferd, und *Dreipal* = Träubchen, die Verkleinerung zu Traube, aber nur in der Bedeutung »ein bißchen« üblich. Vor l wird das ei zu äu: *Äun* = Eule, *Säun* = Säule und das berühmte Kennzeichen für die Aussprache eines echten Wieners, das *Gnäulal* = Knäuel.

Schriftdeutsches ei

Hier erleben wir den sonderbaren Fall, daß die Wörter, die in unserer Mundart heute mit ei gesprochen werden, im Mittelhochdeutschen noch kein ei hatten, sondern ein langes i, das auch in der Schriftsprache zu ei geworden ist. Umgekehrt ist in den Wörtern, die schon im Mittelhochdeutschen ei hatten, wohl in der Schriftsprache das ei geblieben, aber bei uns in Wien ist daraus helles a geworden.

1. Wir wollen zuerst die Wörter mit ei betrachten, das von mittelhochdeutschem langem i stammt. Sie werden mit genau demselben ei gesprochen wie die Wörter mit schriftdeutschem äu oder eu und über ihre Aussprache gilt dasselbe, was wir auf S. 239 gesagt haben. Hier finden wir Wörter wie *bei* = bei, *beissn* = beißen, *reissn* = reißen, *blei^{b}m* = bleiben usw. Vor l wird das ei wieder zu äu: *Wäu* = Weile, *Khäu* = Keil, *Schpäu* = Speil (von dem mittelhochdeutschen *spîl* = Splitter). Vor m oder n wird das ei stark genäselt, und das n fällt am Schluß des Wortes wieder weg: *Wei^n* = Wein, *mei^n* = mein, *dei^n* = dein, *sei^n* = sein, *Leim* = Leim.

2. Das mittelhochdeutsche ei ist in den meisten bairischen Mundarten, d. h. also fast in ganz Österreich, zu oa geworden. Nur Wien und einige andere kleine Streugebiete bilden eine Ausnahme, sie haben aus dem ei unser helles a gemacht. Daher sagen wir *Latta* = Leiter, *Lab* = Laib, dazu *Lawal* = Laibchen, *brad* = breit, *Schra* = Schrei, *Mass* = Maiß, Jungwald (mhd. *meize*), *Nagal* = Neigerl, kleiner Überrest (mhd. *neige*). *Nagal* kann auch den kleinen Nagel bedeuten und, was eigentlich dasselbe ist, die Nelke, denn unser schriftdeutsches Wort für diese Blume kommt von dem niederdeutschen *negelke*, das zunächst zu *neilke* verändert wurde und dann zu »Nelke«. Niederdeutsch *negelke* ist aber nichts anderes als unser »Nägelchen«. Ursprünglich hieß die Gewürznelke so, weil sie an die Gestalt der alten, handgeschmiedeten Nägel erinnerte. Der Name wurde dann im 15. Jahrhundert auf die Gartennelke (*Dianthus caryophyllus*) übertragen.

Manche a-Formen sind heute schon selten und werden daher in ihrer Ableitung nicht mehr verstanden. Der *Pfadla* = Pfaidler (Hemdenmacher) ist als Beruf ausgestorben, daher wurde auch das Wort vergessen. Daß die *Schattn*, meist in der Verbindung *Sọgschattn* = Sägespäne, keine »Scharten«, sondern »Scheiter« sind, ist den Wienern auch schon fremd geworden. Die *Frasn* sind die Fraisen. Sie waren noch in meiner

Kindheit eine von allen Müttern schwer gefürchtete Kinderkrankheit, wie es schon ihr Name ausdrückt, denn im Mittelhochdeutschen bedeutete »*vreisen*« Schrecken, Gefahr und Verderben. Davon abgeleitet war »vreislich« = schrecklich, das Richard Wagner des öfteren in seinem »Ring des Nibelungen« gebraucht. *Schdrach* = Streich wird nur in der Redensart *Schdrach mǫchn* = großtun, prahlen verwendet. *Schadwǫssa* = Scheidewasser (gemeint ist die Salpetersäure) ist nur in der Handwerkssprache noch üblich. *Zâmra^{d}ln* in der Bedeutung »zusammendrehen« wird als »zusammenrädern« gedeutet, es ist aber ein »zusammenreiteln« und gehört zu mhd. *reitel* Drehstange. Das Wort wurde früher vielfach vom starken Zusammenschnüren des Mieders gebraucht, weil dieses aber aus der Frauenmode verschwunden ist, geriet es in Vergessenheit. Ebenso erging es durch die Entwicklung des Kraftwagenverkehrs dem Wort *Latsäu* = Leitseil, das jedem Wiener bekannt war, solange noch die Wagen von Pferden gezogen wurden, heute kennen es nur mehr die alten Wiener. Mit l wird das helle a wie immer zu äu: *Säu* = Seil, *Däu* = Teil, *häun* = heilen. Vor m und n wird das a stark genäselt, und das n fällt am Ende eines Wortes aus: *Ba^n* = Bein, das aber in unserer Mundart nur im Sinne von »Knochen« gebraucht wird, *ham* = heim. Ein altes Wort ist *Fam* = Feim, Schaum (mhd. *veim*). Die Biertrinker im alten Wien sangen daher: *Wǫs hǫd den des Bia fiar an Fam, vua Mittanǫchd gemma ned ham.* (Was hat denn das Bier für einen Schaum, vor Mitternacht gehen wir nicht heim.) Den Leser wird es in Erstaunen setzen, daß auch *Lam* = Lehm, *lana* = lehnen und *zwantsk* = zwanzig hierhergehören. Sie lauteten im Mittelhochdeutschen *leim*, *leinen* und *zweinzig* und müssen daher in der Mundart »a« haben. Der Name der Laimgrubengasse in Mariahilf erinnert noch an die echte Form, denn dort gab es einmal natürlich keine Leimgrube, sondern eine Lehmgrube.

Auffälligerweise zeigen einige Wörter, die schon im Mittelhochdeutschen den Zwielaut ei hatten, in der Mundart trotzdem auch ei, obwohl wir nach unserer Regel a erwarten würden. Ihr entsprechend müßten ja »Geist«, »Geistlicher«, »Fleisch«, »Kaiser«, »rein« eigentlich *Gast*, *Gastlicher*, *Flasch*, *Kaser*, *ra^n* gesprochen werden. Auch »heilig« zählt hier mit, dort bleibt die Aussprache sowohl bei »ei« als auch bei »a« in gleicher Weise *häulich*. Bei »Geist«, »Geistlicher« und »Fleisch« stammt die Aussprache mit ei, die auch in vielen anderen österreichischen Mundarten üblich ist, aus der Kirchensprache, wo sie in den Predigten natürlich oft zu hören waren. Etwas verwunderlich scheint es auf den ersten Blick, daß auch das Wort »Fleisch« dazu gehört, tatsächlich spielt es aber in der Kirchensprache als Gegensatz zum Geist eine große Rolle, ich erinnere nur an den Ausspruch: »Der Geist ist willig, aber das Fleisch ist schwach.« Auch »Kaiser« hörten die Leute vielfach aus dem Munde der Höheren, die ja nicht in der Mundart sprachen. Dagegen haben nur die Wiener sich bei »Ei« und »Mai« den Gebildeten angeglichen, denn die Mundarten außerhalb Wiens haben *Oa* und *Moa*. Übrigens verzeichnet noch im Jahre 1873 Hügel in seinem Wiener Wörterbuch *Aar* als das Ei, die Eier, *Aarguk'n* als Eierschalen, *Arl* als kleines Ei. Aus der Sprache der Gebildeten sind auch übernommen: eigentlich, zweiter, bereits, begleiten und beleidigen.

Die Selbstlaute in den Vorsilben

1. Die Vorsilbe be-: In der echten Mundart gibt es nur wenige Wörter mit dieser Vorsilbe. Sie gilt irgendwie als vornehm, und die echten Wiener gebrauchen statt der Wörter mit der Vorsilbe be- vielfach andere gleichbedeutende. So sagt man in der Mundart nicht »Du kannst es dir behalten«, sondern *Du khånst da's g'hoi^dn*, statt »behalten« wird also »gehalten« verwendet. Ich will einige Wörter mit der Vorsilbe be- aufzählen, die von Mundartsprechern gebraucht werden: *bedriagn* = betrügen, *benutsn* = benützen, *begleitn* = begleiten, *begrǫ^bm* = begraben, *si benema* = sich benehmen, *si beglǫgn* = sich beklagen, *bereits* = bereits. Bei den meisten der Wörter mit der Vorsilbe be- ergibt sich der Verdacht, daß sie aus der Umgangssprache in die Mundart übernommen wurden. Bei »bereits« ist das sogar sicher, denn es müßte echt mundartlich *berats* heißen, ebenso müßte »begleiten« *beglatn* lauten. Kein Schriftwort ist *bedakln* = betrügen, es stammt wahrscheinlich aus der Gaunersprache. Wirklich echt mundartliche Formen mit der Vorsilbe »be-« gibt es in der Wiener Mundart nur wenige. Eine solche ist *bsachd*, mit der Bedeutung, daß Wäsche beim Trocknen fleckig geworden ist. Es müßte schriftsprachlich »beseicht« lauten und bedeutet so viel wie »beharnt«, denn mittelhochdeutsch *seichen* heißt »harnen« und *seich* ist der Harn. Wir besitzen dieses Wort auch in *sachwǫam*, das von Getränken gebraucht wird, die zu wenig kühl sind, z. B. Bier im Sommer. »Seichwarm« ist also so warm wie Harn. Des weiteren nenne ich *Bfiati-*

god = Behüte dich Gott, das heute meistens *Fiatigod* ausgesprochen wird, *bsoffn* = besoffen, *Bsuf* = Säufer, *Bschadessn* = Bescheidessen = das Aufessen der Reste nach einer großen Gasterei, *Bschisterer* = Pensionsdekret, *Bschǫllara* = Beschäler, Beschälhengst.

2. Auch die Vorsilbe ent- wird wohl nur in Wörtern, die aus der Schriftsprache stammen, gebraucht: *entbindn* = entbinden (von der Geburt gemeint) *entschuidign* = entschuldigen, *empfǫn* = empfehlen. Auch hier verwendet die Mundart statt der Wörter mit ent- lieber andere, so für »empfangen« in der Bedeutung »erhalten« *griagn* und für »empfinden« das Wort *gschbian* = spüren.

3. Statt der Vorsilbe er- steht in unserer Mundart immer *da-*. Wir sagen also *daschlǫgn* statt erschlagen, *si dafånga* statt sich erfangen = sich erholen, *si daschtęßn* statt sich erstoßen, was stürzen, stolpern, aber auch sich erschlagen bedeuten kann. *Si dagraitsign* = sich erkreuzigen heißt »sich über die Maßen über etwas wundern oder aufregen«. *Daglenga* = erreichen müßte schriftsprachlich »ergelengen« lauten, es kommt vom mittelhochdeutschen *gelangen* = erreichen. *Dadsan* wäre gleich »erzerren« und hat die Bedeutung »erschleppen«. So könnten wir noch viele Beispiele anführen, und wir sehen, wie reichlich diese echt mundartliche Vorsilbe verwendet wird. Der Leser wird jetzt leicht verstehen, daß die Wörter, die nicht die Vorsilbe *da-*, sondern »er-« haben, aus der Schriftsprache stammen müssen, z. B. erfahren, erlauben, erhitzen, erholen, erziehen, erhören, erkundigen usw.

4. Bei der Vorsilbe ge- müssen wir hervorheben, daß sie vor b, p, d, t, g und k verschwindet: *bitt* = gebeten, *bundn* = gebunden, *bfiffn* = gepfiffen, *drad* = gedreht, *dekkt* = gedeckt, *draud* = getraut, *dramd* = geträumt, *gift* = gegiftet (in der Bedeutung »geärgert«), *grǫᵇn* = gegraben, *khost* = gekostet, *glǫkt* = geklagt. Wenn die Vorsilbe ge- vor einem Wort steht, das mit einem Selbstlaut beginnt, fällt das e aus: *gärgat* = geärgert, *geifat* = geeifert (= eifersüchtig sein), *gessn* = gegessen, *gimpft* = geimpft. Vor anderen Mitlauten als den oben genannten fällt ebenfalls das e weg: *gfǫin* = gefallen, *grunna* = geronnen, *ghǫpt* = gehabt, *ghǫidn* = gehalten usw. Während aber »gelobt« in der Mundart *glopt*, gelitten *glittn* lautet, hat »gelassen« nur die Form *lǫssn*.

Die Vorsilben ver- und zer- lauten in der Mundart *fa* und *za*. Über sie und die anderen noch möglichen Vorsilben gibt es nichts Wesentliches zu berichten, wir wollen daher nicht näher auf sie eingehen.

Am Schluß unserer Besprechung der Selbstlaute will ich eine Übersicht darüber geben, seit wann die Selbstlaute unserer Mundart ungefähr in ihrer heutigen Form vorhanden sind. Ich verdanke sie den Vorlesungen von E. Kranzmayer an der Wiener Universität. Die Verdumpfung des a zu ǫ trat um 1200 ein. Die Umwandlung des gehemmten Umlautes von mittelhochdeutschem langem (S. 223f.) und kurzem a (S. 221ff.) zu hellem a erfolgte in den übrigen bairischen Dialekten um 1300, in Wien aber schon um 1250. Das e des vollen Umlauts vor r wurde um 1280 zu i (S. 221, z. B. »Kerze« zu *Khiatsn*). Der älteste Beleg dafür stammt aus Niederösterreich (in einer Urkunde des Jahres 1283). Bald nach 1200 verändern sich die Laute ö und ü zu e und i, und zwar beginnt dieser Vorgang in Wien (S. 229 und 235). Der Zwielaut ei wird zu oa um 1200, zu a wird er in Wien um 1300 (S. 240).

Ich habe absichtlich nur die Laute hervorgehoben, bei denen die Verhältnisse einfach geschichtet daliegen. Wir sehen also, daß viele unserer Selbstlaute sich seit mehr als 600, ja sogar 700 Jahren kaum verändert haben. Müssen wir da nicht wie vor einem gotischen Dom in Ehrfurcht vor dem Wunderwerk unserer heimischen Mundart stehen?

Die Mitlaute

Bei der Besprechung der Mitlaute müssen wir zwei für das Wienerische wichtige Tatsachen an die Spitze stellen.

1. Die Schriftsprache kennt nur ein »weiches« b, d und ein »hartes« p, t. Unsere Mundart hat aber noch einen dritten Laut für diese zwei Buchstaben. Wie ich schon auf S. 209 erwähnt habe, machen wir Wiener am Anfang eines Wortes keinen Unterschied zwischen b und p einerseits und d und t andererseits, sondern wir sprechen ein Mittelding zwischen »weichem« und »hartem« Verschlußlaut. Wir würden also ein drittes Zeichen für diesen Laut brauchen, wie es auch in wissenschaftlichen Arbeiten verwendet wird. Um aber die Schreibung für den Leser nicht zu verwirren, sehen wir davon ab und gebrauchen für den Laut am Anfang eines Wortes immer das Zeichen für den »weichen« Laut, nur muß sich der Leser stets wieder an das Ebengesagte erinnern und sich

dessen bewußt sein, daß wir am Anfang eines Wortes einen anderen Laut sprechen als im Inneren.

2. Ganz gleichgültig, ob in der Schriftsprache ein weiches b, d, g oder hartes p, t, k steht, wird jeder dieser Laute heute nach einer langen Silbe weich gesprochen und nach einer kurzen Silbe hart. Daher heißt bei uns der Dübelbaum *Dippibam*, weil die erste Silbe kurz ist. Ebenso hat *Dreippal*, das die Verkleinerung zu »Traube« ist, hartes p, und der Nabel heißt *Nǫppi*. Auch in »geh weg« sagen wir Wiener *gęh wek* mit k, weil das e kurz ist. Aber im Wort *Weg* wird g gesprochen (heute freilich meistens *Wech*), weil das e lang ist. »Rot« heißt bei uns *rod* und »Wetter«, obwohl es in der Schriftsprache sogar Doppel-t hat, lautet *Weda*. Dieselbe Regel gilt aber auch für f, s und z. Daß es ein »weiches« und ein »hartes« s gibt, weiß der Leser. Aber daß es auch ein »weiches« und ein »hartes« f gibt, weiß er meistens nicht. Er hört den Unterschied sofort in der Aussprache von »Ofen« und »offen«. In »Ofen« haben wir ein weiches f, in »offen« ein hartes, wobei ich noch hinzufügen muß, daß die Schreibung mit Doppel-f nicht bedeutet, daß wir hier wirklich zwei f sprechen. Unsere Mundart kennt nämlich keine wirklichen Doppelmitlaute, wie es sie im Italienischen und Französischen gibt. Erstaunt wird der Leser auch sein, daß es ein hartes und weiches z gibt, aber es ist wirklich so, er möge nur den Unterschied zwischen *knodsn* = untätig dahindämmern und *Hets* = Vergnügen genau beachten.

In der Folge wollen wir nun die Mitlaute nicht in ihrer alphabetischen Reihung behandeln, sondern nach ihrer Zusammengehörigkeit, die auf ihrer Bildungsweise beruht. Je nachdem nämlich bei der Erzeugung der Mitlaute hauptsächlich die Lippen, die Zähne oder der Gaumen beteiligt sind, sprechen wir von Lippen-, Zahn- und Gaumenlauten.

Die Lippenlaute

Zu den Lippenlauten gehören b, p, w, f, v und m. Wir wollen sie der Reihe nach durchgehen.

1. Schriftdeutsches b

Ich betone nochmals, daß wir am Anfang eines Wortes ein Mittelding zwischen hartem und weichem b sprechen. Weiters mache ich darauf aufmerksam, daß wir in der Mitte eines Wortes zwischen zwei Selbstlauten ebenfalls kein b, sondern ein w bilden. Das wollen die Wiener immer wieder nicht glauben, aber ich kann ihnen nicht helfen, wenn sie genau hinhören, dann müssen sie es doch zugeben. Wir sagen also *Weiwal* statt *Weibchen*, *Lewa* statt *Leber*. Diese Regel gilt auch, wenn vor dem b ein l oder r steht, denn für die Mundart ist dies genau so, als ob das b zwischen zwei Selbstlauten stünde; wir sprechen ja, wie wir auf S. 263 genauer sehen werden, in diesem Fall kein l, sondern statt dessen ein i, und für r gebrauchen wir einen dem a nahestehenden Murmellaut. Daher klingt »halb« in der mundartlichen Form *họiwat*, »selber« wie *sọ̈wa* und *grọwin* (auch *grọppin* gesprochen) in der Bedeutung »kriechen«, »herumtasten« kommt von »grabelen«, d. h. sich durch Graben vorwärtsbewegen, wie z. B. ein Maulwurf. »Farbig« lautet demgemäß *fọawig* (auch *fọawich*).

Ein komplizierterer Vorgang tritt in Wörtern wie »leben«, »heben« ein. In der Mundart fällt das e in der zweiten Silbe weg. Daraus ergäbe sich eine Form »lebn«. In dieser verschwindet das b ganz und aus dem n wird ein m, sodaß unser Wort nun *lem* klingt. Damit der Leser solche Formen leichter erkennt, werde ich das ausgefallene b hochstellen, also *le^bm* schreiben, mache aber darauf aufmerksam, daß in Wirklichkät von dem b nichts zu hören ist. So wird aus »heben« unser *he^bm*, aus »oben« *o^bm*. Auf diese Weise erklären sich Personennamen wie »Hummer« oder »Oberhummer«. Sie haben nichts mit dem Krebstier zu tun, sondern sie sollten »Hubner« geschrieben werden und bezeichnen ursprünglich einen Bauern, der Inhaber einer »Hube« ist, d. h. eines Landstücks von einem gewissen Ausmaß, womit häufig auch ein Erblehen verbunden war.

Viele Wörter hatten im Mittelhochdeutschen ein b, das in der Schriftsprache abgefallen ist. In unserer Mundart ist es noch erhalten. Es muß nach einer kurzen Silbe als hartes p erscheinen, und so sagen wir *Lampi* oder *Lampal* für ein Lamm. Die Form »Lamm« kennt das Wienerische gar nicht, es gibt nur ein *Lemmanes* = Lammfleisch. Ebenso ist es bei *Khampi* für Kamm, *Wåmpm* für Wamme. Unter *Sumpa* verstehen wir einen schwerfälligen, ungeschlachten Menschen, das Wort kommt von mittelhochdeutsch *sumber* = Korb. Wir besitzen dazu auch eine Verkleinerung, das *Simpal*, in der Schrift müßte es »Sümperlein« lauten. Das ist ein kleines Körbchen, wie es hauptsächlich zum Auflegen der Brote vor dem Backen verwendet wird. Wieso wird nun ein schwerfälliger Mensch »Korb« genannt? Das paßt nicht gut zusammen. Es ist auch nicht so. Im Mittelhochdeutschen bezeichnet das Wort auch die Trommel, die ja in der Form einem großen Korb ähnelt. Jetzt läßt sich die Bedeutung »schwerfälliger Mensch« verstehen, es ist einer, der bei seinen Bewegungen einen solchen Lärm wie eine Trommel macht. *Grumphaksad* = krumm, eigentlich »mit krummen Hächsen«, d. i. »mit krummen Beinen«, *drǫppin* = trappeln, derb auftreten. Das schriftsprachliche »Schimmel« = Schimmelpilz oder weißes Pferd lautet wohl schon im Mittelhochdeutschen *schimel*, aber im Althochdeutschen war es *scimbal*. Unsere Mundart hat p, wenn wir den Pilz meinen, wir sagen dann *Schimpi*. Ein weißes Pferd heißt auch in der Mundart *Schimi*. Das kommt wohl davon her, daß erst spät im Mittelalter das Wort »Schimmel« auch das Pferd bezeichnete. In dieser Bedeutung wurde die Form ohne b in die Mundart übernommen.

Daß weiches b in einer kurzen Silbe zu p werden muß, haben wir schon auf S. 245 erfahren. Ich wiederhole hier nur die Beispiele: *Dippibam* = Dübelbaum, *Dreippal* = Träubchen, *Noppi* = Nabel. Durch den Verlust des h ist aus »abher« = »herab« und aus »abhin« = »hinab« *ǫwa* und *ǫwi* geworden.

Nur in den Taufnamen »Wastl« = Sebastian und »Wawerl« oder »Wetti« = Barbara wird b am Anfang eines Wortes zu w. *Wasdl* gebrauchen wir heute wohl kaum noch als Taufnamen, wir sagen nur scherzhaft *a dikka Wasdl* von einem dicken Menschen. *Wetti* stammt von der zu »Betty« verkürzten französischen Form »Babette«. Das w am Anfang dieser Wörter erklärt sich wohl daraus, daß sie erst aus den vollen Formen »Sebastian« und »Babette«, in denen ja das b zwischen zwei Selbstlauten stand und der Regel nach zu w wurde, abgeleitet sind.

Wenn wir statt »Knoblauch« in Wien *Gnofi* sprechen, so haben wir dabei das f aus uralter Zeit bewahrt, denn nur im Althochdeutschen hatte dieses Wort noch ein f, das in anderen Mundarten schon in mittelhochdeutscher Zeit in b verwandelt wurde.

Am Ende eines Wortes bleibt das b unverändert: *liab* = lieb, *hab* = »herb«, böse, *Grǫb* = Grab. In *ǫ* = ab und *Bua* = Bub ist es am Schluß des Wortes abgefallen. Wir werden sehen, daß ein solches Wegfallen eines Mitlautes am Ende eines Wortes auch sonst vorkommt, und werden noch genauer darüber sprechen (s. S. 260).

2. Schriftdeutsches p

Wie wir schon erfahren haben, wird p zu Beginn eines Wortes zu einem Mittelding zwischen »weichem« und »hartem« p, ansonsten bleibt es als p erhalten. Eine Reihe echt mundartlicher Wörter gehören hierher: *Gråmpm* = Krampe, Spitzhacke, auch ein abgemagertes Pferd. Dazu gibt es die Verkleinerung *Grampaln* = Krallen, Nägel. Von diesen *Grampaln* hat auch der *Grampaltee* (d. i. isländisches Moos, *Cetraria islandica*, ein schleimlösendes Hustenmittel) seinen Namen, weil die Pflanze kleine Krallen besitzt. Auch *grempin* = krempeln, auflockern, meist vom Roßhaar gesagt, ist von »Krampe« abgeleitet. Unser Zeitwort ist vom mittelhochdeutschen Hauptwort *krempel* gebildet worden, das jenes Werkzeug bezeichnete, das zu dieser Arbeit verwendet wurde. Wenn wir uns die Ärmel *aufgrempin*, dann lockern wir sie ja auch auf; und wenn wir etwas *umgrempin*, dann erneuern wir es von Grund aus, wie das Roßhaar durch das Krempeln erneuert wird. *Glempan* = klimpern, *schdampan* = hinauswerfen, *Schdampal* = kleines, konisches Glas für Schnaps, *bempan* = klopfen, *Schlåmpm* = unordentliches Weib, *Dråmpi* = vierschrötiges Weib, von *dråmpin* = derb auftreten, *sempan* = jemanden fortwährend um etwas angehen.

Auch mit pf besitzen wir einige gut mundartliche Wörter: *Glåmpfm* = Klammer, auch Gitarre, dazu die Verkleinerung *Glampfi* in der Redensart *a Glampfi å^nhenga* = eine üble Nachrede anhängen, die also ursprünglich bedeutete »jemandem eine kleine Klammer anhängen«. Eine Ableitung davon ist auch *Glåmpfara* = Spengler, auch für Pflasterer gebraucht. Ein *Båmbf* ist ein Bausch, wenn z. B. ein Kleidungsstück einen *Båmbf* macht und *båmbfm* ist »mit vollem Mund kauen«.

3. Schriftdeutsches w

Dieses stimmt so ziemlich mit dem mundartlichen w überein. Ich will nur auf folgende Eigentümlichkeit aufmerksam machen: Wir sagen *Schwǫim* = Schwalbe, *schbeim* = speien, *schneim* = schneien. Wenn wir hier am Wortende m statt n sprechen, erklärt sich dies daraus, daß diese Wörter im Mittelhochdeutschen ein w hatten, also *swalwe*, *spîwen*, *snîwen* lauteten. Das e fiel in der Mundart aus, und das w verschmolz mit dem n zu einem m. Wo aber nach dem w ein Selbstlaut folgt, zeigt sich wieder das alte w, daher sagen wir *schbeiwat* für »speiend«. Weil auch »bn« am Schluß eines Wortes zu m verschmilzt, schreiben Mundartschriftsteller oft fälschlich »speiben« und »schneiben«. Auch die Wörter »neu«, »roh« und »weh« hatten im Mittelhochdeutschen am Ende ein w, dieses hat sich merkwürdigerweise in ein ch verwandelt, denn wir sagen ja *neich, roch* und *węch*. (Diese Formen erklären sich dadurch, daß für die abgefallenen w später fälschlich ein ch angefügt wurde.) »Stroh« und »Mehl« besaßen früher ebenfalls ein w. Im Mittelalter hieß es noch das *strô*, des *strôwes* und das *mel*, des *melwes*. Ein Überbleibsel davon ist es, wenn wir in der Mundart (heute nur mehr selten) *a strewana Huad* = ein Hut aus Stroh sagen und zu »Mehl« das Eigenschaftswort *mǫwich* = mehlig bilden. Auch das Wort *Mǫwaln* = Mehlbeeren (die Früchte des Weißdorns) zeigt das w.

4. Schriftdeutsches f, v und m

Diese Laute zeigen keine wesentlichen Abweichungen in unserer Mundart. Daher brauchen wir uns nicht näher mit ihnen zu befassen. Ich möchte nur hervorheben, daß in der Aussprache zwischen f und v gar kein Unterschied ist und daß »fünfzehn« und »fünfzig« in der Mundart merkwürdigerweise die Form *fuchzane* und *fuchtsk* aufweisen.

Die Zahnlaute

1. Schriftdeutsches d und t

Als Zahnlaute bezeichnen wir d, t, s, sch, z und n. Auch für die Zahnlaute gilt dasselbe wie für die Lippenlaute, daß wir im Wienerischen zu Beginn eines Wortes keinen Unterschied zwischen »weichem« und »hartem« Laut machen, sondern ein Mittelding sprechen. Es klingt also in »Dach« und »Tag« der Anfangsbuchstabe ganz gleich. Ebenso gilt die Regel, daß »weiches« d nach kurzem Selbstlaut zu t wird, aber t nach langem Selbstlaut sich in »weiches« d verwandelt. Einige Beispiele sollen das zeigen. Wir sagen *ǫid* für alt, *guad* für gut, *Bred* für Brett, *brad* für breit, aber *Büt* für Bild, *schintn* für schinden, *gwantn* für gewanden (das heißt »jemanden mit Gewand versehen«, also soviel wie »bekleiden«), *zintn* für zünden. (Jemandem eine *zintn* bedeutet »jemandem eine Ohrfeige geben«.) Demgemäß unterscheiden wir bei »Zahn«, wo die Mundart ein altes t am Ende des Wortes bewahrt hat, zwischen der Einzahl der *Zånd* und der Mehrzahl die *Zent*.

Da in der Mundart bei der Endung -en das e fast immer ausfällt, gerät das d häufig in die unmittelbare Nachbarschaft des n. In diesem Fall tritt etwas Besonderes ein: Das d verschwindet vollständig, bewirkt aber, daß wir das n nicht so wie am Beginn eines Wortes aussprechen, sondern ganz vorne an den Zähnen, wodurch es eine ganz charakteristische Färbung erhält. In der Schreibung will ich dies dadurch zum Ausdruck bringen, daß ich das d hochstelle, mache aber nochmals darauf aufmerksam, daß wir nur ein n sprechen. Wieder ist dies ein Vorgang, den die Wiener nicht recht glauben wollen, sie sind überzeugt, in diesen Wörtern ein d zu hören. Nun die Beispiele: $ho̧i^dn$ = halten, gso^dn = gesotten, $Schli^dn$ = Schlitten, Bo^dn = Boden, lei^dn = leiden, re^dn = reden.

Etwas Ähnliches tritt ein, wenn das d unmittelbar vor ein l zu stehen kommt. Auch da verschwindet es völlig und hinterläßt seine Spur in einem eigenartigen l, bei dem die Zunge ganz vorne an den Zähnen angelegt wird. Nur echte Wiener vermögen dieses l richtig zu sprechen. Wieder deute ich diesen Vorgang durch ein hochgestelltes d an. Es heißt also bei uns $be̜^dln$ = betteln, Bei^dl = Beutel, Bla^dl = Blättlein, Bra^dl = Brätlein, d. h. eigentlich ein kleiner Braten, gemeint ist aber meistens ein recht guter Braten. Dagegen ist ein $Ro̜^bmbra^dl$ = Rabenbraten ein nichtsnutziger Mensch.

In der Verbindung rd ist in zwei Wörtern das r geschwunden, nämlich in *fodan* = fordern und *Mọda* = Marder. Zu *fodan* wurde eine umgelautete Form *fedan* = födern gebildet, die auch heute noch viel gebraucht wird. Sie hat nicht die Bedeutung des schriftsprachlichen Wortes, sondern heißt »immer wieder etwas fordern«. Dagegen sind die Formen *fodan* und *Mọda* im Aussterben, höchstens *Mọda* wird noch verwendet, dann aber in der Bedeutung »großer Hunger«. Da der Marder als gefräßiges Tier gilt, sagte man wohl ursprünglich: »Ich habe einen Hunger wie ein Marder.«

2. Schriftdeutsches z

So sonderbar es dem Wiener vorkommen wird, auch für das z gilt ähnliches wie für d und t. Es gibt ein »weiches« und ein »hartes« z. Ich bezeichne den linden Laut mit ds, den harten mit ts und verwende z nur am Anfang eines Wortes. Der Leser wird den Unterschied sofort verstehen, wenn er die verschiedene Aussprache von *Dånds* und *Dants* beachtet. Das erste ist die Einzahl von »Tanz«, das zweite die Mehrzahl. Nach langer Silbe steht weiches z, nach kurzer hartes z, das ts ist. Ähnlich wie bei »Tanz« unterscheiden wir auch *Grånds* = Kranz und *Grantsl* = Kräntzlein, *Glånds* = Glanz und *glåntsat* = glänzend. »Hartes« z steht also in Wörtern wie *Khǫts* = Katze, *Rǫts* = Ratte, *schwitsn* = schwitzen, wenn der vorangehende Selbstlaut kurz ist. Zu dem Wort »Ratte« will ich nur bemerken, daß die schriftsprachliche Form keine hochdeutsche ist, sondern aus dem Niederdeutschen stammt. Unsere mundartliche Form aber ist richtig hochdeutsch, weil sie die Lautverschiebung des tt zu z aufweist. Überdies gebraucht die Schriftsprache das Wort weiblich, »die Ratte«, die Mundart aber männlich, *da Rǫts*. Nach heutigem langem Selbstlaut steht »weiches« z: der *Schwids* = Schwitz, Schweiß, *Gledsn* = Kletze (richtiger »Klötze«, weil es vom mittelhochdeutschen *klozbire* kommt), »gedörrte Birne«, der *Fods* = Mund, Maul, dazu *Fodshowi* = Fotzhobel, scherzhaft für »Mundharmonika«, *Greidsa* = Kreuzer, *Gruds* = kleiner Mann oder Knabe, *gnodsn* = untätig dahindämmern.

3. Schriftdeutsches sch

Auch beim sch gibt es ein hartes und weiches sch. Wiederum kommt nach kurzer Silbe ein hartes sch, wir wollen es durch Verdoppelung kennzeichnen: *wǫschschn* = waschen, *bǫschschn* = paschen, d. h. klatschen, *mischschn* = mischen, *guschschn* = kuschen, schweigen, aber auch unterwürfig sein. (Es war ursprünglich ein Zuruf an den Hund aus dem Französischen *couch!* = Leg dich! Damit war verbunden, daß der Hund schweigen mußte.) *Goschschn* = Gosche, Maul, Mund, dazu die Verkleinerung *Geschschal*, *rǫschsch* = knusprig, rührig. (Wir haben dieses Wort aus dem Mittelhochdeutschen bewahrt, wo *roesche* ursprünglich »schnell« bedeutete, dann »munter«, »rührig« und schließlich »spröde«, »trocken«. Alle diese Bedeutungen sind in unserem Wiener Wort noch immer enthalten, sodaß es sich mit einem einzigen schriftsprachlichen Wort gar nicht wiedergeben läßt.) Dagegen steht nach langer Silbe ein »weiches« sch. Hier will ich auf eine Merkwürdigkeit des Wienerischen hinweisen, die wir später noch näher betrachten werden.

Wie wir schon bei *Dånds* und *Dants* gesehen haben, ist hier die Einzahl lang, die Mehrzahl kurz. Dasselbe finden wir bei manchen anderen Wörtern auch. So sagen wir der *Fisch* mit langem i und daher auch mit einem »weichen« sch, die Mehrzahl, die *Fischsch*, aber hat kurzes i und »hartes« sch. Ebenso ist es bei der *Disch* und die *Dischsch*, der *Frosch* und die *Freschsch*. Näheres über diese Erscheinung werden wir auf S. 276 hören.

4. Schriftdeutsches s

Natürlich finden wir auch beim s unter denselben Bedingungen ein »weiches« und ein »hartes« oder »scharfes« s. Ich drücke hier den Unterschied so aus, daß ich für scharfes s ein doppeltes ss schreibe. Wir finden also *Wǫssa* = Wasser, *hassn* = heißen, *lǫssn* = lassen, *wissn* = wissen, *Bussl* = Kuß (von mittelhochdeutsch *buss*). Dagegen heißt es *Fǫs* für Faß, *has* für heiß, *Gas* für Geiß, *Glasl* für Gläschen, *lesn* für lesen, *Grǫs* für Gras, *Ros* für Roß, *gwis* für gewiß.

Hier müssen wir nun eine Eigentümlichkeit der Wiener Mundart besprechen, die sie mit anderen bairisch-österreichischen Dialekten gemeinsam hat, wenn auch nicht im gleichen Ausmaße. Wir wollen von eher uns allen bekannten Tatsache ausgehen. Wir sprechen in der Verbindung st und sp ein scht und schp, wenn diese Laute am Anfang eines Wortes stehen. Diese Aussprache gilt auch in der Bühnensprache. Es gibt aber norddeutsche Dialekte, wo auch die Gebildeten nicht wie wir »Schtein« und »schpät« sprechen, sondern fein säuberlich »S-tein« und »s-pät«. Nach der Bühnensprache soll im Inneren eines Wortes nicht scht und schp gesprochen werden. Unsere Mundart aber tut dies. Sie spricht nach einem r scht, also *eascht* = erst, *Wuascht* = Wurst, *Duascht* = Durst, *Geaschtn* = Gerste, *Feaschn* = Ferse, *Bfeascha* = Pfirsich. Sie tut es aber nicht, wenn dieses s aus der Biegung der Haupt- und Zeitwörter stammt. Daher sagen wir auch in der Mundart: *du fǫasd* = du fährst, *du fiasd* = du führst, *Owasd* = Oberst. Ansonsten wird st im Inneren eines Wortes nur bei Fremdwörtern wie scht gesprochen, wenn damit eine neue Silbe beginnt, z. B. *Grischdof* = Christoph, *Khonschdantinopi* = Konstantinopel, *Monschdrants* = Monstranze, *Inschdidut* = Institut, *Inschdrument* = Instrument.

Die Verbindung sp lautet aber auch im Inneren eines Wortes wie schp: *Họschpi* = Haspel, *Rọschpi* = Raspel, *Gnoschpm* = Knospe, *Gruschpi* = Kruspel, Knorpel (von mittelhochdeutsch *krospel*). In Fremdwörtern sprechen wir auch sk als schk: *Muschkl* = Muskel, *Bischgo^dn* = Biskotte (ital. *biscotto*), *Mischgulants* = Miskulanz, Durcheinander. Am Anfang von Fremdwörtern geht dieses sk oft in schd über, z. B. *Schdanidsl* = Tüte (von ital. *scarnuzzo*), der *Gschdis* = Sk*üs*, die oberste Karte beim Tarockspiel (entstanden aus dem französischen *Excuse* = entschuldigen; die höflichen Franzosen haben sich sozusagen dafür entschuldigt, wenn sie mit der obersten Karte gestochen haben); *Schdandäu* = Skandal.

Bevor wir zu anderen Zahnlauten übergehen, will ich drei hierher gehörige Wörter besprechen, die uns einen hochinteressanten Einblick in die Geschichte unserer Mundart geben. Wir wenden uns zuerst dem Wort *Boatwisch* = Bartwisch zu. Der Bartwisch ist ein Handbesen, d. h. ein Besen mit einem kurzen Stiel. Er heißt, wie dies bei den Geräten des Alltags häufig so ist, in den verschiedenen Gegenden anders. Nicht weniger als zehn Namen dafür sind in der hochinteressanten »Wortgeographie der hochdeutschen Umgangssprache« von Paul Kretschmer genannt, vielleicht gibt es auch noch mehr. Bei näherer Überlegung findet sich, daß die Bezeichnung »Bartwisch« gar keinen rechten Sinn ergibt. Man kehrt doch den Mist nicht mit einem Bart zusammen, und man kann auch nicht behaupten, daß dieses Werkzeug einem Bart ähnelt. Hier kann etwas nicht stimmen. Die Aufklärung dafür gibt uns Eberhard Kranzmayer in einem Aufsatz »Gamsbart und Bartwisch, zwei wienerische Umdeutungen« (Heimat und Volkstum, 17. Jg., Heft 1). So sonderbar es uns anmutet, es hat eine Zeit gegeben, in der unsere Mundart rt und rd wie rscht und rschd gesprochen hat. Man sagte also *Worscht* statt Wort, *Họrschd* statt Herd. Damals besaßen wir natürlich auch Wörter mit rst, die in unserer Mundart ebenfalls als rscht gesprochen wurden (vgl. S. 252). Weil zu dieser Zeit o vor r noch nicht als u gesprochen wurde wie heute (vgl. S. 229), so lautete das Wort »Borste« im Wienerischen *Bọaschtn*. Neben der Form die *borste* gab es im Mittelhochdeutschen auch eine Form der *borst*. So konnte man also eine Zusammensetzung »Borstwisch« bilden. Das wäre freilich eine sinnvolle Bezeichnung für unseren Handbesen. Diese Form gibt es, wie die »Wortgeographie« von Kretschmer (S. 231) zeigt, wirklich heute noch in Mitteldeutschland. Wie kommt es dann zu der heutigen Form? Hier tritt ein Vorgang ein, den wir in der Entwicklung der Mundarten oft finden, eine lautliche Veränderung wird in späterer Zeit wieder rückgängig gemacht. Gerade im Wienerischen können wir immer wieder den Zug beobachten, sich von der als grob und derb empfundenen ländlichen Mundart zu distanzieren, »vornehmer« zu sprechen als diese. Wir dürfen ja nicht vergessen, wie verachtet früher die *Gschŗadn* (d. h. die »Gescherten« = Bauern) waren und wie dies noch gar nicht so lange her ist, da ja heute noch dieser Ausdruck in unserer Mundart für die Bauern üblich ist. Die Bezeichnung stammt übrigens davon her, daß die Bauern in älterer Zeit keine langen Haare tragen durften. Mit diesem Bestreben, sich von der Bauernmundart zu entfernen, hängt es zusammen, wenn der Wiener die ea vor m (siehe S. 227) und die i vor r statt eines e (siehe S. 221) als *urdinéa^r* (= ordinär) empfindet und sie meidet, sodaß sie mehr und mehr aus unserer Mundart verschwinden. Genau so machten es die Wiener mit dem rscht, sie bildeten es in späterer Zeit wieder zu rt zurück, um sich der Sprache der Gebildeten und Vornehmen anzugleichen. Dabei, auch das können wir immer wieder beobachten, unterlaufen den Leuten Fehler. Sie verwandeln dann auch Laute, die sie nicht umwandeln sollten. So war es in unserem Fall. Damals lautete in Wien sowohl »Bart« als auch »Borst« mundartlich *Bŗascht*. Bei dem Wort für den Bart war die Rückverwandlung am Platz, nicht aber beim »Borstwisch«. Man wird jetzt mit Recht fragen, warum dann nicht wenigstens »*Buastwisch*« gebildet wurde. Dies erklärt sich aus einer anderen Eigentümlichkeit des Wienerischen, die es damals mit den umgebenden Dialekten gemeinsam hatte, daß nämlich die Lautgruppe or noch nicht als ur gesprochen wurde, dieses o vor r aber genau so klang wie das dumpfe a in *Bŗat*. So war die Verwechslung von »Borstwisch« und »Bartwisch« ohne weiteres möglich.

Den gleichen Fall haben wir vor uns in dem so beliebten »Gamsbart«. Auch bei diesem Wort denken die wenigsten daran, daß diese Zierde doch nicht aus dem Bart der Gemse hergestellt wird. Die Gemse hat ja keinen Bart wie etwa die Ziege, der »Gamsbart« wird einfach aus den Borsten der Gemse verfertigt und soll ebenfalls richtig »Gamsborst« heißen.

Nun gibt es noch ein drittes Wort auf Wiener Boden, bei dem diese Vertauschung stattgefunden hat. Es ist nur ganz wenigen alten Wienern bekannt, und nur solchen, die Weinbauern sind. Da gibt es nämlich in den Weingärten ein sehr lästiges Unkraut, den Taumellolch (*Lolium temulentum*), der in Wien der *Duaschd* heißt, also ganz genau so wie der Durst, wenn man trinken will. Auch dieses Wort sollte richtig der »Durt« lauten, in manchen Gegenden Deutschlands hat es die Form »Dort«. Es war schon im Alt- und Mittelhochdeutschen als »turd« vorhanden. Wir sehen nun wieder etwas ganz Interessantes: Diese Wortform wurde in der Mundart nicht zurückgebildet. Sie ist also das einzige Überbleibsel aus der Zeit, wo im Wienerischen »rscht« statt »rt« gesprochen wurde. (Dieses Beispiel wurde den zwei anderen von Eberhard Kranzmayer in seinen Vorlesungen hinzugefügt.)

5. Das tsch der Wiener Mundart

Anschließend will ich noch einen Laut behandeln, der eigentlich eine Lautverbindung ist, nämlich das tsch. Es kommt in unserer Mundart recht häufig vor, und in vielen Fällen ist schwer festzustellen, wieso es zu diesem Laut kommt. Am Beginn eines Wortes finden wir das tsch häufig in Fremdwörtern, so in *Dschaka* = Tschako, das aus dem Ungarischen stammt. *Dschinön* = Tschinelle kommt aus dem Türkischen. Ein zunächst in den österreichischen Offizierskreisen beliebter, aber auch im alten Wien üblicher Gruß war *Dschau*. Die Offiziere hatten ihn aus Venetien mitgebracht, das ja einmal zu Österreich gehört hatte. Das italienische *schiavo* lautet im venetianischen Dialekt *Tschao*. Es ist der »Sklave«, und so entspricht dieser Gruß genau unserem »Servus«, das ja auch »Sklave«, »Diener« bedeutet. Das *Dschoch*, mit seiner Verkleinerung *Dschechal* für ein schlechtes Kaffeehaus, haben wir vielleicht aus der Gaunersprache übernommen, möglicherweise auch *dschari* oder *dschäuli* für verloren, dahin. Aber keine Fremdwörter sind wohl *Dschoppal* = ungeschicktes Wesen, hauptsächlich in bezug auf Kinder und Frauen gebraucht, und *dschundan* = schlendern.

Im Inneren eines Wortes lassen sich vielleicht manche Wörter mit tsch aus einer merkwürdigen Umstellung der Laute k + z erklären. Damit ist folgendes gemeint: Unser Wort *hadschn* = langsam oder müde einhergehen, hinken, könnte von einem ursprünglichen »hakezen« kommen, was so viel bedeuten würde, als die Füße hakenförmig gekrümmt voreinander zu setzen, wodurch natürlich ein ungeschickter Gang entsteht. Dieses »hakezen« wurde in »hakzen« verkürzt und dann in

»hazken« umgestellt, aus dem sich dann unser »hatschen« entwickelte. Über solche Umstellungen darf sich der Leser nicht wundern, sie kommen in allen Sprachen oft genug vor. *Rutschn* ließe sich über »rukezen«, »rukzen« ableiten, was heißen würde, durch Ausgleiten auf den Rücken zu liegen kommen. Die Wadschn = Ohrfeige könnte von einem mittelhochdeutschen Zeitwort *wagen*, das »bewegen« bedeutet, abgeleitet werden; und jemanden wagezen = *watschna* würde dann heißen, beim Ohrfeigen flink die Hand hin- und herbewegen. Auch *hutschn* = hutschen, schaukeln, ließe sich aus »huckezen« erklären, sich nämlich durch Auf- und Niederhocken in Bewegung setzen.

In vielen Fällen freilich bleibt die Herkunft des tsch dunkel. Die *Radschn* = Ratsche, Klapper, Schnarre, auch Bezeichnung für eine schwatzhafte Person, und das dazu gehörige Zeitwort *radschn* = mit einer Klapper oder Schnarre Lärm machen, »viel reden, herunterleiern«, könnte von »rasseln« oder einem althochdeutschen *raskezzan* hergeleitet werden. Unklar bleiben viele andere: Die *Dędschn* = Ohrfeige, *dadschln* = tätscheln, streicheln, *ausfradschln* = neugierig ausfragen. (Ein davon abgeleitetes Wort ist die *Fradschlerin* = Marktweib, Hockerin, heute kaum mehr in Gebrauch.) *Bǫdschn* = Filzschuh, Pantoffel, in neuerer Zeit auch Bezeichnung für den Reifendefekt, dazu *bǫdschat* = ungeschickt (wie man ist, wenn man in Pantoffeln geht), die *Bridschn* = hölzerne Schlafstelle (vielleicht ist es von »Brett« abzuleiten), der *Gadsch* = breiige Masse (vgl. Quatsch), *bridschln* (auch *britschln* gesprochen) »im Wasser herumspielen«, die *Flidschn* = anrüchiges Mädchen, *ledschat* = weich, *bfutsch* = verloren, weg. *Fidschibfäu* = ein schneller Pfeil, *bǻntschn* = durch Mischen eine Flüssigkeit verfälschen, im Wasser herumspielen, dazu *Bantschal* = Liebschaft außerhalb der Ehe, die *Blędschn* = großes, breites Pflanzenblatt, auch großer Fleck, das *Ditschkal* = Spielholz zum Schnellen eines Gegenstandes (vielleicht von tschechisch *tyč* der Schlag), dazu *ei^{n}didschn* = einschlagen, z. B. ein Fenster, *vagidschn* = billig verkaufen, »Gidsch-Mudsch« bezeichnet beim Kugelspielen der Wiener Kinder, dem *Å^{n}meialn* = Anmäuerln, das Anstoßen der einen Kugel an die andere, »Mudsch« heißt es, wenn die eine Kugel von der anderen um Daumenbreite entfernt liegen bleibt. *Hędschebędsch*, auch *Hędschaln*, sind die Hagebutten. Ein *Dǫdschn* ist ein Fladen, *Datschkaln* sind mit Marmelade gefüllte Teigtaschen (zu mittelhochdeutsch *tartsche* = kleiner Schild?), ein *Drudschal* ist ein dummes, naives Mädchen (zu Trude?), ein *Dråndsch* dagegen eine dumme, vierschrötige Frauensperson, *fadrandschn* = vergeuden, vertun. (Vielleicht ist es aus einem von »Trank« gebildeten *trankezen* entstanden.) In der Mundart des Marchfelds bedeutet *drånsch* eine garstige Flüssigkeit, und in der Wiener Mundart nennt man *Drång* = Trank die Abfälle, die als Schweinefutter verwendet werden. Dann wäre *fadrandschn* ein Vergeuden, wenn man unnötigerweise etwas in den »Trank« wirft, das man noch verwenden könnte. *Bindsch* = Pinscher, auch ein alter Hut oder die schlechteste Note in der Schule. Die *Bidschn* = Kanne (vielleicht zu »Butte« gehörig?) war als *Wǫssabidschn* vor der Einführung der Hochquellenwasserleitung in Wien ein vielgebrauchtes Wort. Es ist selten geworden. *Drǫtschn* = plaudern, übel nachreden, dazu der *Drǫtsch* = Plauderei, Gerede, *gralawadschat* = schief.

6. Schriftdeutsches n

Als letzter Zahnlaut bleibt uns das n. Seine Aussprache unterscheidet sich im An- und Inlaut nicht von der in der Bühnensprache. Dennoch müssen wir einiges für unsere Mundart Bedeutsames hervorheben. Einfaches n nach einem Selbstlaut am Ende eines Wortes fällt weg. Als einzige Spur des n bleibt übrig, daß der vorangehende Selbstlaut stark genäselt wird. Ich bezeichne das ausgefallene n durch die Hochstellung. Bei uns lautet also der Hahn = Ha^n, der Stein = $Schda^n$, mein = mei^n, dein = dei^n, sein = sei^n, nein = na^n. Wenn aber am Ende eines Wortes Doppel-n steht, dann bleibt das n erhalten, z. B. in *Brun* = Brunnen, *Sun* = Sonne. Wenn also der Name unserer Stadt Wien in der Mundart *Wean* gesprochen wird, so ist dies ein Zeichen dafür, daß er ursprünglich Doppel-n gehabt hat. Tatsächlich wird er im Mittelhochdeutschen als »Wienne« geschrieben, und auch die fremden Sprachen schreiben Doppel-n, so das Italienische und Englische »Vienna« und das Französische »Vienne«. Wenn wir aber in *si san* = sie sind am Schluß ein n sprechen, so handelt es sich hier nicht um ein früheres Doppel-n, sondern das n stand nicht am Ende des Wortes, weil noch ein t folgte, denn es ist anzunehmen, daß unserem Wort im Mittelhochdeutschen eine Form *seint* entsprach.

Das n fällt auch aus, wenn vor dem l der Verkleinerung der vorangehende Selbstlaut lang ist, daher Ha^nl = Hähnchen, $Brei^nl$ = Bräunchen für ein braunes Pferd, *Ba^nl* = Beinchen, dazu *$ausba^nln$* = ausbeinen, d. h. die Knochen aus dem Fleisch herausnehmen. Das n bleibt, wenn der vorangehende Selbstlaut kurz ist: *$Rein^dl$* = flaches Kochgeschirr, Kasserole, *Man^dl* = Männchen. In der zweiten Verkleinerung mit »al« aber wird das n auf jeden Fall gesprochen, gleichgültig ob der Selbstlaut davor kurz oder lang ist: *Handal* = Hähnchen, *Bandal* (mit langem a!) = Beinchen, (mit kurzem a bedeutet es »Bändchen«), *Mandal* = Männchen, *Reindal* = kleines Kochgeschirr.

Wenn »braun«, »fein« und »rein« auch in der Mundart am Ende des Wortes das n behalten, so geschieht dies nicht deshalb, weil sie eigentlich ein Doppel-n haben sollten, sondern sie sind aus der Verkehrssprache in die Mundart aufgenommen worden.

In der Nachsilbe »-en« fällt in der Wiener Mundart meistens das e weg. Kommt nun vor ein solches n ein b zu stehen, so fällt auch das b aus und das n wird zu m. Wieder soll die Hochstellung das ausgefallene b andeuten: *ho^bm* = haben, *ge^bm* = geben, *$blei^bm$* = bleiben, *Rua^bm* = Rüben, *$Drau^bm$* = Trauben, *Bua^bm* = Buben. Steht hartes p vor dem n, dann bleibt das p wohl erhalten, aber das n wird ebenfalls zu m: *Rǫppm* = Rappe, *tǫppm* = tappen, *schoppm* = schoppen, *Bappm* = Pappe, Mund.

Hier will ich wieder auf eine der Veränderungen hinweisen, die sich in der ersten Hälfte des 20. Jahrhunderts innerhalb der Wiener Mundart abspielten. Nicht nur vor n, sondern auch vor m wird, wie wir schon früher hervorgehoben haben, der vorangehende Selbstlaut genäselt. In neuerer Zeit läßt sich bei den jüngeren Wienern beobachten, daß diese Näselung stark abgeschwächt oder ganz aufgegeben wird. Das hat zur Folge, daß z. B. ein Wort wie der *$Scha^n$* = Genre, ein im Wienerischen beliebtes Fremdwort aus dem Französischen, das »Art« bedeutet (vergleiche: *des is in Weana sei^n $Scha^n$* = das ist des Wieners Art) und bisher durch seine Näselung scharf von *Scha* = Schere getrennt war, jetzt mit diesem Wort ganz gleich lautet.

Die Gaumenlaute

1. Schriftdeutsches k

Zu den Gaumenlauten rechnen wir k, qu, g und ch. Wir wollen sie in dieser Reihenfolge näher betrachten.

Hinsichtlich des schriftdeutschen k müssen wir vor allem feststellen, daß die Bühnensprache ein echtes k überhaupt nicht kennt. Darüber werden die meisten Leser sehr verwundert sein. Ein echtes k besitzen z. B. die romanischen und slawischen Sprachen. Wir Deutschsprachigen aber sprechen ein behauchtes k, das man beiläufig als kh schreiben müßte. Diese Behauchung ist am stärksten in Tirol und Kärnten, wo sie bis zu einem kch gesteigert ist, wie die berühmten *Schpekchkchnödl* zeigen. Wir Wiener empfinden das k der anderen Völker als ein g, und so kommt es, daß wir das aus dem Italienischen stammende Kavalier als *Gawlía* und das aus dem Slawischen kommende Kutscher als *Gudscha* sprechen.

K in der Verbindung mit l, n oder r sprechen wir in Wien als g: *Glę* = Klee, *Gnochn* = Knochen, *grǫtsn* = kratzen. In der Verbindung nk wird das k nach langem Selbstlaut ebenfalls zu g: *Bångat* = Bankert, *grång* = krank, *Ångl* = Onkel. Nach kurzem Selbstlaut bleibt das k: *Bånk* = Bank, *drinkn* = trinken, *Winkal* = Winkelchen. Auch wenn kein n vor dem k steht, wird es nach langem Selbstlaut zu g. In der richtigen Mundart heißt die Einzahl von Fleck der *Fleg*, weil das e lang ist, die Mehrzahl aber die *Flek*, weil das e kurz ist. Ebenso heißt es der *Dreg* = Dreck, aber *drekkich* = dreckig. Aus demselben Grund sagen wir *wǫgln* für wackeln, *haglich* für heikel, auch das Wort *scheangln* für schielen gehört an diesen Platz. Es kommt nämlich von einem mittelhochdeutschen *schiec*, das schief bedeutete. Jemand, der *scheanglt*, schaut also schief. Die Ableitung von *schiec* ergibt sich daraus, daß »schielen« in anderen Mundarten, so in der Mundart von Pernegg in Kärnten, *tschiakln* heißt (Lessiak, Die Mundart von Pernegg, S. 134). Weil bei uns das ea genäselt ist, müssen wir annehmen, daß es im Mittelhochdeutschen zu *schiec* eine Nebenform *schienc* gegeben hat.

Nach l und r verwandelt sich in unserer Mundart manchmal das k in ch: *Mǫrch* = Mark, *Khǫich* = Kalk, *mǫchn* = melken, *wǫichn* = walken. Ohne l und r tritt dies auch ein bei *bǫchn* = backen und bei dem davon abgeleiteten *Bǫchanas* = Gebackenes (gemeint sind die Wiener Schnitzel), das aber auch als Eigenschaftswort *bǫchana, bǫchane, bǫchanes* verwendet werden kann.

2. Schriftdeutsches qu

Das schriftdeutsche qu ist seiner Aussprache nach nichts anderes als kw. Seine Herkunft ist nicht einheitlicher Natur, ich will hier nicht auf sie eingehen. Nur wenige deutsche Wörter gibt es in unserer Mundart, die mit diesem Laut beginnen: *Gwǫi* = Qual, *gwęa* = quer, *Gwǫsdn* = Quaste, dazu die Verkleinerung *Gwastl* (von mhd. *quast*, das ursprünglich ein Laubbüschel bezeichnete, wie es im Bade verwendet wurde, um den Körper damit zu peitschen, ähnlich wie in der heutigen »Sauna«, die man im deutschen Sprachraum schon längst in der althochdeutschen Zeit kannte, die aber später vergessen wurde und im 20. Jahrhundert als neue Erfindung aus Finnland »importiert« wurde), *Gwękksüwa* = Quecksilber, *Gwǫn* = Quelle, *gwidschn* = quietschen, *Gwadsch* = Quatsch, d. h. Schmutz, Kot, dazu *gwatschn* = das Spritzen des Kotes oder wertloses Zeug reden, schwatzen. *Gwętschn* = quetschen und *gwitt* = quitt sind Lehnwörter, quetschen kommt vom lateinischen *quassare* und quitt vom französischen *quitte*. Auch das Wort für die beim Wiener so beliebten *Gwagln* ist ein Lehnwort. Sie sind eigentlich »Quarkeln«, also eine Verkleinerung zu »Quark«, d. h. ein Topfenkäse. »Quark« aber kommt von einem slawischen Wort, das im Russischen *tvarog* und im Tschechischen *tvaroh* = Topfen lautet. (Davon stammt der in Wien vorkommende Personenname »Twaroch«.)

3. Schriftdeutsches g

Für das schriftdeutsche g steht meist auch in der Mundart ein g. Nur eine Erscheinung müssen wir näher betrachten. Es handelt sich darum, daß wir Wiener in vielen Fällen am Ende eines Wortes ein ch statt g sprechen, z. B. *Dǫch* = Tag, *Wech* = Weg, *Sǫch* = Säge, *Gruach* = Krug. Dasselbe geschieht in der Nachsilbe »-ig«, also in *häulich* = heilig, *wenich* = wenig, *grantich* = mürrisch usw. Die Erklärung dafür ist recht interessant. Die niederösterreichischen Mundarten, und zwar die altertümlichen unter ihnen, lassen das g und das b am Ende eines Wortes ganz weg; sie sprechen also *Dǫ* = Tag, *We* = Weg, *Wei* = Weib, *Bua* = Bub.

Wir haben den Beweis dafür, daß dies auch im Wienerischen einmal so üblich war. Alle Wiener kennen den Namen der »Krieau« im Prater, und sie wundern sich über diese unserem Sprachempfinden ganz fremde Form. So kommt es, daß dieser Name manchmal sogar als französisch aufgefaßt und »Krio« gesprochen wird. In Wirklichkeit ist er nichts anderes als eine »Kriegau«, also eine Au, um die ein »Krieg«, d. h. ein Prozeß geführt wurde, und zwar zwischen der Stadt Wien und dem Stift Klosterneuburg, der 70 Jahre dauerte und im Jahre 1618 beendet wurde. Ebenso ist in *gnua* = genug das g abgefallen. Daraus ersehen wir aber, daß auch das Wienerische früher die g am Wortende wegließ. In späterer Zeit empfanden die Wiener diese Formen als zu bäuerisch und setzten fälschlich statt des g ein ch ein. So kommt es zu unseren Formen *Gruach* für Krug, *Wech* für Weg, *Blǫch* für Plage. Auch bei der Nachsilbe »-ig« haben sie dasselbe gemacht und sagen *häulich* statt heilig, *sǫlich* statt selig. Die älteren Wiener freilich sprechen in diesen Fällen noch *häuli*, *sǫli* usw.

Einen eigenen Weg sind dagegen die Zahlwörter auf »-ig« gegangen. In »zwanzig«, »dreißig«, »vierzig« usw. sprechen wir *zwantsk*, *dreissk*, *fiatsk*.

Am Schluß eines Wortes ist k abgefallen, wenn der Wiener in echter Mundart *Musi* statt Musik spricht. Doch ist wahrscheinlich der Weg zum völligen Verschwinden des k so gegangen, daß vor dem Wegfall des Endlautes in früheren Zeiten *Musig* oder *Musich* gesprochen wurde, denn es ist aus lautlichen Gründen nicht gut möglich, daß ein k in unserer Mundart am Ende eines Wortes wegfällt. Das g zeigt sich auch in *Musigant*, doch kann es hier einen anderen Grund haben. Wir sprechen nämlich in allen aus solchen Sprachen herstammenden Fremd- und Lehnwörtern, die ein echtes, d. h. unbehauchtes k besitzen (denn wir im Deutschen sprechen ein behauchtes kh), statt des k ein g, z. B. *Gawlia* = Kavalier, *Gawalleri* = Kavallerie, *Gudscha* = Kutscher.

4. Schriftdeutsches ch

Schriftdeutsches ch zeigt insofern einen Unterschied in unserer Mundart, als es nach kurzer Silbe scharf, nach langer weich gesprochen wird. Aus den Beispielen, die ich anführe, wird der Leser den Unterschied zwischen den beiden ch-Lauten erkennen können. Das ch in *lǫchchn* = lachen,

Sǫchchn = Sachen, *mǫchchn* = machen ist ein anderes als das nach langen Selbstlauten in *wach* = weich, *suachn* = suchen, *blachn* = bleichen (dazu der *Unblachde* = Ungebleichte, ein ordinärer, billiger Kornschnaps).

In manchen Fällen setzen wir statt des ch ein k: *ei^{n}wakn* = einweichen, *Lǫkn* = Lache, Pfütze, *raukn* = rauchen, ebenso *bikn* = kleben, das von »Pech« herstammt und eigentlich »mit Pech verkleben« bedeutet. Regelmäßig sprechen wir in der Verbindung chs mundartlich ks in *Oks* = Ochs, *Ǫksl* = Achsel, *Iaksn* = Achselhöhle (mittelhochdeutsch *üechse*), *Draksla* = Drechsler, *wǫksn* = wachsen, *Fuks* = Fuchs, *hękste* = Höchste, *du rauksd* = du rauchst. Auch in *niks* = nichts ist ch durch k ersetzt.

Bei einer Reihe von Wörtern ist das ch am Schluß eines Wortes abgefallen: *i* = ich, *mi* = mich, *di* = dich, *si* = sich, *a* = auch, *do* = doch, *no* = noch, *glei* = gleich (aber nur in der Bedeutung »sogleich«, »sofort«, wenn es die Gleichheit ausdrückt, bleibt das ch, z. B. gleich groß), *Radi* = Rettich sowie in allen Wörtern mit der Ableitungssilbe »-lich«, wie *gmiadli* = gemütlich, *fräuli* = freilich, *näuli* = neulich (wird aber häufig auch *näulich* gesprochen). Wird an das »-ich« noch eine andere Endung angefügt, dann wird das ch gesprochen, z. B. *a gmiadlicha Mensch* = ein gemütlicher Mensch. Geschwunden ist das ch auch -in *ned* = nicht.

Das schriftdeutsche h

Auch hier zeigt unsere Mundart einige Eigenheiten. Oft tritt nämlich anstelle des schriftsprachlichen h ein ch, besonders am Schluß eines Wortes: *gach* = jäh, *zach* = zäh, *Vich* = Vieh, *Schuach* = Schuh, *schiach* = häßlich, *Zęchn* = Zehe, *leichn* = leihen, *seichn* = seihen, dazu *Seichal* = Sieb zum Durchseihen einer Flüssigkeit, auch scherzhafte Bezeichnung für einen nichtssagenden feigen Menschen, *weichn* = weihen. *Rauch* = rauh und *roch* = roh werden heute meistens unter dem Einfluß der Verkehrssprache schon *rau* und *ro* gesprochen. »Es geschieht« lautet *es gschicht*, aber die Nennform und das Mittelwort der Vergangenheit »geschehen« zeigen ein g: *gschęgn*. Wir können diesen Vorgang auch in einer kleinen Regel ausdrücken. Überall, wo das h mit einem n zusammentrifft, wird es nicht als ch, sondern als g ausgesprochen. Diese Regel gilt aber außer für »geschehen« nur noch für die Zeitwörter »sehen« und »ziehen«. Es heißt also *i sich* = ich sehe, aber *mia sęgn* = wir sehen und *gsęgn* = gesehen, ebenso *i ziach* = ich ziehe, dagegen *mia ziagn* = wir ziehen. Daher lautet auch der beliebte Zuruf der Wiener *Ziach* ϱ = Ziehe ab!, der die Bedeutung hat »Verschwinde!«

Ein g statt h besitzt auch ein Wort, das im Zeitalter des elektrischen Bügeleisens immer mehr in Vergessenheit gerät, nämlich der *Schdǫgl*, das dem Wort »Stahl« entspricht. Es hat in der Mundart nur dann das g, wenn damit das Eisen gemeint ist, das zum Plätten in das Bügeleisen eingelegt wird. Der Stahl jedoch als härtbares Eisen heißt *Schdǫi*. Diese Form zeigt deutlich, daß sie aus der Verkehrssprache herstammt. Auch in *Mǫgn* = Mohn besitzen wir g statt h, doch hatte schon das Mittelhochdeutsche die Form *magen*.

Geschwunden ist das h in *Hę* = Höhe, *Rei* = Reihe, *nǫcha* = nachher und in zahlreichen Zusammensetzungen mit den Nachsilben »-hin« und »-her«, wie *ǫwi* = abhin, hinab, *auffi* = aufhin, hinauf, *eini* = einhin, *umi* = umhin (in der Bedeutung »hinüber«), *aussi* = aushin, hinaus, *dåni* = dannhin (in der Bedeutung »von dannen«, »weg«, »fort«), in *zuwi* = zuhin, hinzu ist das h sogar durch ein w ersetzt. Zu allen diesen Wörtern gibt es auch eine Ableitung mit der Nachsilbe »her«, die dann *ǫwa*, *aufa*, *aussa* usw. lautet, und herab, herauf, heraus bedeutet. Im älteren Wienerisch waren diese beiden Formen streng getrennt. Wenn man vom ersten Stock jemandem zurufen wollte, er solle heraufkommen, sagte man: *Khumm aufa*, also »Komm herauf«. Umgekehrt mußte man, wenn man auf der Straße jemanden aufforderte, in den ersten Stock hinauf zu gehen, sagen: *Gęh auffi*, also »Geh hinauf«. Heute ist diese Unterscheidung schon fast ganz verschwunden, und in beiden Fällen wird die Form mit »-her« verwendet, also *ǫwa*, *auffa* usw.

Das schriftdeutsche l

Dieses zeigt in unserer Mundart eine ganze Reihe von Besonderheiten. Es fällt am Ende eines Wortes oder vor einem Mitlaut ausnahmslos weg. Aber wir müssen dabei zwei Vorgänge unterscheiden.

1. Wenn das l nach einem dumpfen a, o oder u steht, wird aus dem l ein i, der vorangehende Laut jedoch wird nicht verändert: *Dǫi* = Tal, *khǫid* = kalt, *Goid* = Gold, *hoi* = hohl, *Schui* = Schule, *Schuid* = Schuld.

2. Nach jedem anderen Selbstlaut bleibt von dem l überhaupt keine Spur, aber der vorangehende Selbstlaut wird verändert, und zwar in folgender Weise:

a) i wird zu *ü*: *fü* = viel, *Gfü* = Gefühl, *müd* = mild, *Bücha* = Pilger (als Schimpfname).

b) Geschlossenes e wird zu geschlossenem *ö*: *Gsö* = Geselle, *schdön* = stellen, *Khö^{d}n* = Kälte.

c) Offenes e wird zu offenem *ọ̈*: *họ̈* = hell, *Sọ̈* = Seele, *sọ̈wa* = selber, *Fọ̈wa* = Felber, Weidenbaum.

d) Helles a wird zu *äu*: *häu* = glatt, *Äutl* = Ältel (der Geschmack des alten Weines).

e) ei wird zu *äu*: *Wäu* = Weile, *häun* = heilen.

Es ist verständlich, daß nach offenem oder geschlossenem ö, nach ü und eu oder äu durch das l keine weitere Veränderung des Lautes mehr eintritt, es heißt also *Ö* = Öl, *Hötsl* = Hölzchen, *Mü* = Mühle, *Säun* = Säule usw.

Zwischen zwei Selbstlauten jedoch bleibt das l erhalten: *Mọla* = Maler, *Holla* = Hollunder. Bei den Selbstlauten, die durch das l verändert werden, tritt diese Veränderung auch hier ein: *Ölent* = Elend, *Họlla* = Heller, *Mụ̈li* = Milch, *häulich* = heilig.

Zu i wird das l auch nach b, p, m und f: *Khäuwi* = Kälbchen, *Happi* = Häuptel, *Nọppi* = Nabel, *Hummi* = Hummel, *Schaufi* = Schaufel, *Leffi* = Löffel.

Eine ganz besondere Veränderung erfährt das l, wenn es mit einem d oder t zusammentrifft. Dabei ergeben sich zwei zwar ähnliche, aber doch verschiedene Laute, die es in der Schriftsprache überhaupt nicht gibt. Bei beiden Lauten stößt die Zunge weit vorne an den Zähnen an, nach einem weichen d noch weiter vorne als beim harten t. Ich mache darauf aufmerksam, daß dann vom d überhaupt nichts mehr zu hören ist, wir sprechen nur ein sehr eigentümlich geformtes l. *Ra^{d}l* = Rädchen, *Schdọ^{d}l* = Stadel, *be^{d}ln* = betteln, *Bei^{d}l* = Beutel, *Hia^{d}l* = Hütchen, *ei^{n}fa^{d}ln* = einfädeln, *Gla^{d}l* = Kleidchen. Dieses selbe l bilden wir, wenn ein r oder n mit dem l zusammenstößt. Auch da fällt das r weg und hinterläßt seine Spur nur im l-Laut. So bilden wir *Rea^{r}l* für Röhrchen, *Dia^{r}l* für Türchen, *Khọa^{r}l* für Karl, *Ha^{n}l* für Hähnchen, *Ba^{n}l* für Beinchen, *Brei^{n}l* für Bräunchen (= braunes Pferd). Ein wenig anders geartet ist das l nach einem harten t in *Äutl* = Ältel für den Geschmack des alten Weines, *Zọ̈tl* = Zeltel für Zuckerl, Bonbon. (Es kommt vom mittelhochdeutschen *zelte* = flaches Backwerk, Kuchen, das auch in unserem »Lebzelt« erhalten ist.) *Dutln* = Brustwarzen, Zitzen, dazu *Dutlflaschschal* =

Saugfläschchen und *Gasdutln* = »Zitzen einer Geiß« als Name für eine Weintraubensorte, deren längliche Trauben Ähnlichkeit mit den Zitzen einer Ziege haben.

Die zuletzt besprochenen Formen des l sind eine besondere Eigenheit des Wienerischen, auch jenes l, das zwischen zwei Selbstlauten steht. Sie gibt es in der Bühnensprache nicht. Daher wird mit Recht ein Wort wie *Zwiangnäulal* = Zwirnknäuel als Probe für echte Wiener verlangt, nur solche können es richtig aussprechen.

Der Laut l ist auch in einem Wort abgefallen, das die Wiener sehr häufig verwenden; sie vermuten darin gar kein l, weil sie eine ganz andere Herkunft annehmen. Es handelt sich um unser *asó*, das auf der zweiten Silbe betont und in Fügungen verwendet wird wie *asó a Khö^{d}n* = eine solche Kälte, *asó a guada Mensch* = ein solch guter Mensch. Die Wiener halten es für »ein so ein«, mit dem es lautlich auch völlig übereinstimmt. Daß dies nicht stimmen kann, sehen wir aber aus einer anderen Verwendungsart des *asó*. Wir können statt »Ich mache das immer so« in der Mundart sagen *i moch des imma asó*. Hier hätte doch »Ich mache es immer ein so« gar keinen Sinn. Wir wissen vielmehr, daß es nichts anderes ist als das mittelhochdeutsche *alsô* und unser schriftdeutsches »also«, für das wir freilich immer *ǫissdan* = alsdann gebrauchen. Denn wenn wir beim Abschluß eines Gespräches sagen wollen: »Also, ich komme«, dann heißt es in richtiger Mundart: *Ǫissdan, i khum*. Aber in unserem *asó* haben wir das alte *alsô* behalten. *Alsô* ist zusammengesetzt aus »all« und »so«, aber es hatte im Mittelhochdeutschen bloß die Bedeutung »so«. Wir Wiener sagen auf diese Weise eigentlich nur: »So eine Kälte«. Wir besitzen aber noch ein anderes *asó*. Wenn wir nämlich sagen: *Asó, er is grǎng*, dann meinen wir: »Achso, er ist krank« und das *asó* ist zusammengesetzt aus »ach« und »so«, wobei in »ach« wie auch bei anderen Wörtern (siehe S. 262) das ch am Schluß abgefallen ist. Es heißt ja bei uns auch *A, des glaub i ned* = Ach, das glaube ich nicht.

Das schriftdeutsche r

Auch das r wird in unserer Mundart so wie das l nur am Anfang eines Wortes ähnlich wie das r der Bühnensprache gesprochen. Aber so wie das l ist es am Ende eines Wortes und vor einem Mitlaut zu einem Selbstlaut geworden, wieder eine Tatsache, die die Wiener meist nicht wahrhaben wollen. Während aus dem l ein i geworden ist, wird aus dem r ein dem a ähnlicher Laut, der aber kein wirkliches a ist, wenn ich ihn auch der Einfachheit halber so schreiben werde. Zum Unterschied von l verändert dieser a-Laut den vorangehenden Selbstlaut nicht. Wir sagen also *hean* = hören, *Hian* = Hirn, *mia* = mir, *hea* = her, *vua* = vor, *Gǫatn* = Garten usw. Nach hellem a verschwindet das r ganz, ohne eine Spur zu hinterlassen: *schwa* = schwer, *la* = leer, *zan* = zerren, *Schwatl* = Schwarte.

Zwischen zwei Selbstlauten jedoch bleibt das r erhalten: *Pfǫara* = Pfarrer, *narisch* = närrisch, *Lęara* = Lehrer.

Daß auch vor einem l das r wegfällt und dabei der l-Laut verändert wird, haben wir schon auf S. 264 besprochen.

Das schriftdeutsche j

Dieser Laut, der ja auch in der Schriftsprache nur wenigen Wörtern eigen ist, steht in unserer Mundart nur im Anlaut. Seine Aussprache unterscheidet sich kaum von der der Bühnensprache. An Beispielen gibt es nur wenige: *jǫ* = ja, *Jǫa* = Jahr, *jǫgn* = jagen, *Jǫkt* = Jagd, *Jåmma* = Jammer, *Joch* = Joch, *jung* = jung, *jaukn* = jagen, hetzen (mittelhochdeutsch *jouchen*), *juchatsn* = jauchzen (mittelhochdeutsch *juchezen*), *Jausn* = Jause (es stammt von einem slawischen južina), *Juks* = Jux, Scherz (das vom lateinischen *jocus* = der Scherz kommt). In einem Wort ist j zu g geworden, nämlich in *Feigal* = Veilchen, das im Mittelhochdeutschen ein j hatte.

FORMENLEHRE

Das Geschlecht der Hauptwörter

Die deutsche Sprache spricht, wie viele andere Sprachen es auch tun, allen Hauptwörtern ein Geschlecht zu, das heißt, sie betrachtet sie als männlich, weiblich oder sächlich. Das ist nichts so Selbstverständliches, denn nicht alle Sprachen machen dies. Darüber hinaus handelt sie dabei sogar gegen die Gesetze der Logik, weil ja diesen entsprechend männliche Wesen als männlich, weibliche als weiblich gelten, alle Sachen aber sächliches Geschlecht haben müßten. Nun gibt es jedoch viele Hauptwörter, die wohl eine Sache bezeichnen, aber männliches oder weibliches Geschlecht haben. Es werden also leblose Dinge, z. B. ein Tisch, einmal als männlich oder ein andermal, z. B. eine Birke, als weiblich betrachtet. Die Vorstellung, die sich die verschiedenen Völker dabei gebildet haben, sind nicht immer gleich. So sahen die alten Römer in allen Bäumen Frauen, wir aber glauben in manchen Bäumen Männer zu erkennen. Für uns ist das Haus eine Sache, für die Römer war es eine Frau, sozusagen eine schützende Mutter. Auch in derselben Sprache ändern sich mit der Zeit die Vorstellungen, und so kommt es, daß viele Hauptwörter heute bei uns ein anderes Geschlecht angenommen haben, als sie im Althochdeutschen oder Mittelhochdeutschen gehabt hatten. Wir werden daher begreifen, daß auch zwischen der Schriftsprache und der Mundart solche Unterschiede bestehen. Ich will daher im folgenden Abschnitt jene Hauptwörter zusammenstellen, die in der Wiener Mundart ein anderes Geschlecht zeigen als in der Schriftsprache. Natürlich kann diese Sammlung nicht auf Lückenlosigkeit Anspruch erheben, wenn ich mich auch bemüht habe, die Beispiele möglichst vollständig anzuführen.

Verschiedenheiten im Geschlecht der Hauptwörter zwischen Mundart und Schriftsprache

Männlich statt weiblich sind in der Mundart: der *Qschn* = die Asche (beachte das berühmte »Aschenlied« des Wurzel in Ferdinand Raimunds »Bauer als Millionär«, wo der Refrain noch echt wienerisch »Ein Aschen! Ein Aschen!« lautet, wobei »ein« mundartlich aufzufassen ist und »einen« bedeutet), der *Butta* = die Butter, der *Grü* = die Grille, der *Heischreck* = die Heuschrecke, der *Rǫts* = die Ratte, der *Schlępp* = die Schleppe (freilich meist nur in der Verbindung der *Ochsnschlępp* gebräuchlich, der eine Fleischsorte, nämlich das Schwanzstück des Ochsen, bezeichnet), der *Schnękk* = die Schnecke (auch als Kosewort für ein hübsches Mädchen oder eine hübsche Frau: *a liawa Schnękk* = ein lieber Schneck. In dieser Bedeutung wird es sogar in der Umgangssprache gebildeter Wiener als männlich gebraucht, denn jeder Wiener würde sich natürlich lächerlich machen, wenn er sagen wollte »Das ist eine liebe Schnecke«), der *Schraufn* = die Schraube, der *Schbids* = die Spitze (auch Bezeichnung für einen leichten Rausch), der *Schdufn* = die Stufe, der *Zwifi* = die Zwiebel (bedeutet auch »Unsinn«, z. B. *red kan Zwifi ned* = rede keinen Unsinn), der *Schnępf* = die Schnepfe.

Eine Erklärung für diesen Geschlechtsunterschied bietet die Tatsache, daß sechs von den genannten Beispielen in mittelhochdeutscher Zeit nur männliches Geschlecht hatten (Heuschrecke, Ratz, Schnecke, Schnepfe, Spitz, Zwiebel), drei von ihnen (Asche, Butter, Grille) doppelgeschlechtig waren, d. h. in unserem Falle männlich oder weiblich waren. Das ist aber nicht so zu verstehen, daß sie in ein- und derselben Gegend bald männlich, bald weiblich gebraucht wurden, sondern wir müssen annehmen, daß sie in gewissen Gegenden als männlich, in anderen als weiblich galten, in unserem Sprachgebiet also als männlich. Daher hat unsere Mundart auch beim Geschlecht der Hauptwörter nichts anderes getan als einen uralten Zustand zu bewahren.

Im übrigen bieten die genannten Beispiele zufällig manches Interessante, das ich gerne erwähnen möchte. Die wenigsten werden wissen, daß Butter, Grille und Zwiebel gar keine deutschen Wörter sind. »Butter« stammt aus dem griechischen *butyrum*, das »Kuhkäse« bedeutete und über das Lateinische zu uns kam. Ebenso ging es bei »Grille« zu, das ebenfalls aus einem griechischen *gryllus* über das Lateinische seinen Weg zu uns fand. Auf eine recht komplizierte Weise ist aus dem lateinischen *cepula* unser »Zwiebel« geworden. Auch aus dem Lateinischen stammt das Wort für die Schraube. Der Leser wird nun sehr erstaunt sein, was das lateinische Wort ursprünglich bedeutet hat. *Scrofa*, aus dem »Schraube« gebildet wurde, heißt nämlich die »Muttersau«. Die Schraube wurde so genannt, weil ihr Gewinde wie ein Sauschwanz geringelt ist. In unserer Mundart, wie in vielen anderen, ist das f des Lateinischen bis heute erhalten geblieben. Von einem anderen Gesichtspunkt aus ist »Heuschrecke« bemerkenswert. Sie heißt so, nicht weil sie die Menschen schreckt, denn ein gar so schreckendes Wesen ist sie ja nicht, sondern weil sie im Heu springt. »Schrecken« bedeutete in ganz alter Zeit »aufspringen«. Wenn man aus Furcht aufspringt, tut man es, weil man »erschrickt«. So kommt das Wort erst zu seiner heutigen Bedeutung. »Heuschrecke« ist also der »Heuspringer«, und auch aus diesem Grund ist das männliche Geschlecht unserer Mundart berechtigt.

2. Weiblich sind a) statt männlich: die *Boding* = der Bottich, die *Huasdn* = der Husten (kann auch »die Kehle« bedeuten), die *Schupfm* = der Schuppen (dieses Wort war im Mittelhochdeutschen nur weiblich), die *Schunkn* = der Schinken; b) statt sächlich: die *Fẹtn* = das Fett und als Fremdwort aus neuerer Zeit die *Gas* statt das Gas.

3. Sächlich sind a) statt männlich: das *Gei* = der Gau (nur in der Redensart *ins Gei ge^n* = ins Gäu gehen, jemandem in die Quere kommen), das *Dọlla* = der Teller. (Beide Wörter sind im Mittelhochdeutschen nur sächlich.) Das *Gnedl* = der Knödel, doch wird heute für die Mehlspeise, den Kloß, auch in der Mundart häufig das männliche Geschlecht angewendet, als scherzhafte Bezeichnung für einen dummen Menschen heißt es aber immer *des Gne^dl*. Das *Zedl* = der Zettel, das *Månat* = der Monat, das *Tunnọ* = der Tunnel; b) statt weiblich: das *Ekk* = die Ecke, das *Numero* = die Nummer.

4. Zweierlei Geschlecht, jedoch mit verschiedener Bedeutung, haben »Mensch« und »Zeug«. Der *Mendsch* entspricht unserer Bedeutung des Wortes, das *Mendsch* aber bezeichnet ein liederliches Mädchen und in früheren Zeiten die Dienstmagd. Daher heißt heute noch in ländlichen Gegenden die Mägdekammer die *Mentschakhåmma*. Schon das Mittelhochdeutsche besaß diese Trennung im Geschlecht und in der Bedeutung. »Zeug« besitzt ebenfalls im Mittelhochdeutschen doppeltes Geschlecht. In unserer Mundart bezeichnet der *Zeig* das Handwerkszeug; das *Zeig*, meist verächtlich, ist wertloses Zeug, besonders wenn es in der Form des *Zeiks* gebraucht wird, wobei *Zeiks* der 2. Fall ist (vgl. »der Dings«).

Abschließend möchte ich bemerken, daß unter dem Einfluß der guten Schulbildung und der Zeitung diese Geschlechtsverschiedenheiten aus der Mundart immer mehr und mehr verschwinden. Der jüngeren Generation sind sie kaum mehr geläufig.

In diesem Zusammenhang will ich erwähnen, daß unsere Mundart von einem Wort, das die Schriftsprache nur in der Mehrzahl kennt, nämlich »die Trümmer«, auch noch die Einzahl bewahrt hat, das *Trum*. Es bedeutet entweder ein großes Stück, z. B. *a Drumm Brod* oder ein abgesplittertes Stück (dazu die Verkleinerung *Drimmal*). Dasselbe ist der Fall bei »Leute«, wo die Mundart wie das Mittelhochdeutsche auch die Einzahl gebrauchen kann, z. B. *a guads Leid* = eine gute Person.

Die Biegung der Hauptwörter

Allgemeines über die Fälle

1. Der zweite Fall

Hier müssen wir feststellen, daß unsere Mundart diesen Fall, wie ihn die Schriftsprache in »des Vaters« oder »der Mutter« bildet, fast restlos verloren hat. Er lebt nur mehr in bestimmten Redensarten, von denen ich eine Reihe aufzählen will. *In Gots Nâman* = In Gottes Namen, *um Gottas Wün* = um Gottes Willen, *is ned da Red, da Mia weat* = ist nicht der Rede, der Mühe wert, *vo^n Rẹchts wegn* = von Rechts wegen, *da Dings da* = der Dings da (als Aushilfswort, wenn einem der Name oder ein Wort nicht einfällt), *wọs is des fia a Zeiks* = was ist das für ein Zeug (eigentlich »Zeuges«), *dummaweis* = dummerweise, *schdönweis* = stellenweise, *họibwegs* = halbwegs, *hintaruks* = hinterrücks, *iwahaps* = überhauptes, oberflächlich (vgl. S. 238), *iwrigns* = übrigens, *dawäu* = der Weile, inzwischen, *aufweats* = aufwärts, *unta Dọgs* = unter Tags, *ọllahånd* = allerhand, *ọllalei* = allerlei, *zwaralei* = zweierlei, *hẹkstns* = höchstens, ferner in Zusammensetzungen, z. B. *Nåmansdọch* = Namenstag, *Wiatshaus* = Wirtshaus, *Låndsleid* = Landsleute.

In allen anderen Fällen verwendet die Mundart einen Ersatz für den zweiten Fall, und zwar besitzt sie da zwei Möglichkeiten. Die häufigere ist die, daß statt »der Hut des Vaters« der zweite Fall nach der Formel gebildet wird »dem Vater sein Hut«. Es heißt also in der Mundart *in Vattan sei^n Huad, da Mutta ia Huad*. Das besitzanzeigende Fürwort »sein« oder »ihr« muß dabei abgewandelt werden. Die Mehrzahl muß also heißen *in Vattan seine Hiad* = die Hüte des Vaters, *da Mutta ire Hiad* =

die Hüte der Mutter. In gleicher Weise muß auch der dritte und vierte Fall gebildet werden: *Aufn Vattan sein Huad* = Auf dem Hut des Vaters, *in Vattan sein Huad* = den Hut des Vaters, *auf da Mutta ian Huad* = auf dem Hut der Mutter, *da Mutta ian Huad* = den Hut der Mutter.

Die zweite Möglichkeit, den zweiten Fall zu ersetzen, besteht darin, ihn durch das Vorwort »von« zu umschreiben: *da Huad von Vattan* = der Hut des Vaters (= der Hut vom Vater), *da Huad von du Mutta* = der Hut der Mutter, *da Huad von di Schwestan* = der Hut der Schwestern.

2. Der dritte Fall

In der Einzahl ist der dritte Fall vom ersten nur bei gewissen männlichen Hauptwörtern, die wir später besprechen werden (vgl. S. 276) und bei »Vater« und »Bruder« verschieden. Es heißt also *da Gǫst* = der Gast und *in Gǫst* = dem Gast, dagegen muß es heißen *da Vatta* = der Vater und *in Vattan* = dem Vater, *da Bruada* = der Bruder und *in Bruadan* = dem Bruder. Die Bildung des dritten Falls der Mehrzahl werden wir bei den einzelnen Gruppen der Hauptwörter behandeln.

3. Der vierte Fall

Auch der vierte Fall der Einzahl ist außer bei den im vorigen Absatz genannten männlichen Hauptwörtern und bei »Vater« und »Bruder« immer dem ersten Fall gleich. Überdies sind der dritte und der vierte Fall bei allen Hauptwörtern in der Einzahl völlig gleich. Den vierten Fall der Mehrzahl wollen wir erst wieder bei den einzelnen Gruppen besprechen.

Das Geschlechtswort oder der Artikel

Bevor wir die Verschiedenheiten der Biegung bei den Hauptwörtern betrachten, müssen wir die Biegung des Artikels behandeln. So wie die Schriftsprache besitzt auch die Mundart einen bestimmten und einen unbestimmten Artikel. Zur besseren Übersicht stelle ich die schriftsprachlichen und mundartlichen Formen der einzelnen Geschlechter nebeneinander.

1. Der bestimmte Artikel

Einzahl:	männlich:	der	*da*
		des	–
		dem	*in*
		den	*in*
	weiblich:	die	*di* (oder nur »*d*«)
		der	–
		der	*da*
		die	*di* (oder nur »*d*«)
	sächlich:	das	*s*
		des	–
		dem	*in*
		das	*s*

Mehrzahl für alle Geschlechter gleich:

		die	*di* (oder nur »*d*«)
		der	–
		den	*denan* (*in*)
		die	*di* (oder nur »*d*«)

2. Der unbestimmte Artikel

Einzahl:	männlich:	ein	*a*
		eines	–
		einem	*an*
		einen	*an*
	weiblich:	eine	*a*
		einer	–
		einer	*ana*
		eine	*a*
	sächlich:	ein	*a*
		eines	–
		einem	*an*
		ein	*a*

Die Hauptwörter in der Mundart

Die Biegung der männlichen Hauptwörter

Bei der Biegung der Hauptwörter aller drei Geschlechter unterscheiden wir zwei große Gruppen, die starke und die schwache Biegung. Was verstehen wir darunter? Stark gebogen nennen wir die Hauptwörter, die zahlreichere Veränderungen in den Fällen zeigen als die schwach gebogenen, die nur geringere aufweisen. Zwei Beispiele sollen dies verdeutlichen. »Der Tag« und »der Knabe« werden auf folgende Weise gebogen:

der Tag	die Tage	der Knabe	die Knaben
des Tages	der Tage	des Knaben	der Knaben
dem Tag(e)	den Tagen	dem Knaben	den Knaben
den Tag	die Tage	den Knaben	die Knaben

Wir sehen, daß bei der Biegung des Wortes »der Tag« die Veränderungen viel größer sind als bei dem Wort »der Knabe«. In dem einen Fall finden wir vier verschiedene Formen, im anderen nur zwei. Jetzt verstehen wir, weshalb die Bezeichnung »starke« und »schwache« Biegung gewählt wurde. Werden diese beiden Gruppen vermischt, und zwar derart, daß ein Hauptwort in der Einzahl stark und in der Mehrzahl schwach gebogen wird, dann ergibt sich eine dritte Gruppe, die gemischte Biegung.

Wir werden nun die stark gebogenen männlichen Hauptwörter betrachten. Da gibt es zunächst zwei Hauptgruppen, solche, die in der Mehrzahl keinen Umlaut haben, und solche, die Umlaut besitzen. Für beide aber gilt, daß sie, ausgenommen eine kleine Gruppe, die wir gesondert besprechen werden, in der Mundart außer im dritten Fall der Mehrzahl überhaupt keine Endung zeigen. Ihre Biegung erfolgt also nach folgendem Muster:

	Einzahl	Mehrzahl
1. Fall	*da Gǫst* = der Gast	*di Gest* = die Gäste
2. Fall	–	–
3. Fall	*in Gǫst* = dem Gast	*denan (in) Gestn* = den Gästen
4. Fall	*in Gǫst* = den Gast	*di Gest* = die Gäste

Von dieser Regel weichen nur die schon auf S. 271 erwähnten Wörter »Vater« und »Bruder« ab, weiters alle männlichen Hauptwörter auf -el und jene Wörter, die in der Mehrzahl die Endung -er annehmen.

Zuerst will ich die Biegung von »Bruder« folgen lassen:

	Einzahl	Mehrzahl
1. Fall	*da Bruada*	*die Briada*
2. Fall	–	–
3. Fall	*in Bruadan*	*denan (in) Briadan*
4. Fall	*in Bruadan*	*di Briada*

Ebenso biegt der »Vater«, und zwar gleichgültig, ob es in der altwienerischen Form *Vǫda* oder in der verfeinerten *Vatta* gebraucht wird.

Jene männlichen Hauptwörter, die auf -el endigen, unterscheiden sich von der Schriftsprache dadurch, daß sie in der Mehrzahl ein n anfügen. Man könnte diese Art der Biegung auch zu der gemischten zählen. »Der Engel« biegt also:

	Einzahl	Mehrzahl
1. Fall	*da Engl*	*di Engln*
2. Fall	–	–
3. Fall	*in Engl*	*denan (in) Engln*
4. Fall	*in Engl*	*di Engln*

Ebenso sagen die Wiener *di Epfin* = die Äpfel, *di Negln* = die Nägel. Darin liegt für die Wiener Kinder, oft auch für die Erwachsenen, eine große Fehlerquelle, wenn sie schriftdeutsch schreiben sollen.

Nun bleiben uns nur mehr jene Hauptwörter, die in der Mehrzahl die Endung -er annehmen. Sie gehen nach folgendem Muster:

	Einzahl	Mehrzahl
1. Fall	*da Må^n*	*di Menna*
2. Fall	–	–
3. Fall	*in Må^n*	*denan (in) Menan*
4. Fall	*in Må^n*	*di Menna*

So gehen z. B. *Wǫid – Wǫda* = Wald, *Wuam – Wiama* = Wurm, *Rånd – Renda* = Rand, *Schdrauch – Schdreichcha* = Strauch.

Wie wir schon früher festgestellt haben, kann die Mehrzahl aller dieser Gruppen entweder mit oder ohne Umlaut gebildet werden. Nicht immer stimmt da die Mundart mit der Schriftsprache überein. Es gibt Wörter, die abweichend von der Schriftsprache in der Mehrzahl einen Umlaut besitzen, z. B. *Wǫgn – Wegn* = Wagen, *Poista – Pösta* = Polster. Anderen fehlt der Umlaut, wo die Schriftsprache ihn besitzt: *Schwåmma – Schwåmma* = Schwamm, auch Bezeichnung für »Rausch« (*Schwåmma* hat aber nur die Bedeutung »Pilz«, nicht auch die des »Badeschwammes«, wofür *Schwåmm – Schwemm* gebräuchlich ist).

Nun müssen wir noch zwei Gesetze betrachten, die für die Mehrzahlbildung der Mundart von großer Wichtigkeit sind oder waren. Zuerst gehen wir auf ein Gesetz ein, das früher auch in der Wiener Mundart galt, heute aber praktisch bedeutungslos geworden ist, dagegen in den anderen mittel- und in den südbairischen Mundarten noch immer eine große Rolle spielt. Es handelt sich dabei um folgendes: Alle Hauptwörter, gleichgültig welches Geschlecht sie haben, die in der Schriftsprache die Mehrzahl mit dem Umlaut ä bilden (genauer gesagt, jene, die im Mittelhochdeutschen nicht vollen, sondern gehemmten Umlaut besaßen), haben in den genannten Mundarten helles a statt des ä. (Nur gelegentlich weichen einzelne Mundarten davon ab.) Übrigens gilt diese Regel nicht nur für die Hauptwörter, aber darauf wollen wir hier nicht eingehen. Demgemäß lautet also in diesen Mundarten die Mehrzahl von *Ǫkka* = Acker – *Akka* (mit hellem a!), von *Khǫstn* = Kasten – *Kastn*, von *Wǫgn* = Wagen – *Wagn* (wenn dieses Wort in der Schriftsprache Umlaut hätte, würde es ja »Wägen« lauten), von *Nǫcht* = Nacht – *Nacht*. Auch in Wien bildete man einst die Mehrzahl solcher Wörter auf diese Weise. Einige Überbleibsel, die ganz von der üblichen Bildung abweichen, beweisen es. Der *Dånds* = Tanz bildet, für den Wiener verwunderlich, die Mehrzahl *di Dants*, das freilich meist nur in der Redensart *Mǫch kane Dants!* verwendet wird, wo es die Bedeutung »Umstände machen« hat. Ein zweites Wort ist *Dǫam* = Darm mit der Mehrzahl *di Dam*. Auf dieselbe Weise bilden *Lǫᵈn* = Laden (aber nur in der Bedeutung »Brett«), *Schrǫgn* = Gestell aus gekreuzten Hölzern und *Hǫgn* = Haken die Mehrzahl *Laᵈn, Schragn, Hagn*. Den Wienern war diese Bildungsweise zu bäuerlich, sie gaben sie auf und paßten sich der Redeweise der Gebildeten an. Daher sagen wir heute die *Ekka, Khestn, Wegn* und so weiter.

Ein zweites Gesetz, das ein ehrwürdiges Alter besitzt, und für alle mittelbairischen Mundarten gilt, hat auch für die Wiener Mundart heute noch Geltung und Bedeutung. Ungefähr nach 1300 begann in diesen Mundarten eine Umwandlung, durch die alle starken Mitlaute (der Wiener nennt sie meist »hart«), wenn sie am Ende eines einsilbigen Wortes standen, zu schwachen Mitlauten wurden. In einem zweisilbigen Wort aber blieben sie stark. Daher lautet bei uns die Einzahl von Gott *God*, die Mehrzahl aber *Getta*. Weil aber im Mittelhochdeutschen so wie noch heute in der Schriftsprache von »Kopf«, »Tisch«, »Fisch«, »Sack« die Mehrzahl »Köpfe«, »Tische«, »Fische«, »Säcke« lautete, bilden wir die Mehrzahl dieser Wörter auf folgende Weise: *Khobf* – *Khepf*, *Disch* (mit lindem sch) – *Dischsch* (mit scharfen sch), *Fisch* – *Fischsch*, *Sǫg* – *Sekk*. *Schdrauch* hat in der Einzahl lindes ch, die Mehrzahl *Schdreichcha* scharfes ch. Unserer Regel entsprechen auch der *Dsånd* – die *Dsent* = Zahn und *Grånds* – *Grents* = Kranz, *Schdos* – *Schdęss* = Stoß. (Dieses Wort hat in unserer Mundart nur die Bedeutung »geschichteter Haufen«, »Stapel«; jemandem einen Stoß geben heißt *an Schdęssa ge^bm*.) Heute gilt dieses Gesetz nicht mehr lückenlos, es ist vielfach schon durchbrochen, und die jüngeren Wiener weichen immer mehr davon ab.

Wir wenden uns nun der schwachen Biegung zu. Ein Muster für sie ist in der Schriftsprache, wie wir auf S. 273 gesehen haben, die Biegung des Hauptwortes »der Knabe«.

Auf diese Weise werden zunächst solche männliche Hauptwörter gebogen, die ein lebendes Wesen bezeichnen, gleichgültig ob Mensch oder Tier. Sie sind meist einsilbig, bleiben nur im 1. Fall der Einzahl endungslos und nehmen in allen anderen Fällen die Endung -n an. Ich gebe zuerst Beispiele für menschliche Wesen; sie biegen nach folgendem Muster:

	Einzahl		Mehrzahl	
1. Fall	*da Bekk*	der Bäcker	*di Bekkn*	die Bäcker
2. Fall	–	des Bäckers	–	der Bäcker
3. Fall	*in Bekkn*	dem Bäcker	*denan (in) Bekkn*	den Bäckern
4. Fall	*in Bekkn*	den Bäcker	*di Bekkn*	die Bäcker

Auf dieselbe Weise biegen: *Grǫf* = Graf, *Frǫts* = Fratz (= unartiges Kind), *Bfǫff* = Pfaffe, *Gsö* = Geselle, *Bångat* = Bankert, Bastard, unartiges Kind. *Bua* = Bube bildet die Mehrzahl *Buam*, weil ja vor dem ursprünglichen n der Endung ein b stand und n nach b in der Mundart zu m wird (vgl. S. 258).

Auch viele Völkernamen biegen nach diesem Muster: *Frantsós* = Franzose, *Polák* = Pole, *Bosniák* = Bosniak (auch Bezeichnung für ein Gebäck aus dunklem Mehl), *Grǫwǫd* = Kroate, *Jud* = Jude, *Breiss* = Preuße, *Russ* = Russe, *Diak* = Türke, *Schwǫb* = Schwabe (hat so wie *Bua* die Mehrzahl *Schwǫᵇm*), *Bęm* = Böhme (aber mit der Bedeutung »Tscheche«) bleibt auch in den anderen Fällen *Bęm*, weil das n der Endung an das m angeglichen wurde.

Ebenso werden manche Fremdwörter behandelt: *Soidǫd* = Soldat, *Hussáʳ* = Husar, *Ręgrút* = Rekrut, *Musigánt* = Musikant, *Falótt* = Gauner (von französisch *falot* = närrischer Mensch).

Abweichend von der Schriftsprache, in der sie schwach gebogen werden, bleiben folgende Wörter in allen Fällen mit Ausnahme des 3. Falles der Mehrzahl unverändert: *Khinésa* = Chinese, *Fęteróna* = Veteran, *Ulána* = Ulane.

Nun sollen noch einige Beispiele von Tiernamen folgen: *Ǫff* = Affe, *Bęaʳ* = Bär, *Fink* = Fink, *Hǫs* = Hase, *Hiaschsch* = Hirsch, *Khapf* = Karpfen, *Oks* = Ochse, *Rǫb* = Rabe, *Rǫts* = Ratte, *Schnępf* = Schnepfe, *Schnękk* = Schnecke, *Schbǫds* = Spatz.

Nun bleibt noch die gemischte Biegung übrig. Wie in der Schriftsprache rechnen wir zu ihr eine große Gruppe von Wörtern, die auf -n endigen. Sie alle erfahren weder in der Einzahl noch in der Mehrzahl eine Veränderung, sie nehmen höchstens in der Mehrzahl den Umlaut an, und biegen also auf folgende Weise:

	Einzahl		Mehrzahl	
1. Fall	*da Mǫgn*	der Magen	*di Megn*	die Mägen
2. Fall	–	des Magens	–	der Mägen
3. Fall	*in Mǫgn*	dem Magen	*den Megn*	den Mägen
4. Fall	*in Mǫgn*	den Magen	*di Megn*	die Mägen

Einige wenige Beispiele werden genügen: *Gǫatn – Geatn* = Garten, *Bogn – Begn* = Bogen, *Bǫikn – Bǫikn* = Balken; während in der Schriftsprache von dieser Gruppe nur Garten, Graben und Schaden einen Umlaut besitzen, haben in unserer Mundart mehr Wörter den Umlaut, so das obengenannte »Magen«, aber auch »Wagen«, »Kasten«, »Kragen« und andere lauten bei uns um. Unter diesen Wörtern gibt es manche, die im Gegensatz zur Schriftsprache schon im 1. Fall der Einzahl ein n haben: *Buschn* = Busch (aber nur in der Bedeutung »Büschel«, »Strauß«),

Haufn = Haufe, *Nåman* = Name, *Wün* = Wille. Dagegen fehlt bei *Dam* = Daumen, *Brunn* = Brunnen und *Ream* = Riemen die Endung -en, die diese Wörter in der Schriftsprache haben.

Zu erwähnen wäre noch, daß die Fremdwörter auf -or, die in der Schriftsprache schwach biegen, in der Mundart ohne Endung bleiben, selbst in der Mehrzahl. Während also die Schriftsprache die Formen »der Doktor, des Doktors, die Doktoren« bildet, heißt es in der Mundart in allen Fällen (ausgenommen 3. Fall Mehrzahl) *Dokta*, und ebenso *Inschbękta, Profęssa* usw.

Die Biegung der sächlichen Hauptwörter

Wir schließen an die Biegung der männlichen Hauptwörter gleich die Biegung der sächlichen an, weil sie so ziemlich nach denselben Regeln erfolgt. Auch hier finden wir bei den starkgebogenen eine Gruppe, die mit Ausnahme des dritten Falls der Mehrzahl gar keine Endungen besitzt, und auch bei ihr kann in der Mehrzahl bei manchen Wörtern der Umlaut eintreten. Zu dieser Biegungsart gehören *Rę* = Reh, *Schif* = Schiff, *Hǫa* = Haar, *Jǫa* = Jahr, *Dölla* = Teller, *Sib* = Sieb; mit Umlaut: *Hof – Hef* = Hof, *Glosda – Glesda* = Kloster. *Leid* = Leute, das in der Schriftsprache nur in der Mehrzahl verwendet wird, besitzt in der Mundart auch eine Einzahl *s Leid* = das Leut, z. B. *Si is a guads Leid* = Sie ist eine gute Person.

Zu der zweiten Gruppe gehören diejenigen Wörter, die die Mehrzahl mit der Endung -er bilden und dazu entweder den Umlaut hinzufügen oder nicht: *Blǫtt – Bletta* = Blatt, *Grǫb – Grewa* = Grab, *Haus – Heisa* = Haus, *Ba^n – Bana* = Bein (dieses Wort hat aber in unserer Mundart nur die Bedeutung »der Knochen«), *Büt* (auch *Büd*) *– Büta* = Bild, *Föd – Föda* = Feld, *Gfris – Gfrisa* = Gesicht. Zu *Fich* = Vieh, das die Schriftsprache nur in der Einzahl gebraucht, bildet unsere Mundart eine Mehrzahl *Ficha* = Tiere.

Auch für die sächlichen Hauptwörter gilt das auf S. 276 besprochene Gesetz, daß am Ende von einsilbigen Wörtern der Mitlaut geschwächt wird, in den zweisilbigen aber nicht. Daher finden wir auch hier folgende Bildungen: *Buach – Biachcha* = Buch, ebenso *Doch – Dęchcha* = Dach, *Graud – Greitta* = Kraut, *Schlos – Schlessa* = Schloß (aber nur in der Bedeutung »Türschloß«, als Bezeichnung für ein Gebäude heißt es in der echten Mundart *Gschlos*). *Ros* = Roß bildet neben einer Mehrzahl *Ressa* auch *di Ros*. Auch *Fǫs* = Faß hat in der Einzahl lindes s, und so kommt es, daß es bei uns auf »was« reimen kann, wenn man einem allzu Neugierigen auf seine Frage *Wǫs?* die Antwort gibt: *ǫids Fǫs.*

Von der schwachen Biegung der sächlichen Hauptwörter sind auch in der Schriftsprache nur noch Spuren übrig, in unserer Mundart gibt es überhaupt keine mehr.

Wohl aber finden wir im Wienerischen sächliche Hauptwörter, die gemischt biegen, das heißt in der Einzahl unverändert bleiben und in der Mehrzahl die Endung -n annehmen: *Aug – Augn* = Auge, *Bett – Bettn* = Bett, *Hemat – Hematn* = Hemd, *Luada – Luadan* = Luder (als Schimpfwort, es bedeutete in alter Zeit das »Aas«). Hieher gehören auch die vielen Verkleinerungen, an denen das Wienerische so reich ist: *Ra^d^l – Ra^d^ln* = Rad, *Glasl – Glasln* = Glas usw. Ebenso wird die Mehrzahl der zweiten Verkleinerung gebildet: *Radaln, Glasaln.* »Das Mittel«, schriftsprachlich auch in der Mehrzahl »die Mittel«, bildet in der Mundart die Mehrzahl *Mittln. Mendsch* in der Bedeutung »Leute« hat in der Mehrzahl *Mentschn,* wenn es aber eine Weibsperson bezeichnet, lautet die Mehrzahl *Mentscha.*

Die Biegung der weiblichen Hauptwörter

Bei den weiblichen Hauptwörtern unterscheidet die Schriftsprache nur stark und gemischt gebogene. Der Leser wird sich wundern, warum es bei den weiblichen Hauptwörtern keine schwach gebogenen gibt. Der Sachverhalt ist der: In früherer Zeit gehörten fast alle Wörter, die wir heute gemischt gebogen nennen, der schwachen Biegung an. Sie haben aber im Laufe der Zeit die Biegungsart geändert, und daher rechnen wir sie heute zur gemischten Biegung.

Wir beginnen wieder mit der Untersuchung der stark gebogenen weiblichen Hauptwörter. Es folgt ein Muster:

	Einzahl		Mehrzahl	
1. Fall	*di Khua*	die Kuh	*di Khia*	die Kühe
2. Fall	–	der Kuh	–	der Kühe
3. Fall	*da Khua*	der Kuh	*denan (in) Khian*	den Kühen
4. Fall	*di Khua*	die Kuh	*di Khia*	die Kühe

Auf diese Weise biegen: *Bånk – Benk* = Bank, *Brust – Brist* = Brust, *Braud – Breit* = Braut, *Gåns – Gens* = Gans, *Hånd – Hend* = Hand, *Sau – Sei* = Sau. Der Leser wird bemerken, daß alle diese Wörter in der Mehrzahl den Umlaut haben und daß eine Reihe von Tiernamen unter ihnen sind. Denn außer Gans und Sau gehören auch Laus und Maus hierher.

Die Wörter der gemischten Biegung dagegen haben fast nie den Umlaut. Unter ihnen finden wir zunächst solche, die abweichend von der Schriftsprache schon im 1. Fall der Einzahl die Endung -n haben, dann aber in allen übrigen Fällen unverändert bleiben. Ein Beispiel soll diesen Unterschied deutlich machen.

	Einzahl		Mehrzahl	
1. Fall	*di Bian*	die Birne	*di Bian*	die Birnen
2. Fall	–	der Birne	–	der Birnen
3. Fall	*da Bian*	der Birne	*den Bian*	den Birnen
4. Fall	*di Bian*	die Birne	*di Bian*	die Birnen

So biegen *Brukkn* = Brücke, *Dekkn* = Decke, *Feign* = Feige, *Fliagn* = Fliege, *Khiatsn* = Kerze, *Lindn* = Linde, *Nǫsn* = Nase, *Bfeiffn* = Pfeife, *Gwǫ̈n* = Quelle, *Schdrǫssn* = Straße, *Zungan* = Zunge; *Ångst* = Angst zeigt in der Mehrzahl *Engstn* einen Umlaut, weil es früher so wie heute noch in der Schriftsprache zur starken Biegung gehörte und die Mehrzahl »Ängste« bildete.

Eine andere Gruppe besitzt im 1. Fall der Einzahl kein -n. Diese bleiben in der ganzen Einzahl unverändert und hängen nur in der Mehrzahl die Endung -n an. *Frau – Fraun* = Frau, *Gwǫi – Gwǫin* = Qual, *Schuid – Schuidn* = Schuld, *Freid – Frei^dn* = Freude. Ebenso biegen »Arbeit«, »Burg«, »Fahrt«, »Pflicht«, »Saat«, »Schrift«, »Schlucht«, »Insel«, »Schüssel«, »Wurzel«. »Erde« bildet neben einer Form *Ea^dn* auch eine andere ohne -n *Eat*, die aber nur in Verbindung mit Vorwörtern gebraucht wird, z. B. *um d'Eat hauen* = um die Erde hauen, was aber nicht bedeutet, einen Gegenstand um die ganze Erde herumwerfen, sondern nur etwas absichtlich aus Zorn zur Erde werfen. Wenn man dies ohne Zorn tut, dann haut man es *auf d'Eat*.

Die Hauptwörter auf -in bilden die Mehrzahl auf -ina: *Fiarschtin – Fiarschtina* = Fürstin, *Khenigin – Khenigina* = Königin, *Lǫ̈ararin – Lǫ̈ararina* = Lehrerin.

Die Biegung des Eigenschaftsworts

Bei der Biegung des Eigenschaftswortes müssen wir unterscheiden, ob es in Verbindung mit dem bestimmten Artikel, in Verbindung mit dem unbestimmten Artikel oder ohne Artikel gebraucht wird. Zusammen mit dem bestimmten Artikel oder einem Fürwort wird es schwach gebogen, d. h., es erhält vom 2. Fall an die Endung -en (in unserer Mundart bloß -n).

	männlich	weiblich
1. Fall	*da guade Må^n*	*di guade Frau*
2. Fall	–	–
3. Fall	*in gua^{d}n Må^n*	*da gua^{d}n Frau*
4. Fall	*in gua^{d}n Må^n*	*di guade Frau*

	sächlich
1. Fall	*s guade Khind*
2. Fall	–
3. Fall	*in gua^{d}n Khind*
4. Fall	*s guade Khind*

In der Mehrzahl erhalten dann alle Fälle sämtlicher drei Geschlechter die Endung -n.

Mit dem unbestimmten Artikel biegen die Eigenschaftswörter in der Einzahl genauso, nur der 1. Fall wird anders gebildet. Er lautet: *a guada Må^n, a guade Frau, a guads Khind*. In der Mehrzahl fällt der unbestimmte Artikel weg, und jetzt wird das Eigenschaftswort stark gebogen. Weil es aber auch in der Einzahl ohne Artikel gebraucht werden kann, gebe ich jetzt das Muster der starken Biegung in Ein- und Mehrzahl.

	Einzahl	
1. Fall	*guada Må^n*	guter Mann
2. Fall	–	guten Mannes
3. Fall	*gua^{d}n Må^n*	gutem Mann
4. Fall	*gua^{d}n Må^n*	guten Mann

1. Fall	*guade Frau*	gute Frau
2. Fall	–	guter Frau
3. Fall	*guada Frau*	guter Frau
4. Fall	*guade Frau*	gute Frau

1. Fall	*guads Khind*	gutes Kind
2. Fall	–	guten Kindes
3. Fall	*gua^{d}n Khind*	gutem Kind(e)
4. Fall	*guads Khind*	gutes Kind

	Mehrzahl	
1. Fall	*guade Menna*	gute Männer
2. Fall	–	guter Männer
3. Fall	*gua^{d}n Mennan*	guten Männern
4. Fall	*guade Menna*	gute Männer

1. Fall	*guade Fraun*	gute Frauen
2. Fall	–	guter Frauen
3. Fall	*gua^{d}n Fraun*	guten Frauen
4. Fall	*guade Fraun*	gute Frauen

1. Fall	*guade Khinda*	gute Kinder
2. Fall	–	guter Kinder
3. Fall	*gua^{d}n Khindan*	guten Kindern
4. Fall	*guade Khinda*	gute Kinder

Eine kleine Anmerkung müssen wir hier machen: Wenn ein Eigenschaftswort auf -s, -sch oder -z endigt, dann ist es im 1. Fall Einzahl des sächlichen Geschlechts nicht wie in der Schriftsprache gleichgültig, ob es mit oder ohne den unbestimmten Artikel gebraucht wird (z. B. »frisches Fleisch« und »ein frisches Fleisch«), sondern ohne Artikel heißt es in der Mundart *frischas Fleisch, grossas Khind, khuatsas Hemat* (= frisches Fleisch, großes Kind, kurzes Hemd), mit dem unbestimmten Artikel aber sagt man *a frischsch Fleisch, a gross Khind, a khuats Hemad*.

Auch darauf muß ich aufmerksam machen, daß die Eigenschaftswörter ohne Artikel nach einem Vorwort, das in der Schriftsprache den 3. Fall regiert, nie die Endung -en haben, sondern bloß -e. Man sagt also in der Mundart nicht wie in der Schriftsprache »mit großen Füßen«, »mit braven Frauen«, »mit kleinen Kindern«, sondern *mit grosse Fiass, mit brafe Fraun, mit glane Khinda*. Das kommt aber nur davon her, weil unsere Mundart, freilich nur in der Mehrzahl, alle Vorwörter, die in der

Schriftsprache den 3. Fall haben, mit dem 4. Fall verbindet. In der Einzahl wird brav der 3. Fall gesetzt, also *von gua^dn Schlǫg* = von gutem Schlag, *mit guada Ǫat* = mit guter Art, *aus gua^dn Haus* = aus gutem Haus.

Eigenschaftswörter, die auf -n, -m oder -ng endigen, lassen nicht wie sonst das -e der Biegungsendung -en ausfallen, sondern sie bewahren in diesem Fall das -en, das aber mundartlich *-an* gesprochen wird, es heißt also *an dinnan Måntl* = einen dünnen Mantel, *an långan Måntl* = einen langen Mantel, *an dumman Buam* = einen dummen Buben. Dagegen wird bei jenen Wörtern, bei denen in der Grundform das -n am Schluß des Wortes abgefallen ist (z. B. *gla^n* = klein, *sche^n* = schön) nur ein -n angehängt: *an glan Buam* = einen kleinen Buben, *an schen Måntl* = einen schönen Mantel.

Ohne Artikel wird das Eigenschaftswort nur selten gebraucht: 1. In der Anrede: *Liawa Freind* = lieber Freund, *du dumma Khǫal* = du dummer Kerl. 2. In Redensarten: *Guada Rǫd is deia* = Guter Rat ist teuer, *mit grossa Mia* = mit großer Mühe, *mid häula Haud* = mit heiler Haut. 3. In Warenanpreisungen: *Hasse Wiaschtln!* = Heiße Würstel! 4. In sonstigen Fällen: *Weissa Wei^n is bessa ǫis roda* = Weißer Wein ist besser als roter.

Eine merkwürdige Formung gebraucht unsere Mundart, wenn das Eigenschaftswort als Umstandswort (also auf die Frage »Wie?«) verwendet wird. Die Schriftsprache sagt in solchen Fällen: »Er ist lachend hereingekommen«, »sie ist weinend fortgegangen«. Die Mundart formt dies um und sagt statt dessen: »Als lachender ist er hereingekommen«, »als weinende ist sie fortgegangen«. In diesen Fällen müßte also zwischen den Geschlechtern unterschieden werden. Die Mundart setzt aber ohne Rücksicht auf das Geschlecht immer den 1. Fall des männlichen Geschlechtes und sagt: *ǫis a lǫchata is a einakhumma, ǫis a wanata is' fuatganga, ǫis a glana is des Khind fü gschlǫgn wuan* = als kleines ist dies Kind viel geschlagen worden. Ja sogar dann, wenn ein anderer Fall als der erste stehen müßte, bleibt sie beim 1. Fall: *ǫis a doda håm s n gfundn* = als Toten haben sie ihn gefunden.

Zum Abschluß erwähne ich noch, daß die Biegung der Mittelwörter der Gegenwart und der Vergangenheit sowie der Eigenschaftswörter in der zweiten und dritten Stufe der Steigerung völlig mit der der gewöhnlichen Eigenschaftswörter übereinstimmt.

Die Steigerung des Eigenschaftsworts

Die zweite Stufe der Steigerung wird mit der Endung -*a* gebildet, wobei manche Wörter den Umlaut annehmen: *weida* = weiter, *glana* = kleiner, *gręssa* = größer.

Die dritte Stufe hängt die Endung -*aste* an: *weidaste* = weiteste, *khiatsaste* = kürzeste, *miadaste* = müdeste, *hassaste* = heißeste. Freilich gilt dies nur für die Wörter, die auf einen Zahnlaut, also ein d, t, s, sch oder z endigen. Alle anderen Eigenschaftswörter fügen nur -ste hinzu: *liapste* = liebste, *hękste* = höchste, *dimmste* – dümmste usw.

Bei den Eigenschaftswörtern auf -ig und -ich, bei denen in der 1. Stufe der Mitlaut am Schluß abgefallen ist, ebenso dort, wo ein n abgefallen ist, tritt in der 2. und 3. Stufe dieser Mitlaut wieder auf: *hamli* – *hamlicha* – *hamlichste* = heimlich, *gla*^{n} – *glana* – *glanste* = klein. Das abgefallene r und l aber erscheint nur in der 2. Stufe wieder: *Schwa* – *schwara* – *schwaste* = schwer, *schmǫi* – *schmǫla* – *schmǫiste* = schmal.

Gebogen werden die gesteigerten Eigenschaftswörter genauso wie die gewöhnlichen. Nur die gesteigerten Mittelwörter der Vergangenheit besitzen eine Eigenheit, sie bilden nie den Umlaut, z. B. *varuckt* – *varuckta* – *varucktaste* = verrückt, *bekhånnt* – *bekhånta* – *bekhåntaste* = bekannt.

Die Fürwörter

Die persönlichen Fürwörter

Bei den persönlichen Fürwörtern wird auch in der Umgangssprache unterschieden, ob sie stark betont oder schwach betont gebraucht werden. Es ist ein Unterschied, ob jemand erstaunt fragt: »*Mich* hat er gesehen?« oder ob er nur schlicht erzählt: »Er hat mich gestern gesehen.« Die Umgangssprache bringt dies nur durch den Ton zum Ausdruck. Die Mundart jedoch verwendet neben dem Ton auch noch verschiedene Formen. Sie fragt in diesen beiden Fällen so: *Mī hǫd a gsęgn?* (= *Mich* hat er gesehen?), wobei das i lang gesprochen wird, bei der Feststellung jedoch: *Ea hǫd mi gestan gsegn* (= Er hat mich gestern gesehen), wird das i kurz gesprochen. Ich werde die schwach betonten Formen bei dem Muster der Biegung in Klammer setzen.

1. Person:		2. Person:	
i	ich	*du (d)*	du
maina	meiner	*daina*	deiner
mia (ma)	mir	*dia (da)*	dir
mī (mǐ)	mich	*dī (dǐ)*	dich
mia (ma)	wir	*ēs (s)*	ihr
unsa	unser	*enga*	euer
uns	uns	*eng*	euch
uns	uns	*eng*	euch

Was uns hier gleich auffällt, sind die Mehrzahlformen des Fürworts der 2. Person. Diese sind der Schriftsprache völlig fremd, was leicht verständlich ist. Wir haben hier uralte Wortformen vor uns, die ein besonderes Kennzeichen der bairisch-österreichischen Mundarten sind. In alter Zeit gab es nämlich in unserer Sprache neben der Ein- und Mehrzahl auch eine Zweizahl, die man dann gebrauchte, wenn man nur von zwei Personen sprach. Unsere Formen *ēs, eng* sind eine solche Zweizahl, die dann auch für die Mehrzahl verwendet wurde. Wir finden sie nur im Gotischen, aber nirgends schriftlich im Althochdeutschen überliefert, obwohl sie mündlich auch damals existiert haben müssen, denn sonst könnten sie nicht heute noch weiterleben. Zum erstenmale erscheinen sie geschrieben wieder um 1280 bei dem Wiener Dichter Jansen Enikel (Kranzmayer, Die steirische Reimchronik Ottokars und ihre Sprache, S. 37). Heute gelten diese Formen als unfein, und es werden, aus der Verkehrssprache entlehnt, dafür *ia* = ihr und *eich* = euch gebraucht. Freilich ist in echter Mundart *ia* = ihr noch immer selten, hier herrscht weiter *ēs* = ihr.

3. Person (rückbezüglich) Einzahl und Mehrzahl

2. Fall	*seina*	seiner
3. Fall	*si*	sich
4. Fall	*si*	sich

Wie wir an unserem Muster sehen, bildet dieses Fürwort den 3. und 4. Fall *si*, nach einem Vorwort aber heißt es *sich*, z. B. *fia sich* = für sich, *bei sich* = bei sich. Die ältere Mundart verwendet in diesem Fall, freilich nur in der Einzahl beim männlichen Geschlecht, *eam* = ihm und in der Mehrzahl *eana*: *Ea hǫd s fia eam sǫwa khaufd* = Er hat es für sich selber gekauft, *se håm s fia eana sȯwa khaufd* = sie haben es für sich selber gekauft.

Der zweite Fall, der, wie wir gesehen haben, bei den Hauptwörtern völlig verloren gegangen ist, wird bei den Fürwörtern noch häufig verwendet, er steht wie in der Schriftsprache nach den Vorwörtern statt und wegen, aber auch statt des 3. Falls bei unter, ober, hinter, *fuada* = vor, nach, neben, samt, freilich nur in der Einzahl, in der Mehrzahl wird stets der 3. Fall gebraucht. Es heißt also *owa meina* = ober mir, aber *owa uns* = ober uns. Und ein Auszählvers der Kinder lautet: *Hinta meina, fuada meina, rȩchts und links güt s nix, wȩla ned vasteckt is, dȩar iss* = Hinter mir, vor mir, rechts und links gilt es nichts, wer nicht versteckt ist, der ist es (d. h. der gilt als abgefangen).

Unbetontes »du« schwindet nach einem Zeitwort: *Bleipst?* = Bleibst du? *Khumst?* = Kommst du?

Folgt *i* = ich auf *wo* = wo oder *wia* = wie, dann wird ein r eingeschoben: *wori* = wo ich, *wiari* = wie ich.

Noch eine Merkwürdigkeit leistet sich die Mundart bei diesen Fürwörtern. Sie sagt nicht »das gehört mir, dir, ihm«, sondern *des khead mei^n, dei^n, sei^n*, freilich wieder nur in der Einzahl, in der Mehrzahl heißt es wie in der Schriftsprache *des khead uns, eng, eana*, für »das gehört uns, euch, ihnen«. In der Einzahl handelt es sich wahrscheinlich um eine Verwechslung: Aus der in älterer Sprache üblichen Wendung »das ist mein, dein, sein« wurde das besitzanzeigende Fürwort fälschlich in die Fügung »das gehört mir, dir, ihm« übertragen.

Das Fürwort der 3. Person

Einzahl	männlich	weiblich	sächlich
1. Fall	*ea* er	*si (s)* sie	*es (as, s)* es
2. Fall	*seina* seiner	*iara* ihrer	–
3. Fall	*eam* ihm	*ia* ihr	*eam* ihm
4. Fall	*eam (na, n* oder *m)* ihn	*si (s, as)* sie	*es (as, s)* es

Mehrzahl (für alle drei Geschlechter gleich)
1. Fall	*se (si, s)* sie
2. Fall	–
3. Fall	*eana* ihnen
4. Fall	*s (si, as)* sie

Im 4. Fall der Einzahl des männlichen Geschlechts werden die Formen *eam, na, n* (oder nach Lippenlauten *m*) nebeneinander verwendet, ohne daß sich eine genaue Regel über ihren Gebrauch aufstellen ließe. Man kann höchstens sagen, daß die unbetonten Formen *na* und *n* dann verwendet werden, wenn die Bedeutung des Fürworts zurücktritt. »Ich habe ihn gesehen« kann lauten: *I họb eam gse̜gn* oder *I họb na gse̜gn* oder *I họᵇm gse̜gn*. Wenn aber das Wort vor dem Fürwort auf einen schwachbetonten Selbstlaut endigt, kann nur *n* gebraucht werden, nie *eam* oder *na*. »Ich kaufe mir ihn« kann also nur heißen: *i khauf ma n*, nie aber *i khauf ma eam* oder *i khauf ma na*. Dagegen kann nach starkbetontem Selbstlaut *eam* oder *na* folgen, aber nicht *n*: »Ich haue ihn« heißt *i hau eam* oder *i hau na*, aber nicht *i hau'n*. Die Form *as* = sie für den 4. Fall der Einzahl des weiblichen Geschlechts kann nur nach d oder t gesetzt werden, z. B. *họsd as gse̜gn?* = Hast du sie gesehen?

Die Höflichkeitsform des Fürwortes der 3. Person lautet:

1. Fall	*se (s)*	Sie
2. Fall	–	Ihrer
3. Fall	*eana*	Ihnen
4. Fall	*se (s)*	Sie

Da die Form »s« für verschiedene Geschlechter verwendet wird, ergeben sich in unserer Mundart Mehrdeutigkeiten. *I hop s gse̜gn* kann heißen: »Ich habe es gesehen, ich habe sie gesehen (eine Frau), ich habe sie gesehen (Männer, Frauen oder Kinder)« und schließlich »Ich habe Sie gesehen«. *San s as?* kann sein »Sind sie es?« oder »Sind Sie es?« Auch im 1. Fall ergibt sich eine Zweideutigkeit: *S is scho dọ* kann bedeuten »Es ist schon da« oder »Sie ist schon da«. In der Anrede wird statt »sich« immer *eana* gesetzt, z. B. *Schåman s eana!* Schämen Sie sich! oder *Ghọiᵈn s eana des!* Behalten Sie sich das! Eine sehr eigenartige Erscheinung, die unsere Mundart mit dem gesamten Mittelbairischen und einem Teil des Nordbairischen teilt, ist die, daß sie das persönliche Fürwort sozusagen in die Biegung des Zeitworts, der Eigenschaftswörter und anderer Wortgruppen eingebaut hat, ja sie sogar zur »Biegung« von Vorwörtern verwendet. Erst die Beispiele werden den jedem Wiener wohlbekannten Vorgang zeigen. Entstanden ist diese Erscheinung daraus, daß verkürzte Formen des persönlichen Fürworts an das Zeitwort angehängt werden, z. B. *Họsst scho gessn?* = Hast du schon gegessen?

Unsere Mundart spricht hier statt des »du« bloß ein »d« und dieses verschmilzt mit der Endung -t des Zeitworts. Nun kommt es aber zu einer merkwürdigen Neubildung. Wir sagen nämlich nicht nur *Sikst du dēs?* = Siehst du das? sondern auch *Hǫpts es dēs?* = Habt ihr das? Hier ist schon ganz klar, daß das persönliche Fürwort fälschlich zweimal gesetzt ist: *Hǫpt (ē)s ēs dēs?* Man hat also in irriger Weise geglaubt, dieses »s«, das ja eigentlich *ês* = ihr bedeutet, gehöre zur Abwandlung des Zeitwortes. So kann man auch sagen: *ēs khummt s a* = Ihr kommt auch, was aber in Wirklichkeit heißt »ihr kommt ihr auch« Auch in die Mehrzahl der Befehlsform ist es eingedrungen: *gęds! khumts! rets!* = Geht! Kommt! Redet!

Nun wird einen Schritt weiter gegangen. Diese Endungen werden auch an den 3. und 4. Fall der bezüglichen Fürwörter »der, die, das« oder »welcher, welche, welches« angehängt, und man sagt also: *Dęa Mǎⁿ, denst dēs Gǫd geᵇm hǫsst* = Der Mann, dem du das Geld gegeben hast, und in der Mehrzahl: *Dęa Mǎⁿ, dens des Gǫd gebm hǫpts* = Der Mann, dem ihr das Geld gegeben habt. Es ist ganz klar, daß es statt *denst* ja bloß *dent* oder *den du* heißen müßte. In der Mundart fügen wir an das Fürwort »dem« in diesem Fall genau dieselbe Endung -st an wie bei der 2. Person des Zeitworts. Ganz deutlich wird dies, wenn wir dann sogar sagen: *Dęa Mǎⁿ, denst du des Gǫd geᵇm hǫst oder dęa Mǎⁿ, dens ēs dēs Gǫd geᵇm hǫpts.* Psychologisch erklärt sich dies daraus, daß der Sprechende bei einem solchen Satz schon an die zweite Person des Zeitworts denkt, die er ja setzen müssen wird, und nun die Endung des Zeitworts schon an das Fürwort anhängt. In derselben Weise werden diese Endungen auch an das Fragewort »wer« angefügt: *I frǫg di, węasd bist, wemst as geᵇm hǫsst* = Ich frage dich, wer du bist, wem du es gegeben hast.

Halbwegs zu verstehen wäre, daß diese Endungen auch an *gǫ̈* = gelt angefügt werden. Dies ist eigentlich die Wunschform »gelte« zum Zeitwort »gelten«, wobei das e abgefallen ist. *Gǫ̈, du khummst* bedeutet also »Es möge gelten, du kommst«. Hier wird unsere Endung nur in der Mehrzahl beigefügt: *Gǫ̈ts, ēs khummts* = Gelt, ihr kommt, oder in der Höflichkeitsform: *Gǫ̈ns, se khumman* = Gelt, Sie kommen.

Unsere Mundart scheut auch davor nicht zurück, dieselben Endungen an Bindewörter und Fragewörter anzuknüpfen. Ich zähle eine Reihe von ihnen auf: bis, daß, ob, wann, weil, wie, wo, warum, woher, wieso, derweil, solang, bevor und sogar an die aus der Verkehrssprache stammenden Bindewörter: nachdem, indem, seit, seitdem. So heißt es also *opst hₑagₑhst* = ob du hergehst, *wånns ēs khummts* = wenn ihr kommt, usw.

Sie wird auch angefügt bei der zweiten Stufe der Eigenschaftswörter, wenn diese mit »je« verbunden werden und einem Nebensatz beginnen, z. B. *jₑ mₑasd họst* = je mehr du hast, *je ötasd wiast* = je älter du wirst. In diesem Fall aber kann man das »du« nicht hinzusetzen, man kann also nicht sagen *je mₑasd du họst*, es muß dann heißen *je mea das du họst*.

Selbst zur ersten Stufe der Eigenschaftswörter tritt die Endung, wenn sie mit »so« oder »wie« verbunden sind: *so glansd bist* = so klein du bist, *wia guads as ₑs họpts* = wie gut es ihr habt. Nach Selbstlauten kann man aber in der Mehrzahl die Endung nicht anfügen, wenn man noch *es* = ihr hinzusetzt. Man kann also nicht sagen: *wia schwas ēs seits* = wie schwer ihr seid, *wia füs ēs seits* = wie viel ihr seid, es muß lauten: *wia schwa es seits, wia fü ēs seits*.

Wenn zu diesen Endungen -ds oder -s noch das Fürwort »es« oder »sie« hinzutritt, dann erscheinen diese Fürwörter immer in der Form *as*: *griagdsas, griagnsas*. Diese Formen sind dann sehr vieldeutig. *Griagdsas* kann bedeuten: kriegt sie es, kriegt sie sie, kriegt ihr es, kriegt ihr sie, kriegt es sie, kriegt es es. Etwas einfacher ist *griagnsas*. Dies kann nur heißen »kriegen sie (oder Sie) sie« und »kriegen sie (oder Sie) es«.

Wenn der Leser nun die Geschichte des Fürworts bis zu diesem Punkte betrachtet, dann muß er wohl gestehen, daß gegenüber der Mundart die Grammatik der Schriftsprache ein Kinderspiel ist. Und nur jemand, der die Mundart sehr gut kennt, wird hier ohne Fehler zu machen durchkommen, jeder andere wird sofort als nicht waschechter Wiener erkannt.

Das besitzanzeigende Fürwort

	Einzahl		
1. Fall	*mei*^{n} mein	*mei*^{n} meine	*mei*^{n} mein
2. Fall	–	–	–
3. Fall	*mein* meinem	*meina* meiner	*mein* meinem
4. Fall	*mein* meinen	*mei*^{n} meine	*mei*^{n} mein

Mehrzahl (für alle Geschlechter)

1. Fall	*meine* meine	
2. Fall	–	
3. Fall	*meinan* meinen	
4. Fall	*meine* meine	

Ebenso biegen *dei^n* = dein und *sei^n* = sein.

Einzahl

1. Fall	*ia* ihr	*ia* ihre	*ia* ihr
2. Fall	–	–	–
3. Fall	*ian* ihrem	*iara* ihrer	*ian* ihrem
4. Fall	*ian* ihren	*ia* ihre	*ia* ihr

Mehrzahl (für alle Geschlechter)

1. Fall	*iare* ihre	
2. Fall	–	
3. Fall	*ian* ihren	
4. Fall	*iare* ihre	

Einzahl

1. Fall	*unsan* unseren	*unsa* unsere	*unsa* unser
2. Fall	–	–	–
3. Fall	*unsan* unserem	*unsara* unserer	*unsan* unserem
4. Fall	*unsa* unser	*unsa* unsere	*unsa* unser

Mehrzahl (für alle Geschlechter)

1. Fall	*unsare* unsere	
2. Fall	–	
3. Fall	*unsan* unseren	
4. Fall	*unsare* unsere	

Einzahl

1. Fall	*enga* euer	*enga* eure	*enga* euer
2. Fall	–	–	–
3. Fall	*engan* eurem	*engara* eurer	*engan* eurem
4. Fall	*engan* euren	*enga* eure	*enga* euer

	Mehrzahl (für alle Geschlechter)		
1. Fall	*engare* eure		
2. Fall	–		
3. Fall	*engan* euren		
4. Fall	*engare* eure		

	Einzahl		
1. Fall	*eana* ihr	*eana* ihre	*eana* ihr
2. Fall	–	–	–
3. Fall	*eanan* ihrem	*eanara* ihrer	*eanan* ihrem
4. Fall	*eanan* ihren	*eana* ihre	*eana* ihr

	Mehrzahl (für alle Geschlechter)		
1. Fall	*eanare* ihre		
2. Fall	–		
3. Fall	*eanan* ihren		
4. Fall	*eanare* ihre		

Aus unserer Übersicht ergibt sich, daß die Mundart im Gegensatz zur Schriftsprache im 1. Fall der Einzahl keinen Unterschied zwischen den Geschlechtern macht. Während die Schriftsprache zwischen »mein Mann«, »meine Frau«, »mein Kind« unterscheidet, heißt es in der Mundart *mei^n Må^n, mei^n Frau, mei^n Khind*. Die Form *enga* wird immer seltener, an ihre Stelle tritt aus der Umgangssprache »euer« ein, das in der Mundart *eicha* lautet. In der Schriftsprache steht »ihr« sowohl für das weibliche Fürwort der Einzahl (wenn es den Besitz nur einer weiblichen Person bezeichnet) als auch für das Fürwort der Mehrzahl in allen drei Geschlechtern (wenn es den Besitz mehrerer Personen bedeutet). Die Mundart besitzt hier zwei Wörter, *ia* für die Einzahl und *eana* für die Mehrzahl. Doch wird auch *eana* so wie *enga* immer seltener und wird durch *ia* ersetzt.

Die Weiterbildungen des besitzanzeigenden Fürworts *da meinige, deinige, seinige, iarige, unsrige, engare (eichrige)* werden wie die Eigenschaftswörter gebogen. Statt »ein Bruder von mir« sagt man in echter Mundart gern *a meiniga Bruada*.

So wie die besitzanzeigenden Fürwörter biegt auch der unbestimmte Artikel (siehe S. 272) und *kha^n* = kein.

Das hinweisende Fürwort

Die Schriftsprache besitzt als hinweisende Fürwörter »dieser«, »jener«, »der« und »derjenige«. Die Mundart kennt als hinweisendes Fürwort nur »der, die, das«, dessen Biegung jedoch von der des Artikels (vgl. S. 272) abweicht.

	Einzahl		
1. Fall	*da* der	*de* die	*des* das
2. Fall	–	–	–
3. Fall	*den* dem	*dęara* der	*den* dem
4. Fall	*den* den	*de* die	*des* das

	Mehrzahl (für alle drei Geschlechter gleich)
1. Fall	*de* die
2. Fall	–
3. Fall	*dena* den(en)
4. Fall	*de* die

Außer durch die Biegung unterscheidet sich das hinweisende Fürwort vom Artikel auch durch die Aussprache. Die Formen des Artikels werden alle kurz gesprochen, die des Fürworts lang. Soll die hinweisende Bedeutung verstärkt werden, wird *dǫ* = da hinzugefügt: *dęado, dedǫ, desdǫ*. Dieses »da« kann noch verdoppelt werden und dann ergeben sich die Formen *deadǫda, dedǫda, desdǫda*, die also eigentlich »der da da« usw. bedeuten.

Als einziger Überrest des zweiten Falls erscheint nur *deswégn* (auch *déswegn* betont) = deswegen. Sonst wird er so wie der zweite Fall der Hauptwörter (vgl. S. 270) umschrieben: *den seiⁿ Huad* = der Hut dieses, *dęara ia Huad* = der Hut dieser oder *da Huad von den, von dęara*.

In die Gruppe der hinweisenden Fürwörter kann man auch »solcher« einreihen, das mundartlich *soicha, soiche, soichas* oder *soichana, soichane, soicharas* lautet. Für »solch ein« wird *so a* = so ein verwendet, das meist mit dem unbestimmten Artikel verbunden wird: *a so a Mendsch* = solch ein Mensch. In Wirklichkeit ist dieses *a so*, wie wir auf S. 265 gesehen haben, gar nicht die Verbindung des Artikels »ein« mit »so«, sondern soviel wie »also«. Irrtümlicherweise wurde dies später als »ein so ein« aufgefaßt und infolgedessen im 3. und 4. Fall des männlichen und im 3. Fall des sächlichen Geschlechts gebogen: *an so an Mendschn*, es kann aber auch gesagt werden *a so an Mendschn*. Im 3. Fall des weiblichen Geschlechts kann das erste *a* nie gebogen werden, es muß immer *a so ana* Frau lauten, nicht *ana so ana* Frau.

Fragefürwörter

»Wer« und »was« lauten bei uns *węa, wǫs*. Beide Formen können lang oder kurz gesprochen werden, je nachdem sie stärker oder schwächer betont sind. Der 3. und 4. Fall von *węa* hat die gleiche Form, nämlich *wem*. Dadurch wird unseren mundartsprechenden Kindern vielfach die Grammatik so schwer gemacht. Wenn ihnen in der Schule zur Unterscheidung des 3. Falls vom 4. Fall klar gemacht wird, sie müßten nach dem 3. mit »wem« fragen, nach dem 4. aber mit »wen oder was«, so nützt ihnen das nicht viel, weil sie ja auch für den 4. Fall in ihrer Mundart »wem« sagen.

Das Fragewort »welcher, welche, welches« gebraucht die Mundart in der Form *wöcha, wöche, wöchas*. Meist wird es in Verbindung mit einem Hauptwort angewendet: *Wöcha Bua is dǫ gwesn?* = Welcher Bub ist da gewesen? Es kann aber auch allein stehen: *Wöcha?*, ja sogar, was in der Schriftsprache nicht gestattet ist, zusammen mit dem bestimmten Artikel: *da wöche, di wöche, s wöche* = welcher? welche? welches?

Bezügliche Fürwörter

Die Schriftsprache kennt zwei bezügliche Fürwörter: »welcher« oder »der«, z. B. »der Mann, der gestern bei uns war« oder »welcher gestern bei uns war«. Unsere Mundart gebraucht nur *dea, de, des* = der, die, das; aber eigentlich selten. Viel beliebter ist es zu sagen: *dea Mǎn, di Frau, des Khind, wǫs bei uns wǫa.* Zu dem »was« kann dann sogar noch das hinweisende Fürwort »der, die, das« hinzugefügt werden: *dea Mǎn, dea wǫs, di Frau, di wǫs, des Khind, des wǫs.*

Unbestimmte Fürwörter

Von ihnen will ich nicht alle behandeln, sondern nur die hervorheben, die in ihrem Gebrauch von der Schriftsprache abweichen.

a) »Jemand« und »etwas«, in der Mundart *jemånd, etwǫs* sind aus der Verkehrssprache eingedrungen und daher selten, echt mundartlich werden sie durch »wer« und »was« ersetzt: *es is wea dǫ gwesn* = es war jemand da, *ea hǫd wǫs brǫcht* = er hat etwas gebracht.

b) Irgendeiner = *iagndana* ist ebenfalls selten, und wenn es verwendet wird, dann meistens nicht in Verbindung mit einem Hauptwort. Man sagt also höchstens *Iagndana hǫd des gsǫkt* = Irgendeiner hat das gesagt, aber selten *iagnd a Frau* = irgendeine Frau.

c) »Man«, das eigentlich genau dasselbe ist wie »Mann«, lautet *ma* und besitzt gar keine Näselung mehr wie *Måⁿ* – Mann.

Die Zahlwörter

Die Grundzahlen

In der Aufzählung heißt »eins« *ans.* »Ein, eine, ein« lautet abweichend von der Schriftsprache für alle drei Geschlechter *aⁿ.* In der Verbindung mit einem Hauptwort wird es genauso gebogen wie der unbestimmte Artikel (vgl. S. 272). Von ihm unterscheidet sich das Zahlwort dadurch, daß es lang und stark genäselt gesprochen wird, während der unbestimmte Artikel in der Form *a* überhaupt nicht und in den anderen Formen nur schwach genäselt ist. Wird *an* ohne ein Hauptwort gebraucht, dann wird der 4. Fall des weiblichen Geschlechts anders gebildet als mit dem Hauptwort, man sagt also *I hǫb nua aⁿ Frau gsęgn* = Ich habe nur eine Frau gesehen, aber *I hǫb nua ane gsęgn* = Ich habe nur eine gesehen.

»Zwei« heißt *dswa.* Wenn es ohne Hauptwort oder in Verbindung mit dem hinweisenden Fürwort »der« steht, dann wird der 3. Fall gebogen, z. B. *I hǫb's dswan gem* = Ich habe es zweien gegeben oder *I hǫb's denan dswan gem* = Ich habe es diesen zweien gegeben. Mit einem Hauptwort zusammen unterbleibt die Biegung: *denan dswa Fraun* = diesen zwei Frauen. Für »drei« gilt dasselbe wie für »zwei«.

Die Zahlwörter 3–19 gehen, wenn sie nicht mit einem Hauptwort oder einem Eigenschaftswort zusammen stehen, immer auf -e aus. Ich zähle die mundartlichen Formen auf: *dreije, fiare, fümfe, sekse, siwane, ǫchte, neine, dsene, öfe, dswöfe, dreitsane, fiatsane, fuchtsane* (heute auch *fuftsane*), *sęchtsane, siptsane, ǫchtsane, neintsane*. Dagegen heißt es z. B. *fia Fraun* = vier Frauen, *dreitsen schene* = dreizehn schöne.

Die Zehnerzahlen lauten in der Mundart folgendermaßen: *dswantsk* = zwanzig, *dreissk* = dreißig, *fiatsk* = vierzig, *fuchtsk* (heute auch *fuftsk*) = fünfzig, *sęchtsk* = sechzig, *siptsk* = siebzig, *ǫchtsk* = achtzig, *neintsk* = neunzig. In Zusammensetzungen mit den Einern wird das »und« zu einem kurzen a-ähnlichen Laut; *anafiatsk* = einundvierzig, *dswarafiatsk* = zweiundvierzig, *seksaneintsk* = sechsundneunzig. Nur vor »achtzig« hat sich das d als Rest des »und« erhalten, *anadǫchtsk* = einundachtzig. »Hundert« lautet *hundad*, »tausend« *dausnd*.

Die Ordnungszahlen

Die Ordnungszahlen von 1 bis 19 zeigen folgende Formen: *da easchte, dsweite, dritte, fiate, fümfte, sekste, simte, ǫchte, neinte, dsente, öfte, dswöfte, dreitsente, fiadsente, fuchdsente* (auch *fufdsente*), *sęchdsente, siptsente, ǫchdsente, neindsente*. Die Zehnerzahlen werden durch Anfügung von -st gebildet: der *dswandsikste, dreissikste, fiatsikste, fuchtsikste* (auch *fuftsikste*), *sechtsikste, siptsikste, ǫchtsikste, neindsikste*. Der »hundertste« heißt *hundatste*, der »tausendste« *dausnste*. Gebogen werden die Ordnungszahlen wie die Eigenschaftswörter, sie können auch mit dem unbestimmten Artikel verbunden werden, z. B. *a dsweita, dritta* = ein zweiter, dritter usw.

Andere Zahlwortarten

Von anderen Zahlwortarten verwendet die Mundart nur die Zusammensetzungen mit -lei, -fach und -mal, z. B. *analei* = einerlei, *dswaralei* = zweierlei, *dreialei* = dreierlei, *fiaralei* = viererlei usw. Die Nachsilben -fach und -mal werden einfach an die Grundzahl angefügt, also *aⁿfǫchch* = einfach, *dswafǫchch* = zweifach, *aⁿmǫi* = einmal, *dswamǫi* = zweimal usw. Die in der Schriftsprache mit »je« gebildeten Einteilungszahlen, wie »je zwei«, »je drei«, fehlen in der Mundart ganz, sie sagt dafür *dswa und dswa* = zwei und zwei, drei und drei usw.

Das Zeitwort

Ähnlich wie wir bei der Biegung der Haupt- und Eigenschaftswörter eine starke und schwache Biegung unterschieden haben, finden wir auch bei den Zeitwörtern im Deutschen eine starke und eine schwache Abwandlung. Bei den schwachen Zeitwörtern bilden wir die Mitvergangenheit mit der Nachsilbe -te und das Mittelwort der Vergangenheit mit der Endung -t. Die drei Hauptformen eines solchen Zeitworts lauten also beispielsweise »sagen – sagte – gesagt«. Eine viel stärkere Veränderung erfährt eine andere Gruppe von Zeitwörtern, die wir ebendeswegen die starken Zeitwörter nennen. Diese erhalten wohl in der Mitvergangenheit überhaupt keine Endung, und beim Mittelwort der Vergangenheit fügen wir ein -en an, dafür aber wechseln sie nach bestimmten Gesetzen den Selbstlaut, z. B. »binden – band – gebunden«. Wir wollen nun die einzelnen Zeiten und Formen der Zeitwörter näher betrachten, wobei ich jeweils ein Beispiel für ein starkes und ein schwaches Zeitwort geben werde.

Die Wirklichkeitsform der Gegenwart

Einzahl

1. Person	*i khumm*	ich komme
	i sǫg	ich sage
2. Person	*du khummst*	du kommst
	du sǫkst	du sagst
3. Person	*ea khummt*	er kommt
	ea sǫkt	er sagt

Mehrzahl

1. Person	*mia khumman*	wir kommen
	mia sǫgn	wir sagen
2. Person	*ēs khummts*	ihr kommt
	ēs sǫkts	ihr sagt
3. Person	*si khumman*	sie kommen
	si sǫgn	sie sagen

Aus unseren Beispielen können wir folgende Unterschiede gegenüber der Schriftsprache erkennen: In der 1. Person der Einzahl besitzt diese die Endung -e. Sie fällt in unserer Mundart regelmäßig weg. Auch in der 1. und 3. Person der Mehrzahl wird das -e der Endung ausgelassen, es heißt also *mia sǫgn, mia bindn* = wir binden, *mia lǫchchn* = wir lachen. Nur bei Wörtern, die auf -men, -nen oder -ngen endigen, bleibt es erhalten: *mia khumman, mia rennan* = wir rennen, *mia singan* = wir singen. Während die Schriftsprache sich in der 2. Person Mehrzahl mit der Endung -t begnügt, fügen wir in der Mundart an diese noch ein -s an, von dem wir auf S. 288 festgestellt haben, daß es eine Verkürzung von $\bar{e}s$ = ihr darstellt. Wir sagen also statt »ihr kommt« überflüssigerweise »ihr kommt ihr«. Eine merkwürdige Veränderung tritt ein, wenn wir die Frageform der 1. Person Mehrzahl bilden, bei der eine Umstellung in der Wortfolge notwendig ist, weil wir ja statt des gewöhnlichen »wir kommen« die Frage in der Form »kommen wir?« stellen. In diesem Fall fällt einerseits die Endung -n oder -an ganz weg, andererseits wird statt des Fürworts in der Form *mia* das unbetonte -ma gebraucht. Es ergeben sich dann folgende Bildungen: *Khumma muagn a?* = Kommen wir morgen auch? *Sǫg ma s?* = Sagen wir es? *Ge^b ma a wǫs?* = Geben wir auch etwas? Wenn aber das Fürwort selbst nur schwach betont ist, dann bleiben die Endungen erhalten, und wir sagen: *Khumman ma? Sǫgn ma?* Bei starker Betonung wird sogar als Fürwort wieder das *mia* eingesetzt: *Khumman mia a?* = Kommen wir auch? *Sǫgn mia eams?* = Sagen *wir* es ihm?

Durch den Ausfall des -e in der 1. und 3. Person der Mehrzahl ergeben sich gewisse Veränderungen bei Zeitwörtern mit -b, -d und -p. Es fällt dann das b und d ganz aus, und die Endung -n verwandelt sich bei b und p in m: So wird aus leben = *le^bm*, aus laden = *lǫ^dn*, aus tappen = *dǫppm*.

Starke Zeitwörter, die in ihrem Wortstamm ein e besitzen, wie »geben, helfen, nehmen«, bilden in der Schriftsprache die Gegenwart nach folgendem Muster:

ich gebe	wir geben
du gibst	ihr gebt
er gibt	sie geben

Mit wenigen Ausnahmen zeigt die Mundart bei diesen Zeitwörtern in der ganzen Einzahl ein i, wir biegen also:

i gib	*mia ge^{b}m*
du gipst	*ēs gepts*
ea gipt	*si ge^{b}m*

An Ausnahmen nenne ich: *i mǫch* = ich melke, *du mǫkst* = du melkst (oder milkst), *i weg* = ich wäge, *du wegst* = du wiegst, *i les* = ich lese, *du lest* = du liest, *i mess* = ich messe, *du messt* = du mißt.

»Sehen« biegt auf folgende Weise:

i sich	*mia sęgn*
du sikst	*ēs sękts*
ea sicht	*si sęgn*

Daneben gibt es im älteren Wienerischen noch die Form *i siach*.

Jene Zeitwörter, deren Wortstamm ein a besitzt, nehmen in der Schriftsprache in der 2. und 3. Person der Einzahl den Umlaut an, z. B. ich schlage – du schlägst – er schlägt. In unserer Mundart ist dieser Umlaut überall verschwunden: *i schlǫg – du schlǫkst – ea schlǫkt, i fǫa* = ich fahre, *du fǫasd – ea fǫad.*

Die leidende Form der Gegenwart wird wie in der Schriftsprache mit dem Hilfszeitwort »ich werde« gebildet:

i wia gschlǫgn	*mia wean gschlǫgn*
du wiast gschlǫgn	*ēs weats gschlǫgn*
ea wiad gschlǫgn	*si wean gschlǫgn*

Die Wunschform der Gegenwart

Die Wunschform der Gegenwart ist in der Wiener Mundart für gewöhnlich nur als Aufforderung in der 1. Person der Mehrzahl im Gebrauch, z. B. *Gemma!* = Gehen wir! *Sing ma wǫs!* = Singen wir etwas! *Mǫch ma s!* = Machen wir es! Da es sich auch hier um Umstellungen handelt, gilt für sie dasselbe, was wir oben bei den Frageformen festgestellt haben. Man kann also bei schwächerer Betonung sagen: *Singan ma wǫs!* oder *Mǫchn ma s!* und bei starker Betonung *Singan mia wǫs!* = Singen *wir* etwas! oder *Mochn mia s!* = Machen *wir* es! Sonst ist die Wunschform nur noch in manchen von altersher überlieferten Formeln vorhanden: *Gott gebs!* = Gott gebe es! *Gott bewǫa!* = Gott bewahre! *Gott schdrǫff eam!* = Gott strafe ihn! *Gott fadseima s!* = Gott verzeihe mir es! *Gott ḷọs eam sọ̈lich ruan!* = Gott lasse ihn selig ruhen! *Fagọ̈ts Gott!* = Vergelte es Gott! *Grias di Gott!* = Grüße dich Gott! *Fiatigod!* = Behüte dich Gott! (als Abschiedsgruß, auch *bfiatigod* gesprochen). *Họ̈ff Gott!* = Helfe Gott! (beim Niesen gesagt), *Hoi s da Deifi (Gukuk)!* = Hole es der Teufel! (Kuckuck).

Die Nennform der Gegenwart

In der Schriftsprache endigt die Nennform der Gegenwart auf -en. In der Mundart fällt bei dieser Endung das e aus, und so ergibt sich für sie normalerweise die Endung -n: *lesn* = lesen, *raffn* = raufen, *bẹtn* = beten. Nach einem b oder p wird aus dem n ein m und das b fällt ganz weg: *blei^bm* = bleiben, *ge^bm* = geben, *dọppm* = tappen. Nach einem m, n oder ng erhält jedoch die Nennform nicht die Endung -n, sondern -a: *khumma* = kommen, *nema* = nehmen, *renna* = rennen, *lana* = lehnen, *singa* = singen, *bringa* = bringen. Da in den schriftdeutschen Formen der Zeitwörter »drehen, blähen, krähen, mähen, nähen, brühen, blühen« das h nur ein Dehnungszeichen ist, so erscheinen sie in unserer Mundart als *dran, blan, gran, man, nan, brian, blian.* »Zerren« wird zu *dsan,* weil ja nach einem hellem a das r in einsilbigen Wörtern immer verstummt (vgl. S. 266). Dasselbe gilt für das l, wir erhalten daher Nennformen wie *hoin* = holen, *fọin* = fallen, *däun* = teilen, *gräun* = krällen, kriechen. Auch das d fällt vor der Endung -n aus: *re^dn* = reden, *họi^dn* = halten, *bọ^dn* = baden.

Das Mittelwort der Gegenwart

Die Endung für das Mittelwort der Gegenwart ist in der Schriftsprache -end, die in unserer Mundart zu -*ad* verändert wird. Das Wienerische gebraucht das Mittelwort viel seltener als die Schriftsprache, sie verwendet es meist nur bei Zeitwörtern, die eine Gemütsäußerung enthalten, z. B. *lọchchat* = lachend, *wanat* = weinend, *dsånat* = »zahnend« in der Bedeutung »weinend«, *schdingat* = stinkend. Wie sehr auch eine Großstadtmundart das Alte bewahrt, sehen wir in dem Zeitwort »schmecken«, das in alter Zeit auch die Bedeutung »riechen« hatte. Daher sagen wir Wiener auf eine Frage, die wir nicht beantworten wollen: *Schmeks!* = Rieche es! Dieselbe Bedeutung haben wir festgehalten, wenn wir eine duftende Sorte von Weintrauben *schmekkade* nennen.

Die Wirklichkeitsform der Mitvergangenheit

Die Mitvergangenheit dient in der Schriftsprache zur Erzählung. Wir Österreicher aber erzählen nicht in dieser Zeit, wir verwenden dafür die Vergangenheit. Selbst der gebildetste Mensch würde sich bei uns lächerlich machen, wenn er im gewöhnlichen Umgang erzählen würde: »Gestern ging ich auf der Ringstraße. Da traf ich einen Bekannten. Ich ging mit ihm ins Kaffeehaus« usw. Wir sagen statt dessen: »Gestern bin ich auf der Ringstraße gegangen. Da habe ich einen Bekannten getroffen. Ich bin mit ihm ins Kaffeehaus gegangen.« Hier liegt der Grund dafür, daß die Wirklichkeitsform der Mitvergangenheit in unserer Mundart völlig verloren gegangen ist. (Nur die Mitvergangenheit von »sein«, also *i wǫa* usw. = ich war usw., ist gebräuchlich.)

Die Wunschform der Mitvergangenheit

Dagegen ist die Wunschform der Mitvergangenheit sowohl bei den schwachen als auch bei den starken Zeitwörtern in der Mundart erhalten geblieben. Bei den schwachen Zeitwörtern lautet sie folgendermaßen:

ich sagte	wir sagten
du sagtest	ihr sagtet
er sagte	sie sagten

Diese Formen sind völlig gleichlautend mit der Wirklichkeitsform. Daher wird die Wunschform in der Schriftsprache verhältnismäßig wenig verwendet. Anders ist dies bei uns in der Mundart. Hier weicht die Bildung der Wunschform von der Schriftsprache ab. Im Mittelhochdeutschen nämlich lautete die Wunschform *ich sagete*. Bei uns ist nun das e der Endung abgefallen, aber das andere e blieb erhalten. Die Wunschform zeigt nun folgendes Bild:

i sǫgat	*mia sǫgatn*
du sǫgast	*ēs sogats*
ea sǫgat	*si sǫgatn*

Weil die Wirklichkeitsform in der Mundart gar nicht existiert, ist hier keine Verwechslung möglich, und so wird die Wunschform reichlich genug gebraucht.

Etwas Eigenartiges ist bei der Wunschform der starken Zeitwörter vor sich gegangen. In der Schriftsprache tritt zunächst in der Mitvergangenheit der Ablaut ein (vgl. S. 296). Wenn dieser Ablaut umlautsfähig ist, so wird er umgelautet, und dann werden noch die Endungen angefügt. Vom Zeitwort »kommen« z. B. heißt die Mitvergangenheit »ich kam« und die Wunschform »ich käme«. So ergibt sich folgendes Muster:

ich käme	wir kämen
du kämest	ihr kämet
er käme	sie kämen

Die Mundart behält nun diese Bildung bei, hängt aber die Endungen der schwachen Zeitwörter an. Wir erhalten auf diese Weise:

i kamat	*mia kamatn*
du kamast	*ēs kamats*
ea kamat	*si kamatn*

Diese Bildungsweise ist aber in unserer Mundart schon vielfach durchbrochen.

Die ursprüngliche Bildung der Wunschform der Mitvergangenheit ohne die Hinzufügung der Endung der schwachen Zeitwörter haben wir noch in zwei Wörtern erhalten, nämlich in der Wunschform von »sein« und »tun«.

i wa	ich wäre
du wasd	du wärest
ea wa	er wäre
mia wan	wir wären
ēs wads (oder *warards*)	ihr wäret
si wan	sie wären

Zum Zeitwort »tun« gibt es neben der Form *i dad*, die der schriftsprachlichen »ich täte« entspricht, eine Nebenform *i dẹd*. Hier ihre Abwandlung:

i dad, dẹd	*mia da^{d}n, dẹ^{d}n*
du dadasd, dẹdasds	*ês dadads, dẹdads* (auch *dadsd, dẹdsd*)
ea dad, dẹd	*se da^{d}n, dẹ^{d}n*

Die Form *dad* wird vielfach dann gebraucht, wenn »tun« in eigentlicher Bedeutung steht, z. B. *i dad des ned* = ich täte das nicht. Dagegen wird *dẹd* oft anstelle des schriftsprachlichen »würde« zur Umschreibung der Wunschform verwendet, z. B. *i dẹd khumma* = ich würde kommen, *i dẹd eam hǫfn* = ich würde ihm helfen.

Das Mittelwort der Vergangenheit

In der Schriftsprache wird diese Form bei den schwachen Zeitwörtern mit der Vorsilbe ge- und der Endung -t gebildet, bei den starken ebenfalls mit der Vorsilbe ge-, aber mit der Endung -en. Dementsprechend hat die Mundart bei den schwachen Zeitwörtern nach einer kurzen Silbe die Endung -t, nach einer langen -d, z. B. *gsǫkt* = gesagt, *grett* = geredet, *gmad* = gemäht, *drad* = gedreht.

Die starken Zeitwörter haben in der Mundart immer dieselben Endungen wie die Nennform der Gegenwart, also -n, -m oder -a. Dabei gelten dieselben Regeln, die wir auf S. 299 für die Bildung der Nennform gefunden haben. So erhalten wir also Formen wie *glesn* = gelesen, *bundn* = gebunden, *bli^{b}m* = geblieben, *ge^{b}m* = gegeben, *khumma* = gekommen, *gnumma* = genommen.

Die Vorsilbe ge- fällt, wie wir schon auf S. 243 festgestellt haben, vor b, p, d, t, g und k ganz weg, vor allen übrigen Lauten fällt das e aus. Daher lautet das Mittelwort von »essen« nicht wie in der Schriftsprache »gegessen«, sondern *gessn*.

Wenn eine Vorsilbe untrennbar mit dem Zeitwort verbunden ist, d. h., wenn sie auch in der Gegenwart bleiben muß, dann erhalten diese Zeitwörter in der Vergangenheit nicht die Vorsilbe ge-. So hat z. B. gewöhnen = *gwena* auch in der Schriftsprache schon in der Gegenwart diese Vorsilbe, und daher heißt das Mittelwort der Vergangenheit nicht »gegewöhnt«, sondern nur »gewöhnt« oder »gewohnt«. Unsere Mundart kennt nur eine Form: *gwend*. Dasselbe ist der Fall bei »gehören«, von dem das Mittelwort gehört = *ghead* lautet. Der Wiener bildet von diesem Zeitwort ein Hauptwort *da Gheadsi* = der »Gehörtsich« in der Bedeutung »das Benehmen«. Er sagt dann gerne mit doppelter Verneinung *des is kha Gheadsi ned* = das ist kein Benehmen. Abweichend von der Schriftsprache zeigt »reuen« in der Mundart auch in der Gegenwart die Vorsilbe ge-, es lautet also *grein* und bildet ein Mittelwort *greid*.

»Behalten« heißt in der Mundart *ghǫi^dn*, ebenso das Mittelwort. *Uns håm s ghǫidn* = Uns haben sie behalten, sangen stolz die Burschen, die bei der »Assentierung« oder *Schdölung* = Stellung (so hieß in der Monarchie die »Musterung«) tauglich für das Militär befunden worden waren.

In schöner Weise hat das Wienerische bei dem Worte »geraten« drei Bedeutungen seit der mittelhochdeutschen Zeit behalten, während die Schriftsprache nur mehr eine kennt, nämlich »gedeihen«, »gelingen«. So kann man also in der Mundart sagen *des is ma guad grǫ^dn* = das ist mir gut gelungen. Im Mittelhochdeutschen konnte aber *gerâten* auch die Bedeutung »entbehren« haben. Die Schriftsprache hat dafür ein neues Wort »entraten« geschaffen, wir Wiener aber können heute noch sagen *des kånn i grǫ^dn* = das kann ich entbehren. Aber noch in einer dritten Bedeutung können wir es verwenden: z. B. *Gestan hǫd s ma grǫ^dn* = Gestern hat es mir geraten, was ungefähr heißen soll »Gestern wäre es mir beinahe schlecht gegangen«. Hier zeigt sich, daß im Mittelhochdeutschen unser Wort sowohl »gut ausschlagen« als auch »übel ausschlagen« bedeuten konnte. Noch deutlicher wird dies, wenn wir sagen: *Amǫi hǫds ma grǫ^dn, do wari beinǫ iwafiad wuan* = Einmal hätte es mir geraten, da wäre ich beinahe »überführt« (= überfahren) worden. Hier kann die Redewendung nur den Sinn haben: »Einmal wäre es mir beinahe übel gegangen.«

Die zusammengesetzten Zeiten

Wie in der Schriftsprache werden auch in der Mundart außer der tätigen Form der Gegenwart und der Mitvergangenheit die übrigen Formen auf die Weise gebildet, daß sie mit einem der Hilfszeitwörter »sein«, »werden« oder »haben« zusammengesetzt werden. Da haben wir zunächst die leidende Form der Gegenwart »ich werde geschlagen«, mundartlich *i wia gschlǫgn*. Die Möglichkeitsform dazu kennt die Mundart nicht, ebensowenig die Wirklichkeitsform der Mitvergangenheit »ich wurde geschlagen«. Wohl aber verwendet sie die Wunschform dieser Zeit: *i wuadat* (auch: *wurat*) *gschlǫgn* = ich würde geschlagen. Die Zukunft wird von der Mundart ebenso wie von der Umgangssprache wenig gebraucht, wir sagen dafür häufig einfach die Gegenwart, also statt »ich werde morgen kommen« genügt uns »ich komme morgen«. Wenn sie verwendet wird, heißt »ich werde kommen« = *i wia khumma* und »ich werde geschlagen werden« = *i wia gschlǫgn wean*. Die Vergangenheit wird wie in der Schriftsprache mit dem Hilfszeitwort »haben« und bei jenen Zeitwörtern, die eine Bewegung bezeichnen, mit dem Hilfszeitwort »sein« gebildet, also: ich habe geschlagen = *i hǫb gschlǫgn*, ich bin gekommen = *i bin khumma*. Die Möglichkeitsform dazu gibt es in der Mundart nicht. Die leidende Form der Vergangenheit lautet *i bin gschlǫgn wuan* = ich bin geschlagen worden. Auch die Vorvergangenheit und die Vorzukunft in der Wirklichkeitsform, z. B. »ich hatte geschlagen«, »ich war geschlagen worden«, »ich werde geschlagen haben« und »ich werde geschlagen worden sein« kennt die Mundart nicht. Wohl aber gebraucht sie die Wunschform der Vorvergangenheit: ich hätte geschlagen = *i häd gschlǫgn*, ich wäre gekommen = *i wa khumma*, ich wäre geschlagen worden = *i wa gschlǫgn wuan*.

Unregelmäßige Zeitwörter

1. sei^n = sein:

i bin	ich bin	*mia san*	wir sind
du bist	du bist	*ēs sats*	ihr seid
ea is	er ist	*si san*	sie sind

Befehlsform: *sei* = sei! *sats* = seid! *i wǫa* = ich war, *i wa^r* = ich wäre, *gwesn* = gewesen. Von der Wunschform der Gegenwart kommt nur die 1. Person Mehrzahl vor: *samma* = seien wir!

Wenn in unserer Mundart die Formen *mia san* und *si san* von der Schriftsprache abweichen, so erklärt sich dies daraus, daß im Mittelhochdeutschen in den einzelnen Dialekten verschiedene Formen vorhanden waren. Unser schriftdeutsches »sind« z. B. stammt aus mitteldeutschen Dialekten. Für unser *san* müssen wir eine mittelhochdeutsche Form mit *ei* annehmen, es muß aber nach dem n noch ein Buchstabe gefolgt sein, denn sonst hätte das n abfallen müssen, wahrscheinlich lautete sie im Mittelhochdeutschen *seint*.

2. *duan* = *tun:*

i dua	ich tue
du duasd	du tust
ea duad	er tut

mia dan (auch *duan*)	wir tun
ēs dats (auch *duads* oder *deits*)	ihr tut
si dan (auch *duan*)	sie tun

Befehlsform: *dua* = tu! *dats* (auch *duads* oder *deits*) = tut! *i dad* (daneben *dadat*) oder *i dẹd* (daneben *dẹdat*) = ich täte, *då^n* = getan. Zur Erklärung dieser Formen sei folgendes gesagt: *Du duasd* und *ea duad* sind ganz regelrecht entstanden, weil sie im Mittelhochdeutschen *tuost* und *tuot* hatten, dasselbe gilt für *mia dan* und *si dan*, die mittelhochdeutsch *tuon* hießen. Da nun in unserer Mundart uo vor n zu a geworden ist (vgl. S. 233), so ergibt sich *dan.* Nun lautete aber im Mittelhochdeutschen auch die 1. Person *tuon*, daher müßten wir eigentlich *i da^n* sagen. Unsere Form *i dua* hat sich an die 2. und 3. Person der Einzahl angeglichen, ein Vorgang, der bei der Abwandlung von Zeitwörtern oft stattfindet. Ebenso ist *ēs dats* an die 1. und 3. Person der Mehrzahl angeglichen worden, denn im Mittelhochdeutschen war sie *ir tuot* und müßte infolgedessen *ēs duads* lauten. Dies gibt es auch in unserer Mundart, doch sind in unserer Mundart die Formen mit *ua* in der Mehrzahl aus der Verkehrssprache entnommen, *dan* und *dats* werden als unfein empfunden. Die Ableitung der Nebenform *ēs deits* ist ungeklärt. *I dad* ist regelrecht gebildet, es entspricht einem mittelhochdeutschen *täte* mit gehemmtem Umlaut, der bei uns zu hellem a wurde (vgl. S. 221ff.). Die Nebenform *i dẹd* kommt von einer mittelhochdeutschen Form *ich tête.*

Der Leser kann aus diesem Beispiel ersehen, welch merkwürdigen und gar nicht einfachen Wege die Entwicklung der Sprache geht.

3. *wissn* = *wissen:*

i was	ich weiß	*mia wissn*	wir wissen
du wasd	du weißt	*ēs wissts*	ihr wißt
ea was	er weiß	*si wissn*	sie wissen

i wisatt = ich wüßte
gwusst = gewußt

4. *khenna* = können:

i khå^n	ich kann	*mia khennan*	wir können
du khånnst	du kannst	*ēs khennts*	ihr könnt
ea khå^n	er kann	*si khennan*	sie können

i khunt (oder *i khennt*) = ich könnte
khenna = gekonnt (oder können)

5. *soin* = sollen:

i soi	ich soll	*mia soin*	wir sollen
du soisd	du sollst	*ēs soits*	ihr sollt
ea soi	er soll	*si soin*	sie sollen

i soit (oder *solat*) = ich sollte
soin = gesollt (oder sollen)

6. *megn* = mögen:

i mǫg	ich mag	*mia megn*	wir mögen
du mǫgsd	du magst	*ēs mechds*	ihr möget
ea mǫg	er mag	*si megn*	sie mögen

i mechat (oder *mecht*) = ich möchte
megn = gemocht (oder mögen)

7. *miassn* = müssen:

i muas	ich muß	*mia miassn*	wir müssen
du muasd	du muß	*ēs miassts*	ihr müßt
ea muas	er muß	*si miassn*	sie müssen

i miassat (oder *miasd*) = ich müßte
miassn = gemußt (oder müssen)

8. *deaffn = dürfen:*

i dęaff	ich darf
du dęafsd	du darfst
ea dęaff	er darf
mia dęaffn (oder *diafn*)	wir dürfen
ēs dęafts (oder *diafts*)	ihr dürft
si dęaffn (oder *diafn*)	sie dürfen

i dęaffad = ich dürfte
dęaffn = gedurft (oder dürfen)

9. *woin = wollen:*

i wü	ich will	*mia woin*	wir wollen
du wüst	du willst	*ēs woits*	ihr wollt
ea wü	er will	*si woin*	sie wollen

i wollat = ich wollte
woin = gewollt (oder wollen)

10. *ge^n = gehen:*

i gę	ich gehe	*mia gengan*	wir gehen
du gęsd	du gehst	*ēs gęds*	ihr geht
ea gęd	er geht	*si gengan*	sie gehen

i gangat (oder *gingat*) = ich ginge
gånga = gegangen

11. Ganz so wird auch *schde^n* = stehen abgewandelt: *i schdę* = ich stehe,
mia schdengan = wir stehen, *i schdangat* (oder *schdingat*) = ich stünde,
aber *gschdåndn* = gestanden.

Zum Schluß müssen wir noch einige Unregelmäßigkeiten betrachten, die gewisse schwache Zeitwörter auch in der Schriftsprache zeigen. »Denken«, »brennen«, »kennen«, »nennen«, »rennen« bilden eine Mitvergangenheit »dachte«, »brannte«, »kannte«, »nannte«, »rannte« und ein Mittelwort der Vergangenheit »gedacht«, »gebrannt«, »gekannt«, »genannt«, »gerannt«. In der Mundart sagen wir dafür *denkt, brend, khend, gnend, grend,* und die Wunschform der Mitvergangenheit lautet: *denkat, brennat, khennat, nennat, rennat.* Von »bringen« wird wie in der Schriftsprache *brǫcht* = gebracht gebildet, aber statt »ich brächte« = *i brachd* heißt es meist *i bringat.* Das Mittelwort der Vergangenheit von »fürchten« ist nicht wie in der Schriftsprache »gefürchtet«, sondern *gfuachdn.*

Das Umstandswort

Im Deutschen haben wir zwei große Gruppen von Umstandswörtern zu unterscheiden. Zunächst kann jedes Eigenschaftswort auch als Umstandswort Verwendung finden. Daneben gibt es noch viele andere, die ihre eigene Entwicklung haben. Wir wollen mit der ersten Hauptgruppe beginnen. In den zwei Sätzen »Der Vater ist gut« und »Der Vater läuft gut« erscheint jedesmal das Wort »gut«, aber im ersten Satz ist es ein Eigenschaftswort, im zweiten ein Umstandswort. Wenn wir in der gewöhnlichen Unterhaltung zufällig das Wort »gut« nicht verstanden hätten, würden wir in beiden Fällen mit »Wie?« fragen. In der Schule lernen wir jedoch, daß wir beim ersten Satz fragen sollen »Was für einer ist der Vater?« oder »Was wird ausgesagt?«, denn »gut« ist hier die Satzaussage. Beim zweiten Satz können wir nur mit »Wie?« fragen und nennen hier »gut« ein Umstandswort.

Nicht in allen Sprachen ist in diesen Fällen das Eigenschaftswort mit dem Umstandswort gleichlautend, z. B. gibt es im Lateinischen und Englischen verschiedene Endungen für die Wörter. Auch bei uns war es einmal so. Noch im Mittelhochdeutschen erhielt das Umstandswort die Endung -e und hatte keinen Umlaut, auch wenn das Eigenschaftswort ihn besaß. So sagte man damals statt »Die Nachtigall sang schön« *Diu nahtigal sanc schône.* Zwei Überbleibsel dieser Bildungsweise besitzen wir noch in der Wiener Mundart, nämlich *frua* = früh und *schbǫd* = spät.

In der Schriftsprache gibt es eine Reihe von Umstandswörtern, die mit der Nachsilbe -lich gebildet sind. In unserer Mundart gebrauchen wir hauptsächlich *näuli* (auch *näulich*) = neulich, *fräuli* = freilich und *hoffentlich* = hoffentlich.

In der strengen Grammatik werden die Umstandswörter der zweiten Gruppe in sehr komplizierter Weise eingeteilt. Wir wollen hier, um Verwirrung zu vermeiden, nur die Umstandswörter des Ortes, der Zeit, der Weise und des Grundes betrachten.

Nach den Umstandswörtern des Ortes fragen wir mit Wo? Wohin? Woher? Als Antwort kennt die Mundart folgende: *dǫ* (verstärkt *dǫda*) = da, *duatn* (auch *duat*) = dort, *duathi^n* = dorthin, *fo dǫ* = von da, *fo duat* (oder *duatn*) = von dort, *drä^n* = daran, *dabei* = dabei (davon ist der *Hea Adabei* genannt = »Herr Auch-dabei«, für einen Menschen, der überall dabei sein muß), *drauf* = darauf, *drunta* = darunter, *draus* = daraus, *drei^n* = darein, *drin* (oder *drinnat*) = darinnen, *driwa* = darüber, *dahinta* = dahinter, *dadsua* = dazu, *dane^{b}m* = daneben. Die vielen Umstandswörter, die mit den Vorsilben her- oder hin- zusammengesetzt sind, wie »herauf, herab« und »hinauf, hinab«, lauten, wie wir schon auf S. 263 gesehen haben, in der Mundart *auffa* = aufher, *ǫwa* = abher und *auffi* = aufhin, *ǫwi* = abhin. Hierher gehört auch unser *iware* = »überher«, herüber und *iwari* = »überhin« hinüber. Andere Umstandswörter des Ortes haben wir noch in *ommat* = oben, *drunt* = darunten, unten, *fuan* = vorn, *hintn* = hinten. Statt »außen« sagen wir immer *drausst* oder *draussn* = daraußen.

Nach den Umstandswörtern der Zeit fragen wir mit Wann? Ihrer gibt es so wie in der Schriftsprache nur wenige: *dån* = dann, *dǫ* = da, *dǫmois* = damals, *drauf* = darauf. statt »sofort« verwendet die Mundart nur *glei* = gleich im Sinne von »sogleich«.

Umstandswörter der Weise, nach denen man mit Wie? fragt, gibt es nur zwei: *so* = so. Gewöhnlich sagt man aber im Wienerischen dafür *asó* = also, über das wir schon auf S. 265 gesprochen haben. Es kann ebenso wie »so« zu *soda* = so da zu *asóda* = also da erweitert werden.

Umstandswort des Grundes auf die Frage »Warum?« ist *drum* = darum.

Nun will ich ein Umstandswort erwähnen, das für alle österreichischen Dialekte charakteristisch ist, unser *hǫid* = halt, das man vielleicht am besten mit dem schriftdeutschen »eben« wiedergeben kann, wenn wir z. B. so gerne sagen: *Dǫ khåmma hǫid niks mǫchchn* = Da kann man eben nichts machen. Wir haben hier ein uraltes Wort bewahrt, das es schon im Althochdeutschen als *halto* = vielmehr und sogar im Gotischen gab, wo es in der zweiten Steigerungsstufe *haldis* hieß und »mehr« bedeutete. Die Bedeutung »vielmehr« ist noch leise spürbar in Fügungen wie *Dǫ muasst hǫid wǫs mǫchchn* = Da mußt du eben (oder vielmehr) etwas machen. Auch in *sunst* = sonst und *umasunst* = umsonst, die mittelhochdeutsch *sunst* (über *sust* aus *sus* entstanden) und *umbe sunst* lauteten, haben wir die alten Formen festgehalten, bei *umasunst* nicht nur das alte u, sondern in dem a-ähnlichen Zwischenlaut auch das alte e.

Die Vorwörter (Verhältniswörter)

Die Vorwörter werden in der Schriftsprache mit dem zweiten, dritten oder vierten Fall verbunden. In der Wiener Mundart werden mit dem zweiten Fall eine Reihe von Vorwörtern nur dann verbunden, wenn sie mit einem persönlichen Fürwort in der Einzahl zusammenstehen. Wir haben sie schon bei der Besprechung der Fürwörter erwähnt (vgl. S. 286), ich will sie hier wiederholen: statt, wegen, unter, ober, hinter, *fuada* = vorder, nach, neben, samt. Werden sie aber mit einem persönlichen Fürwort der Mehrzahl verwendet, dann steht der dritte Fall. (Vom Standpunkt der Mundart ist es wahrscheinlich der vierte Fall. Dies läßt sich nicht genau entscheiden, weil in der Mehrzahl der dritte und vierte Fall gleich sind.) Folgt ein Hauptwort, erhalten sie den vierten Fall, ausgenommen weibliche Hauptwörter in der Einzahl. Wir sagen also: *wegn meina* = meinetwegen, *wegn uns* = wegen uns, *wegn den Haus* = wegen dieses Hauses, *wegn di Heisa* = wegen der Häuser, aber *wegn da Frau* = wegen der Frau, in der Mehrzahl jedoch heißt es *wegn di Fraun* = wegen der Frauen. Bei »wegen« gibt es übrigens eine kleine Merkwürdigkeit: »wegen eines Hauses« heißt *wegn an Haus*, »wegen des Hauses«, das mundartlich »wegen den Haus« = *wegn n Haus* bilden müßte, wird dann das n nach vorne geschoben und man sagt *wengan Haus*.

Nur bei einem Vorwort folgt auch das Hauptwort im zweiten Fall, es ist dies »um ... willen« in den alten Fügungen *um Gottas wün* = um Gottes willen oder *um Himmis wün* = um Himmels willen. Für die Vorwörter mit dem dritten Fall gilt folgende Regel: a) Sind sie mit einem persönlichen Fürwort der Einzahl verbunden, dann steht dieses im dritten Fall, z. B. *mid mia* = mit mir, *mid dia* = mit dir. b) Folgt ein Hauptwort oder ein anderes Fürwort, steht der vierte Fall: *mid n Haus* = mit dem Haus, *mid den* = mit diesem. c) Weibliche Hauptwörter und Fürwörter erhalten in der Einzahl den dritten Fall, in der Mehrzahl den vierten: *mid da Frau* = mit der Frau, *mid dera* = mit der, *mid di Fraun* = mit den Frauen.

Die Mundart verwendet viel weniger Vorwörter als die Schriftsprache. Im Gebrauch sind folgende: mit, nach, samt, bei, seit, von, zu, außer; sie kennt aber nicht nächst, zunächst, nebst, zuwider, entgegen, gemäß, gegenüber, binnen. Für »gegenüber« verwendet sie das französische Fremdwort vis à vis, z. B. *wisawi von den Haus* = gegenüber diesem Haus.

Unsere obengenannte Regel gilt nicht für jene Vorwörter, die nach der Frage Wo? oder Wohin? entweder mit dem 3. oder 4. Fall verbunden werden müssen. Diese haben so wie in der Schriftsprache auf die Frage Wo? den dritten Fall, auch wenn sie männlich oder sächlich sind, freilich nur in der Einzahl. Es sind dies folgende: an, auf, hinter, neben, in, über, unter, vor, zwischen. Wir sagen also: *aufn Haus* = auf dem Haus, aber *aufs Haus* = auf das Haus, *auf da Gǫssn* = auf der Gasse, aber *auf di Gǫssn* = auf die Gasse. Bei den männlichen Hauptwörtern ist auch in der Einzahl kein Unterschied wahrzunehmen, weil bei ihnen der 3. und 4. Fall gleich lautet, daher kann *aufn Bo^dn* sowohl »auf dem Boden« als auch »auf den Boden« bedeuten. In der Mehrzahl besteht bei allen drei Geschlechtern kein Unterschied, hier folgt immer der 4. Fall: *hinta di Menna, Fraun, Khinda* kann heißen hinter den Männern, Frauen, Kindern oder hinter die Männer, Frauen, Kinder.

Statt »auf dem« oder »auf den« sagt der Wiener gern *am*, z. B. *Leg s am Disch* = Leg es auf den Tisch oder *S ligt am Disch* = Es liegt auf dem Tisch. Eine genaue Regel, wann man »auf« oder »an« gebraucht, läßt sich nicht aufstellen, immerhin wird dann, wenn man den Begriff des Aufwärts ausdrücken will, lieber »auf« verwendet. Man sagt also *I gę aufn Bo^dn* = Ich gehe auf den Boden, wenn man den Dachboden meint, dagegen *Legs am Bo^dn* = Leg es auf den Boden, wenn der Erdboden oder Fußboden gedacht ist. Diese Eigentümlichkeit ist so tiefsitzend, daß sie sogar in der besseren Umgangssprache üblich ist, und so sagen die meisten Wiener z. B. »Wir waren am Land« statt »Wir waren auf dem Land«.

Von den Vorwörtern mit dem vierten Fall sind im Wienerischen nur »durch«, »für«, »ohne«, »um«, »bis«, »gegen« gebräuchlich, unbekannt sind »sonder« und »wider«.

Die Bindewörter

In der Grammatik haben nach den Verhältniswörtern die Bindewörter ihren Platz. Es sind dies jene Wörter, die entweder zwei Hauptsätze miteinander verbinden, wie »und«, »aber«, oder solche, mit denen Nebensätze an den Hauptsatz gereiht werden, z. B. »weil«, »obwohl«, »daß«. Die einen heißen beiordnende Bindewörter, die anderen unterordnende. Um Wiederholungen zu vermeiden, wollen wir diese Wortgruppe erst in der Satzlehre behandeln.

Die Ausruf- oder Empfindungswörter

Ausruf- oder Empfindungswörter sind Laute, mit denen wir verschiedene Gefühle zum Ausdruck bringen, z. B. Freude, Schmerz, Überraschung, Furcht, Ekel usw. Viele von ihnen sind Nachbildungen eines Schalls. Auch die Lockrufe oder sonstigen Zurufe an Tiere gehören zu dieser Wortgruppe.

Zum Ausdruck von Gefühlen dienen Laute wie: *o* = o, *o we̜* (manchesmal auch *o we̜j*) = o weh, *bfui* = pfui, *ahá^n* = aha, ein ganz kurz gesprochenes *a* in der Bedeutung von ach, z. B. *a des mo̜chd niks* = ach, das macht nichts. Rein mundartlich sind *ui* im Sinne der Überraschung, z. B. *ui do̜ muas i schnö ge^n* = da muß ich schnell gehen, *wui*, das beiläufig einem »Wehe« entspricht, wenn man sagt: *Wui du wiast Hib griagn* = Wehe, du wirst Hiebe (= Schläge) bekommen. Häufig werden heilige Namen in entstellter Form als Ausrufe gebraucht: *Jessas* = Jesus, *Marandjosef* = Maria und Josef, *Marandana* = Maria und Anna. Auch *o̜je̜gal* und *o̜je̜* sind aus o Jesus verkürzt. *Sagramént* = Sakrament, ist zu einem Ausruf des Zornes geworden, ebenso *Grudsidiakn* = Kuruzzen und Türken. Das war ursprünglich ein Schreckruf und bedeutete: Die Kuruzzen (ein den Türken dienstbares Volk aus Ungarn) und die Türken kommen! Es wurde später scherzhaft zu *Grudsine̜sa*, eine Verbindung von Kuruzzen und Chinesen, umgebildet. Die Möglichkeit, *Grudsidiakn* als Ausruf des Zornes zu gebrauchen, war durch *Grudsifiks* = Kruzifix gegeben, das demselben Zweck dient. In der verkürzten Form *Fiks* wurde es dann mit dem Namen des berühmten Feldherrn Laudon verknüpft, und heute sagt man im Zorn und Ärger *Fikslaúdon*. Oft kommt es zu ganz unverständlichen Bildungen wie *Fiks Grammadantn*, das den Zorn in etwas gemilderter, scherzhafter Weise zum Ausdruck bringt.

Schallwörter sind *bum*, *bumpsti* (Ausruf der Überraschung bei einem Fall), *batsch* = patsch, *ritschratsch*, *bitsch-batsch*, *drará* = trara.

Zurufe gibt es an Menschen und Tiere. An Menschen gerichtete sind *hę* = he, *bst* = pst, *ǫha* im Sinne der Warnung und der seit dem Verschwinden der Pferdefuhrwerke verlorengegangene Zuruf der Kutscher an die Fußgänger *rǫ-ǫb*, der wahrscheinlich aus »Obacht« verkürzt wurde. Hierher gehören die verschiedenen Zurufe an die Pferde: *Hüǫ̈*, das zum Ziehen und *ǫ̈*, das zum Stehenbleiben auffordert. *Hü* (auch *histahö* oder *wistahö*) und *hǫt* bedeuten links und rechts. Ein Zuruf an Hunde ist *huss* = huß.

ZUR WORTBILDUNG

Eine erschöpfende Übersicht über die Wortbildung kann an dieser Stelle nicht gegeben werden, sie würde viel zu weit führen. In vieler Hinsicht deckt sich natürlich die Bildung der Wörter in unserer Mundart mit der Wortbildung der Schriftsprache. Wir wollen daher nur einige Besonderheiten, die von dieser abweichen, betrachten.

In der Schriftsprache wird die Ableitungssilbe -er vielfach dazu verwendet, aus Zeitwörtern ein Hauptwort zu bilden, das den bezeichnet, der die mit dem Zeitwort ausgedrückte Tätigkeit ausübt, z. B. schreiben – Schreiber, backen – Bäcker, fischen – Fischer. Die Wiener Mundart gebraucht diese Nachsilbe gerne auch zur Bildung von Hauptwörtern, die einen Vorgang oder eine Handlung bezeichnen: *Bumpara* = »Bumperer« als Bezeichnung für einen durch das Herabfallen eines Gegenstandes entstehenden Lärm, *Deita* = Deuter, Wink, *Beidla* = Beutler (damit ist nicht der gemeint, der einen anderen beutelt, sondern das Beuteln), *Juchadsa* = Jauchzer, *Muksa* = »Muckser«, d. i. ein Laut, den man von sich gibt, *Renna* = Renner, aber in der Bedeutung »Stoß«, *Rumpla* = Rumpler = das Rumpeln, *Zukka* = Zucker, das Zucken. Sogar zu einer Bildung wie der *Scheníra* = Genierer versteigt sich das Wienerische und sagt dann von einem Menschen *dea khend khan Schenira ned* = er kennt es nicht, sich zu genieren.

In mehreren Wörtern wird diese Ableitungssilbe verdoppelt: *Huadara* = Huter, d. h. der Hutmacher, *Glǫsara* = Glaser, *Glåmpfara* = Klampferer, das den Spengler oder den Pflasterer bezeichnet, *Bschǫlara* = Beschäler, der Beschälhengst. Scherzhaft gebildet ist *Khomidédara* = »Komiteter«, d. h. Mitglied eines Komitees.

Heute wird nur mehr selten die Endung -in bei Personennamen verwendet, um damit die Frau zu bezeichnen, wie es in der ländlichen Mundart noch durchaus üblich ist. Aber früher hieß auch in Wien die Gattin des Herrn Huber die *Huawarin* und die des Herrn Neumeier die *Neimeiarin*. Auch die große Glocke im Stefansdom gilt als Frau und heißt die *Bummarin* = Bummerin.

Die Nachsilbe -ling wird gerne für Wörter verwendet, die einen geringschätzenden Nebensinn haben: *Hundling* hat für den Wiener in abgeschwächtem Maß die Bedeutung wie »Hund« als Schimpfwort, ein *Zwidaling* = Zuwiderling ist ein Mensch, der es den anderen $å^n$zwidat,

d. h. der den anderen »zuwider« wird, ein *grantiga*, mürrischer Mensch. Er wird auch eine *Zwidawuatsn* = Zuwiderwurz genannt. *Jaling* = Jährling hieß scherzhaft-verächtlich der Einjährig-Freiwillige.

Die Ableitungssilbe -ian stammt aus dem Lateinischen. Dem Volk wurde sie ursprünglich durch die Namen von Heiligen bekannt, die diese Endung hatten, wie Fabian, Damian. Merkwürdigerweise wird der Name des letztgenannten Heiligen als Bezeichnung für einen Dummkopf gebraucht. Später wird die Nachsilbe auch an deutsche Wörter angefügt, und so gibt es in Wien einen *Bḷẹdian* = Blödian und *Dummian* für einen dummen Menschen, einen *Fadian* für einen »faden«, langweiligen Kerl, einen *Schmutsian* = Schmutzian für einen geizigen, nicht freigebigen Menschen. Ein *Hundiana* = Hundianer ist ungefähr dasselbe wie ein »Hundling«.

Auch slawische Endungen werden vom Wiener an deutsche Wörter angehängt. Zunächst heißt ein Pole im Wienerischen *Polák*, merkwürdigerweise auf der Endsilbe betont, obwohl der Name aus dem Polnischen oder Tschechischen übernommen wurde, wo er auf der ersten Silbe den Ton trägt. Mit derselben Endung wird ein Tscheche als *Bẹmak* = Böhmak benannt und ein schmucker, »fescher« Bursche als *Fẹschak*. Ein *Schdinkowits* = Stinkowits ist ein stinkender Kerl und ein *Daschlowits* = Taschlowitz ist ein *Daschlziacha* = Täschchenzieher, Taschendieb. Ein *Ǫamitschkal* = Armitschkerl ist ein armseliges Wesen.

Gerne verwendet der Wiener das Wort »Mord« in Zusammensetzungen, um damit den hohen Grad einer Eigenschaft hervorzuheben. Wir können das vielleicht am leichtesten bei einer Fügung wie *Muatsgschra* = Mordsgeschrei verstehen, das ist ein Geschrei wie bei einem Mord. Dann sagt man aber auch *Muatsrausch* = Mordsrausch, *Muatshets* = Mordshetze für ein besonders großes Vergnügen (die *Hets* erhielt die Bedeutung »Vergnügen« von den einst in Wien beliebten »Tierhetzen«), *Muatskheal* = Mordskerl für einen großen vortrefflichen Menschen.

Ähnlich wie in der Schriftsprache manche Zeitwörter mit der Nachsilbe -zen gebildet werden, besitzt unsere Mundart einige Zeitwörter mit der Endung -ezen: *nọpfatsn* (zu mittelhochdeutsch *napfen*?) = einnicken, *mugatsn* von *muksn* = einen schwachen Laut von sich geben (mittelhochdeutsch *muchzen*), *gnọratsn* = knarretzen, knarren.

Eine ausgesprochene Vorliebe zeigt unsere Mundart für verkleinernde Zeitwörter, die es wohl auch in der Schriftsprache gibt, wie »lächeln«, »fächeln«, »sticheln« u. a., jedoch in viel geringerer Zahl. Bei uns kann man *bidsln* = mit kleinen Dingen hantieren oder kleinlich sein. Daher kann eine heikle Arbeit als *bitslich* bezeichnet werden, aber auch ein kleinlicher Mensch. *Fudsln* ist etwas Ähnliches, doch meint es häufig ein Abschneiden von kleinen Stücken wie beim Schnitzen oder in kleiner Schrift schreiben. In gleicher Weise bilden wir Zeitwörter wie *graksln* = klettern, *riwün* (auch *rippün* gesprochen) = reiben, *bakln* = packeln, heimlich verabreden, *schnapsln* = gerne Schnaps trinken, *wudsln* = zusammendrehen (*si wudsln* = sich winden vor Lachen), *å^{n}bandln* = anbändeln, d. h. Liebesbeziehungen anknüpfen, *ausba^{n}ln* = ausbeinen, d. h. die Knochen aus dem Fleisch auslösen. *Bẹmakln* = böhmakeln bedeutet mit tschechischem Akzent sprechen. Manche dieser Verkleinerungen beziehen sich auf den Geruchsinn, wie *bekln* = böckeln, nach Bock riechen, *fischln* = fischeln, nach Fisch riechen, *mausln* = mauseln, nach Mäusen riechen, *wü^{d}ln* = wildeln, nach Wild schmecken. Nicht ganz in diesem Sinn ist *zudsln* = saugen oder beim Sprechen lispeln ein verkleinertes Zeitwort, weil es schon von einem verkleinerten Hauptwort gebildet ist, dem *Zudsl* (mittelhochdeutsch *zutzel*), der ursprünglich einen Sauglappen und heute den *Ludschka* = Lutschker oder Schnuller bedeutet.

DAS FREMDWORT IM WIENERISCHEN

Das Wienerische ist reich an Fremdwörtern. Zwei Ursachen dafür gibt
es. Zum ersten müssen wir beachten, daß Wien schon im Mittelalter als
Großstadt zu betrachten ist, wenn es auch an Größe und Bevölkerungs-
zahl nicht an die heutigen Ziffern heranreichte. Der Bildungsstand der
Bewohner einer Großstadt ist aber immer weitaus höher als der in ver-
kehrsfernen Gegenden. Wir dürfen nie vergessen, daß Wien schon ungefähr seit dem Jahr 1000 ein Kulturzentrum ersten Ranges gewesen ist.
Zum zweiten war Österreich durch viele Jahrhunderte ein Vielvölkerstaat, bewohnt von Deutschen, Ungarn, Tschechen, Polen, Ruthenen,
Slowenen, Slowaken, Kroaten, Italienern und noch anderen Nationen.
In Wien als dem Mittelpunkt dieses Reiches strömten Angehörige aller
dieser Völker zusammen, und so ist es nur zu begreiflich, wenn Wörter
dieser Zugewanderten im Lauf der Zeit in die Mundart aufgenommen
wurden und als Fremdwörter oder Lehnwörter bis heute weiterleben.
Nach dem Jahr 1918, als die Monarchie in eine Vielzahl von selbständi-
gen Staaten zerfiel, hörte natürlich die Zuwanderung der Fremdsprachigen auf.

Auf den hohen Bildungsstand der Großstadt ist es zurückzuführen,
daß es in der Wiener Mundart so viele Fremd- und Lehnwörter aus dem
Lateinischen gibt. Ich will hier gar nicht auf die meist uralten Lehnwörter eingehen, die aus dem kirchlichen Leben herstammen, sondern nur
einige hervorheben, bei denen es eigentlich erstaunlich ist, daß sie so
tief ins Volk eingedrungen sind und echtes Gut der Mundart geworden
sind. Da haben wir z. B. das Wort *ra* = rar, in Fügungen wie *a recht a
rara Mendsch*, die die Bedeutung hat »ein recht netter Mensch«. »Rar«
kommt vom lateinischen *rarus* = selten. Daß die Menschen nett sind, ist
selten, und so erklärt sich die Bedeutung, die dieses Wort in unserer
Mundart angenommen hat. *Bua* = pur ist das lateinische *purus* = rein.
Wir nennen einen freigebigen Menschen *schblendíd* = splendid. Auch
hier hat das lateinische »splendidus« eine ganz andere Bedeutung gehabt, nämlich »glänzend«, nur manchmal nimmt es auch schon den Sinn
von »prachtliebend«, »freigebig« an. (Es ist auch möglich, daß wir dieses Wort aus dem Italienischen entlehnt haben.) Wir sprechen von einem soliden Menschen, und der »solide Zimmerherr« war um 1900 ein
gern gesehener Mieter. In unserer Rede gebrauchen wir oft genug ein

kwasi = quasi, »als ob« und haben sogar ein *kwisikwasi* dazu gebildet, das als Hauptwort ein unentschiedenes Herumreden bedeutet. Und manche Sache hat ihr *Nisi*, d. h. ihr Ungewisses. Im Lateinischen ist »nisi« ein Bindewort und heißt »wenn nicht«. Sogar eine so »gelehrte« Fügung wie »coram publico« verwendet die Wiener Mundart (= vor der Öffentlichkeit) und bildet dazu ein Zeitwort *khoramisieren* = herunterkanzeln, schulmeistern, das eigentlich bedeutet »vor allen Leuten bloßstellen«. *Drakdían* = traktieren kann man jemanden mit allerlei, mit guten Sachen ebenso wie mit Prügeln. Wir sagen auch *ea hǫd ǫllas megliche dentíat* = er hat alles Mögliche tentiert, versucht. Schließlich ist die *Bęschdie* = Bestie, vom lateinischen *bestia* = wildes Tier, ein beliebtes Schimpfwort der Wiener. Wahrscheinlicher ist aber, daß dieses Wort aus dem Italienischen kommt. Weniger der Zuwanderung als dem Umstand, daß große Gebiete Oberitaliens bis zur Mitte des 19. Jahrhunderts im Besitz von Österreich waren, verdanken wir eine Reihe von Fremd- und Lehnwörtern aus dem Italienischen. Da haben wir *schubido* = schnell (ital. *subito*), *Schbǫgǫ́d*= Spagat, Bindfaden (von ital. *spago* bzw. *spaghetto*), *schdrapadsían* = strapazieren (ital. *strapazzare*). *Khassa* und *Massa* bewahren im Endungs-a die italienische Form, die *Dadsn* = Tasse tut es in dem ds (= z), da es von ital. *tazza* herstammt. Die *Limóni* muß immer mehr dem als vornehmer geltenden »Zitrone« weichen. Ob *Schdanídsl* = spitz zulaufendes, konisches Papiersäckchen, Tüte wirklich aus einem ital. *scarnuzzo* abgeleitet ist, steht nicht fest. Aber von dem italienischen *spampanata* = Prahlerei, Aufschneiderei kommt unser *Schbåmbanå^dln* = Dummheiten. Zu dieser Bedeutung hat es sich bei uns gewandelt, weil man aus Aufschneiderei gern dumme Sachen macht. Ebenso stammen *Gschbusi* = Liebesverhältnis und *Gschbas* = Spaß von dem italienischen *sposo* = junger Ehemann und *spasso* = Vergnügen. Beide haben bei uns die Vorsilbe ge- erhalten. Der *Bǫjádsa* (auch *Bajádsa* gesprochen) = Bajazzo, Hanswurst ist ein italienisches *pagliaccio*, das im venetianischen Dialekt *pajazzo* gesprochen wird. Es bedeutet ursprünglich den Strohsack oder eine Strohpuppe, hat aber schon im Italienischen die Bedeutung »Hanswurst«. Das *Gschdantsl* = Vierzeiler und die *Gschdands* = Vergnügen, Lustigkeit (vergleiche das Wiener Lied: Do *fǫan ma hǫid noch Nussdoaf raus, do gipts a Hets, a Gschdans*) sind nichts anderes als italienisch *stanza*, das dort eine bestimmte Liedform, die »Stanze« bezeichnet. Eine ganz alte

Entlehnung aus der italienischen Sprache ist *bǫfesn* = pafese, italienisch *pavese*. Schon im Mittelhochdeutschen war dieses Wort bekannt, es bedeutet ursprünglich einen großen Schild mit einer langen eisernen Spitze, mit der er in die Erde gesteckt werden konnte, aber auch damals schon bezeichnete das Wort wie heute bei uns gebackene Semmelschnitten, zwischen denen eine Fülle liegt, z. B. Marmelade, Hirn oder dergleichen. Auch *Safaládi* = Zervelatwurst stammt aus dem Italienischen, und zwar von *cervellata*. Sie muß ursprünglich aus Hirschfleisch erzeugt worden sein, weil der italienische Name von lateinisch *cervus* = Hirsch kommt und nicht, wie oft angegeben wird, von italienisch *cervello* = Hirn.

Auch die zahlreichen Fremdwörter aus dem Französischen beruhen natürlich nicht auf der Zuwanderung, sondern auf dem starken kulturellen Einfluß, den Frankreich nach dem Dreißigjährigen Krieg auf ganz Deutschland und Österreich ausübte. Damals lag bei uns durch die Kriegswirren die Kultur darnieder, Frankreich aber stand auf einem Höhepunkt. Weit über ein Jahrhundert dauerte diese Beeinflussung, und sie erstreckte sich auf alle Gebiete des Lebens, von der Wissenschaft und Kunst bis auf die Kleidung und auf die Speisen. In unserer Mundart finden wir sogar bis zur Zeit Nestroys und Raimunds eine geradezu ungeheure Freudigkeit, solche französische Fremdwörter zu gebrauchen, und jeder, der die Dramen dieser beiden Dichter liest, wird sich über deren große Zahl wundern. Freilich waren diese Wörter vielfach nur eine Mode, und sie wurden bald wieder vergessen, ein verschwindender Teil von ihnen ist bis heute übriggeblieben. In überaus interessanter Weise hat darüber Walter Steinhauser in einem Aufsatz »250 Jahre Wienerisch. Zur Geschichte einer Stadtmundart«, Zeitschrift für Mundartforschung, Jg. 1953, Heft 4, berichtet. Aus der Fülle dieser Fremdwörter können wir auch nur einige hervorheben, und dabei manches heute Vergessene festhalten. So hieß z. B. noch in meiner Kindheit die Hebamme in Wien die *Madám*. Verwendet wird noch heute die *Basséna* (französisch *bassin* = Becken). So hießen ursprünglich die Auslaufbrunnen auf den Straßen, von denen das Wasser mit *Buttn* in die Häuser getragen werden mußte. In den Küchen stand die *Buttn* auf dem *Wǫssabankal* = Wasserbänkchen und aus ihnen wurde mit der *Bidschn*, einem krugartigen Gefäß aus Holz oder Blech, das Wasser entnommen. Später, als das Wasser in die Häuser selbst eingeleitet wurde, benannte man mit demselben Wort die auf den Hausgängen angebrachten Wassermuscheln. Scherzhaft sagte man von einer schlecht gehenden Uhr, sie gehe nach der Simmeringer *Bassena*. Weiters hat sich die Benennung *Lawúa* = Lavoir, Waschbecken erhalten, und ein großer Mund heißt eine *Lawúabappm*. *Khammaná^dln* und *Khotlę́ttn* essen die Wiener noch immer gern. Die einen sind Karbonaden und hätten eigentlich im vorigen Abschnitt bei den italienischen Fremdwörtern behandelt werden sollen. Das italienische *carbonata* wieder stammt vom lateinischen *carbo* = Kohle, und die Speise heißt so, weil die Karbonaden früher auf einem Rost über Holzkohlenglut gebraten wurden. Koteletten, französisch *cotelette*, sind Rippenstücke, aber auch der an den Wangenseiten stehende Bart führt diesen Namen. Auch der *Weinschattó* stammt aus der französischen Küche, er ist ein *chaudeau*, eine warme Weintunke. Ein *Kharę́* ist bei uns ein Rippenstück vom Kalb oder Schwein, das französische *carré* bedeutet eigentlich »Viereck« und dann auch einen viereckigen Muskel vom Schlachtvieh. Wie so oft hat auch hier die entlehnende Sprache die ursprüngliche Bedeutung abgeändert. Veraltet ist das Wort in Redewendungen wie *in an Kharę́ renna* = in einem Carré, d. h. in schnellem Lauf, rennen. Hier ist aber *Kharę́* aus *carrière* = Lauf verstümmelt. Ein Wort *gaudé* gibt es im Französischen nicht, wir haben bei unserem mundartlichen die *Gaudé* = Vergnügen, neben dem wir auch eine Form die *Gaudi* verwenden, nur eine französische Endung angefügt. Beide Wörter kommen von einem volkslateinischen *gaudia* = Freude. Natürlich fehlen auch die Schimpfwörter nicht. Die *Bagasch* bedeutet bei uns »Gesindel«, »Pack«. Im französischen *bagage* war es ursprünglich etwas ganz Harmloses, nämlich das »Gepäck«. Da aber früher in den Armeen vielfach eine minderwertige Mannschaft das Gepäck begleitete, erhielt es ganz so wie unser »Pack« den verächtlichen Nebensinn. Eine viel ärgere Beschimpfung ist es, wenn man jemanden, meist eine Frau, eine *Khanäúlie* oder *Kharnäulie* nennt, vom französischen *canaille* = Gesindel, Lumpenpack. In ähnlicher Richtung liegt es, wenn wir sagen, jemand habe uns *schmafú* behandelt, oder wenn wir einen Menschen einen *Schmafú* nennen, das heißt einen »Schmutzian«. *Schmafú* behandelt uns jemand, der es in entwürdigender Weise tut. Das Wort soll von einer sehr derben, mundartlichen Redewendung *je m'en fou* kommen. Eine noch stärkere Verstümmelung soll vorliegen in *Gschwuf* = Liebhaber, das von einer Redewendung *permettez, que je vous fasse mon compli-*

ment = Gestatten Sie, daß ich Ihnen mein Kompliment mache, herrühren soll, von der dann also nur mehr das *qu' j'vous f* (aus mundartlicher Aussprache des Französischen) übrig geblieben wäre.

Aus dem unmittelbaren Verkehr mit den Zugewanderten dagegen stammen die zahlreichen Fremd- und Lehnwörter aus dem Tschechischen. Gerade die Zuwanderung aus den tschechischen Gebieten der ehemaligen Monarchie war die größte unter allen Nationen des Reiches. Die Zahl der eingewanderten Tschechen betrug nicht weniger als mehrere Hunderttausend. Es wird uns nicht verwundern, wenn wir auch hier wieder zahlreiche Fremdwörter für Speisen finden werden. Die »böhmischen« Köchinnen waren im 19. Jahrhundert in Wien sehr beliebt, und im übrigen hatten die Wiener auf gutes Essen von jeher großen Wert gelegt. Da finden wir einmal die *Wuchtln*, vom tschechischen *buchta*. An sie reihen sich die *Goldáschn*, ein kreisrundes, in der Mitte mit Marmelade, Topfen oder Mohn gefülltes Hefegebäck. Es heißt tschechisch *kolác*, das selbst wieder von *kolo* = Rad herstammt und so mit seinem Namen auf die kreisrunde Gestalt hinweist. Als Fülle für zahlreiche Mehlspeisen wird in Wien der *Bowidl*, tschechisch *povidli* = Zwetschkenmus, verwendet. Die *Dopfnhaluschka* = Topfenhaluschka sind kleine, in Wasser gekochte Nockerln, die mit Topfen bestreut und mit Butter oder Schmalz übergossen werden. Das tschechische *haluška* bedeutet ursprünglich »Kügelchen« und dann »Knödel« oder »Nockerl«. *Doikn* = Dalken sind kleine Krapfen aus Hefeteig. Eigene Dalkenpfannen, die mehrere Vertiefungen haben, dienen zu ihrer Herstellung; in diese werden die Dalken eingelegt und in heißem Fett gebacken. Ihre Benennung haben sie von dem tschechischen Wort dafür, das in der Mehrzahl *vdolky* lautet, in der Einzahl *vdolek* und aus *v* = in und *dolek* = kleine Mulde zusammengesetzt ist. Unsere »Dalken« haben mit den »Talken«, einer ganz anderen Speise unserer Gebirgsgegenden, nichts zu tun. Aber nicht nur für Speisen haben wir Wörter aus dem Tschechischen entlehnt. Eine *Khalúpm* ist eine Hütte, und zwar eine recht armselige. Das tschechische *chalupa* bedeutet dasselbe. Die *Bawládschn* spielte im alten Wien eine große Rolle, und zwar in zweifacher Hinsicht. Im Tschechischen ist *pavlač* ein Söller oder Balkon. Bei uns verstand man unter *Bawládschn* zunächst die offenen Gänge auf der Hofseite der Häuser, von denen aus der Zugang zu den einzelnen Wohnungen erfolgte. In den alten Wiener Häusern bestehen sie noch oft genug. Später nannte man auch die Tribünen so, auf denen die »Volkssänger« beim »Heurigen« ihre Lieder sangen. Eine solche *Bawládschn* bestand meistens nur aus zwei Fässern, über die Bretter gelegt wurden. Ganz etwas anderes ist der *Bálawadsch* = Durcheinander, Wirrwarr. Das Wort kommt von einem tschechischen Zeitwort *palovati* = laufen, eilen, durcheinanderbringen. Etwas Unappetitliches ist der *Mǫtschka* = der Rückstand des Tabaks in der Pfeife, er wurde mit dem tschechischen Wort *močka* = Saft benannt. Daher ist es falsch, wenn die Wiener glauben, dieses Wort als »Matschker« schreiben zu sollen. Manchmal gebrauchen wir scherzhaft einfach direkt tschechische Wörter, z. B. wenn wir sagen *auf lępschi ge^n* = sich vergnügen gehen oder *Du hǫst jǫ kan Rǫsumi* = Du hast ja keinen Verstand (*lepši* heißt »besser« und *rozum* ist der »Verstand«) und die *bramburi* = Erdäpfel einfach tschechisch benennen (= *brambory*).

Viel geringere sprachliche Beziehungen haben wir zu Ungarn. Auch hier sind es wieder drei Speisen, deren Benennung wir der ungarischen Sprache entnommen haben. Da ist zunächst das weltbekannte Gulasch, ungarisch *gulyás*, das eigentlich eine Abkürzung von *gulyás-hús* ist und »Fleisch, wie es die Rinderhirten essen« bedeutet. Eine beliebte Wiener Speise sind auch die *Balatschínkn* = Palatschinken, ein omelette-ähnlicher Eierkuchen, der mit Marmelade oder Topfen und dergleichen gefüllt und dann gerollt wird. Die ungarische Form lautet *palacsinta*, sie ist aber selbst wieder aus dem rumänischen *placinta* entlehnt, dem das lateinische *placenta* zugrunde liegt. Der Vergleich, den die Rumänen dieser Speise wegen ihrer Form angedeihen ließen, ist nicht gerade appetitlich, denn das lateinische *placenta* bedeutete, wie noch heute in der Sprache der Ärzte, den Mutterkuchen. Eine hochinteressante Wortgeschichte haben die *Bǫgádschaln* = Pogatschen, bei uns meist als *Grammibǫgádschaln* bekannt. Ein Hefeteig, der mit *Grammin* = Grammeln (in Deutschland meist »Grieben« genannt), vermischt ist, wird zu dünnen, runden Kräpfchen ausgestochen und dann gebacken. Die sprachliche Erklärung dieses Wortes, ebenso wie der gerade früher behandelten »böhmischen Dalken«, hat Kranzmayer in einem Aufsatz »Kärntner Bauernkost und ihre Geschichte« (»Carinthia I«, 139. Jg., Klagenfurt 1949) gegeben. *Bǫgádschal* leitet sich her von einem lateinischen *focatia*. Dieses kommt von dem lateinischen *focus* = Herd her, das uns als Fremdwort aus der Physik für »Brennpunkt« bekannt ist. Gemeint war mit der *focatia* ein Brot, das auf dem Herd in der Asche gebraten wurde und scharf vom Backofenbrot, das *panis* hieß, geschieden wurde. Im Volkslatein wurde *focatia* um 400 n. Chr. in Oberitalien zu *fogazza* umgebildet. Diese Form gelangte ins Slowenische. Weil aber den Slowenen das lateinische »f« fremd war, formten sie es wie in anderen Wörtern, die sie aus dem Lateinischen übernahmen, zu »p« um, und so ergab sich für sie eine Form *pogača*. Da der Ersatz eines lateinischen »f« durch »p« im Slowenischen nur ungefähr bis zum Jahr 800 möglich war, können wir sogar feststellen, daß dieses Wort noch vor 800 in die slowenische Sprache gelangt ist. Aus dem Wort *focatia* haben sich sehr verschiedene Wortformen entwickelt, in manchen Gebieten die ältere mit »f«, in anderen die mit »p«. So gibt es heute noch in Kärnten eine »Fochanze«. Es gibt in Europa, außer im Norden, keine Sprache, in der das Wort nicht vorkäme, es ist sogar bis nach Asien gelangt. Aus guten Gründen muß aber angenommen werden, daß wir Wiener unsere *Bogádschaln* aus dem Ungarischen entlehnt haben. Aus einem ganz anderen Gebiet als dem der Speise stammt das nächste Wort, das wir betrachten wollen. Wie immer hat sich auch hier in der Sprache das ereignet, was zu geschehen pflegt, wenn ein Gegenstand außer Gebrauch kommt: dann gerät auch das ihn bezeichnende Wort in Vergessenheit. Noch in meiner Jugend gab es die *Gattien* oder *Gattihosen*. Das waren die langen, bis zu den Fersen reichenden Herrenunterhosen, benannt nach dem ungarischen *gatya*. Freilich war nicht nur das Verschwinden der langen Unterhosen daran schuld, das Wort »Unterhosen« galt allmählich als feiner, und so mied man es, *Gattien* zu sagen. Zum Schluß bleibt uns noch das *Schinakl* = Boot, das aus dem ungarischen *csónak* entstellt ist. Auch die *Maschikseitn* = die falsche Seite kommt vom Ungarischen her, *masek* = links.

Die englische Sprache hat beiläufig bis 1900 nur eine ganz geringe Rolle für die Wiener Mundart gespielt. Wohl drangen mit dem technischen Aufschwung schon in der zweiten Hälfte des 19. Jahrhunderts einzelne englische Ausdrücke in das Wienerische. So hieß die Straßenbahn lange Zeit die *Dramwei*, wobei die Wiener das englische Wort *tramway* einfach so aussprachen, wie es geschrieben wurde. Als in den siebziger Jahren das Währinger Cottage geschaffen wurde, entstand auch eine »Cottagegasse«. Mit diesem Namen wissen die Wiener bis heute nichts anzufangen, er wird sozusagen französisch ausgesprochen als *Khǫdáschigǫssn* oder höchstens in neuerer Zeit als *Khǫdę́schgǫssn*. Als um 1900 das Fahrrad auch in Wien bekannt wurde, führte es den englischen Namen *bycicle* = Zweirad, bei uns aber sagte man einfach *bidschíkl*. Dann aber kam zunächst der Fußballsport und damit das *Goi* = Goal und das *Faul* = *foul* und die vielen anderen Ausdrücke, die mit dem Spiel zusammenhingen. Mit der ungeheuren Entwicklung des Sports – durch die Aussprache dieses Wortes als *Schbuat* haben die Wiener das englische Wort schon zu einem Lehnwort gemacht – kamen immer mehr Sportausdrücke in unsere Mundart. Eine weitere Welle von Fremdwörtern brachte die Mode, speziell die Herrenmode, die sich immer mehr an England ausrichtete, weiters auch die Übernahme der Jazzmusik und der dazugehörigen englischen und amerikanischen Schlager. Nach dem Zweiten Weltkrieg hat natürlich die Besetzung durch die Engländer und Amerikaner auch die Mundart beeinflußt. Aber solche Wörter sind meist nur Modewörter, d. h., sie sind sehr kurzlebig und verschwinden ebenso schnell, wie sie gekommen sind. Dies ist auch der Grund, warum ich auf sie nicht näher eingehe, sie gehören nicht zum echten Bestand unserer Mundart.

ZUR SATZLEHRE

Die Satzlehre der Wiener Mundart ist noch viel zu wenig erforscht, daher haben wir nur die Möglichkeit, einige Hauptpunkte hervorzuheben. Die höher entwickelten Sprachen gebrauchen in ihrer Rede Haupt- und Nebensätze. Die Nebensätze werden an die Hauptsätze mit Bindewörtern angeschlossen, überdies erfordern im Deutschen die Hauptsätze eine andere Wortstellung als die Nebensätze. Wenn wir z. B. den folgenden Gedanken durch zwei Hauptsätze ausdrücken, dann muß es heißen: »Ich konnte nicht kommen. Ich bin krank gewesen.« Gebrauchen wir aber einen an den Hauptsatz angefügten Nebensatz, müssen wir sagen: »Ich konnte nicht kommen, weil ich krank gewesen bin.« Diese Regel gilt auch für unsere Mundart. Hier zeigt sich aber ein Unterschied gegenüber der Schriftsprache, den wir bei allen Mundarten, auch bei denen anderer Sprachen, finden: Je volksgebundener die Mundarten sind, umso mehr weichen sie den Nebensätzen aus, sie sprechen viel lieber in Hauptsätzen. Daher besitzt auch die Wiener Mundart bedeutend weniger Bindewörter als die Schriftsprache. Der Leser wird jetzt verstehen, daß es für uns, wie auf S. 312 gesagt, praktischer ist, die Bindewörter im Zusammenhang mit der Satzbildung zu behandeln.

Ein Bindewort, das die Wiener Mundart auch verwendet, ist »daß«. Dabei fällt zunächst einmal seine mundartliche Aussprache auf: Es lautet genau so wie in der Schriftsprache *dass* (oder *das*), obwohl es ja *dọss* gesprochen werden müßte, weil es im Mittelhochdeutschen den Laut a besaß. Sätze mit »daß« sind in den meisten Fällen entweder Aussagesätze (z. B. »Er sagte, daß er kommen werde«) oder Folgesätze (z. B. »Er ist so unglücklich gefallen, daß er sich den Fuß brach«). Nun kann wohl der Wiener auch Aussagesätze mit »daß« bilden und sagen: *Ea họd gsọkt, das a khumma wiad,* viel lieber aber sagt er: *Ea họd gsọkt, ea wiad khumma,* er verwendet also zwei Hauptsätze. Bei den Folgesätzen scheut er sich weniger, sie zu gebrauchen, und sagt: *Ea is so schlecht gfọin, das a si in Fuas brọchn họd.* Trotzdem zieht er es oft vor, statt eines Satzes: »Er verdient genug, daß er sich ein Rad kaufen kann«, zu sagen: *Ea vadind gnua, dọ khån a si scho a Ra^d l khaufn,* oder *Ea is so grend, i bin eam gọa ned nọchkhumma* = Er ist so schnell gerannt, sodaß ich ihm gar nicht nachgekommen bin.

In den Zweck- oder Absichtssätzen, die in der Schriftsprache das

Bindewort »damit« oder eine Fügung mit »um zu« verlangen, verwendet das Wienerische statt dessen das Bindewort »daß«: *Ea hǫd eam wǫs zǫid, das a niks sǫkt* = Er hat ihm etwas gezahlt, damit er nichts sagt. »Damit« ist der echten Volksmundart fremd, freilich ist es heute durch den Schulunterricht allen Wienern bekannt, und so kommt es zu einer sonderbaren Vermischung der beiden Bindewörter, wenn wir hören: *Ea hǫd eam wǫs zoid, damit das a niks sǫkt.* Ganz ungebräuchlich ist die Fügung mit »um zu«. Einen Satz »Er ist in die Stadt gefahren, um sich Schuhe zu kaufen«, formt der Wiener in der Weise: *Ea is in d Stǫd gfǫan, ea wü si Schuach khaufn* = Er ist in die Stadt gefahren, er will sich Schuhe kaufen.

Bei den Zeitsätzen kennt unsere Mundart von den vielen Bindewörtern der Schriftsprache wie »da, als, indem, indes, während, nachdem, sobald, ehe« nur einige wenige. Statt »als« sagt sie immer »wie«: *Wia i khumma bin, hǫds gregnt* = Als ich kam, regnete es, und statt »während« setzt sie »derweil«: *Dawäu es fuat wǫads, is des gschęgn* = Während ihr fort wart, ist das geschehen. Für »seit« wird oft »seit was« gesagt, beide Formen sind möglich: *Seids d dǫ bist, hǫd s gregnt* oder *Seid wǫs dǫ bist* = Seit du da bist, hat es geregnet. Sonst stehen nur noch in Verwendung »solange bis« und »bevor« = *bevua*. Statt »bevor« kann es auch *ęnda* = ehe heißen: *Gę zaus, ęnda s finsta wiad* = Geh nach Hause, ehe es finster wird.

Im Vergleichssatz sagen wir statt des einfachen »wie« oder »als« gerne »als wie«: *Ea khǎn bfeiffn, wia-r-* (oder *ǫis wia*) *a Grü dswigatst* = Er kann pfeifen, wie eine Grille zirpt, und statt »Er ist stärker, als du glaubst« heißt es bei uns immer *Ea is steaka* (in alter Mundart *stiaka*) *wia* (oder *ǫis wia*) *du glaupst.* Hier will ich gleich anfügen, daß die Regel der Schriftsprache, bei der ersten Stufe des Eigenschaftswortes im Vergleich »wie« zu sagen, bei der zweiten Stufe aber »als«, in der Mundart nicht gilt. Wir sagen in beiden Fällen »wie«: Er ist so groß wie ich = *Ea is so gros wia-r-i*, Er ist größer als ich = *Ea is gręssa wia-r-i.* Die Verbindung des »als« mit dem »wie« ist für den Wiener so sehr zur Gewohnheit geworden, daß er das »als« sogar dann hinzufügt, wenn »wie« nur zur Hervorhebung eines Eigenschaftswortes gehört. Wo die Schriftsprache sagt: »Wie schön sie singt« oder »Wie freundlich sie sind«, sagt der Wiener: *Wia sche^n ǫis (s) singt* und *Wia freindli ǫis (s) san.* Schließlich bildet er damit verkürzte Sätze, bei denen er den Nachsatz einfach wegläßt, z. B. *Es regnt ọis wia* = Es regnet als wie, wo ja ein Nachsatz folgen müßte nach Art der Wiener Redensart *ọis wia mid Schaffin* = wie mit Schaffeln, oder *Ea schreid ọis wia* = Er schreit als wie, wo etwa folgen müßte *wia-r-am Schbis* = wie wenn er am Spieß stecken würde.

Bei den Nebensätzen des Grundes kennt unsere Mundart nur »weil«, das Bindewort »da« ist ihr für diesen Zweck unbekannt, man kann also nur sagen: *Ea khån ned'khumma, wäul a grång is* = Er kann nicht kommen, weil er krank ist. Eine Eigentümlichkeit des Wienerischen wird in den Schulen und sonst immer als Fehler gerügt, nämlich die, »weil« statt als untergeordnetes Bindewort als beiordnendes zu verwenden. Damit ist gemeint, daß wir Wiener oft in der Mundart sagen: *Ea khån ned khumma, wäu ea is grång*. Vom Standpunkt der Mundart ist dies aber kein Fehler, dieser Gebrauch erklärt sich aus dem Bestreben der Mundart, die Unterordnung der Sätze, d. h. die Bildung von Nebensätzen zu vermeiden. Die mundartsprechenden Kinder übertragen diese Eigentümlichkeit dann auch in die Schriftsprache, wo sie freilich unerlaubt ist.

In den Bedingungssätzen gibt es weder die Bindewörter »falls, wofern, sofern, es sei denn daß, im Falle daß«, wir kennen nur das »wenn« in der mundartlichen Form *wånn: Wånnst Zeid họsd, khånnst khumma* = Wenn du Zeit hast, kannst du kommen. Dieselbe Form wird auch in den Zeitsätzen mit »wenn« gebraucht: *Wånn s zwöfe is, gemma* = Wenn es zwölf Uhr ist, gehen wir.

Bei den sogenannten Einräumungssätzen, die ein Zugeständnis ausdrücken, verwendet die Mundart weder die in der Schriftsprache meist gebrauchten, wie »obwohl, obschon, obgleich«, noch weniger »wenngleich, wennschon, wiewohl, wie auch, ungeachtet«, üblich ist nur »wenn auch«. Im übrigen hilft sie sich mit zwei Hauptsätzen, z. B.: *Wissn dad s as scho, si sọkt s nua ned*, wo wir in der Schriftsprache sagen würden: »Obwohl sie es weiß, sagt sie es nicht«.

Wie wir schon auf S. 312 bemerkt haben, gibt es außer den unterordnenden Bindewörtern, die einen Hauptsatz mit einem Nebensatz verbinden, auch beiordnende, d. h. solche, die zwei Hauptsätze aneinanderfügen. Wir wollen an dieser Stelle auch sie näher betrachten. Von Bindewörtern, die einfach zwei Sätze aneinanderreihen, sind in der Mundart nur gebräuchlich »und, auch, nicht einmal, dann, außerdem«. Unbekannt sind ihr »sowohl – als auch, teils – teils, nicht nur – sondern auch« usw. Von solchen, die einen Gegensatz ausdrücken, verwendet sie »aber, nur, doch, oder, entweder – oder, sonst«. Statt »dagegen« sagen wir *herentgegn*. Begründende Bindewörter sind in der Mundart »denn« und »nämlich«, folgernde »daher, deswegen, darum, deshalb«. Als Bindewörter der Zeit verwendet sie »erst, zuerst, nachher = *nǫcha*, dann, zuletzt«. Für »unterdessen« oder »mittlerweile« heißt es *dazwischn* = dazwischen oder *inzwischn*.

Verschieden von der Schriftsprache ist bei den Hilfszeitwörtern »müssen, sollen, dürfen« die Wortstellung. Während diese in folgender Weise die Worte stellt: »Er hat fortgehen müssen«, »Er hätte zu Hause bleiben sollen«, »Er hat nicht in die Schule gehen dürfen«, werden im Wienerischen die genannten Hilfszeitwörter umgestellt: *Ea hǫd miassn fuatge^n, Ea hęd zaus blei^{b}n soin, Ea hǫd ned diafn in d Schui ge^n.*

Einen uralten Sprachzustand aus der mittelhochdeutschen Zeit hat die Wiener Mundart in der doppelten Verneinung bewahrt, wenn sie z. B. sagt: *I hǫb khan Hunga ned* = Ich habe keinen Hunger oder *I wü kha^n Brod ned* = Ich will kein Brot. Daher sagen wir auch, wie wir auf S. 302 gesehen haben: *Des is kha^n Gheadsined* = Das ist kein Gehörtsichnicht für »Das ist kein Benehmen«.

Wie alle Mundarten liebt auch das Wienerische verkürzte Sätze. Man sagt *Meina Sę̈* = Meiner Seele, wo es eigentlich heißen müßte »Bei meiner Seele schwöre ich, daß dies wahr ist«, *Kha^n Wuat mea* = Kein Wort mehr für »Sprich kein Wort mehr!« *Bitt sche^n a Schdikl Brod* = Bitte schön, ein Stück Brot, statt »Ich bitte schön um ein Stück Brot«. *Jǫ wǫs d ned sǫkst* = Ja, was du nicht sagst! soll eigentlich bedeuten »Ja, was sagst du denn da!« Ähnlich ist *Jǫ, wǫs denn ned gǫa* = Ja, was denn nicht gar, das verschiedenen Sinn haben kann, z. B. »Ja, was sagst du denn gar« oder »Ja, was soll ich denn gar noch tun« und ähnliches. Oft vertritt ein einziges Wort einen ganzen Satz, wenn wir z. B. sagen *An Schmǫan!* = Einen Schmarrn! oder *Jǫ, Schnękn!* = Ja, Schnecken!, Ausdrücke, die eine Ablehnung bedeuten und ungefähr heißen sollen »Nein, das tue ich nicht!«, ursprünglich aber den Sinn hatten »Einen Schmarrn oder Schnecken bekommst du von mir«, also etwas Wertloses. Solche Verkürzungen treten gerne in Grußformeln ein. *Hawe d Eare* = Habe die Ehre, verlangt eine Ergänzung zu »Ich habe die Ehre, sie zu begrüßen«. In seiner Form verrät der Gruß, so verbreitet er auch im

Volk ist, daß er aus der Umgangssprache entlehnt ist, denn in der echten Mundart müßte es heißen *Hǫp d Ea*. *Gę᷎bmsta Dina* soll einen Satz »Ich bin Ihr ergebenster Diener« vertreten. Manchmal werden aus solchen Verkürzungen ganz unverständliche Fügungen, z. B. in dem jetzt schon recht seltenen *Khǫschama Dina*, das »Gehorsamer Diener« sein soll. Das gleiche, nur gesteigert, ist *Schamsta Dina* = Gehorsamster Diener. Dazu haben die alten Wiener ein Hauptwort gebildet, das aber heute noch im Gebrauch ist, der *Schamstara* = Liebhaber, der diesen Namen deshalb erhielt, weil er sich einst nicht genug tun konnte, sich der Geliebten als »Gehorsamster Diener« zu empfehlen.

Eine Besonderheit in unserer Mundart ist es auch, daß sie gerne das Eigenschaftswort hinter das Hauptwort stellt, was sonst nur in der Dichtung üblich ist, z. B. »ein Blümlein wunderschön«. Wir sagen aber auch *a Gla^dl a gåns drekkigas hǫds å^nghǫpt* = ein ganz schmutziges Kleid hat sie angehabt. Dadurch ergeben sich die Zurufe auf den Märkten, wie *Orantschn schene rode!* = schöne, rote Orangen! Besonders häufig finden wir diese Umstellung bei Flüchen und Schimpfwörtern: *Hundszeig drekkigas!* = Dreckiges Hundszeug! *Depp blęda!* = Blöder Tepp! *Luada vafluachts!* = Verfluchtes Luder! *Rauwasbua vadåmmta!* = Verdammter Räubersbub!

Häufig wird zu Zeitwörtern ein in der Schriftsprache nicht übliches »mir« hinzugefügt, das ausdrücken soll, daß die Tätigkeit des Angesprochenen als eine dem Sprechenden zugefügte Unbill empfunden wird, wenn z. B. die Mutter, die eben das Zimmer gerieben hat, zum Kinde sagt: *Gę ma ned in des Zimma!* = Geh mir nicht in dieses Zimmer! oder *Dua ma ned wida mit da Ua schbün!* = Spiele mir nicht wieder mit der Uhr. Oft ist dann dieser Nebensinn der Unbill schon ganz verblaßt, wenn vielleicht gesagt wird: *Hęads, des san eng Sǫchn!* = Hört, das sind euch Sachen! Ganz sinnlos werden solche Fügungen, wenn die 2. Person des persönlichen Fürworts verwendet wird, wie in einer Redewendung: *Bis du da a Gawlia!* = Bist du dir ein Kavalier!, das den Sinn haben soll: »Bist du aber ein Kavalier!« *Hǫs da so wǫs scho gsęgn?* = Hast du dir so etwas schon gesehen! *Glaupst da des?* = Glaubst du dir das? In beiden Fällen soll das »dir« nur die Verwunderung über das Gehörte zum Ausdruck bringen. Schließlich wird dieses »dir« sogar für die Mehrzahl verwendet, und es entsteht daraus eigentlich ein Umstandswort. Eine Fügung *Wǫs seits da ēs fia Leid* = Was seid ihr dir für

Leute, soll nichts anderes sagen als »Was seid ihr doch für Leute«. Aber auch der 4. Fall des persönlichen Fürworts wird oft zum Zeitwort hinzugefügt, wo er in der Schriftsprache nicht steht: *Mit dera Họkkn ọaweid i mi leicht* = Mit dieser Hacke arbeite ich mich leicht statt »Mit dieser Hacke arbeite ich leicht«, *in di neichn Schuach wias di guad ge^n* = in den neuen Schuhen wirst du dich gut gehen, statt »In den neuen Schuhen wirst du gut gehen«. Auch »sich« wird abweichend von der Schriftsprache zu vielen Zeitwörtern gestellt: *si schbün* = sich spielen für schriftsprachliches »spielen«, *si dran* = sich drehen, das aber bedeutet »sich trollen«, *es is si ned ausgånga* = es ist sich nicht ausgegangen.

Die Mundart liebt es, in Verbindungen von Eigenschaftswörtern mit Hauptwörtern das Hauptwort einfach wegzulassen und so das ursprüngliche Eigenschaftswort zu einem Hauptwort zu machen. Jeder Wiener sagt sogar in der Umgangssprache »die Elektrische« statt »die elektrische Straßenbahn«. Der *Gache* = Jähe ist der Jähzorn. (Scherzhaft bedeutet es auch den Schnellzug.) Die *Kheisalichn* waren die kaiserlichen Soldaten. Auf *ọlle Fiare gräun* = auf allen vier Füßen kriechen. Schließlich heißt es dann nur mehr *ane* = eine, wenn man es mit einem der vielen Ausdrücke für »hauen« verbindet: *ane ge^{b}m, ọwahaun, schmian, rei^{b}m, glenga* = eine (Ohrfeige) geben, »abherhauen« (= herunterhauen), schmieren, reiben, langen.

Eigenschaftswörter werden gerne statt wie in der Schriftsprache mit »sehr« durch Hinzufügung von Umstandswörtern gesteigert: *hipsch schwa* = hübsch schwer, *ẹwich schọd* = ewig schade, *sche^n blẹd* = schön blöd. Oft erfolgt eine Steigerung durch phantasievolle, aber sehr anschauliche Zusammensetzungen, wobei sich so recht die sprachschöpferische Kraft der Mundart zeigt: *bla^{d}lfoi* = blattvoll (so voll, daß nicht einmal ein Blatt mehr hineingeht), *bumfoi* = ganz voll, *hundsmiad* = hundemüde, *lampifrumm* = lammfromm, *buttamọab* = buttermürbe, *bluntsndumm* = dumm wie eine »Blunze« (= Blutwurst), *saudumm* = dumm wie eine Sau, *saublẹd* = saublöd, *khotsngrob* = grob wie ein Kotzen, *bọdswach* = weich wie ein »Patz« (= Brei), *khasweis* = weiß wie Käse, *gråmpmsaua* = sehr sauer.

Eine große Vorliebe hat die Mundart für sprachliche Klangspielereien in Gestalt von sogenannten Reim- oder Stabreimwörtern. Unter Stabreimwörtern verstehen wir solche, die mit dem gleichen Mitlaut beginnen. Einige Beispiele werden zeigen, was gemeint ist: jemandem ein

Bliml-Blaml vormachen = jemandem etwas in schönen Worten vorgaukeln, im *Wigl-Wǫgl* sein = unentschieden, unentschlossen sein (zu *wǫgln* = wackeln gehörend), ein *Gschisti-Gschasti* ist etwas Vorgegaukeltes, ein *Hudri-Wudri* ein lebhafter, in seinen Entschlüssen rasch wechselnder Mensch, der aufgetragene Arbeiten nur oberflächlich und eilig erledigt. (Diese Bedeutung hat das Wort heute, Hügel in seinem »Wiener Dialekt-Lexikon« 1873, kannte es als einen aufbrausenden Menschen und Sausewind.) *Griks-graks* bezieht sich auf das ungelenke Schreiben, und ein *Griksl-Graksl* ist etwas schlecht Geschriebenes. *Rapite-khapite* bedeutet beiläufig »rasch«, »überstürzt«. *Des is lauta Dritsch-Dratsch* = Das ist lauter Tritsch-Tratsch soll heißen: »Das ist lauter Tratsch, Gerede«. Auch ganze Redewendungen, die reimen, gibt es: *Außn hui und innan bfui* = Außen hui und innen pfui, womit gesagt sein soll, daß etwas äußerlich gut aussieht, innen aber schlecht ist. Diese Redewendung zeigt freilich durch die Formen *außn* und *innan*, daß sie aus der Umgangssprache entlehnt ist, denn echt mundartlich müßte es *draust* und *drinnat* lauten. Dagegen ist echt wienerisch die beliebte Redensart *Hęd ma s ned, so dęd ma s ned* = Hätten wir es nicht, so täten wir es nicht, womit in etwas prahlerischer, selbstbewußter Art ausgedrückt werden soll: Wenn wir nicht das Geld dazu hätten, könnten wir es uns nicht leisten. Sie ist sicher vor Jahrzehnten von den reichen Wiener Bürgern geprägt oder wenigstens ihnen zugeschrieben worden. Heute wird sie in echt wienerischer Selbstironie meist von Leuten in recht bescheidenen Verhältnissen gebraucht, wenn sie sich selten genug einmal etwas gönnen und jemand neckend seiner Verwunderung darüber Ausdruck gibt. Und weil es sich so schön reimt, sagt man auch gern *Faliapte Leid san nimǫis gscheid* = Verliebte Leute sind niemals gscheid. Wie aber die nicht mundartliche Form *nimǫis* zeigt (es müßte statt dessen *ni* heißen), dürften diese Reimzeilen aus einem Wiener Lied stammen.

ZUR BETONUNG

Die Betonung der deutschen Wörter im Wienerischen unterscheidet sich kaum von der allgemein üblichen. Eine Ausnahme bildet nur eine Eigentümlichkeit, die unsere Mundart mit anderen österreichischen Dialekten gemeinsam hat und die zusammengesetzten Ortsnamen betrifft. In solchen wird nämlich, wenn sie mit -au, -brunn, -eck (auch -egg geschrieben), -feld, -haus, -hilf, -kirchen, -kreuz, -see, -stätten (auch -stetten geschrieben), -zell und ähnlichen zusammengesetzt sind, nicht wie sonst im Deutschen das sogenannte Bestimmungswort betont, sondern den Ton trägt in unserer Mundart der zweite Wortteil, das sogenannte Grundwort. Wir betonen also Weidlingáu, Ernstbrúnn, Neuwaldégg, Lerchenféld, Sechsháus, Mariahílf, Weißenkírchen, Heiligenkréuz, Breitensée, Pfaffstätten, Mariazéll und sind sehr erstaunt, wenn Fremde Wáchau oder Schönbrunn sagen, obwohl diese Betonung ganz dem üblichen deutschen Gebrauch entspricht. Wenn wir aber gegen diese Regel Wörthersee, Tráunsee usw. betonen, so kommt dies daher, daß diese Bezeichnungen nicht aus unserer eigenen Mundart stammen, sondern durch den Reiseverkehr aus der Umgangssprache entlehnt worden sind. Dagegen gilt unsere Regel wirklich nicht für Zusammensetzungen mit -bach, -berg, -dorf, -grund, -stadt. In diesen Fällen betonen wir wie sonst im Deutschen den ersten Wortteil, also Dórnbach, Káhlenberg, Hütteldorf, Álsergrund, Jósefstadt usw. Unsicher sind die Wiener in bezug auf die Regeln geworden, die in anderen österreichischen Mundarten über die Betonung der mit -burg und -stein zusammengesetzten Namen gelten. (Übrigens bedeuten meistens die Zusammensetzungen mit -stein ebenfalls eine Burg.) Hier schwankt die Betonung, wir sagen einmal Hainbúrg, aber dann wieder Kálksburg, und neben Líchtenstein sagen wir Greifenstéin.

Andere Abweichungen von der Betonung betreffen durchaus einige Fremdwörter. Das Wort »Musik« lautet in der echten Wiener Mundart *Músi*. Die *Gaudé*, auf der Endsilbe betont, bedeutet eine Unterhaltung, das auf der Anfangssilbe betonte *Gaudi* ist ein Vergnügen, beiläufig dasselbe wie eine *Hets*. Beide Wörter stammen von einem volkslateinischen weiblichen Hauptwort *gaudia* her, das aus der Mehrzahlform des lateinischen sächlichen Hauptworts *gaudium* gebildet wurde. »Mótor«, das nach der Bühnensprache auf der ersten Silbe betont werden soll, trägt bei uns auf der zweiten Silbe den Ton. Das Wort »Fiáker« hat zwar in der Umgangssprache den Ton auf dem a, die echte Mundart jedoch betonte *Fíaka*. »Túnnel«, das den Ton auf dem u haben soll, wird von den Wienern als *Dunố* gesprochen. »Petróleum« und »Linóleum« werden von uns »Petroléum« und »Linoléum« betont. Auch der Trinkspruch »Prosít« sollte eigentlich auf der ersten Silbe den Ton haben, wie es das Lateinische fordert.

ZUM AUSKLANG

Wenn wir nun am Ende unseres Buches eine kleine Rückschau halten, können wir die Tatsache feststellen, daß die Wiener Mundart erstaunlich viel Altertümliches in ihrem Sprachgut bewahrt hat. Aus unserer Übersicht über die Selbstlaute unserer Mundart (S. 244) ergibt sich, daß die meisten von ihnen sich seit 600 Jahren kaum verändert haben. Dabei handelt es sich bei der Wiener Mundart nicht um die einer einsamen Sprachinsel, die Jahrhunderte lang mitten in einem fremdsprachigen Gebiet existierte, fern von allen Beeinflussungen des großen stammverwandten Sprachraums, sondern um die Mundart einer Großstadt, als die Wien schon im Mittelalter angesehen werden muß. Schon im Vorwort (S. 202) konnten wir zeigen, daß Wien bereits um 1100 als Kulturzentrum auch im Ausland bekannt war. Später erhöhte sich die Stellung Wiens noch mehr, und unter dem Babenberger Leopold dem Glorreichen erlebte es eine Hochblüte kulturellen Lebens. Bedeutende Dichter kamen an den Wiener Hof, so Reinmar von Hagenau, der Lehrer Walters von der Vogelweide, und dieser selbst. Vom Rhein her kam Reinmar von Zweter an den Wiener Hof gewandert.

Diese Tatsache zeigt aber, daß Wien gleichzeitig allem Neuen gegenüber immer aufgeschlossen war. Den gleichen Zug finden wir auch in unserer Mundart. Aus den sprachlichen Beispielen des Buches wird der Leser ersehen haben, wieviel altes Sprachgut wir bis heute in unserem Wortschatz erhalten haben, darunter z. B. Wortformen wie *ês* = ihr und *eng* = euch, die schriftlich nur im Gotischen überliefert sind. Daneben hat das Wienerische alle Sprachmoden, die durch Kulturwellen aus dem Ausland zu uns gebracht wurden, gerne mitgemacht und so immer wieder Neues aufgenommen und auch wieder abgestoßen, sodaß neben seiner Beharrlichkeit gleichzeitig eine ungeheure Veränderlichkeit besteht. Wir können dies schon in alter Zeit nachweisen. Wir besitzen aus der Mitte des 13. Jahrhunderts eine Dichtung von Wernher dem Gartenaere »Meier Helmbrecht«, die schildert, wie ein Bauernsohn hoch hinaus will, zum Raubritter wird und dann elend zugrunde geht. Als dieser nun als Ritter einmal in sein Elternhaus kommt, da wirft er, um besonders vornehm zu sein, mit fremdsprachigen Grußformen herum, darunter sagt er auch auf tschechisch *dobré jitro* = Guten Morgen! Daraus geht hervor, daß es damals als elegant galt, tschechische Brocken in die

Rede zu mischen. Es ist kein Zweifel, daß diese Schilderung Wernhers des Gartenaere, der selber ein Mittelbaier gewesen zu sein scheint, sich auf das Leben am Wiener Hof bezieht, wo seit 1246 König Přemysl Ottokar als Herrscher über Österreich regierte. Wir sehen also, daß die Wiener schon damals gerne bereit waren, Fremdes und Neues aufzunehmen. Übrigens hat Kranzmayer glaubhaft gemacht, daß die »Jause« als Zwischenmahlzeit, die es vorher in Wien und in Österreich nicht gab, durch den Einfluß des Wiener Hofes unter Přemysl Ottokar in Wien aufkam und dabei auch das Wort, das auf ein altschechisches *joužina* oder *jaužina* zurückgeht, ins Wienerische übernommen wurde, von wo es dann in die übrigen österreichischen Dialekte eindrang (Kranzmayer, Kärntner Bauernkost und ihre Geschichte, »Carinthia I«, 139. Jahrgang, Klagenfurt 1949, S. 448/49). (Das tschechische Wort ist von einem slawischen *jug* = Süden, Mittag, abgeleitet, das uns durch den Namen »Jugoslawien«, d. i. Südslawien bekannt ist; es bezeichnete ursprünglich die Mittagsmahlzeit, und erst später erhielt es durch die Verschiebung dieser Mahlzeit den heutigen Sinn der Nachmittagsmahlzeit.) Ähnliche Übernahmen erfolgten immer wieder und auch in den letzten 250 Jahren, wie Steinhauser in dem so lesenswerten Aufsatz »250 Jahre Wienerisch. Zur Geschichte einer Stadtmundart« (Zeitschrift für Mundartforschung, Jahrgang 1953, Heft 3) gezeigt hat.

So wie zur Zeit Leopolds des Glorreichen alles, was Rang und Namen hatte, nach Wien strömte, so blieb es weiterhin, als Wien Kaiserstadt geworden war. Ich will hier nicht auf alle Kulturepochen eingehen, weil uns dies zu weit führen würde, ich will nur hinweisen, daß auch Beethoven als Jüngling nach Wien kam und es nie mehr verließ und ein Dichter wie Friedrich Hebbel, aus dem herben Norddeutschland stammend, hier Ruhe und Glück fand. Genauso kamen die kleinen Handwerker und Arbeiter aus allen Teilen der ehemaligen österreichisch-ungarischen Monarchie nach Wien, blieben hier, und ihre Nachkommen wurden zu echten Wienern. In jüngerer Zeit hat der Fremdenverkehr stark zugenommen, die Fremden erfreuen sich einerseits an all dem, was wir ihnen auf kulturellem Gebiet geben können, andererseits aber auch an dem fröhlich-freudigen Leben, das in der Stadt herrscht. So aber ist es auch vor 800 Jahren gewesen, und ich will mit einer kleinen literarischen Feinschmeckerei dieses Buch beschließen, aus der dies hervorgeht. Ich entnehme sie dem Buch von Hans Rupprich »Das Wiener

Schrifttum des ausgehenden Mittelalters« (Sitzungsberichte der Österreichischen Akademie der Wissenschaften, Philosophisch-historische Klasse, 228. Bd., 5. Abhandlung, 1954). Es handelt sich um ein Gedicht, das ein fahrender Kleriker zwischen 1260 und 1298 zum Preis der Stadt Wien gedichtet hat. Der Leser wird überrascht sein, darin dieselben Gedankengänge zu finden, die wir aus den Wiener Liedern und Schlagern so gewohnt sind.

Wienna civitas gloriosa,
Nimis et famosa,
Sita in Austria,
Salubris aere,
Iocunda flumine,
Constipata populis,
Ovidianarum
Multitudine redundans delicatissimarum,
Fecunda terris,
Vineis uberrima,
Arboribus nemorosa,
Quam iocundissimum est inhabitare.

Übersetzt, wenn auch nicht in dichterischer Form, sagen diese Zeilen ungefähr folgendes:

O Wienerstadt,
Du weithin berühmte,
Gelegen in Österreich,
Mit deiner gesunden Luft,
Angenehm am Fluß gelegen,
Mit deinem Volksreichtum und
Deiner überquellenden Fülle an
        ovidianischen Lustbarkeiten,
Du fruchtbares Land,
So reich an Weingärten,
Mit deinen schattigen Hainen,
Welch eine Wonne ist es, in dir zu wohnen!